中國學術思想

研究輯刊

十三編

林慶彰 主編

第 3 冊

牟庭《詩切》研究

張曉芬 著

花木蘭文化出版社

國家圖書館出版品預行編目資料

牟庭《詩切》研究／張曉芬 著 ─ 初版 ─ 新北市：花木蘭文化出版社，2012〔民101〕
目 2+280 面；19×26 公分
（中國學術思想研究輯刊 十三編；第3冊）
ISBN：978-986-254-786-1（精裝）
1.（清）牟庭 2.詩經 3.研究考訂
030.8 101002015

ISBN-978-986-254-786-1

中國學術思想研究輯刊
十三編 第三冊 ISBN：978-986-254-786-1

牟庭《詩切》研究

作 者 張曉芬
主 編 林慶彰
總編輯 杜潔祥
出 版 花木蘭文化出版社
發行所 花木蘭文化出版社
發行人 高小娟
聯絡地址 新北市永和區中正路五九五號七樓
電話：02-2923-1455 ／傳真：02-2923-1452
網 址 http://www.huamulan.tw 信箱 sut81518@gmail.com
印 刷 普羅文化出版廣告事業
封面設計 劉開工作室
初 版 2012年3月
定 價 十三編 26 冊（精裝）新台幣 42,000 元

牟庭《詩切》研究

張曉芬　著

作者簡介

張曉芬

台灣大學中文系畢

中正大學中文所碩士畢

輔大中文所博士畢

曾任教景文高中專任教師兼導師

東南技術學院講師

今任教於國立陸軍專校國文專任教師

曾發表過：

「郭店楚簡〈性自命出〉的反善之道」

「試從《蘇氏易傳》的思無邪探究其性命之學」

「屈萬里先生的學識與為人」等文計二十多篇。

提　　要

　　牟庭，乾嘉考據學者。其名不見經傳，但其對學術上貢獻功不可泯；尤其在《詩經》、《尚書》詮解上，頗有許多獨特見解，一發新意，可謂對詩經與尚書學方面，開拓許多新的視野與研究觀點。本論文即對其《詩經》著作——《詩切》作一研究。其說詩主實事求是，以考據訓詁方式闡明詩旨，是以發現許多不同前人的說法，如有："諧音雙關"明析詩中文意、以刺、比、興、喻，說詩等等，所以其論詩之旨可謂比姚際恆、方玉潤、崔述等人大膽，並大異於前人詩教說詩，當然，更不同於《詩序》之附會政教立場，從中可看出許多民間風謠的切近人性、情理的觀點。此外，牟庭尚對歷來詩經學史上於詩旨之眾說紛紜，加以批判，並提出所謂"七害五迁"之弊，以說明自己一套論詩、說詩、賞詩的獨到見解。總之，個人覺得在詩經學術研究史上，牟庭：《詩切》是一不可忽略之著作；尤其創新觀點，更是值得我們深入研究，並加以闡發的，相信對於詩經學的研究，定可發現許多前人尚未發現的新意。

目次

第一章　緒　論

第一節　研究動機與旨趣

「詩三百」為我國最古的詩歌總集，亦為今日研究古代民俗、文化、制度、語言等豐富的文獻材料。據夏傳才先生《詩經研究史概要》（頁 79）：「秦焚書阬儒，惟《詩經》遷秦而全者，以其諷誦而不獨在竹帛故也。」及梁啓超《要籍解題及其讀法》：「現在先秦古籍，眞膺雜揉，幾乎無一書無問題，其精金美玉，字字可信可寶者，詩經其首也。」〔註1〕由此可見今本《詩經》雖已非本來面目（以毛詩為主，三家詩亡佚），但在現存的先秦古籍中，《詩經》仍是一部較無後人僞作、羼入、混雜的書。

雖說《詩經》是我國文學的鼻祖，文化的寶庫，然而若想輕易地「探驪得珠」，也是不可能的事。王國維《與友人論詩書中成語書》云：

> 《詩》、《書》為人人誦習之書，然於六藝中最難讀。……其難解之故有三：訛闕，一也；古語與今語不同，二也；古人頗用成語，其成語之意義與其中單語之意義不同，三也。〔註2〕

又趙制陽先生《詩經名著評介》亦云（頁 15）：

> 在我古籍中，解說最分歧，著述最豐富，參與研究的人最多，至今難以定說的，即是《詩經》這部書。

〔註 1〕見梁啓超《國學研讀法三種》，頁 69，台北：中華書局出版，1985 年。
〔註 2〕見王國維《觀堂集林》卷二，頁 75，楊家駱主編《中國學術名著》234 冊，台北：世界書局出版，1985 年。

可知"詩意"「二千餘年紛紛無定解」，〔註3〕已是冰凍三尺，非一日之寒。此撲朔迷離的"詩旨"所以難解，據後來學者考究，可歸納出二個原因：一是詩文本身精簡，作意不明，時空隔遠，人事難考；二是歷來說詩者取向不同，亦即後來注釋紛紜，歧義互出。〔註4〕尤其後者，對詩意的澄清，更是造成「剪不斷，理還亂」的結果。

《詩經》研究，自先秦孔子立詩教，所謂「詩三百，一言以蔽之，思無邪也。」發端後，而有孟、荀的借題發揮，爲《詩經》奠定了儒家的文學觀；繼而漢有齊、魯、韓、毛四家詩，反映漢學中的今古文之爭，後三家詩一一亡佚，獨存古文毛傳。今日流傳最廣的是以毛詩爲本，兼採三家詩的《毛詩鄭箋》，可謂集今古文之大成。

隨後，魏晉南北朝《詩經》學的發展，主要是鄭學、王學（王肅）南北之爭；至唐初，孔穎達等編撰的《五經正義》中的《毛詩正義》，乃統一了漢學。接著是宋學時期，其學風重視實證的思辨，故對漢學《詩經》學重新檢視、批評，如：歐陽修《詩本義》，主詩要本乎人情；王柏《詩疑》刪詩中淫者；朱熹《詩集傳》主廢《詩序》，謂「《詩序》實不足信。……只是個山東學究等人做，不是個老師宿儒之言，故所言都無一事是當。」〔註5〕

至清代學術思想，套用梁啓超的話，則是「以復古爲解放」。〔註6〕當時治《詩經》的學者，初以毛、鄭爲主，攻朱學，繼而以毛傳爲主，攻鄭箋。當時治詩經的漢學派有：

（1）尊崇詩序：主不可去序言詩。有陳啓源《毛詩稽古編》、胡承珙《毛詩後箋》、馬瑞辰《毛詩傳箋通釋》等。

（2）重視文字音韻訓詁：有顧炎武《詩本音》、戴震《毛鄭詩考正》、段玉裁《毛詩故訓傳》、孔廣森《詩聲類》。

（3）以毛攻鄭：以陳奐《詩毛詩傳疏》爲主。

然而正當考據學熾盛時，則有莊存與倡公羊學，自稱「獨得先聖微言大

〔註3〕此論見於方玉潤《詩經原始》自序，頁2～4，北京：中華書局出版，1986年。
〔註4〕前述二因見於趙制陽《詩經名著評介》「詩序評介」一文，頁15，台北：學生書局出版，1983年。
〔註5〕見宋、黎靖德編《朱子語類》卷80，頁2086，台北：文津出版，1986年。
〔註6〕見於梁啓超《中國近三百年學術史》所附的《清代學術概論》部份，頁8，台北：里仁書局出版，1995年。

義於語言文字之外。」〔註7〕是以重微言大義的今文學興起，繼而有輯佚三家詩的：丁晏《三家詩補注》、陳喬樅《詩四家異文考》、阮元《三家詩補遺》、王先謙《詩三家義集疏》。這些今文學家一則主張超越毛、鄭，依三家佚文，直探齊、魯、韓詩面貌；再則摒棄繁瑣訓詁考證，闡揚微言大義，以達經時濟世的理想；三則擯除今古文詩序，採孟子"以意逆志"，冀得作詩之心。因此，清《詩經》學風，大抵可以一言以蔽之：不歸於今文學（微言大義），即歸於古文學（訓詁考證）。總之，這時期的《詩經》研究，名家輩出，著述如林。如作一整理與歸納，可分為：

（一）研治漢學，主毛、鄭者：

　　朱鶴齡《詩經通義》、陳啓源《毛詩稽古篇》、馬瑞辰《毛詩傳箋通釋》、胡承珙《毛詩後箋》。

（二）舍鄭用毛，為古文派正宗：

　　陳奐《詩毛詩傳疏》。

（三）調和毛、鄭，不專主一家：

　　戴震《毛鄭詩考正》、朱珔《毛詩鄭箋破字不破義辨》、惠周惕《詩說》。

（四）治三家詩：

　　莊存與《毛詩說》、魏源《詩古微》、阮元《三家詩補正》、陳喬樅《三家詩遺說考》、王先謙《詩三家義集疏》。

（五）治《詩經》譜序者：

　　戴震《考正詩譜》、丁晏《詩譜考正》、夏鼎武《詩序辨》。

（六）治《詩經》小學者：

　　顧炎武《詩本音》、段玉裁《詩經小學》、孔廣森《詩聲類》、江有誥《詩經韻讀》。

（七）治《詩經》博物者：

　　毛奇齡《續詩傳鳥名》、牟應震《毛詩名物考》、陳大章《詩傳名物集覽》。

（八）治《詩經》地理考：

　　朱右曾《詩地理徵》、尹繼美《詩地理考略》。

〔註 7〕　見於阮元《莊方耕伯經說序》，《揅經齋遺書卷首》《叢書集成初編》本，北京：中華書局出版，1985 年。

（九）治《詩經》禮教者：

　　包世榮《毛詩禮徵》、朱廉《毛詩補禮》。

（十）識旨歸、品評析論：

　　牛運震《詩志》。

（十一）自立門戶，不囿漢宋：

　　姚際恆《詩經通論》、崔述《讀風偶識》、方玉潤《詩經原始》。

　　大抵清代治《詩經》學者可歸納以上十一類。〔註8〕亦由此可見歷來詩說多歧，尤其自清以下，諸說雜陳，百家爭鳴；乾嘉之世，更是鴻儒輩出，殫精考證，勝義滋多。然而正當這百花齊放，互爭嬌豔時，尚有一奇珍異卉，孤芳自賞，不為世人所重；其作者不以沽名釣譽為榮，而是默默踏實治學為務；以實事求是的精神，考證詩中的名物、字義、訓詁，以「質三百篇作者之本懷」，〔註9〕闡揚詩中的微言大義，這就是牟庭《詩切》。此書正如序文所言（頁2892）：「不欲俯同群碎，墜於學究講章之流，是以略倣歌謠，稱心避俗。」可見他自有一番主見，敢發前人所未發，大異前人之議論；許維遹先生說得好：

　　竊意治學旨趣，各有所嗜，難合眾議，信古者未必是，疑古者未必非，惟在學者省與不省耳。乾嘉間，樸學大師，窮年宗經，孰敢置疑？牟氏毅然為之，旁若無人，其不見容士林，視廖季平、康南海殆有甚焉！〔註10〕

又王獻唐先生《詩切·序》亦指出：

　　詩學至先生，殆於漢唐宋清諸家之外，別開新域，亦使清代株守傳箋，陳陳相因之風氣，有以激迫使然。沈霾數百年，舉而出之，使震旦學林煥發異采，……。

由此可以見此書的價值與意義是不同凡響的。

　　由於牟庭本人：

　　性恬退，不以聲氣自通，終歲鍵戶讀書，經子方術之學，靡不窮究，著述五十餘種，湛深博通，其《同文尚書》、《詩切》二書，尤為畢

〔註8〕以上十一類，詳見於朱守亮《詩經評釋》緒論，頁352，台北：學生書局出版，1984年。

〔註9〕見牟庭《詩切》序所言，頁2891，山東：齊魯書社出版，1983年。

〔註10〕見於許維遹〈棲霞牟默人先生著述考〉，北京：清華學報九卷二期，頁412，1934年4月。

生精力所寄。……〔註11〕

眞是一位名不見經傳，默默無聞，用功至勤的學者，是以在《四庫全書》、阮氏所編的《皇清經解》與王氏所編的《皇清經解續編》中都不得見。獨在《清代傳記叢刊》的《清儒學案小傳》十二卷、《清代疇人傳》（學林類五十一）、《清史列傳九》，以及楊向達先生所編的《清儒學案新編》的《余姚栖霞學案》略有牟庭的相關介紹，又李慈銘先生《桃花聖解盦日記～甲集》，也另提及牟庭《詩切》。〔註12〕至今有關牟庭《詩切》的相關資料，更是屈指可數。目前本人僅找到三篇，即：姜亮夫先生的〈詩切序〉、王獻唐先生〈詩切序〉與許維遹先生〈棲霞牟默人先生著述考〉。牟庭「著述五十餘種」，也可算是一著作等身的學者，爲何竟少爲人知？而今學術界相關的研究資料，亦寥寥無幾，這又是爲什麼？這些問題頗令人疑惑不解。

而在李慈銘先生《桃花聖解盦日記～甲集》（頁 117～120）記載，則是：

> 默人之學，盡屏古説，專任臆斷，持論不根。其《詩切》一種，……
> 痛攻毛詩，悉反小序，甚至改定篇名，蓋近病狂之言。

其小注下又舉牟氏新說三十餘條，評爲「眞是風狂囈語，名教罪人，錄之以資笑柄，可也。」接著，對牟庭其他著述亦以爲：

> 默人鄉壁虛造，無所取資，恃其精心，敢於立異。岸然自以爲孔子
> 後一人，其實所好者，不出丹經、道書；所長者不出時文、批尾，
> 枉耗日力，讕言滿家。……以彼其才凌轢百家，誠亦閒出之士，而
> 夜郎自大，恣意肆言，卒爲學究之傖荒，經論之蟊賊。

（余案：爲何李慈銘先生對牟庭暨其《詩切》這麼大肆批評？實值得探討。）

對此，在《古史辨》第一冊，頁51，錢玄同回覆顧頡剛的信中亦提及：

> 我看他用這樣的話痛罵牟氏，逆揣牟氏，書中必多精義。果然《詩
> 切序》與《詩篇義》中極多新穎的議論，不讓姚際恆的《詩經通論》，
> 方玉潤的《詩經原始》與龔橙的《詩本誼》，而且比姚、方與龔三人
> 還要大膽。……〔註13〕

〔註11〕見於王獻唐《詩切》序所云，頁1，《詩切》，山東：齊魯書社出版，1983年。

〔註12〕此李慈銘《桃花聖解盦日記》一～五冊，台北：台灣商務印書館出版，1973年7月。

〔註13〕凡有關李慈銘對牟庭著述的批評，可詳見李慈銘《桃花聖解盦日記——甲集》第一冊，頁117～120，台北：台灣商務印書館出版，1973年7月及李慈銘《越縵堂讀書記》台北：世界書局出版，1975年7月。而在顧頡剛《古史辨》第

為何二者對同此一書，竟有大相逕庭的看法？又為什麼錢玄同先生會這麼讚賞此書，以為不讓姚際恆《詩經通論》、方玉潤《詩經原始》、龔橙《詩本誼》？諸如此類問題與上述等因素，是以引起本人研究動機與極大的興緻，決定以發掘牟庭《詩切》的殊見為職志。因此，本論文即是以牟庭《詩切》詩說作為研究的主題。不敢自稱能為牟庭《詩切》內容闡揚盡致得俱細靡遺，僅就其論詩觀點作深入淺出闡述與研究，希能為來者做一拋磚引玉的工作，以為牟庭《詩切》澄清其說並還予一明確的學術地位，故還請方家、學者多多指教。

上述論及歷來言詩眾說紛紜，然而最為聚訟之鵠者，惟《毛詩序》而已。《四庫全書總目提要》云：

> 案《詩序》之說，紛如聚訟。以為《大序》子夏作，《小序》子夏毛公合作者，鄭玄《詩譜》也。以為子夏所序詩即今毛公《詩序》者，王肅《家語注》也。以為衛宏受學謝曼卿作《詩序》者，《後漢書·儒林傳》也。……以《小序》為國史之舊文，以《大序》為孔子作者，明道程子也。……以為《毛傳》初行，尚未有序，其後門人互相傳授，各記其師說者，曹粹中也。以為村野妄人所作，昌言排斥而不顧者，則倡之者鄭樵、王質、和之者朱熹也。……朱子同時如呂祖謙、陳傳良、葉適，皆以同志之交，各持異議。……自元明至今日，越數百年，儒者尚各分左右袒也。豈非說經之家第一爭訟之端乎？〔註14〕

由此可看出歷來對《詩序》的看法有以下等主張：

（一）尊序者：有鄭玄、王肅、陸德明、程顥、程頤，乃至清儒陳奐等人。主《詩序》是由孔子、或子夏、或毛公、或國史、或詩人所作的，故不可廢除。又有的以為：「讀詩必讀序，不然成無本之教。」〔註15〕

（二）反序者：此派學者有韓愈、歐陽修、鄭樵、朱熹、乃至清儒崔述、

一冊，頁 51，錢玄同予顧頡剛之信：（34）論《詩》說及群經偽書部份亦有此一敘述，台北：藍燈出版社出版，1987 年。

〔註14〕見於清永瑢、紀昀等撰《四庫全書總目提要》詩序二卷部份，頁 1～321，台北：台灣商務印書館出版，1983 年。

〔註15〕此乃是清、陳奐《詩毛氏傳疏》，自序所云，頁 4，台北：學生書局出版，1986年七版。又見於《皇清經解續編》778 卷，頁 596，台北：藝文印書館出版，1982 年。

方玉潤等人。主《詩序》多附會經義、乃是後人妄作的，非孔子、子夏等所作，故不可信之。

　　（三）折衷派：此指有的學者主《詩序》有的可信，有的不可信。其態度模稜兩可。如馬端臨主「雅頌序可廢，而十五國風之序不可廢也。」〔註16〕姚際恆主：「凡《詩序》所敍某人之作，在先秦古籍中有載，爲可信的序文；其它序則未可信也。」皮錫瑞主「三家今文詩序，見於諸書所引者可信；古老詩不可盡信。」〔註17〕

　　亦有的主張用"求善"的眼光看《詩序》，認爲有價值、有道理者，則該重視，至於"序言"是否合詩人本意者，則不該計較。如呂思勉先生主張：「愚謂說詩謹守三家之成法；不問作者誰，亦不問作詩之意如何？但論我讀此詩有何感慨，引之以證何種義理？則最通。」（見於《古史辨》第五冊，頁365）及戴君仁先生〈毛詩小序的重估價〉：「現在所要注意的是《毛詩序》的作者，爲什麼要這樣說詩，它說得好不好？有沒有價值？……不要用求眞的眼光看《詩序》，而要用求善的眼光來看它的價值。」〔註18〕誠如其言，以非詩人本身眼光論作詩的本意，豈非如莊子與惠施的魚樂之對辯：「子非魚，焉知魚之樂乎？」「子非我，焉知余不知魚之樂乎？」更何況在三千年後的我們，來探究三千年前詩人的本懷？更是談何容易？此所以詩意難解，而有「詩無達詁」之論。既然向詩求眞不可能，又求眞非讀詩的目的，宜乎有人轉而以"求善"代替"求眞"，是以歷來說詩的取向，莫衷一是，各有新意。然而不論各家說法如何，重要的是"詩大義"若出於說詩者的虛構假託，而我們後來採信其說，不就有種被欺騙、被愚弄的感覺？然而論詩的態度應如何？本人以爲趙制陽先生〈毛詩評介〉一文，說得好，其云（頁39）：「我們論詩，先要有一念：求善不失眞。雖詩篇的作者、事實、心態無從考證，但如把握歌謠的特性，依原文涵意去探求，自可得到近似"眞"與當有的情趣。」而「文學的求眞」即是：「要根據史料與詩文本身的各種情況來判斷的；能夠掌握得愈詳切，愈能接近於事實，自然亦愈能令人信服了。」由此可知：雖向詩求眞不可能，但吾人論詩若能依原文涵意去探求，並據史料考證詳實，亦會有近似"眞"的論斷。

〔註16〕見於趙制陽《詩經名著評介》，頁31，台北：學生書局出版，1983年。
〔註17〕同上，頁32。
〔註18〕此一文見於孔孟學報二十二期。

　　而牟庭的治學精神，據本人點書經驗，發現其實事求是，按文索義，又據多方史料旁徵博引，考證詳實，正如姜亮夫先生所云：「以史實徵驗，實爲牟書至要一點。」〔註19〕迨其論證確鑿後，始下定論，並於每首之末，覆述詩意，以文學眼光再論詩的主旨。由此可見其治學謹嚴、踏實，且是有憑有據，方下定語。此種論詩的精神不正如趙制陽先生所謂的「文學的求眞」？然而其論是否眞能切近詩人的本懷，正如趙制陽先生所云：「愈能接近於事實」？此亦是本人所欲探究的一個問題。

　　此外，在許維遹先生〈棲霞牟默人先生著述考〉文中提及：「其雖與乾嘉今文學，鮮通聲聞，顧治學旨歸，無不暗合。」〔註20〕他的說法是否眞確？如果眞確，那牟庭《詩切》是否能讓我們一窺三家詩風貌？又其書內容究竟如何？他又如何宣揚三家詩學？其論詩主除"七害"屏"五迂"，那麼論詩應如何？始無此七害五迂之弊？諸如此類問題，皆是本人急欲想知其所以然的。

　　魏源《詩古微》：

> 夫詩有作詩者之心，又有采詩編詩者之心焉。有說詩者之義，而又有賦詩、引詩者之義焉。作詩者自道其情，情達而止，不計聞者之如何也，即事而詠，不求致此者何自也。……至太師采之以貢天子，則以作者之詞而諭乎聞者之志；……國史編之以備矇誦，教國子，則以諷此人之詩，存爲諷人人之詩，又存爲此境而詠己詠人之法，而百世勸懲觀感興焉。……毛以二南皆美文王后妃之化，變雅皆刺幽厲；而魯韓則以〈抑〉及〈賓之初筵〉爲衛武自儆；〈白駒〉爲賢者招隱。是三家詩特主於作詩之意，而《毛序》主於采詩之意。……作詩者意盡於篇中，序詩者事徵於篇外。〔註21〕

就魏源《詩古微》所論，可知：說詩的立場各有不同，有的以作詩者立場，有的以採詩者、獻詩者立場，有的以編詩者、教詩者立場論詩。而作詩者旨在「自道其情」、「即事而詠」、「不計聞者如何也」；採詩者、獻詩者旨在「以作者之詞，諭乎聞者之志」；編詩者、教詩者旨在「以諷此人之詩，存爲諷人人之詩」。由此觀《毛詩序》以美刺說詩，即捨作詩者立場，推演詩義，轉爲

〔註19〕見於姜亮夫《詩切》序一文，頁36。
〔註20〕見於註10，頁411。
〔註21〕見於魏源《詩古微》卷一，《皇清經解續編》，頁3112，台北：藝文印書館出版，1982年。

採詩、編詩者立場論詩。如此說來，《毛序》論詩旨是否並不客觀？如一首〈子衿〉《毛詩序》解「刺學校廢也，亂世則學校不脩焉。」故「一日不見，如三月兮」解爲「禮樂不可一日而廢」，〔註22〕然而這種解釋是否爲詩人本意？觀原詩文，《毛詩序》是否忽略了寫詩者"一往情深"之思戀而以詩教曲解？

　　在此，吾人讀詩是否須以三家詩與《毛詩序》互爲比較，對照來看，較爲妥當，故三家詩的價值亦應不容忽略的？據阮元《毛詩注疏校勘記・序》云：「考異於毛詩，經有齊魯韓三家之異，齊魯詩久亡，韓詩則宋以前尚存，其異字之見於諸書可考者，大約毛多古字，韓多今字，有時必互相證而後可以得毛義也。」〔註23〕可知研究詩經，有時需要用毛詩、韓詩兩種不同的本子比較互證，"而後可以得毛義"。

　　倘若眞如魏源所論，我們不禁要懷疑：是否求詩人本意，應宗三家詩，而非《毛詩序》？若牟庭《詩切》是較偏向三家詩旨的話，那麼其所論亦應較逼近作詩者的本懷？若眞是如此，則此便是一能契合三千年前詩人本懷的「詩秘笈」，而牟默人則是三千年前的那些詩人的知音！那麼，這三千多年來一直圍繞"詩旨"的一團迷霧，在牟庭《詩切》一書中，就可得到撥雲霧見青天的朗朗明澈。如此，探究牟庭是如何論證詳實，切近詩意？如何以優美的文學眼光論詩，將詩之美，表現無遺？便是在《詩經》學術史上，一刻不容緩，要研究出來的大事；如其不然，至少亦可透過研究的過程，對《詩經》學的研究多一層了解，也爲《詩經》學的研究，增添一些成果。

　　雖說這是部有價值的書，然而就表示這部書完美無缺嗎？這點，本人以爲凡身爲一研究者，都應秉持一客觀、公正的態度視之，才是。是以向須檢討這部書是否有待商榷的餘地，俾給與較恰當的學術定位，方是後學的我們所應作的事。正如趙制陽先生《詩經名著評介・序》云（頁9）：

> 詩雖難讀，以讀者之態度觀之，自古至今，可分三類：（一）專取一家之說，重詩承，講家法，從一而終；（二）是各家之說全不信，但憑一己的感觸來說詩；（三）是適度地採取各家的意見，不是全信，不是全不信；深入研究，作理性的探討；折衷眾說，求詩人的本心。

〔註22〕　見於《毛詩鄭箋》，《校相臺岳氏本》，頁 039，台北：新興書局出版，1981 年8 月。

〔註23〕　見於阮元《十三經注疏校勘記》，《續修四庫全書》，頁 483，上海：上海古籍出版，1995 年。

如果我們評論這三者的得失，第一類人失之「固」，第二類人失之
「妄」。固者必陋，妄者必狂；都將無益於詩學。惟有第三種人才是
較好的讀詩態度。

因此，若牟庭是第三種人，那我們後學論此《詩切》時，則亦應作這第三種
人，給予客觀的論斷，才是！而非作一「強自解人」！是以其書之優缺點，
亦是本人想探究的問題。

總之，上述原因，使本人深自期許，當仁不讓，以研究牟庭《詩切》詩
說觀點為己任，希望能將其獨特的見解、用功治學的精神，發揚光大，以使
學術界又多一「生力軍」，並為來者有一「他山之石，可以攻錯」的參考。本
人不揣淺陋，想作牟氏的解人，但稍不慎則可能反作牟氏的罪人，是以殷切
盼望博雅君子、碩學鴻儒，隨時斧正，則後學感激不盡矣。

第二節　文獻檢討

由前述，吾人可知牟庭是位著述甚多，但卻是一位名不見經傳的學者。
是以至今有關牟庭暨其《詩切》的資料相當少。目前我們在國內所見牟庭及
《詩切》的文獻與研究資料，主要只有以下幾篇：

（一）周駿富先生主編《清代傳記叢刊》，台北：明文書局出版，1985 年：

（1）第六冊《清儒學案小傳》卷十二，頁 006-553～006-554。

（2）第三十四冊《清代疇人傳》三編卷二，頁 034～302。

（3）第一百零四冊《清史列傳九》卷六十九，頁 104-536～104-537。

（二）楊向奎先生編《清儒學案新編》的〈余姚栖霞學案〉所附錄部分，
山東濟南：齊魯書社出版，1991 年。

（三）李慈銘先生《桃花聖解盦日記——甲集》，頁 117～120，台北：臺
灣商務印書館出版，1973 年 7 月。顧頡剛先生《古史辨》第一冊，頁 50～51，
台北：藍燈出版社出版，1987 年；引李慈銘先生《越縵堂日記》第十五冊《桃
花聖解盦日記丁集》頁 38～40，提及牟氏著作。

（四）姜亮夫先生〈詩切序〉。

（五）王獻唐先生〈詩切序〉。

（六）許維遹先生〈棲霞牟默人先生著述考〉。

關於（一）《清代傳記叢刊》的《清儒學案小傳》卷十二、《清代疇人傳》

三編卷二、及《清史列傳九》，都是對牟庭生平及著述作一極簡略的介紹。尤其：《清儒學案小傳》卷十二，是在介紹郝懿行（郝蘭皐）交游的學者時，才略提牟庭耳。

這些對牟庭的生平介紹，主要在其名：庭相、字：默人、亦字陌人、棲霞人、一貢生，生平受學與著述等情況。而有關《詩切》的介紹，則有《清史列傳九》（頁104～536）：「所著書，五十餘種，遭亂亡佚。獨《詩切》一書首尾完具。」及《清儒學案小傳》（頁006～554）：

> 《詩切》五十卷，其以切書名者，蓋取孫卿詩書故而不切一語。謂依經爲說，案循文義，如切脈然。大抵多出自己見，破除前人家法。

（二）楊向達先生《清儒學案新編》的《余姚栖霞學案》附錄部分，則有牟庭介紹。然而這部分亦大略提及牟庭生平，及《詩切》一書。而關於《詩切》一書則有提及姜亮夫先生《詩切序》，謂其「充分評價了牟氏的《詩切》。」然而楊先生以爲「牟氏淵博而實事求是，故頗有所得，但亦因牽于字義，有時拘執而失。」此即舉二例以說明，一則舉〈大雅·綿〉：「迺立冢土，戎丑攸行。」之「冢土」以歷來解作「大社」無疑議，而牟庭以爲「謂積土高大者，可以遠望謹斥候者，古文謂之堡壔，今謂之墩堠者也。」評其「眞是相差千里，牟不依土爲訓，而訓冢，以虛字定實字意義，遂越走越遠。」論牟庭之解非；另一則舉〈小雅·瞻彼洛矣〉：「韎韐有奭，以作六師。」之「韎韐有奭」牟氏據《毛傳》、《左傳》及〈小雅·采芑〉：「路車有奭」、「朱芾斯皇，有瑲蔥珩」；〈小雅·采菽〉：「赤芾在股，邪幅在下。」等記載相比較作解，以證「韎韐有奭」乃是古代一種軍服，源於古代社會的「蔽膝」。如此之解，楊先生以爲此乃解決了歷來對「韎韐有奭」之解釋困難。總之，其對牟庭學術研究，仍是給予相當高的評價，謂「牟氏博學在邵郝間，于乾嘉學派中可站一席地。」

（三）李慈銘先生對牟庭《詩切》批評，見本文第五頁所引部分。此外，其對牟庭的《同文尚書》、《校正崔氏易林》、《繹老》、《楚辭述芳》、及《十二賦箋》、《校正龍文》、《神仙集》等著作，亦多所批評。而李慈銘先生對牟庭著作，惟辨《焦氏易林》爲《校正崔氏易林》一說，評爲「此說稍爲近理、近儒。」及評《神仙集》爲「其文筆峻悍、簡潔、頗爲可。」（頁119）外，其餘皆貶多於褒。余案：是否眞如其所云，或是李慈銘一家之見，在此，本人以爲須親見這些書原貌，方能下判斷，然在未見牟庭這些書前，及資料少

之又少情況下，亦須多多益善，是以李慈銘對牟庭著作批評的資料，亦有寶貴的參考價值，故儘可能加以摘錄，不敢「遺珠」。另外，在顧頡剛先生《古史辨》第一冊，頁 50～51，錢玄同與顧頡剛書中亦引李慈銘《桃花聖解盦日記》，並提到其對牟氏著作的批評及牟庭的相關資料，所謂：

> 棲霞牟庭（原名廷相，字陌人，號默人，與郝懿行同時）著有《詩切》一書，未刊行。他底兒子牟房刻《雪泥書屋遺書目錄》，把〈詩切序〉與〈詩篇義〉（牟庭所撰的小序）載在裏邊。……我還有一部牟庭底《周公年表》，說「東山」是周公「悼亡」之詩，這一段可以鈔出，附記於「東山」底〈詩篇義〉之後。（頁50～51）

雖敘述簡略，但吾人由此可發現：牟庭《詩切》一書未刊行，故在世面坊間未流通。其子牟房曾將其父的部分著作收錄於其所刻的《雪泥書屋遺書目錄》中，可惜本人在國內卻無法找到這一文獻資料，實感遺憾！

（四）姜亮夫先生〈詩切序〉：此序對《詩切》有一較完整、詳盡的論述，可謂對本文具有極大的參考價值。其首先對詩學的流變作一概述，繼而論《詩切》目前所見到的版本有二：（1）樂陵宋氏抄本（最殘缺）。（2）山東大學藏日照丁氏抄本（僅殘「小雅鹿鳴」以下 33 篇。）。案：二者皆爲齊魯書社收錄於《山左先賢遺書》中，連同王獻唐及此序影印出版，此爲今日通行的版本，亦即本論文的文本。

然後，姜氏對《詩切》全書，整理出有八類，其以爲可作「後學圭皋者」（頁8）。即：一語音、二文字、三語法、四詞彙、五地理、六歷史、七制度、八文物。並指出牟庭《詩切》全書大旨，主在：除七害屏五迂，及以"喻"、"刺"總攝全詩大義。（案：這亦是本文所欲探究的論題）其中，對小學方面，尤有精闢獨到的論述。如：指出牟氏于形聲字音聲相得而系連以得其精義，即爲「右文說之一好範例」（頁18）而此「右文說」即「許慎所謂的轉注字。」（頁19）又以爲是朱駿聲《說文通訓定聲》所不能及，可見其獨特的見解。

（五）王獻唐先生〈詩切序〉：此序不如姜亮夫〈詩切序〉詳盡、充實，但此序卻明白指出牟氏論詩的取向，並對牟庭《詩切·自序》有所發揮。即「雖承三家之學，不泥三家之說，意旨所宗，尤在魯詩。」（頁2）且以姚際恆《詩經通論》作比較，以論此書的價值，以爲：「姚氏《詩經通論》之恣放，用較此書，亦平衍無奇。」（頁3）由此序以見牟庭《詩切》論詩的宗旨與價值。

（六）許維遹先生〈棲霞牟默人先生著述考〉：此文是著錄於林慶彰先生

主編的《乾嘉學術研究論著目錄》（1900～1993）中研院文哲所出版，1995 年。
該目錄亦收有牟庭《同文尚書》的相關資料，但僅有三篇：

（1）王獻唐先生〈同文尚書序〉。

（2）王國華先生〈同文尚書出版感言〉。

（3）周師鳳五〈讀牟默人同文尚書〉。

然而皆與本論文無直接關係，故略去不詳談。

由此文，吾人可以看出牟庭（字默人）先生著述的情況。雖於《清史列
傳九》等文獻中，談其：「著書五十餘種，亂後佚大半。」（頁 006～554）然
而吾人並不清楚：其到底著述了哪些書？但由許先生這篇文章便可清楚看
出：原來牟庭著了這五十幾種書。此文又分引言、傳略、已刊者、未刊者四
部份談。而牟庭已刊的書，甚少，僅：《禮記投壺算草》、《周公年表》、《雪泥
書屋文稿》、及《雪泥屋雜志》四卷耳。而未刊者，據本人依此文統計，達 59
種。大抵重要是：《學易錄》、《尚書小傳》、《同文尚書》、《詩切》、《校正龍文
四十篇》、《楚辭述芳》、《揚子太玄注》、《雪泥屋秘書》、《十二賦箋》、《校正
韓詩外傳》、《左傳評註》、《校正墨子》、《校正呂氏春秋》、《校正韓非子》、《校
正說文》、《春秋算草》、《算學定本》等書。可看出其著述不專主一方，舉凡
經、史、子、集都包括在內。《清儒學案小傳》（頁 006～554）稱其：「博通群
經，兼明算術。」果然不虛也。

而此文對牟氏的著作，舉凡成書經過、撰述動機、內容特色等方面，都
有極詳盡、切實的介紹。且末後有許氏本人的「案語」，提出個人意見，加以
辨正與補充。如：于《詩意》，許維遹先生案：「《詩切》初稿題名《詩意》，
此其序也。……朱緒曾《開有益齋讀書志》謂：《詩切》外後有《詩意》，誤
矣。」案：觀今《詩切》的序，無《詩意》字眼，但在《古史辨》第一冊，
頁 51，錢玄同予顧頡剛信中，提到：「棲霞牟庭著有《詩切》一書，未刊行。
他底兒子牟房刻《雪泥書屋遺書目錄》，把《詩切序》與《詩篇義》（牟庭所
撰的小序）載在裏邊。」吾人不禁懷疑：《詩篇義》是否即《詩意》？若是，
則許氏看法無誤，乃《詩切》另一序也，非《詩切》外，另有《詩意》一書。

第三節　研究方法

雖說《詩切》特色是以訓詁、考證，探論詩旨，然而其最特殊還不在此，

應是其以喻、刺、興說詩；以韻文詮釋詩旨，而所說的觀點與前人有異，是以本人以爲其說詩觀點有必要作一探究。由於牟庭以訓詁考證輔助說詩，然而卻是詳徵博引、鉅細靡遺，是以本文所用的研究方法，初無別技巧，亦如牟庭對《詩經》所採用的實事求是法；採取踏實解讀原典方式，從點書、校對、解讀作起，然後進一步，將其論詩的方式、主張，提綱挈領，作一歸納與整理；而歸納出其論詩方式有：

（一）旁徵博引——引書、引人、引俗語證詩義。尤其多以俗語證古，使詩意靈活。

（二）以文字、聲韻、訓詁考證字義。這一方面，余發現有：

（1）以形索義。（且以舊本校勘字形、字義。）

（2）以聲近主義同、字通，如：雙聲相轉，則義相通；聲母相同則加以系連，得同義詞組、同源詞組。

（3）主同音通假之說。凡音同聲近者，則假借而義相通。牟庭往往列舉不同出處，以證通假無誤，且引《說文》字例作證。如：《詩》「螽斯羽，詵詵兮」之「詵詵」，牟氏桉：「《毛傳》曰：『詵詵，眾多也。』《釋文》引《說文》作駪駪，——《皇華》《毛傳》曰：『駪駪，眾多貌。』《晉語》、《荀子》、《韓詩外傳》、《說文》引皇華皆作莘莘。《楚辭‧招魂》王注作侁侁。《晉語》韋注曰：『莘莘，眾多也。』——《楚辭》注曰：『侁侁，行聲也。』《桑柔》《毛傳》曰：『甡甡，眾多也。』——《桑柔》《孔疏》曰：『甡甡即詵詵字。』」等例，則以：「詵、駪、莘、甡，皆爲駪之同音假借字也。」（頁58～59）

（三）以史實、地理、文物、制度考證詩義及校訂錯簡，並以此方式佐證喻、刺、興說詩。由此以見其論詩，是言之有據的。

然後本人就其論詩方式等內容，再查考聲韻、訓詁、文字學等書，作一驗證與探究其說是否得當，是以在此解讀上，本文所用的方式是採用實事求是法與驗證法探究牟庭於《詩》內文等解釋是否無誤。

然而本文主在探究其說詩觀點，因其說詩觀點是針對《詩經》而說，是以其說詩觀點則包涵有《詩經》本身之文學及經學兩方面的性質，所以本人將其說詩觀點分爲（一）內緣——其對《詩經》內容之詮解（二）外緣——其對《詩經》學看法這兩方面作一探究。對其於《詩》的詮解，本人打算以「詮釋」理念，解讀其《詩切》的意旨，及以鑑賞比較方式評判其說詩的觀點。所謂「詮釋」亦即：「是思想的工作，這工作在於對表面意義裡的隱藏意

義加以解讀，在於開展蘊含在字面意義下的意義層次。」〔註24〕可知「詮釋」主在對其字裏行間的言外之意，作一解讀，並加以展現。坊間有關「詮釋學」的書籍甚多，然而大多論「哲學思辨」的主題，是以與本文所欲探究的問題較無關，故從略。在此，本人僅是借用"詮釋"的觀念來探究牟庭論詩的主張，以期做到近似無誤的解析，而不是得到「失之毫釐，差之千里」的結果。因此，對其於《詩經》內容之詮釋，本人是採詮釋理念解讀，而以比較鑑賞方式批判。所謂比較鑑賞方式，本人是採用黃永武先生《中國詩學》：「以詮釋字義爲鑑賞。」這一方式作鑑賞，亦鑑賞詩歌最基礎的方式，字義的詮釋爲主，然後參考諸多詮釋《詩經》等大家之作，如《毛傳》、《鄭箋》、《孔疏》、朱熹《詩集傳》與牟庭同時代的陳奐《詩毛氏傳疏》、姚際恆《詩經通論》、方玉潤《詩經原始》、崔述《讀風偶識》、王先謙《詩三家義集疏》及後代如俞平伯《讀詩札記》、高亨《詩經今注》、屈萬里先生《詩經釋義》、裴普賢先生《詩經欣賞與研究》、吳師宏一《白話詩經》、陳子展《詩經直解》、余冠英《詩經選譯》等著作，作一比較，以分析牟庭之說法是否恰當、合理，並從中歸納出學者們於《詩》說法有哪些不同，而牟庭於《詩》之說法是較偏向哪一家說法，或是其自創的新說，並由此以論牟庭說法的特色。

　　關於其論《詩經》學歷來看法，如其對《詩序》觀點、《詩經》的作者、時代、《詩》有否正變說、六笙詩等看法，這方面本人是參考梁啓超《古書眞偽及其年代》、張心澂《偽書通考》及鄭良樹《古籍辨偽學》中所提出的辨偽方法與態度，〔註25〕來探究牟庭《詩切》論《詩經》學觀點是否無誤。並藉

〔註24〕見於保羅‧里克爾著，林宏濤譯《詮釋的衝突》一書，頁 11，台北：桂冠出版社出版，1995 年。

〔註25〕張心澂《偽書通考》曾云：「我們凡事都要求得客觀的實在狀況，對於一部書應該知道它到底是什麼時代什麼人做的，沒有受它欺騙隱瞞，而得它的眞實情況，然後我們根據它或引用它所說的，來討論或批判某件事或某個理論，才不致於發生錯誤。」頁 16，香港：友聯出版社出版。知牟庭說法是否無誤，確有必要以辨偽方法或觀念作一辨別。就鄭良樹《古籍辨偽學》所提出方法，可知有（一）從編者來考察——編者的虛實、編者的才學與古籍對比，及編者當代的紀錄（二）從本書來考察——古籍本身的文字、思想、名物（三）從流傳演變來考察——如著錄有無、作者與卷數符合與否、或流傳過程中的實際情況，三方面辨偽方法以探究。頁 118～138，台北：學生書局出版。當然，這種辨偽方法，在梁啓超《古書眞偽及其年代》就已提出有三十二種方式可參考，此詳見其書頁 39～57，台北：臺灣中華書局出版。而辨偽態度，就鄭良樹《古籍辨偽學》有提出六項，可作參考，如其云：「一、不可和其他

此一探究能看出其特殊觀點所在，及與眾不同之處。

又由於牟庭生於清乾嘉時，乃是一沒沒無聞，卻有相當主見的學者。其《詩切》敢破除前人家法，大發異論，是以其見解，若與當時學者之見，作一比較的話，則不知其異同如何？是非如何？而呈顯出來的殊見又如何？本人覺得在這一方面，也是很值得嘗試論述的，是以在本文第五章論《詩切》的評價上，本人欲以「比較異同法」，將牟庭與清代古文家、今文家與自立門戶的學者，作一比較，藉此比較以顯示其異同、優缺點及特色，希能將牟庭論詩獨特風格與見解，如「眾星拱月」般，朗朗分明，凸顯出來，以對其《詩切》有一客觀評斷。

第四節　章節安排

本論文的章節安排，主要是第一章緒論：針對研究動機、方法、文獻檢討，及章節安排作一說明。

第二章論牟庭時代及其著述：此章旨在對牟庭的生平，其所處的時代背景、《詩切》的成書與其他有關的著述作一介紹。第一節論牟庭生平及其時代背景，主要偏重在探究：其生平及與師友交往情形，乃至其學術淵源、當時的學術風氣、及當時詩經研究方向等問題。畢竟「知人論世」是研究其著作的先決關鍵。然後第二節主就其《詩切》與其他相關著述作一探究。對《詩切》成書方面，主要分為一、撰述動機；二、成書經過；三、版本與體例等方面探究。畢竟牟庭之所以會撰述這部《詩切》，必有其不得不然因素，所以《詩切·序》有：「故訓既明，依文為切。故者古之所同，切者今之所獨，是以自名其學，不曰故而曰切。」（頁 2892）一語。是以有必要論其「撰述動機」與「成書經過」；而版本介紹，主在說明本人所用的這部《詩切》是其來有自的，絕非來自二手資料。然後，則對這部書的特色、行文體例、內容大概，作一梗概介紹，以讓讀者有一初步的了解。

而其他著述方面，則儘可能將其所有的著述介紹出來，並參考許維遹先

目的相混淆：二、不可有主觀感情的成見；三、不可以一般來概括全體；四、不可和書的價值問題相混淆；五、不可和書中所說的真偽問題混淆；六、不可和書的存廢相混淆。」頁 160。

就上述辨偽方法與態度，以探究牟庭論《詩》作者與史實、或有關《詩經》等外圍問題看法，希能對牟庭觀點有一真確釐清與辨別。

生〈牟默人先生著述考〉一文，希以眞確看出牟庭的相關著作。

　　第三章，旨在論其《詩切》釋詩觀點；這方面針對其於《詩經》詮釋等觀點作一說明。就本人研究發現其擅以喻、刺、興說詩與詮解，而且每首詩後均有牟庭的韻文翻譯、重述整首詩旨，是以這部分，本人就其釋詩方式有喻、刺、興說與韻語等方式，舉代表之詩作一詮解與闡析，並儘可能參考其他家說法以比較說明。因此，本章分作第一節以喻、刺總攝詩文大意；第二節以比、興章句說解；第三節以韻語詮釋詩旨等方面作一說明。然而牟庭在說詩上，亦多強調《詩》篇章歸屬分合，是以這方面，本人亦以本章第四節論詩三百調整分合，作一探究。

　　第四章則探討有關牟庭對歷來《詩經》學等外圍問題，如《詩序》觀點、〈風〉、〈雅〉、〈頌〉篇義；《詩經》作者、史實及對漢儒諸說等看法，作一探究。在此，本人將其對《詩經》學等殊見大致分成以下幾項進行探討：

　　第一節論其對詩作者與詩有關等史實；第二節論其對〈風〉、〈雅〉、〈頌〉篇義等觀點，如其主：風者，風謠也；二南，東周詩；大雅，詠文王德詩；商頌，宋國詩等等觀點，均在這一節作一探究。第三節主在論牟庭辨正詩旨，分從古文說、今文說、獨立自主派及自創新說四方面說明，藉此以看出牟庭的說法有哪些是與《毛傳》、《鄭箋》古文派看法一致；哪些是主從三家詩或據其他學者的看法；或是自創新說，與眾不同。第四節駁議漢儒諸說，則針對其對歷來漢儒看法作一探究。據本人研究發現其對漢儒詩說看法，有所謂的「七害五迂」之論。此外，其向主《詩序》衛宏作，不可信；六笙詩非詩等觀點；當然，對漢儒於詞義、詩旨說法有誤者，而爲牟庭指證出，重新有番說解等，本人打算皆在這一節作探究。

　　第五章主要是對牟庭詩說，作一評價，亦就上述研究後，於此章作一批判。主要將其說詩的優點、特色、缺點與其說法對《詩經》學史上有哪些意義，作一評論。而關其說詩優、缺點，主要是與當時《詩經》學者比較、或就邏輯推理，詞義詞法等理論作一評判，以看出牟庭說詩的優、缺點。另外，牟庭《詩切》對學術界的影響、及其在《詩經》學術上，有何意義、價值等方面，亦在這一章論述。

　　最後，第六章：結論，即對本文作一總結，並檢討本文尚有待加強改進的地方，以及未來的展望、努力的方針。

第二章　牟庭之時代及其著述

第一節　牟庭生平及其時代背景

一、牟庭的生平事蹟

牟庭的生平，本人依據《同文尚書》附錄馬邦舉所撰的〈默人先生墓誌銘〉、許維遹先生〈牟默人先生著述考〉，並參酌《清史列傳》以及王獻唐、姜亮夫的〈詩切序〉等文記載，〔註1〕整理大致如下：

牟庭，初名廷相，字陌人，號默人，諱庭。山東省棲霞縣人。生於清高宗乾隆二十四年（1759 年）己卯九月初八日，卒於清宣宗道光十二年（1832年）壬辰二月二十二日，年七十四歲。

牟庭的曾祖恢，廩貢生；祖之儀，增生；父祖，庠生。妻陽氏，有二子，二女。〔註2〕長子扈，先卒；次子房，乃嘉慶戊寅科舉人，曾任長清縣教諭。

〔註1〕 由於目前有關牟庭生平資料不多，今所見僅以下這幾篇，是以本人就這幾篇整理而得牟庭生平傳記。這幾篇如下：一、見於牟庭《同文尚書》下冊，頁1605～1607，此文：墓志銘，由魚臺馬邦舉撰，掖縣翟雲升書丹，福山王紱慶篆蓋，作於道光十四年甲午，全文約四百餘字。二、許維遹先生《棲霞牟默人先生著述考》，此文僅是牟庭的傳略，其中亦多所引用他人文章轉引而成，清華學報第九卷第二期、頁411～476，1934 年。三、見於周駿富編《清代傳記叢刊》，台北：明文書局出版，1985 年。此有《清史列傳九》卷六十九、《清代疇人傳》三編卷二、《清儒學案小傳》卷十二等都略有記載。四、王獻唐、姜亮夫〈詩切序〉，見《詩切》頁1、頁9。

〔註2〕 此見於許維遹《棲霞牟默人著述考》傳略部分，清華學報第九卷二期，頁412，1934 年。

　　牟氏從小生長於書香門第，天性卓犖，抗懷好古。爲諸生時，以制舉文受知于趙鹿泉先生，當時，人稱牟氏爲「山左第一秀才」；〔註3〕又以經學受知于阮元，曾爲書「橫經精舍」額其室。然而牟庭懷才運蹇，仕途蹭蹬，自考中秀才以後，連續十八次應試鄉試不雋；竟曾遇有試峻之時，遭主考官攜其落卷，當眾吹毛求疵，暴揚其短。當時，武進的臧在東亦以著書老不遇，與先生同，是以有孫淵如稱他們爲「南臧北牟」。〔註4〕牟庭畢生科名止於乾隆己卯（1795年）科優貢，除一任觀城縣訓導的冷官外，終身閉門著述不輟，「家居非應試不出邑，人罕識其面者」。〔註5〕而先生恬退謙和，不驚聲氣，獨與同邑郝懿行相友善，「同研樸學」，〔註6〕默人少懿行兩歲，「懿行每有著述，輒與商榷」。〔註7〕

　　而牟氏生平學無不窺，經史諸子隨文定正，並兼明算術。凡批校群書有五十餘種，且湛深博通，除早期刊刻《楚辭述芳》外，其餘都不肯以一字問世。其一生惟默默不斷進行著書、增訂、修改、考據等工作，孜孜不倦，老而彌篤。在牟庭所有著述中尤以《同文尚書》、《詩切》二書，爲其畢生精力之所寄。而其治學融今古眞僞爲一爐，不株守一家之學；《詩切》五十卷，則爲默人研究《詩經》的成果，其撰寫歷時三十年，六易其稿，雖爲其最後手寫定本，但序文中卻指出：「得意者既不可讓，其所未愜，十或二三。」可見其治經是何等謹嚴，何等負責！其之所以《詩切》名書，蓋取孫卿「詩書故而不切」一語，謂「依經爲說，案循文義，如切脈然。」〔註8〕而《同文尚書》乃脫稿於道光元年（1821年），當時默人已六十三歲，距其七十四歲死前，這十一年漫長歲月中，此《同文尚書》都在不斷的修改中。此書原名《尚書小傳》，爲默人二十九歲以前注解《尚書》的著作，陸陸續續修改，費時四十年之久而完成此《同文尚書》。

　　此外，牟默人又著有《周公年表》、《投壺算草》等書。其畢生著作除前述《楚辭述芳》於生前鐫板身外，身後只有《周公年表》一書由其子牟房刊印行世，牟房並且編輯《雪泥屋遺書目錄》，著錄其父的全部著作。

〔註3〕同上注。
〔註4〕同上注。
〔註5〕見馬邦舉〈墓志銘〉，《同文尚書》下冊，頁1605。
〔註6〕見《清史列傳》卷六十九。
〔註7〕同上注。
〔註8〕此見於《清儒學案小傳》，頁006～534。

　　總之，牟庭乃是一位用功好學、博通群經、著述甚多的學者，但其文運多舛，屢躓棘闈。雖然牟庭時運不濟，但他眞積力學、黽勉不倦，故其「窮居而不憫，老至而不知，反覆不感於心。」〔註9〕而有豐富的著述，實所罕覯。惟因牟庭治學嚴謹，不肯隨易刊行，又加上後來其遭逢亂世，亡佚不少，故其諸多著作，至今難得一見。

二、牟庭的時代背景

　　清代學術的發展趨勢，誠如梁啓超先生所云，是經過啓蒙、全盛、蛻變，乃至衰落這四個階段變化而來的。而這三百年學術變化，更可以王國維先生所歸納的"大精新變"概括。如下表：〔註10〕

清　學　術　年　代　概　略			
特　色	大	精	新	變
清代分期	順治康熙之世	雍正乾隆之世	道光咸豐以後	近世
附註	即國初	即中世 就中乾隆嘉慶		

　　而牟庭生卒年代約：西元 1759〜1832 年。亦即乾嘉（1736〜1820）時及道光（1821〜1850）初年。正逢考據學輝煌燦爛與今文經學崛起之際。

　　此時考據學（乾嘉學）主以小學通古經義。正如戴震所云：「故訓明，則古經明；古經明，則賢人聖人之理義明。」〔註11〕除重視文字訓詁外，尚重視「博考」，即廣博考辨經典、史籍、諸子、文學、天文、曆算、地理、名物、制度等文獻。其治學方法主實事求是，無徵不信，厭棄主觀申理，傾向客觀證事，符合科學實證精神，因此又稱爲「樸學」。又因其師承兩漢的經師，以名物、訓詁、考據爲主，有別於談心性義理的宋明理學（宋學），因此又稱爲「漢學」。〔註12〕

〔註 9〕見於牟庭《詩切自序》一文，《詩切》第六冊，頁 2893。
〔註 10〕此見於王國維〈沉乙庵先生七十壽序〉《觀堂集林》二十二卷，楊家駱主編《中國學術名著》第二輯，頁 234〜235，台北：世界書局出版，1991 年。
〔註 11〕見於《戴震文集》卷十一〈題惠定宇先生授經圖〉。
〔註 12〕見於林啓彥《中國術思想史》，頁 255，台北：書林出版，1994 年。

　　而乾嘉漢學有吳、皖二派之分；即吳派以惠棟（江蘇蘇州人）、王鳴盛、錢大昕、江藩等人爲代表。強調「訓詁必以漢儒爲宗」，「不問眞不眞，唯問漢不漢」爲其特色。〔註13〕皖派則以戴震（安徽休寧人）、段玉裁、王念孫、王引之爲代表。彼等皆精通小學，主從音韻、文字、訓詁等基本工夫考辨典章制度，不僅求古，尚且求眞。其考據精神要做到「不以人蔽己，不以己自蔽」〔註14〕的地步。且認爲君子之務在聞道，不能只是「株守先儒而信之篤」，〔註15〕尚且要「由字以通其詞，由詞以通其道」。〔註16〕

　　吳皖二派雖皆尊漢反宋，但吳派提倡復古，唯漢是從；皖派則強調求眞，方法嚴密，識斷精審。故王鳴盛論惠棟、戴震之別則云：「惠君之治經求其古，戴震求其是。」〔註17〕

　　此外，乾嘉學者在學術上的貢獻與著述，則是不勝枚舉。如：

　　（一）在整理與考訂古代經書上：有考據學派先驅之稱的閻若璩，著有《古文尚書疏證》，其考據之精確，《四庫提要》認爲無人可及。〔註18〕胡渭的《易圖明辨》澄清宋明以來治《易》的神秘玄妙；焦循《易學三書》，清除宋以來對《易經》的許多誤解。〔註19〕惠棟著有《周易述》、《易例》、《易漢學》、《古文尚書考》、《春秋補正》、《九經古義》等書。其中《古文尚書考》二卷，辨正《古文尚書》之僞，與閻若璩《尚書古文疏證》相合；又孫星衍《尚書今古文注疏》，兼明今古，爲近代注釋《尚書》較好之本。〔註20〕

　　在詩經方面，則有陳啓源《毛詩稽古編》開清學者以樸學治《詩經》的先河；胡承珙《毛詩後箋》援毛糾鄭，開後人崇毛棄鄭之先路，〔註21〕是以有陳奐《詩毛氏傳疏》主《毛傳》捨《鄭箋》；又馬瑞辰《毛詩傳箋通釋》通

〔註13〕見於梁啓超《清代學術概論》，頁 55，台北：里仁書局出版，1995 年。
〔註14〕見於《戴東原集》卷九，〈答鄭丈用牧書〉。
〔註15〕同注 13，頁 262。
〔註16〕見《戴東原集》卷九，〈與是仲明論學書〉。
〔註17〕此見轉引洪榜《初堂遺書稿》卷一，〈戴先生行狀〉一文，林啓彥《中國學術思想史》，頁 264。
〔註18〕見清・紀昀等編《四庫全書總目提要》卷十一，頁 101，北京：中華書局出版，1995 年。
〔註19〕同注 12。
〔註20〕見於梁啓超《國學研讀法三種》、〈國學入門書要目及其讀法〉，頁 13，高雄：復文圖書出版，1991 年。
〔註21〕此見於周何、田博元等編《國學導讀叢編》第一冊，頁 183～185，台北：康橋出版社出版，1990 年增訂九版。

盤伸釋《毛傳》《鄭箋》，不拘門戶之見；輯三家詩有陳喬樅《三家詩遺說考》、莊存與《毛詩說》、丁晏《三家詩補正》、阮元《三家詩補遺》、魏源《詩古微》、皮錫瑞《詩經通論》、而至王先謙《詩三家義集疏》乃集清儒三家詩說之大成。另外，姚際恆《詩經通論》、崔述《讀風偶識》、方玉潤《詩經原始》等書對詩旨各有獨到之論。

　　而莊存與有《春秋正辭》，爲清代今文學開創者；劉逢祿有《公羊何氏釋例》等書，爲清治今文學之冠。〔註22〕此外，《周官》有沉彤《祿田考》、王鳴盛《軍賦說》、戴震《考工記圖》；《儀禮》有胡匡衷《釋官》、胡培翬《正義》；《論語》有宋翔鳳《說義》、劉寶楠《正義》；《孟子》有戴震的《字義疏證》、焦循《正義》；《爾雅》有邵晉涵《正義》、郝懿行《義疏》；皆卓然成家。〔註23〕

　　（二）在文字、聲韻、訓詁方面，則有：段玉裁《說文解字注》，昌明許愼之書；朱駿聲《說文通訓定聲》，提出由訓古義至定古聲的條例；王筠《說文釋例》爲《說文》通釋。古韻學如江永《古韻標準》、戴震《聲類表》、《聲韻考》、段玉裁《六書音韻表》、孔廣森《詩聲類》等對上古音韻難解之謎有很重要創穫。而切韻學以陳澧《切韻考》爲有名著作。經學訓詁以王念孫、王引之父子最精；王念孫的《讀書雜志》考訂古書的訛誤、音訓、句讀，令人信服；《廣雅疏證》據音近義通原則，糾正《廣雅》多處錯漏；而王引之的《經傳釋詞》爲清研究古文虛字代表作；《經義述聞》爲有系統考訂古書中音韻訓詁之作。其次爲郝懿行，亦深研名物訓詁之學者，其《爾雅義疏》以古音明古義，與邵氏《爾雅正義》相媲美。而阮元的《經籍纂詁》彙集古書義訓，尤有功於初學。

　　（三）對古籍校勘、辨僞、輯佚上，卓然有成者如：戴震校《大戴禮記》、《水經注》，尤精覈；盧文弨所刊《抱經堂彙刻書》十五種，合經史子集，摘字注之；丁杰精校讎，有《周易鄭注後定》等書；顧廣圻有《思適齋集》，長於校勘；王念孫《讀書雜志》則校勘範圍更廣，可謂集校勘之大成者。姚際恆《古今僞書考》辨經史子集眞僞；崔述《豐鎬考信錄》先疑後信考證法開民初古史辨學派學風之先河。〔註24〕而輯佚方面，如乾隆年間修定的《四庫

〔註22〕此見於皮錫瑞《經學歷史》，頁356，附注部分第10，台北：藝文印書館，1987年。

〔註23〕同上，論〈經學復興時代〉，頁353。

〔註24〕此見於皮錫瑞《經學歷史》，頁364、370註14部分，及林啓彥《中國學術思想史》，頁266。

全書》、紀昀所編《四庫全書總目》，可謂號為「中國歷史上空前的大規模的搜輯佚書的成果」〔註 25〕由此可以略窺古今學術的大觀。又有針對《別錄》與《七略》輯佚有馬國翰的《玉函山房叢書》（中有此輯本）。〔註 26〕此外，王鳴盛的《十七史商榷》詳於典章故實；錢大昕的《廿二史考異》糾正史書錯誤；趙翼的《廿二史劄記》論證重大史事，三者為清代考證史學的代表著作。〔註 27〕

此外，尚有阮元《十三經校勘記》為校《十三經注疏本》最善者。皮錫瑞稱其為：「經學之淵海。」〔註 28〕

由上述可知乾嘉考據學派對古籍文化歷史等整理，貢獻卓著，尤其在文字、聲韻學上的努力成果，更有超越前人的創穫。但美中不足的是這種學術卻與現實社會脫節，形成在故紙堆中討生活，象牙塔中作學問的模式。一旦時移勢異，這求古尚真的學術，無法對社會積弊現象，提出有效因應對策時，則有主明微言大義的今文家學者起來扭轉風氣。早在乾嘉時有莊存與，主「於六經皆能闡抉奧旨」，以期「獨得先聖微言大義於語言之外」〔註 29〕繼而有劉逢祿、龔自珍、魏源、皮錫瑞，乃至清末的康有為，皆抨擊乾嘉考據學者，刻意學古，逃避現實。章學誠《文史通義──文喻》更是指出乾嘉學者：「疲精勞神於經傳子史，而終身無得於學。」〔註 30〕

牟庭所處的時代背景正是個重視名物、訓詁、考證的乾嘉時代，並隱伏有今文經學形成之趨勢的大環境。在姜亮夫《詩切序》云：

> 牟氏生於清乾隆二十四年己卯，卒道光十二年壬辰。……是時戴震已長其三十六歲，段玉裁已長其二十四歲，王念孫長其十五歲，郝懿行長其二歲，王引之小其十七歲，陳壽祺小其三歲，陳奐小其二十七歲，馬瑞辰小其二十三歲。

可謂其正處一漢學鼎盛時。處在這一風氣下，牟庭的著述勢必受其影響。就其《詩切》序云：

> 古之注詩書者，訓故字義而不切說其文意。蓋荀卿所見周秦師儒舊

〔註 25〕此見張舜徽《中國古代史籍校讀法》頁 301，台北：里仁書局出版，1988 年。
〔註 26〕同上注，頁 305。
〔註 27〕見於林啟彥《中國學術思想史》，頁 266。
〔註 28〕此見於皮錫瑞《經學歷史》，頁 364。
〔註 29〕此見於莊存與《味經齋遺書》卷首，阮元〈莊方耕宗伯說經序〉一文。
〔註 30〕此見於章學誠《文史通義》內篇第二，〈文喻〉。

法相傳，簡略如此。……向使浮邱傳經，故而又切，申明古義，人人曉暢，轅韓亦將不作，又況毛公？……居今日而學詩，……法當就毛氏經文，校群書，考異聞，劾《鄭箋》，黜《衛序》，略法轅韓，推詩人之意，博徵浮邱、申培之墜義，以質三百篇作者之本懷。……余既以此指，……精覈故訓，故訓既明，依文爲切。故者古之所同，切者今之所獨，是以自名其學，不曰故而曰切。

由此可知牟庭著《詩切》的用意，不僅在明訓故，亦在切文義。是以《詩切》一書內容包含兩大重點：一爲文字訓故考證，二爲論《詩》的微言大義。由此以知牟庭治學不偏古，也不偏今，融古今文經於一爐。然而其所以有「既古既今」的作風，可能與當時學術風尙有密切關係。是否因受到乾嘉精覈考據影響，故明訓詁？受到今文家主微言大義影響而重義理？諸如此等推測，我們是不容忽略的。

　　總之，由其時代背景，進一步知人論世，吾人可知牟庭著述風格，絕非偶然形成的。在此，本人爲欲更加清楚了解牟庭所處的時代背景，先後有哪些學者？同時代中有哪些學者？以及可能會對牟庭造成哪些影響？則作了上述乾嘉學者的著作與貢獻等簡述，希藉此能更清楚看出牟庭所處的時代背景。

第二節　牟庭的著述

　　有關牟庭的著述，據《清儒學案小傳》（頁006～554）記載：

所著書五十餘種，亂後佚大半。其用力最勤者，《同文尚書》三十卷，……《詩切》五十卷。……又有《周公年表》、《投壺算草兩句》和《兩股較》，及《帶縱和數立方算草》各一卷。

吾人由此可知：其著述豐富，達五十餘種。而其畢生精力所寄者，乃《同文尚書》與《詩切》，並兼明算術，有《周公年表》、《投壺算草》等書。在此僅先就牟庭花費畢生精力所鑽研的《詩切》，作一概略介紹。

一、《詩切》的成書

　　今山東齊魯書社有出版手鈔本，即本文所用之本。因「古之注詩書者，訓故字義而不切說其文意」，故「今日學詩，古法盡湮」，是以此書不僅「故訓既明」且「依文作切」，以「故者古之所同，切者今之所獨，是以自名其學，

不曰故而曰切。」此乃《詩切》一書之名由來。而關其牟庭撰述此書的動機、或此書的板本與體例等，則見以下論述。

（一）撰述動機

牟庭著《詩切》的動機，我們可從其《詩切‧自序》中，得知：

> 荀卿子有言：「詩書故而不切」……古之治詩書者，訓故字義而不切說其文意。……漢以來詩說稱四家，魯申培公，自秦時受學於荀卿門人浮邱伯，為訓故以教而無傳，猶古者不切之遺意也。齊轅固、燕韓嬰，俱非別有《詩》受；各就魯經，自推其意，取春秋，采雜說而為《詩傳》。又趙人毛萇最後，亦就三家經作《故訓傳》，而獨變用古文，遠托子夏，取貴來世。嘗試辨其由來，申培師法古正，轅韓變古而不欺人，毛公最巨信。然皆為申培之學，簡略難明，使其然也。……向使浮邱伯所傳，故而又切，申釋古義，人人曉暢，轅、韓亦將不作，況毛公？毛公亦求之不得，而不能已者也。《詩箋》棄魯宗毛，失之千載，遂使三家詩廢滅無餘，惜哉！惜哉！（頁2889～2890）

由上述可知，牟庭認為漢以來說《詩》者，大多承襲荀卿論《詩》宗旨：「詩書故而不切」，所以重章句訓詁、字詞說解，而忽略了詩文大義，是以今詩旨說解，便呈現百家爭鳴，莫衷一是局面。若師承源頭（如牟庭所云：浮邱伯，乃至荀卿）能夠「故而又切，申釋古義」，則歷來說《詩》者或許不難達成共識，而不會有諸說紛紜情形。

若將四家詩作一比較，「辨其由來」，則以魯詩最近古意，所謂「申培師法正古」，其次轅、韓，亦「變古不欺人」，而《毛詩》最巨信。至於《鄭箋》因「棄魯宗毛」，連最切近古意的「申培之學」都棄之不論，而以變古的《毛詩》為主，其可信度自屬可疑，更遑論說中詩人本意？

是以牟庭主張：

> 法當就毛氏經文，考群書、校異聞、刻《鄭箋》、黜《衛序》，略法轅、韓，推詩人之意，博徵浮邱、申培之墜義，以資三百篇作者之本懷。（頁2890）

並以為：

> 如有所合，試誦其篇，即聞詩人歎息之聲，又睹其俯仰之情，音詞婀娜，枯槎春生。能如是者，詩人所諾；不如是者，詩人所否。所

> 否則古雅亦俗，所諾則近俗皆古，此中得失，一聽作者神魂，對人
> 決正，漫漫古今，如一邱之貉也。豈可謂舊藏之菜果酸甜，而新造
> 之蜜酪辛苦哉？故：余既以此指，揚榷風雅，頗復辨正它書，精覈
> 故訓，故訓既明，依文爲切。（頁2891）

所以《詩切》之作意在：「故者古之所同，切者今之所獨，是以自名其學，不
曰故而曰切。」（頁2891）可知牟庭著《詩切》動機，旨在"明故訓，切文意"。
既做到"精覈字意"，亦在推究"詩人本義"，甚且，"故者古之所同，切
者今之所獨"，故自名其學爲《詩切》。由此可看出牟庭著《詩切》宗旨，旨
在藉由章句訓詁精確剖析，達到論詩切中"詩三百作者本懷"的目的。

加上「又不欲俯同群碎，墜於學究講章之流，是以略倣歌謠，稱心避俗，
詩人之作，金玉鏗聲，切以韻語，體亦宜之。……」（頁2891）可看出牟庭論
詩，自有主張，不願人云亦云，拾人牙慧，並主張還原詩"歌謠"形式——
"切以韻語"，來追求其詩歌的"當行本色"。

（二）成書經過

就其《詩切・自序》云：「俛焉孜孜三十餘年，手稿六易，頭顱白雪，得
意者既不可讓；其所未愜十或二三，留作後來脩改功夫，不少餘年。」（頁2892）
其以三十多年時間撰寫一部書，六易其稿，卻仍謙稱"未愜十或二三，留作
後來脩改"，可見其成書態度是嚴謹、負責的。

又「憤樂之緣，窮居而不憫，老至而不知；美於膏粱文繡，樂於鐘鼓瑟
琴，人事翻覆，不感於心，此則學詩所得，聊不爲薄也。」（頁2892）見其努
力著述，乃發憤所爲，雖「窮居陋巷」，但「不改其樂」，故「樂以忘憂，不
知老之將至」。牟庭並將一生精力，奉獻於讀書、解書、著書中，不在藉此求
功名利祿，而是爲求眞知，孳孳力行，是以「人事翻覆，不感於心」，反以此
爲「學詩所得」，可看出牟庭眞是個好學不倦的學者。

或許學習最高境界是個"樂"境，故孔子有云：「知之者不如好之者，好
之者不如樂之者。」牟庭畢其一生，沉潛於作學問，其之所以如此持久，除
了治學態度謹嚴、認眞外，想必有股力量在背後支撐著他，勇往直前，即使
"前無古人，後無來者"，他亦孜孜不厭，故可以此"鑽研書堆裏"而"自
得其樂"，反以此避開"人事糾纏"，頗感"如獲至寶"。讀書至此，想必
對程明道：「讀書之樂樂如何？綠滿窗前草不除。」的悟境，有一深切體會。

（三）板本與體例

1、板　本

《詩切》，過去僅在《雪泥書屋遺書目錄》所錄的自序及小序中略見鴻爪，原書五十卷，一直未刊印。

今吾人所見到的《詩切》本子，乃齊魯書社所印行，共五冊（亦為本論文所用的版本）。而此板本來源有二：

（一）樂陵宋氏抄本，今考證此乃王獻唐手抄本，而宋氏乃假之名也。案：此本乃王氏抄本，宋氏竊王本而冠以己名。

（二）山東大學藏日照丁氏抄本，此後由丁伯弨（丁惟芬）手寫定稿。

二本比較，實同出日照丁氏所藏之本，然丁惟芬手抄本較完好，僅缺〈小雅‧鹿鳴〉至〈小雅‧雨無正〉三十三篇，而王獻唐本子今最殘缺不齊，今齊魯書社所出版的版本，是以丁惟芬抄本為主，而參以王獻唐的《序》所定的編次，連同王獻唐此《序》影印出版的。

2、體　例

牟庭《詩切》解詩特色，在於能詳盡地考證、推論每首詩的字、詞、義，並羅列諸書說法，而後以「余按」作一述說與總評，是以不一味盲從權威，而能純任是非，空去依傍，大膽提出己見。此由「博考」而推論出己見，可謂牟庭論《詩》的最大特色。餘如更定《詩經》錯簡；又於每首詩後，用淺近文言翻譯詩意，句尾大多押韻、句式大致齊整，仿若小詩，殆仿焦氏《易林》之例，此又別一特色。〔註31〕《詩切》解詩體例，大致可歸納如下：

〔註31〕《焦氏易林》有 4096 卦，而每卦下繫詮釋易象、占驗吉凶的斷語，此斷語押韻，句式齊整，彷如時下廟宇的籤詩，且是用當時民間流行的語體寫成的。而牟庭詮釋《詩》有時亦以詩歌形式詮釋詩意，亦以當時語體寫來，於此二者是很相近的。不同在前者釋易象，後者釋《詩》；又《焦氏易林》以詩釋易象，有的以《詩經》中的詩意詮解，於內容上，有的正與牟庭詮釋內容相近，如釋渙卦，《焦氏易林》云：「鶉尾奔奔，火中成軍。虢叔出奔，下失其君。」此說與牟庭釋〈鶉之賁賁〉云：「喜鵲之好，僵僵而死踣。鬥鶉之惡，奔奔而遠走，比如甯氏納君折其首，孫氏逐君遯逃而無咎，為人恩怨不分明，失其約信為無良，使我長負天下人，以無良人為我君。」意大抵皆指孫氏逐君而出居，而甯氏納君而被殺，顯使君王失其信也，分明寫襄公二十六、二十七年，衛獻公無信用的史事，以此知《易林》亦據史實論述。

此外，牟庭釋《詩》亦以《易林》作解，如其釋〈衛風‧新台〉，則以《易林‧晉之無妄歸妹之蠱》曰：「陰陽隔塞，許嫁不答。旄丘新台，悔往嘆息。」以

（1）編次體例

《詩經》三百零五篇，牟氏以爲其中頗有錯簡，因此重新更訂，釐爲二百八十二篇。《詩切》全書依今傳〈風〉、〈雅〉、〈頌〉舊次爲序；於各〈國風〉下，特著一「國」字，如「周南國」、「召南國」等；並載明篇數，如「周南國十一篇」、「召南國十四篇」等；不分卷。其編次依序爲〈國風〉──〈周南國〉十一篇、〈召南國〉十四篇、〈邶鄘衛國〉四十篇、〈王國〉九篇、〈鄭國〉二十二篇、〈齊國〉十一篇、〈魏國〉七篇、〈唐國〉十二篇、〈秦國〉十篇、〈陳國〉十篇、〈檜國〉四篇、〈曹國〉三篇、〈豳國〉篇、〈小雅〉七十三篇（中缺〈鹿鳴〉至〈雨無正〉三十三篇）、〈大雅〉三十篇、〈周頌〉十二篇、〈魯頌〉四篇、〈商頌〉四篇。〈商頌〉之末，殿以〈詩小序〉及〈詩切‧自序〉二文。以上爲《詩切》一書編次之要略。

按今傳《詩經》各本，並無於〈國風〉下特著一「國」字，《詩切》以爲：

> 周、召皆畿內國名也。畿內之國謂之南，南猶男也。《昭十三年左傳》：「鄭伯，男也。」賈注曰：「男，當爲南；謂南面之君也。」《周語》：「鄭伯，南也。」韋注引賈侍中曰：「南者，在南服之侯伯。」鄭司農曰：「南謂子男，畿內之諸侯，雖爵侯伯，皆食子男之地。」《家語正論篇》：「鄭伯南」王注曰：「南，左氏作男，亦多有作此南。連言之，猶言公侯也。」《史記周本紀》曰：「求周苗裔，封其後嘉三十里地，號曰：周子南君」子南，即子男也。據此諸證，知古字南、男通用。故諸國風，皆直題國名，而周、召獨繫之以南，正謂

爲「旄丘新台皆不見於夫者之所爲作，古義相傳，最可據也。」可知牟庭解《詩》亦受到《易林》影響。

又考《焦式易林》押韻情形，有所謂的通押、隔句押韻等情形，通押者如前一首，隔句押者如其釋履卦：「空拳握手，倒地更起。富饒豐衍，快樂無已。」押起、已等韻。釋泰卦有：「不風不雨，白日皎皎。宜出驅馳，通理大道。」押皎、道等韻。而此隔句押韻情形，牟庭亦有，如其釋〈桃夭〉云：「芳春一樹桃，天天有斜枝。其葉生華間，萋萋綠陰齊。比如奔女不自持，夫氏一家哪得知？慨然念是子，會是歸夫期。其家多少人，皆欲與安宜。」知押有枝、齊、持、知、期、宜等韻字。由此可看出牟庭與《焦氏易林》實有一些相似處。又據其著述中，亦有研究《焦氏易林》者，以爲此《易林》應是崔氏所作，故可看出其是否受到《易林》影響而有此一創見，則是我們研究其《詩切》詮釋詩時，所不可不察的，據此《詩切》韻語形式當有受到《焦氏易林》啓發而來的。當然，在內容、形式上彼此應尚有許多相似處，此則有待將來進一步研究。

畿內伯、男之國，與外大國不同也。

牟氏據《左傳》、《周語》、《史記》等記載，以古字南與男通用，子南即子男，為王畿內諸侯，所以今周南、召南皆各繫有南，可知為王畿內諸侯國，與王畿外諸侯國不同，故此〈周南〉、〈召南〉即為王畿內的周南國、召南國。以此可知〈國風〉中〈周〉、〈召〉二南為諸侯國名，則〈國風〉其他風謠亦應為諸侯國之風謠，故亦應題國名才是。所以周南為〈周南國〉；召南為〈召南國〉；邶、鄘、衛、王、鄭以下各國風謠也都是如此。只是〈周南〉、〈召南〉為王畿內諸侯國之風謠，其餘為王畿外諸侯國風謠。

又牟氏所更訂之二百八十二篇，今止存二百四十九 篇。因其中〈小雅·鹿鳴〉至〈小雅·雨無正〉之三十三篇不存。此說詳見前文版本部分。茲為清眼目，將舊傳各類篇數與牟氏更訂後篇數彙總為一表，以資比較：

舊	本		詩	切	
類 名	篇 數		類 名	篇 數	
周南	11		周南國	11	
召南	14		召南國	14	
邶風	19		邶國		
鄘風	10		鄘國	40	
衛風	10		衛國		
王風	10		王國	9	
鄭風	21		鄭國	22	
齊風	11		齊國	11	
魏風	7		魏國	7	
唐風	12		唐國	12	
秦風	10		秦國	10	
陳風	10		陳國	10	
檜風	4		檜國	4	
曹風	4		曹國	3	
豳風	7		豳國	6	
小雅	74		小雅	73	
大雅	31		大雅	30	
周頌	31		周頌	12	
魯頌	4		魯頌	4	
商頌	5		商頌	4	
總數	305		總數	282	

　　由上表可看出《詩切》中凡屬〈國風〉者，都加一國字以表諸侯國風謠，此與舊本的〈周南〉、〈召南〉、〈邶風〉、〈鄘風〉、〈衛風〉、〈王風〉、……不同，其餘大體一致。在篇數上，可發現《詩切》將舊本篇數省併了二十三篇，故爲二百八十二篇。其中〈周南國〉、〈召南國〉、〈齊國〉、〈魏國〉、〈唐國〉、〈秦國〉、〈陳國〉、〈檜國〉、〈魯頌〉等篇與舊本篇數大體一致；而其中〈邶風〉、〈鄘風〉、〈衛風〉合爲〈邶鄘衛國〉共四十篇（此將〈王風‧黍離〉自〈王風〉抽出列入此，故爲四十篇）；〈周頌〉篇數較舊本減少十九篇，省併爲十二篇；〈鄭國〉較舊本多一篇（以〈丰篇〉「衣錦」章下，獨立爲一篇，故爲二十二篇）；其他的篇章均較舊本少一篇，如〈曹國〉（以〈下泉〉併入〈豳國〉，故省一篇）、〈豳國〉（以〈破斧〉、〈伐柯〉、〈九罭〉合爲一篇，又加上〈曹國‧下泉〉，故爲六篇）、〈小雅〉（併〈我行其野〉三章入〈黃鳥〉，故省一篇）、〈大雅〉（以〈靈台〉併入〈皇矣〉，故省一篇）、〈商頌〉（併〈殷武〉與〈長發〉爲一篇，故省一篇）皆是。關於牟庭此部分的錯簡移易，詳見本論文第三章第四節。

　　至於牟庭將〈詩小序〉總爲一編，置於書末，主要與牟氏對《詩小序》看法有關。他說：「《小序》淺陋無文理，其贗易見，而人傳信之尤篤，是以害于詩尤深。朱子起而辯之，而後尙不能信，猶以爲《小序》近古，不可廢也。」牟氏認爲舊本的《毛詩序》多淺陋無理，不可盡信，然而因後人有貴古賤今觀念，以《詩序》近古，不可廢除，故仍尊崇《序》說。是以牟氏亦不主廢〈序〉，但此〈序〉非彼《序》；他認爲舊有的《詩序》內容應廢除，但《詩》之〈序跋〉不可廢。雖然《詩切》在每首詩之後均有韻語表明詩旨，但就全書的整體統一性而言，每首詩旨應彙集爲一編，以求眉清目楚，是以牟氏將〈詩小序〉總爲一編，置於書末，雖有〈詩序〉之名，內容卻與傳統的《毛詩序》大不相同。

　　另外，牟庭認爲〈序〉之意義，是具有經學的意義，與前文詩說的性質有別，故《詩切》最後亦如朱熹《詩集傳》作法，將〈詩序〉置於全書之後。

（2）釋詩條例

　　每一首詩頂格條列，而解詩之文於詩旁空兩格始闡述。闡述方式，我們可從A、字義訓詁；B、句義解釋；C、總結章句三方面分析，得知牟庭釋詩條例：

　　A、字義訓詁

　　（a）羅列群書互較詳釋

　　《詩切》在探究詩的字義、詞義時，均以引經據典方式，將諸書羅列出來，加以比較互證，進行闡述。在諸書互證中幾乎都首列《毛傳》，繼而引用其他載籍，如：《說文》、《爾雅》、《鄭箋》、《左傳》、《列女傳》、《史記》、《漢書》、或《呂氏春秋》、《易林》等書；有的字義、詞義亦據前後篇章互證解釋，然後殿以「余按」釋己見，以「然則」議人非。如釋〈召南國‧采蘩〉之「蘩」：

　　《毛傳》曰：「蘩，皤蒿也。」……《七月毛傳》：「蘩，白蒿也，所以生蠶。」陸疏曰：「蘩，皤蒿，凡艾，白色為皤蒿，今白蒿春始生，及秋香美可生食，又可蒸食，一名游胡……」《夏小正二月采蘩傳》曰：「蘩，由胡；由胡者，蘩母也；蘩母者，旁勃也。」……《廣雅》曰：「蘩母，旁勃也。」《本草別注》曰：「白蒿，葉似艾，葉上有白毛錯澀，俗呼為蓬蒿。」《七月孔疏》曰：「白蒿所以生蠶，今人猶用之。」《埤雅‧陸佃》曰：「蒿青而高，蘩白而繁，采蘩以生蠶也。……」余按〈七月篇〉曰：「春日遲遲，采蘩祁祁。女心傷悲，殆及公子同歸。」言邠伯女公子，方春務蠶，采蘩於野，從人眾多，求桑之女遇之，感念傷奔，欲與同歸於豳邑也。蘩可以生蠶，故蠶者先有事於采蘩也。然則《毛傳》云：「公侯夫人執蘩菜以助祭，神饗德與信，不求備焉。……」《鄭箋》云：「執蘩菜以豆薦蘩葅。」皆非矣。《小正傳》以蘩為豆實，亦因詩傳箋而誤也。

此「蘩」菜，牟庭據諸書考證及〈豳國‧七月篇〉「采蘩祁祁」之解，知為養蠶之菜，故以為《毛傳》、《鄭箋》解作助祭之菜，非矣。

　　（b）通假釋字義

　　凡是字、詞有通假現象者，牟庭都會一一拈出。如釋〈邶國‧凱風〉「載好其音」之「載」，牟氏據諸書考證出其與哉、才、財、纔字皆為同音假借字，意謂始也，謂「始曰纔，即載之古聲，詩人之遺言也。」若此載字出現於其他詩中，如〈鄘國‧載馳〉的「載馳載驅」、〈衛國‧氓〉的「載笑載言」、〈齊國‧載驅〉的「載驅薄薄」，牟庭均解作「載，音若才、哉、纔……始也。詳〈凱風篇〉。」

　　又如〈周南國‧葛覃〉的「薄污我私，薄澣我衣」之「薄」字，牟庭解作：

　　《毛傳》：「薄，辭也。」非矣。余按：薄、頗古聲同。《廣雅》：「頗，少也。」《呂氏春秋‧報更篇》：「薄，輕少也。」可證薄即頗字矣。

　　《後漢書‧馬援傳》：「頗哀老子，使得遨遊。」蓋東晉人始用頗字，

即古讀薄字之聲，詩人之遺言也。

而（齊國‧載驅）的「載馳薄薄」之「薄」，牟庭亦解爲「薄，即頗，稍也。……詳〈葛覃篇〉。」

（c）引俗語作詩人之遺言，以定讅

牟庭釋《詩》中字、詞之義，常引今俗語說明，以爲古讀之聲，乃詩人之遺言也，而據此音決定此意。如〈召南國‧鵲巢〉的「維鵲有巢，維鳩方之。」之「方」字，牟庭以爲：

> 《莊子‧山木》司馬注：「方，並也。」……《大射儀》鄭注：「方，出旁也。」、《說文》作旁。鄭注：「今文旁爲方。」據此知古字方、旁通用。《僞古文武成孔傳》：「旁，近也。」《武帝紀》師古注：「傍，依也。」據此知方、旁、傍、並皆古音同假借字矣。今俗語兩兩而並謂之傍，步浪切，即古讀方字之聲，詩人之遺言也。

此「方」字，牟庭據諸文獻考證，知其或作旁、傍等字，爲並、近之意。再進一步據俗語證實，知兩兩而並謂之傍；可知若音義同源的話，此方古音爲並也，有並列之意。據此音知此爲古詩人所遺留下的語言痕跡，故以此確定此方之意。在此，我們可看出牟庭以音聲爲據，除了根據文獻記載，有此音作此義外，還以俗語爲證，若今俗語有此解，則更可以確信此爲詩人之遺言，亦即古人所遺留下來的語音。如此據音義同源之理，可確定此字之義。

（d）排列文獻中的異文作解

如〈邶國‧谷風〉的「凡民有喪，匍匐救之。」之「匍匐」，牟庭釋：

> 《鄭箋》：「匍匐，言盡力也。」……〈問喪〉鄭注：「匍匐，猶顚蹶，或作扶服。」〈檀弓〉作扶服救之。〈生民篇〉：「誕實匍匐」，〈釋文〉亦作扶服。《召二十一年左傳》：「扶伏而擊之」，〈釋文〉或作匍匐。《昭十三年左傳》：「奉壺飲冰以蒲伏焉」，〈釋文〉本又作匍匐。《文選長楊賦注》：「浮服與匍匐音義同。」余按：凡民有喪，匍匐救之，言鄰里凡民有失貧乏者，尚欲盡力救助之。

此匍匐在文獻中或作扶服、或扶伏、或蒲伏等字詞，牟庭逐一將之羅列出來，以見匍匐在古籍中諸異文，然後解匍匐之意爲盡力也。

（e）以聲轉釋義

《詩》中有的字義，牟庭亦以「一聲之轉」或「聲之輕重」解之。如〈邶國‧日月〉的「寧不我顧？」之「寧」字，牟氏以爲：

> 寧與那，一聲之轉。晉宋人語云寧馨，亦曰爾馨，又曰如馨。爾、
> 如古音皆寧之聲轉，即今俗語云：那馨也。《廣韻二十三哿》曰：「那，
> 俗言那事。」可證寧、那聲義同也。……然則寧不我顧，言那可於
> 我不一顧視也？

此即以寧與那韻雖不同，但聲母相同，可以通用，因而解此「寧」為疑問詞
「那可」。

（f）引書遞訓作解

如釋〈周南·關雎〉的「君子好逑」之「逑」字，牟庭解為：

> 《毛傳》：「逑，匹也。宜為君子之好匹。」〈釋文〉：「逑，本作仇。」……
> 〈釋詁〉：「仇，匹也。」《說文》：「仇，讎也。讎，猶膺也，膺以言
> 對也。」余按：逑、仇音同假借字，仇訓為讎，讎有相對之意，故
> 為匹。

此以逑音聲假借作仇，而仇訓為讎也，有相對、匹對之意，故逑解為匹之意。
此解釋方式如 A=B，又 B=C，則 A=C 也；層層遞訓為解。

B、句意解釋

（a）擅以喻、刺、興說詩

牟庭往往以喻、刺、興說詩，而三者之中，又以比喻方式說詩為最多，
而此喻說若牽涉有聲音關係者，則以一語雙關方式作解，此聲喻可謂其喻說
特色。如〈邶國·柏舟〉的「泛彼柏舟，亦泛其流。」牟庭解：「柏舟，取其
聲也。以喻逼迫為婚，非其志也；亦泛其流，喻己不能自由作主，亦既從人
之意也。」

除了喻說外，則亦以興或刺說詩，如牟氏釋〈周南國·葛覃〉的「葛之
覃兮，施於中谷。」為：「《毛傳》曰：『中谷，谷中也。』余按：谷中謂谷之
正中，處地卑下，以"興"所託不良也。」

又〈召南國·采蘋〉：「于以奠之，宗室牖下，誰其尸之？有齊季女。」
牟庭解作：「少女謂將嫁者，采盛湘奠，事不躬親，是不忠信也。……由是而
猶曰尸之，詩人所為疾而刺之也。」

（b）以韻語詮釋詩意

牟庭於詳說每章詩之後，均以"○"區別以下的淺譯。此譯語正如許維
遹先生所云：「如後世雜體詩式。」〔註32〕句式有整齊者、有不齊整者；用韻

〔註32〕此見許維遹先生〈棲霞牟默人先生著述考〉一文。他還以為「而於切語，皆

有一韻到底者，亦有換韻者。如〈周南國‧葛覃〉：「葛之覃兮，施於中谷，維葉萋萋。黃鳥于飛，集於灌木，其鳴喈喈。」

牟庭譯作：

> 葛不自樹蔓能施，施向谷中居地卑。
>
> 未免幽冷葉淒淒，不如黃鳥遠于飛。
>
> 得集叢木之高枝，居高而鳴聲喈喈。
>
> 皆如婦人遠嫁夫，生世不諧嫁庸奴。
>
> 自傷寒賤無歡娛，不如他家君姐妹。
>
> 託身高門平生遂，和樂有聲足為慰。

據牟庭當時通行的《平水韻》，即《詩韻》來看，此譯語句尾押韻是這樣的：施、卑屬支韻，漆屬宵韻，飛屬微韻，枝屬支韻，喈屬佳韻，古可通押。夫、奴、娛三字換押虞韻。妹屬隊韻，遂屬寘韻，慰屬未韻，古亦可通用。所以此章韻語共換了兩次韻，有平聲韻，亦有去聲韻。關於此部分可詳見第三章第三節「主韻語詮釋詩旨」，有專門討論。

（c）總結章句，交待全詩

如〈周南國‧關雎〉，牟庭以「關雎，刺周南夫人晏起也。五章章四句。」作結。又若此論述與舊說不同者，則末附以小字表明，如此〈周南國‧關雎〉，末以小字表明：「故言三章，一章四句，二章八句，今從鄭箋分。」

二、牟庭其他著述

有關牟庭的著述，除了上述《清儒學案小傳》有記載外，尚有《疇人傳》、《清史列傳》等皆略加提及。除了前述提到的《詩切》外，如今有關牟庭的其他著述，較充實的記載，惟許維遹〈棲霞牟默人著述考〉一文，是以本文此節論述，多所引用節錄，不敢掠美。大體上，許先生將牟庭著述，分為以下兩部分探討：

（一）已刊者，僅有下列四種：

1、《周公年表》（福山王戶部懿榮有重刻單行本，雪泥書屋雜文手鈔本曾載此表。）

2、《禮記投壺算草》（湖州刻本）

演經以為有韻之文，如後世雜體詩式，大雅殊不當爾也。」《清華學報》九卷2期，頁437，1934年。

3、《雪泥書屋文稿》（僅見於手抄本《雪泥屋遺書目錄》中。）

4、《雪泥屋雜志》四卷（據許先生案：此書傳本甚少，所見者爲武林朱
養田舊抄本。……朱氏復有手抄本遺文、雜文二種，三書，是由孫先
生蜀承處獲見，爲東方文化委員會所藏。）

（二）未刊者，有五十幾種之多，如：

1、經學類

（1）易類有：

A、《學易錄》（從《雪泥屋雜志》錄出。以下凡未註明者同此。）要旨爲：

　　《易》之爲書，盈虛消長而已。……學《易》，不得于卦爻者求于辭，
　　不得于經者求于傳；一爻未明，六爻不敢從也；一卦未融，六十四
　　卦不敢通也。本意不爲欺人，欲慊于吾心而已矣。

B、《校正崔氏易林》主張：「《易林》者王莽時建新大尹崔延壽之所撰也。」
蓋：「崔形誤爲焦，崔篆蓋字延壽，與焦延壽名偶同，寫者知有焦延壽，不知
有崔延壽，此所以致誤。」是以辨焦氏《易林》爲崔氏《易林》。

C、《合批周易底本》（山東圖書館油印本《雪泥屋遺書目錄》有此書。）

（2）書類有：

A、《尚書小傳》謂：《古文尚書》二十八篇乃「眞孔子之舊矣」。據其子
牟房案：「此二十八篇，用伏生篇目之舊也。此書乃是《同文尚書》未定稿時
之名也，而《同文尚書》多得三篇。」

B、《同文尚書》三十一篇並有小序，如：

　　夏書四篇：夏史追述二帝之治，作《堯典》；夏史追述禹平治水土之
　　功，作《禹貢》；夏史追述虞五臣之績，作《皋堯謨》；禹伐有扈將
　　戰，作《甘誓》。（此書山東圖書館有傳鈔本。）

C、《尚書百篇序證案》此據《史記》以證百篇序非孔安國所傳，爲衛宏
僞作；劉歆本衛宏，班固本劉歆之說，遂釀成東漢古文之說。

（3）詩類有：

A、《詩意》：此論歷來學者說《詩》有七害及五迂之弊：

　　一曰以樂求之於《詩》，一害也；二曰以禮證之於《詩》，二害也；
　　三曰據《左傳》言《詩》，三害也；四曰以《史記》說《詩》，四害
　　也；五曰主《爾雅》不主《詩》，五害也；六曰誤讀《四子書》使《詩》

不明，六害也；七曰信奉《詩小序》，此七害也。五迂有：以六義論
《詩》，一迂也；以正變論《詩》，二迂也；雅頌分什，三迂也；笙
詩，四迂也；協韻，五迂也。

其以為「竊取逆志之教，以讀，不敢以害，不敢以迂，詮次所是，錄為《詩
意》三卷，自備遺忘，不敢曰我得之矣，亦庶幾以竭吾才。」

B、《詩切》見本文論述。

C、另外，有《校正韓詩外傳》。

（4）禮類有：

A、《校正大戴禮》（據許先生案：《雪泥屋遺書目錄》未著錄，已成專書
否？不得而知，姑以此名名之。）

（5）春秋類有：

A、《左傳評註》（據許先生案：姜桐岡《舉鄉賢公狀》稱是書，甚精奧。）

2、史學類

有《國語評註》、《校正前漢書》、《校正後漢書》、《更定漢書王莽傳》、《明
史論》、《古今年表》、《名士年譜》等書。

3、諸子類

有《繹老》、《道德經釋文》、《校正晏子春秋》、《校正龍文》、《校正墨子》、
《校正荀子》、《校正韓非子》、《校正呂氏春秋》、《校正淮南子》、《揚子太玄
注》、《校正孫子》、《校證顏氏家訓》等書。

其中《繹老》——主周太史儋與伯陽宛然一人，以：

在西周稱伯陽，至孔子時稱老聃，見秦穆公稱儋，數變其號，若見
若隱，誠不欲久為人所指識也。

《揚子太玄注》——主：

《法言》、《孝至》篇非絕筆於元始四年也。其書實成於新莽之世，
而託於漢興二百一十載。」而《校正孫子》——主世傳《孫子》十
三篇即伍子胥所著書也。

4、集部類

有《楚辭述芳》、《擬我法集》、《神仙集》、《凡翁丹訣》、《風星正源》、《雪
泥屋秘書》、《雪泥屋文集》、《雪泥屋古文》、《雪泥屋雜文》、《雪泥屋定餘文
存》、《雪泥屋賦存》、《雪泥屋策存》、《雪泥屋經文存》、《雪泥屋試帖存》《嚶

鳴草》、《十二賦箋》、《刪定唐人試律說》、《校正山海經》等書。

5、小學類

有《校正說文》、《方雅福書》。其中《校正說文》乃「校毛氏汲古閣本之誤字，並據他書引正。」而《方雅福書》據許先生案：「牟氏校正經傳諸子，喜援引方語為證，此書內容常有獨闢之論。」

6、算術類

有《句股重差圖》、《重差圖解》、《兩句和兩股弦較算草》、《帶縱和數數方算簿》、《算學定本》、《春秋算草》等書。

由上述可看出牟庭著述的大概情形，舉凡經史子集，無所不包，且小學、算術類亦精通。足見其學識淵博，不專守一家之言、一派之見。

第三章　《詩切》中的釋《詩》觀點

　　《禮記・學記》云：「不學博依，不能安詩。」鄭注：「博依，廣譬喻也。」孔疏：「依附譬喻，……若不學廣博譬喻，則不能安善其詩，以詩譬喻故也。」〔註1〕可見"詩以言志"有其表達技巧，並非僅直鋪陳述的宣洩情感即可，所以《禮記・學記》中會說：不懂廣博譬喻，巧說妙比的，就無法把詩寫好。觀乎我國最早詩歌總集的《詩經》有所謂「賦、比、興」三種文學技巧。其中，「比」與「興」的不同與意義，歷來詩經學者多有見仁見智，紛歧殊異看法。問題是《詩》距今古遠又多隱喻，若《詩》中不標明是比，或是興，其比興的意義真易為人所混淆或爭論不休。據林葉連《論詩經之興義及其影響》云"興"，則是：

> 凡字面意義結合其所隱喻之意義，而後顯出作者之真意，此謂之興。……如《豳風・鴟鴞》，周公寫一母鳥辛勤營建鳥巢，勞頓憔悴之際，又遭鴟鴞惡鳥之欺侮，……以此隱喻其忠心輔佐成王，為國事鞠躬盡瘁之際，流言毀謗四起，誣枉甚矣！故《鴟鴞》非為詠鳥，而是周公言志之作也。〔註2〕

然而此說與隱約的"比喻"有何不同？又觀今奉為治《詩》圭臬的《毛傳》、

〔註1〕 此見於《禮記正義》，孔疏尚以為：「不學博依，不能安詩者，此教詩法者。詩是樂歌，故次樂也、博廣也。依謂依倚也，謂依附、譬喻也。若欲學詩先依倚廣博譬喻，若不學廣博譬喻則不能安善其詩，以詩譬喻故也。」頁651，《十三經注疏》之五，台北：藝文印書館出版。

〔註2〕 見林葉連《詩經論文》的〈論《詩經》興義及其影響〉一文，即舉〈豳風・鴟鴞〉例說明，以為興乃「所言在此，所指在彼，將內心之情志以隱約之方式表達出來。」即其所謂的「凡字面意義必須結合其所隱喻之意義，而後顯露出作者之真意，此之謂興。」頁69，台北：學生書局出版，1996年。

《鄭箋》、《詩集傳》，其對比興說法，彷彿亦是比興混同。如毛傳獨標興體，但說〈周南·關雎〉則爲：「后妃說樂君子之德，無不和諧，……慎固幽深，若雎鳩之有別焉，然後可以風化天下。」〔註3〕在此，我們可以清楚看出《毛傳》雖標的是興，但卻是以雎鳩摯而有別，以喻淑女悅樂君子，和諧慎固可風化天下。然而這"興"不就又是以"比"來說明嗎？而鄭玄在《周禮大師教六詩》注云：「興，見今之美，嫌於媚諛，取善事以喻勸之。」〔註4〕則表明"興"是"取善事以喻勸之"，故其論《詩》時，似乎都以附會、比喻方式說明。如其論〈周南·樛木〉爲：「興者，喻后妃能以意下逮眾妾，使得其秩序，……而禮義亦俱盛。」〔註5〕此說的是興，但可看出他卻從比上求。其從葛藟的滋蔓纏繞下曲的樹木，使該樹上下俱盛，而喻后妃恩及眾妾，使眾妾各得次序，室家禮義興盛。然觀鄭玄這說法，彷彿是依從《詩序》旨意說詩，〔註6〕而將「興」比得曲折幽深。至於對《詩經》作法有較明確界說的朱熹《詩集傳》，對比興解釋則爲：「比者，以彼物比此物也。……興者，先言他物，以引起所詠之辭也。」但觀其標示《詩》作法時，亦詳略不一，如其釋〈頍支〉各章則有所謂：「賦而比而興。」〔註7〕然而此到底是賦？是比？還是興？實令人無所適從。

由上述我們可發現到經學家們對比興的界線，至今仍是畫分不清。然而我

〔註3〕〈周南·關雎〉，《毛傳》云：「興也。……后妃說悅君子之德無不和諧，又不淫其色，慎固幽深，若雎鳩之有別焉，然後可以風化天下。」知其雖標興，但以比說興。《毛詩鄭箋》本，頁1，台北：新興書局出版，1981年。

〔註4〕此見於《周禮正義》二十三卷〈樂師〉篇「教六詩曰：風、曰：賦、曰：比、曰：興、曰：雅、曰：頌。」鄭注云：「賦之言鋪直，鋪陳今之政教善惡；比見今之失，不敢斥言，取比類以言之；興見今之美嫌於媚諛，取善事以喻勸之。」知其亦以比喻說解興之意義。頁356，《十三經注疏本》，台北：藝文印書館出版。

〔註5〕〈周南·樛木〉，《鄭箋》云：「木以下垂之，故葛也；藟也，得藟而蔓之，而上下俱盛。興者，喻后妃能以意下，逮眾妾使得其次序，則眾妾上附事之，而禮義亦復盛。」見於《毛詩鄭箋》，頁3，台北：新興書局出版，1981年。

〔註6〕〈周南·樛木〉，《詩序》云：「〈樛木〉后妃逮下也。言能逮下而無嫉妒之心焉。」鄭玄之說，亦相近此意。見於《毛詩鄭箋》本，頁3，台北：新興書局出版，1981年。

〔註7〕此〈小雅·頍支〉，朱熹《詩集傳》云：「賦而興又比也。……此亦燕兄弟親戚之詩，故言有頍者弁，實維伊何乎。爾酒既旨，爾餚既嘉，則豈伊異人乎，乃兄弟而匪他也。又言蔦蘿施于木上，以比兄弟親戚纏綿依附之意，是以未見而憂，既見而喜。」知朱熹以賦、興及比混一爲說。《詩集傳》，頁161，台北：臺灣中華書局出版，1991年。

們若仔細研究這些經學家們 "比興" 的看法，會發現他們往往以經學角度來論《詩》的 "比興" 作法，是以原是詩人觸景抒情之作，卻亦比附成有教化意味的詩義來說，如上述的〈關雎〉詩便是一例，所以我們見前人著作常有標興，卻說成比的情形。然而比興的意義，到底有何不同？若我們從文學觀點來看，會發現到比與興的意義，究竟是不同的。鍾嶸《詩品》云：「文已盡而意有餘，興也。因物喻志，比也。直言其事，寓言寫物，賦也。」〔註 8〕可見言已盡，情未了，引起抽象情感等啟發，是興；而以物說明客觀事理，可為形象性類推，則是比；直鋪陳述原委為賦。所以此 "興體"，鄭樵《六經奧論》云：「凡興者所見在此，所得在彼，不可以事類推，不可以義理求。」〔註 9〕乃是一情感的聯想與啟發，與義理闡述無關；而比，劉勰《文心雕龍》云：

> 蓋寫物以附意，颺言以切事者也。故金錫以喻明德，珪璋以譬秀民，螟蛉以類教誨，蜩螗以寫號呼，澣衣以擬心憂……凡斯比象，皆比義也。至於麻衣如雪，兩驂如舞，若斯之類，皆比類也。……夫比之為義，取類不常，或喻於聲，或方於貌，或擬於心，或譬於事。〔註 10〕

可見比法萬千，或以聲音、或以形象比喻。然而在此，比法大體不離這二類：一為比意；因物喻志也，如：「松柏後凋於歲寒，雞鳴不已於風雨。」以松柏、雞鳴喻君子處亂世不改其常度。另一則為比類；以物比物也，如其云：「麻衣如雪」。若我們從修辭學角度來看 "比"，則更可以了解到比喻法有三種；所謂明喻、隱喻、借喻也。〔註 11〕畢竟有些話在某場合不能直說，則須用託物

〔註 8〕 此見《詩品》，頁 16，汪中選注，台北：正中書局出版，1976 年。

〔註 9〕 此見於鄭樵《六經奧論》卷首「讀詩易法」，頁 15～16，《清通志堂舊刊本》，台北：廣文書局出版。

〔註 10〕 此見於劉勰《文心雕龍》卷八〈比興篇〉，頁 145～146，王更生注譯本，台北：文史哲出版，1991 年。

〔註 11〕 陳望道《修辭學發凡》指出：思想的對象同另外的事物有了類似點，文章上就用那另外的事物來比擬這思想的對象的，名叫譬喻。這格的成立，實際上共有思想的對象、另外的事物和類似點等三個要素，因此文章上也就有正文、譬喻和譬喻詞格等三個成分。憑著這三個成分的異同及隱現，譬喻辭格可以分明喻、隱喻、借喻三類。而「明喻」是正文與譬喻兩個成分之間，有好像、如同、彷彿或猶、若、似之類等譬喻詞連結他們。如「手如柔荑，膚如凝脂。」而「隱喻」的形式是「甲就是乙」，在形式上非明喻的相類關係而是一相合關係。如「君子之德，風也；小人之德，草也。」「借喻」即全然不寫正文，把譬喻來作正文代表，如「繰成白雪桑重綠，割盡黃雲稻正青。」（王安石〈木末詩〉，白雪喻絲，黃雲喻麥。）頁 77～84，高雄：復文書局出版，1989 年。

言志，象徵手法隱約表現。如有名的曹植〈七步詩〉：「煮豆燃豆箕，豆在釜中泣。本是同根生，相煎何太急？」此首詩即在其哥哥曹丕煎迫下，以託物言志方式表達其手足之情，才免被殺害。在此，曹植即運用隱喻比法，表達兄弟鬩牆的悲哀與無奈。

　　總之，“比法”在詩歌中的運用，可謂多元化；從作用言，比可諷刺、誇飾、讚美與形容；由形式論，比可有以物喻物、以物喻意等方式；若從比喻之物談，則比可有以音聲、以形象、以事理來作比擬；然而不論比法怎麼變，比體一定是要在兩物有某一處相似上，才能相比擬互喻的。而興則是作為抒情聯想與起勢下句、下文的文學技巧，乃是營造一種情感觸發的境界，如徐復觀先生所云：

> 興是一種「觸發」，即朱傳的所謂「引起」。……觸發與被觸發之間，完全是感情的直接流注，而沒有滲入理智的照射。……同樣的花，在歡笑的人看來是在笑，但在愁苦者看了則是在哭。……如〈關雎〉以雎鳩鳥鳴興起求偶之情；〈萇楚〉以無知而興起憂患皆從識字始意義。〔註12〕

是以比興應從文學觀點來論較恰當，若從經學觀點論比興，則可能易流於穿鑿附會、張冠李戴。

　　牟庭說詩的特色之一，就在其發揮了《詩》中的比興作法來論詩，掌握《詩》中的文學技巧以明“微言大義”。其論比興作法最妙的還在於其以喻說方式，總攝全《詩》，而不一味以經學觀點來附會論詩，是以其論詩中的比興不像經學家含糊；若喻說不足，則善以刺婉轉諷喻、以興引發說解來補足說明（但惜無賦法之論）。而其喻說除了以物喻物外，尚有以物喻志；除了以物象比喻外，尚以音聲為喻，在歷來詩經學比體作法理論中，可謂別開生面，亦正發揮了劉勰《文心雕龍》的喻說理論。姜亮夫先生曾云：

> 牟氏說詩最特殊者為“喻說”。喻含語言、哲理兩端。……又牟氏論物性之自然，則亦物理、哲理糾合之論，以之說《詩》亦見其精湛之一法也。余細審之，略似所謂六義之比、興二者之結合。〔註13〕

然而，我們又會發現牟庭的比喻之說，大抵可分為兩種：一者，以物喻物，即單純以物象說明另一物象，此二者在某一相似點上可互相譬喻，近於修辭學上

〔註12〕　此見於徐復觀先生〈釋詩的比興〉一文。
〔註13〕　此見於姜亮夫《《詩切》序》一文，頁45～46，論牟氏說詩特立之法。

所謂的「明喻」、「隱喻」；另一則是以物喻志，即藉由此物性質來說明一抽象道理或人事之理。此指在物中潛藏有某一哲理特質，正與某一哲理或事理可相比喻者，則互相比喻，如所謂的「託物言志」也，亦近修辭學所謂的「借喻」。因此，本人就其喻說的特性分二部分探討，即：一，以喻攝詩文大義；二，以喻說解章句。此外，其喻說還有一大特色，就是以聲爲喻。然而他是如何以"聲喻"及"物性之喻"來論詩說理？又其物性之喻是如何將物理與哲理結合？又爲何其喻說是比興二者之結合？以及其如何以喻說方式論詩中的微言大義呢？諸如此類問題，正是本章所要討論的重心。由於"喻與刺"是牟庭特立之法以論全詩旨趣，是以本章專立一節加以探究，而其"喻"說除了論全詩之旨外，尚有以"比喻"與"起興"說解章句，是以第二節論此。

除此之外，尚有"切以韻語"重譯，亦爲牟庭論詩作法的特色之一，是以在第三節亦有一番討論。而今我們所見的《毛詩》本子，其篇章頗多錯簡，已是不可否認的事實，此方面有不少學者研究過。畢竟錯簡分合與全詩內容的詮釋關係十分密切，恰好牟庭於這方面的解釋觀點頗多，可見其亦相當重視，因此，在本章最後一節，專論其於《詩》篇章錯簡分合的看法。

第一節　主以喻與刺攝詩文大意

一、以喻攝詩文大義

姜亮夫《詩切・序》云：

> 析解名號，必具三體，曰本質、實也；作用，業也；特點，德也。……牟氏書中所謂「喻」，大體持此機契以作解。如〈柏舟〉取其聲也，喻逼迫爲婚，非其志也。

然而牟氏是如何掌握物性分析以喻說詩？在此，擬成兩部分，舉例加以說明。

（一）物性為喻

1、〈陳風・澤陂〉：

> 彼澤之陂，有蒲與荷。有美一人，傷如之何？寤寐無爲，涕泗滂沱。
> 彼澤之陂，有蒲與蘭。有美一人，碩大且卷。寤寐無爲，中心悁悁。
> 彼澤之陂，有蒲菡萏。有美一人，碩大且儼。寤寐無爲，輾轉伏枕。

牟氏論此：「詩言池澤陂陀之處，有蒲草之細弱者，與荷葉之圓大者，以喻家道不齊平，有柔懦之男與驕橫之女同居也。」牟氏看出纖弱本質之蒲草與圓大特性的荷葉，同處一池澤中的不搭調現象，仿若家中夫妻的不相稱，如有懦弱之男與蠻橫之女同處，是以二者相比喻作解。而下句的「有美一人，傷如之何？寤寐無爲，涕泗滂沱。」則順理成章爲男子對此強悍之女的怨歎與呼嚎，以表達心中的渴望。然而美人雖美，但終非賢淑溫柔、善解人意之女，教此男子想既擁有她而又如何不怕她呢？

然而此詩歷來詩經學者均解作「興」，且以爲此是刺淫風敗俗之作，如《詩序》：「澤陂，刺時也。言靈公君臣淫於其國，男女相悅，憂思感傷焉。」《毛傳》：「興也。陂，澤障也。荷，芙渠也。」《鄭箋》：「興者，蒲以喻所說男之性，荷以喻所說女之容體也。正以陂中二物興者，喻淫風由同姓生。」

《孔疏》：

> 蒲之爲草甚柔弱，荷之爲葉極美好，以興陳國之中有男悅女云：汝體之弱如蒲然，顏色之美如荷然。男女淫泆，相悅如此，君子見其淫亂，乃感傷之，彼男所悅者有美好之一人，美好如是，不能自防以禮；不以禮，可傷乎！知可如之何？既不可奈何，乃憂思時世之淫亂，寤寐之中更無所爲念，此風俗傷敗，目涕鼻泗一時俱下，滂沱然也。

觀此，我們可知《鄭箋》、《孔疏》之意，雖作興講，但都以比喻作解，且不離《詩序》：「刺時也。」之義。《鄭箋》雖以蒲喻男，以荷喻女；以如蒲草般的男子想追求這美好之女來說解，但可惜是其以「喻淫風由同姓生」又附會到風俗教化觀點上談；而孔疏解說，更將此詩視爲一位君子見有男子在思慕女子，而女亦不能以禮自防，故使此君頗感男女淫亂，風俗敗壞，而有「寤寐無爲，涕泗滂沱」之嘆！若照這樣說來，不亦如《鄭箋》說法，穿鑿附會，興義如何而有？

如果我們不照序、箋、疏等意，而從詩文意直接探索，一看即知此詩是敘述一位男子爲思念女子而作的，實與爲淫風敗俗而傷感無任何關係，若照序、箋、疏看法，則會將此解得不倫不類；而此首，姚際恆《詩經通論》云：「《詩》云『傷如之何』，云『涕泗滂沱』，苟男女相念，悉至于此？是必傷逝之作。或謂傷泄冶之見殺，則興意不合，未詳此詩之旨也。」知其解爲感傷己所愛的人逝世之作，然若依其解，此詩首句何需有「蒲」與「荷」、「蒲」與「蘭」、「蒲」與「菡萏」等葉大小之對比呢？又何需強調「有美一人，碩

大且卷」、「碩大且儼」這壯碩高大身材？在此，牟庭即掌握蒲、荷特性以比喻懦弱、矮小之男與兇悍、魁梧之女共處一室，而有造成此男畏懼此驃悍之女，欲愛之又怕受到她傷害的心態，是以無形中造成此男「寤寐無爲，涕泗滂沱」、「中心悁悁」、「輾轉伏枕」等自卑自憐不安情緒。如此牟庭之解，可謂將此詩詮解得維妙維肖，較古文家刺時風尚說法，高明許多，亦比姚際恆說法，鞭辟入裏，逼眞生動許多。

同樣的，爲牟庭掌握物質特性說解，尚有：

2、〈唐風・葛生〉：

> 葛生蒙楚，蘞蔓於野。予美亡此，誰與？獨處！
>
> 葛生蒙棘，蘞蔓於域。予美亡此，誰與？獨息！
>
> 角枕燦兮，錦衣爛兮。予美亡此，誰與？獨旦！
>
> 夏之日，冬之夜。百歲之後，歸于其居。
>
> 冬之夜，夏之日。百歲之後，歸于其室。

牟氏以「葛上附而覆楚木，蘞無依而蔓生野，喻人家婦人託夫以自高，而寡婦單弱，無以自立也。」解此詩乃爲寡婦怨嘆之詞。此說若與毛傳：「葛生延而蒙楚，蘞生蔓於野，喻婦人外成於他家。」之說法比較，可看出牟氏較能抓住葛上附、蘞蔓生等不同性質，來比喻說解，是以攀上高木之葛如他家婦人，莫不昂然自得，而蔓生於濕野中的蘞草，則如寡婦般顧影自憐。如此說來，豈不較毛傳的「喻婦人外成於他家」說法眞切許多。

此詩，吳闓生《詩義會通》云：「嫠婦悼夫之作。」屈萬里先生《詩經釋義》云：「此蓋悼亡之詩。」王靜芝先生《詩經通釋》云：「此爲女子悼念亡夫之詩。」糜文開、裴普賢先生《詩經欣賞與研究》：「這是喪偶者的悼亡詩，十分悲切凄涼。」可見此詩不妨視爲婦人悼念亡夫之作，牟庭之說，甚是。

此外，若《詩》有物性與其境不相稱者，則牟庭幾乎將之比喻成小材大用、虛有其表，人事乖戾之意義，如以下幾首：

3、〈魏風・伐檀〉：

> 坎坎伐檀兮，寘之河之干兮。河水清且漣猗，不稼不穡，胡取乎三
>
> 百廛兮？不狩不獵，胡瞻爾庭有縣貆兮？彼君子兮，不素餐兮。

牟氏將此短小檀木寘於河涯之干，欲俟河水澄清，將乘波瀾而運的情形，以喻：「國家儲養小材，待以卿之祿秩，欲俟久遠之後，用爲卿也。」是以此詩牟庭以爲「刺儲卿也」，以諷刺魏國冗職之重斂貪鄙，尸位素餐。此較《詩序》：

「刺貪也。在位貪鄙無功而受祿，君子不得進仕爾。」說法，似乎較能揭示伐檀，寘之河干，待水清且淺而用這荒滯現象，是以此諷國家儲養小材的浪費公帑，比刺在位者貪鄙受祿，生動許多。

4、〈衛風・芄蘭〉：

芄蘭之支，童子佩觿。雖則佩觿，能不我知？容兮遂兮，垂帶悸兮。

芄蘭之葉，童子配韘。雖則佩韘，能不我甲。容兮遂兮，垂帶悸兮。

牟氏云：「以芄蘭柔弱，雖有枝而不能自扶，喻人無才藝者，雖強爲容飾，而不足觀美也。」此以芄蘭柔弱特性，美而不能自扶，喻人徒有美麗外表，卻無實質內涵，不過是虛有其表耳。所以詩中接下來的「容兮遂兮，垂帶悸兮。」牟氏解爲「知汝佩觿無所用，但爲儀容之飾而已。……然則遂兮者，謂其垂而欲墮，今俗語所云累墜者也。……垂帶悸兮，言佩垂於帶，其長及足，見者懼其躓而顚也，故爲心動悸也。」即指這童子德不稱服，徒以妝飾，亦難以令人苟同其外在穿著與表現，惟叫人替他操心罷了。所以此詩，牟庭以爲「刺童子欲速成也。」

然而此詩，歷來未得妥解。《毛詩序》云：「芄蘭，刺惠公也。驕而無禮，大夫刺之。」《鄭箋》：「惠公以幼童即位，自謂有才能，而驕慢於大臣；但習威儀，不知爲政以禮。」誠如《毛詩序》、《鄭箋》之說，爲何詩中沒有童子做官之跡象？佩觿與韘指成人所佩的飾物，難道就可以代表做官之意嗎？若是，每個成年人皆可爲官乎？又如何看出此詩是刺惠公呢？又若是刺惠公，臣下刺君，豈可以直以童子之名稱呼？所以後來的朱熹《詩集傳》云：「此詩不知所謂，不敢強解。……此詩不可考，當闕。」姚際恆《詩經通論》云：「小序謂『刺惠公』，按《左傳》云：『初惠公之即位也少』，序蓋本傳而意逆之耳；然未有以見其必然也。」而屈萬里先生亦以爲「《詩序》：『刺惠公也，驕而無禮，大夫刺之。』此說未詳是否。」所以《詩序》、《鄭箋》等說法實不可信。然而此詩亦有學者以爲是譏刺小丈夫的民間歌謠，如高亨《詩經今注》：「周代貴族有男子早婚的習慣。這是一個成年的女子嫁給一個約十二三歲的兒童，因作此詩表示不滿。」糜文開、裴普賢先生《詩經研究與欣賞》亦云：「我們若把芄蘭詩解作對一般小丈夫的譏諷，卻是全詩文句完全吻合。」但其書又云：「問題是東周時代，是否已有小丈夫風俗的存在，我們在史料中還找不到確切的證據。」因此，此一說，我們亦應抱著姑且存疑態度視之。然則此詩是否還有其他說法呢？有的，即如牟庭這一說，且後來主此一說，不獨有

偶的是方玉潤《詩經原始》，亦認爲：「惠公縱少而無禮，臣下刺君，不應直以童子呼之。此詩不過是刺童子之好蹻等而進，諸事驕慢無禮。故芄蘭，諷童子以守分也。」可看出主「刺童子欲速成」之說，大有人在，且彼此的看法還可互別苗頭也。

類似此詩之喻解者，牟庭還有：

5、〈衛風・考槃〉：

> 考槃在澗，碩人之寬。獨寐寤言，永矢弗諼。
>
> 考槃在阿，碩人之薖。獨寐寤歌，永矢弗過。
>
> 考槃在陸，碩人之軸。獨寤寐宿，永矢弗告。

此詩爲牟庭以"比喻"方式諷諭那些徒有虛名而無實質的人。所謂：

> 栲之古音若朽，聲近枯朽之朽，故今俗語謂朽曰糗，即古栲字之聲也。山樗似樗而易朽，栲櫟似櫟而易朽，故皆以栲爲名，方俗殊語。……然則栲者，不材易朽之木，以喻凡庸之才有虛名而實效之士也。……詩言栲樹盤根於山澗之底，喻虛名之士偃蹇於卑下之位也。……栲樹盤根於山陂之阿，喻虛名之士浮沉於小官之位也。栲樹盤根於山頂之陸，喻虛名之士致身於尊寵之位也。

牟庭主要以音同聲假方式，證明考槃之考與栲、朽、糗音近通假，是以考槃在此解作不材易朽之木，而此不材之木卻漸處高位，有如庸才無實質者卻步步攀登高位般，所以兩相類比，以諷喻那些虛華不實的人。如此說解，則後面的「獨寐寤言，永矢弗諼」、「獨寐寤歌，永矢弗過」、「獨寤寐宿，永矢弗告」則可解爲此俗士獨閉門高臥，自我期許，將來一定要登上高位，絕不肯罷休。此「弗諼」即指此登上高位心志不可忘；「弗過」即此志弗有差錯；「弗告」則爲此志不可休止也，非不可告人也。所以此詩旨，牟庭以爲是「刺仕宦不止也。」然而此詩有的學者主從《詩序》：「刺莊公也，不能繼先公之業，使賢者退而窮處。」其說略帶史實穿鑿，歷來學者大多以爲此是隱士之歌。如《詩集傳》：「此爲美賢者窮處而能安其樂之詩，文章甚明。然詩文未有見棄於君之意，則亦不得刺莊公矣。」姚際恆《詩經通論》：「此詩人贊賢者隱居自矢，不求世用之詩。」方玉潤《詩經原始》：「考槃者，窮而在下者之自樂難忘也。窮則獨善其身，達則兼善天下。」高亨《詩經今注》：「這是讚美一個隱居山林的賢士。」然而牟庭這一說，可謂使我們大開眼界，於詩經學上增添一前所未有的看法。其說以音同假借關係爲主軸解詩，語意明確、順

暢可通，頗有參考價值。

　　6、〈檜風‧隰有萇楚〉：

　　　隰有萇楚，猗儺其枝。夭之沃沃，樂子之無知。

　　　隰有萇楚，猗儺其華。夭之沃沃，樂子之無家。

　　　隰有萇楚，猗儺其實。夭之沃沃，樂子之無室。

牟氏以爲「萇楚之性，小時直好而長大則妄引枝蔓，喻人子年長涉事漸多即不順也。」蓋「夭之沃沃」的「夭」可通假作「幺」，而「沃」字古音若芺，烏浩切，作「芺」字講，爲芺芺少好之貌也。是以「詩言萇楚幺小之時，沃沃然美好可愛喻人子幼小時，婉順從令也，樂子之無知，追念子方小時，於世事無所知，故不違於父母，其時最可樂也。」此則以萇楚幺小之特性，喻人子小時，天眞無知，最順從父母之命，爲最可愛的時候。然而人子長大後則不然，如萇楚長大而亂生枝蔓。是以其詩後二章的「夭之沃沃，樂子之無家」、「夭之沃沃，樂子之無室」則爲牟庭順理成章解成：

　　　萇楚幺小時，芺芺自美嬈，比人爲小兒孝順不欺侮。乃知生子樂有涯，在其未娶而無以爲家。……萇楚幺小時，芺芺自美嬈，比人爲小兒孝順不欺侮，乃知生子之樂無多，在其未娶而無蓄於室。

大抵人子長大後，有自己一番主見，敢違逆，故爲人父母有番感慨，養子最樂在小時候也。此以萇楚幼小特性及長大後的旁生蔓延，與人子小時及長大變化相類似，故以此喻彼。而照這樣一路解來，牟庭即以爲此詩是敘述「老子歎其子長而孝衰也。」

　　牟庭這一說法，可謂大異前人之見。此詩除了《詩序》：「疾恣也。國人疾其君之淫恣，而思無情慾者也。」穿鑿附會外，學者大多以爲此詩是敘述亂離時，人們羨慕草木之無知而能自在生長，而頗感人之憂患皆來自人之有知覺、有情慾。然而詩無達詁，何須人云亦云？牟庭這一說，不啻爲詩經學術上又增一新觀點、新創見。

　　牟庭除了掌握物性大小比喻有表裏不一、狐假虎威、小材大用等寓意外，亦強調物的本質來比喻夫婦、婚姻、家庭等複雜關係。如：

　　7、〈唐風‧綢繆〉：

　　　綢繆束薪，三星在天。今夕何夕，見此良人？子兮子兮，如此良人何？綢繆束芻，三星在隅。今夕何夕，見此邂逅？子兮子兮，如此邂逅何？綢繆束楚，三星在戶。今夕何夕，見此粲人？子兮子兮，

　　如此粲者何？

這首詩的「綢繆束薪，三星在天」、「綢繆束芻，三星在隅」、「綢繆束楚，三星在戶」，毛傳以「三星」非在天上原來方位，而轉至在隅、在戶，而主張「喻婚姻不得其時」，然而此說卻遭姚際恆評其：

　　恐亦臆測。如今人賀人作花燭詩，亦無不可。……其曰「在天」，統言
　　之；「在隅」，言其方；「在戶」，據人在戶中而言；皆一意也。〔註14〕

牟庭則以三星在天上的位移，來比喻初婚新娘的嬌羞漸至大方貌，且配合薪木包捆由參差至齊一，以喻新婚時，各自男女成為一體夫妻景象，彷如正上演一齣男女很含蓄、很羞澀的洞房花燭夜戲。其云：

　　薪木散材，束縛以聚之，綢繆而益固，喻男女異姓婚姻以合之，欵
　　曲而相親也。三星初出在天，光彩猶未照人，喻初婚之夕，新娘低
　　頭未敢仰視也。……芻者，細草包裹而束之，喻初婚之夕，新婦蒙
　　衣未解也。……三星漸上而在隅，光側照人，喻新婦稍稍轉目窺人，
　　而猶未敢正視也。……束楚，喻新婚已臥，夫婦齊同也。三星在戶，
　　喻新婦與人相對，不羞澀也。

由牟庭這般說來，彷彿將此新婚之夜情景逐一描寫得繪聲繪影、歷歷在目。

　　固然新婚是人生一大喜事，為男女雙方共組家庭的開始，充滿了幸福的喜悅。然而相愛容易相處難，經過長期相處，有時會發現彼此的缺點，無法容忍，或者，有一方喜新厭舊而導致仳離，那麼，這起初美好姻緣終將造成雙方日後難以撫平的夢魘。若擯除任何史實附會，單就原詩文來看，在《詩經》中就有不少詩是描述這類情形。如〈邶風·谷風〉即是一首眾所共認的棄婦之怨辭：

8、〈邶風·谷風〉：

　　習習谷風，以陰以雨。黽勉同心，不宜有怒。采葑采菲，無以下體。
　　德音莫違，及爾同死。
　　行道遲遲，中心有違。不遠伊邇，薄送我畿。誰謂荼苦，其甘如薺。
　　宴爾新婚，如兄如弟。
　　涇以渭濁，湜湜其沚。宴爾新婚，不我屑以。毋逝我梁，毋發我笱。
　　我躬不閱，遑恤我後。

〔註14〕此〈唐風·綢繆〉之意，姚際恆《詩經通論》云：「據子分之詞，是詩人見人
　　　成婚而作。」頁132～133，台北：廣文書局印行，1961年。

就其深矣，方之舟之；就其淺矣，泳之游之。何有何亡，黽勉求之。
凡民有喪，匍匐救之。
不我能慉，反以我爲讎。既阻我德，賈用不售。昔育恐育鞫，及爾
顛覆。既生既育，比予于毒。
我有旨蓄，亦以御冬。宴爾新婚，以我御窮。有洸有潰，既詒我肄。
不念昔者，伊余來墍。

如《詩序》言：「〈谷風〉，刺夫婦失道也。衛人化其上，淫於新昏而棄其舊室。夫婦離絕，國俗傷敗焉。」《詩集傳》云：「婦人爲夫所棄，故作此詩，以敘其悲怨之情。」即使像獨抒己見的方玉潤《詩經原始》，以詩中的「凡民有喪，匍匐救之」、「昔育恐育鞫，及爾顛覆」等句，說此詩是「逐臣自傷」之作，但他亦不得不先承認：「此詩通篇皆棄婦辭，自無異議。」可知此詩本義是棄婦之怨辭，可無爭論。

　　牟庭亦主此是棄婦敘悲怨之作，然而其以巧妙的喻說闡明，反讓人有一番嶄新獨特感受。如其釋第一章：

習習，風行不止之貌也。……谷風，謂山谷中風也。〈桑柔篇〉曰：
「大風有隧，有空大谷。」據此知空谷爲風行之道，故曰谷風。……
谷風常吹而不止，必有陰雨，喻人相與習狎，日久必生猜怨也。今
俗語謂陰雨曰不好天，故爲人情反覆之喻，詩人之遺言也。……《坊
記》曰：「君子仕則不稼，田則不漁，食則不力珍。大夫不坐羊，士
不坐犬。《詩》云：『采葑采菲，無以下體。德音莫違，及爾同死。』
以此坊民，民猶忘義而爭利，以亡其身。」據《坊記》所取義以考
詩本意，當言采葑采菲者，但可采食其葉，而無連取其根，若連根
而取，則盡利無餘，後不可繼，以喻夫婦之間，正可小有譎言，而
不宜輕相棄絕，蓋怒可以復喜而絕不可以復合也。……「與爾同死」
謂偕老也。爾謂賈人婦也。此章亦詩人之言，謂爾勿輕言棄絕，怒
過而喜，復有德音，不相違異，可以偕老也。

牟庭謂此章以天氣晴時多雲偶陣雨不穩定現象，喻人情反覆無常，是以人與人相處久必有嫌隙。然夫婦相處應多齊心包容，不該有怒，一旦彼此怒言相向，感情則有裂痕難以復合，是以此詩首言夫婦相處之道，不應動輒發怒，輕言棄絕，宜「黽勉同心」，互相照顧，方能白首偕老。其釋第二章爲：

此賈人之婦怒而欲去，家人無挽留者，難以自止，故遲遲其行，而

與中心違戾，蓋悔其行也。……邑里疆界有期限之處，皆謂之畿。《傳》訓畿為門內，蓋邑里之門也，以邑里之門，人多之處，欲眾中數其夫，以抒憤怒，乃要之曰：自此至門畿，不能遠維近耳，頗送我至門畿也。……《毛傳》曰：「荼，苦菜也。」……《本草陶注》曰：「薺味甘，人取其葉作菹及羹，亦佳。」余按：此賈人婦言荼味之苦，而我甘之如薺，喻新昏入室，人情不能堪，而我安之不相妒而相歡也。……爾謂賈人新昏謂其妾也，兄弟即姊妹也。……此言我安樂汝之新昏，視之如姊妹之親，可謂不妒忌矣。

此承上章車庭言此婦怒而欲去，然不甘就此離去，但無人慰留，亦羞於留下，但心中卻是依依不捨，後悔莫及。然她心中憤恨難消，是以要求其夫送至她至邑里之門，以當眾抒發她深藏多年的痛苦與恨怒，方使心裏平衡。一想其夫對她舊情淡忘，刻薄寡恩，而待新人卻厚愛有加，兩相對照，使她真是情何以堪？「但見新人笑，那聞舊人哭。」之感不禁油然而升。

然而「誰謂荼苦，其甘如薺。」早已嚐過最苦的滋味，這荼薺之苦又算什麼？反覺此苦甘如薺，如余冠英《詩經選》釋：「人人都道黃蓮苦，我比黃蓮苦十分。」之意。蓋「新昏入室」所帶來的痛苦，此婦已嚐盡，對糟糠見棄之難堪，亦有番徹悟而超越，故對新昏之入室，亦淡泊看待，毫無妒忌，本圖藉此等待丈夫回心轉意，共相安無事也。誰知夫不但不回心轉意，反對她變本加厲，是以她心中有怨難消、有恨難平。又釋第三章為：

此詩言渭水納涇而涇惡其濁，不與合流，喻我容新昏而新昏反憎我不與同心也。……「不我屑以」，謂爾新昏不屑用我宴樂也。……然則逝梁者，謂魚阻於梁不能去，而縱之使逝去耳。……魚在笱中，開笱而出魚，謂之發耳。……詩言我在夫家，見制新昏之手，如魚困於梁笱之中，今被驅逐如逝梁發笱，縱魚遠去，魚之幸也；若其毋然，我將不能自脫也。……此言被驅而去，後日無歸，雖可憂恤，然使毋驅逐我，即我今日已不能脫其死矣，何遑憂後日之無歸哉？

此「涇以渭濁」車庭以渭水喻舊室自己，而涇喻新人，因此，整句即喻此婦包容新人，但此新人卻反而厭惡她。於是此婦在這家中頗感如魚游網，困於梁笱中，處處受到此新人影響而不自在，因此，此婦感到再這樣下去，終必會困頓拘束而死，是以此婦暗示自己不如離去，以後會不會無所歸已無暇考慮了。釋第四章：

> 深者喻新昏也；淺者自喻也。就其深水，固須乘泭駕舟而濟，就其淺
> 水，亦須潛泳浮游而過，喻君子於新昏之寵厚，固將優以金帛之奉，
> 而於己之恩薄亦當給其錢布之資也。……「凡民有喪，匍匐救之。」
> 言鄰里凡民有喪失貧乏者，尚欲盡力救助之，豈可不念我知乏無也？

由此「就其深矣，方之舟之；就其淺矣，游之泳之。」之解釋，可看出牟庭
說詩與眾不同所在，大多數人以此為言此婦勤儉治家，樂於助人，〔註15〕然
而此牟庭以喻丈夫對新人好，寵厚不已；而對己卻是冷漠不堪，頗感夫至少
亦應看在己是「糟糠之妻」份上，略施盤纏予我，才是。就人之常情，即使
鄰人有難，尚會大力相救，今我乃是其婦，豈可不念舊日恩情而不理我？更
何況糟糠之妻不下堂？釋第五章：

> 「不我能蓄」言不能勤勞卹愛於我也。……阻當讀為詛。……然則
> 阻我德，謂我有德義於爾，爾乃詛我也。……此言負人者不祥，自
> 爾詛我之德，爾家賈販無利，不復獲售矣。……爾以負心不蒙祐，
> 恐舊時養育之資，漸當窮盡，則我與爾飢寒僵仆矣。雖幸而既有生
> 理，既得養育，則爾又安樂忘人而惡我如毒螫矣。

此乃婦自我感傷之辭，頗感己曾與夫共患難度過以前貧困生活，今稍至佳境，
則丈夫不僅棄我如敝屣，還詛咒我，怨我如毒螫。然夫這般不懂得飲水思源，
珍惜所有，一味耽於逸樂，想必因果不爽，會咎由自取，自食其惡果的。釋
第六章：

> 此言「我有旨蓄」，非獨春夏御食，冬月乏無，益以禦之。喻爾有所
> 愛之新昏，不宜但與共安樂，亦宜與共作苦也。今爾得新昏，但宴
> 樂之，而窮苦之事，則以我禦之，是為有旨蓄不以御冬，而御冬者，
> 非旨蓄也。

此由婦云：「我有旨蓄，亦以御冬」，以諷喻夫與新昏者，當要同甘共苦，而
非一味享樂。而你們享受新婚宴爾之樂，卻以我的積蓄以擋貧窮是不足的，
如此禦冬必非甘美也。然靠我努力維持家計，卻對我粗暴又兇狠，亦不想從
前如何靠我相依為命。如今丈夫喜新厭舊，卻把我拋棄，真是不該！此以今

〔註15〕 此「就其深矣，方之舟之」這章詩，據糜文開、裴普賢先生《詩經欣賞與研
究》頁171，即解為指處理家事的操勞措施與對鄰里的幫忙救濟。而吳師宏一
《白話詩經》頁227，亦認為此章是說明此婦自己勤以持家，樂於助人。黃忠
慎先生《詩經簡釋》頁78，即以為「方、舟二字皆作動詞講。或謂此四句言
勤於家事不避險難，或謂此遇事之有難有易，而各以適當方法克服處理之。」

昔之異、新舊之別、苦樂相對，來表現此棄婦之悲怨。

由上述分析，可看出牟庭似乎更強調此婦的怨與恨；怨夫忘恩負義，另娶新歡；恨此新人登堂入室，橫刀奪愛。是以推至終結，此詩不僅是言棄婦之怨己的遭遇，更主在傳達此婦由怨生恨起妒之妒意，爲何今昔待遇不同，從前我這麼辛苦治家卻遭到被拋棄下場，而今新人卻坐享其成，集寵愛優渥於一身，是以牟庭以爲此詩是「妒婦之辭也」。可看出其側重不同，故與眾說稍有差別。

（二）音聲為喻

姜亮夫《詩切·序》云：

> 喻義尚有一律，以音聲爲喻也。……如以「梅」爲「媒」，見〈摽有梅〉。以〈南有喬木〉之「喬」爲以喻以興人君驕而自尊大。以「萱」與忘諼之諼音同，假萱爲諼，忘憂耳。他如借「桃」爲「逃」，以「北」爲「背」，見「出自北門」。牟氏以此爲喻義之一法，亦文學語言中修辭之一法，如六朝以來以蓮爲憐，以艾爲愛，民間以鳥爲孺子陰。

在此，牟庭的音聲爲喻法，是借音諧聲近方式表那同音字的抽象義理。正如其於〈小雅·采綠〉篇云：

> 綠與祿同音，故采綠者言求祿也。藍與濫同音，故采藍者言叼濫官職也。此又別一比法，如後世子夜讀曲，以蓮爲憐，以碑爲悲，其源起於此矣。

可看出牟氏所運用的聲喻法，即今修辭學所謂的「雙關語」。〔註16〕此首〈小雅·采綠〉正因綠與祿音近，是以借綠音言求祿也。

〔註16〕同注 11，頁 99～107。據陳望道解釋，知此「雙關」指用一語詞同時關顧兩種不同事物的修辭方式，有所謂「指物借意的雙關詞」即「以語音關涉眼前和心裏的兩種事物爲必要條件。此重在語音，在於這雙關的語音，和那表明主意的語音等同或類似，所以這類的辭例，經常見於歌謠、戲劇之類的文詞中。」而陳先生又將此雙關語詞與表明主意的語辭的關係，分爲下列三種：即（一）音類同。（二）音、形類同。（三）音、形、義類同。而（一）、（二）類，乃「言陳之外暗藏意許之義的，稱作表裏相關」，第（三）類，「將此一義明明兼指彼此兩事的，稱作彼此相關。」又「表裏相關」有「單純諧音者」及「音形通用，字義不同，就義做雙關的」；「彼此相關」即舊小說所謂的「指桑罵槐」。在此，我們可知詩歌中有不少的諧音相關情形。牟庭這聲喻說詩，即注意到詩歌中這種諧聲相關情形，而以聲諧及比喻方式剖析闡明，可看出其獨到慧識，點出了詩歌諧聲作意情形。

　　觀歷來詩詞歌賦中常有此現象，如劉禹錫〈竹枝詞〉：

　　　楊柳青青江水平，聞郎江上唱歌聲。

　　　東邊日出西邊雨，道是無晴還有晴。

可看出此中的「晴」就是一種雙關辭。表面言天氣的晴雨，實際上，內心主在問江上情郎，對我有情還是無情？類似此指物借意的雙關辭，還有如魏晉民歌〈子夜歌〉：「我念歡的的，子行由豫情；霧露隱芙蓉，見蓮不分明。」此中「芙蓉」即「夫容」；「蓮」為「憐」也。意指：某人對他的情人很喜愛，但對方卻猶豫不決；遮遮隱隱了他的容貌，亦不讓對方得到他的憐愛。又如〈讀曲歌〉：「石闕生口中，銜碑不得語。」中「碑」即「悲」也。表無可奈何含著悲傷亦道不出，頗有啞巴吃黃蓮，有苦說不出之意。此「銜碑」亦「含悲」也。〔註17〕

　　由上述，我們可知中國文學作品中音諧為喻的巧妙。在此，牟庭似乎於《詩》中亦發現此一文學技巧，故某些詩以聲喻方式說解。此聲喻說詩，可謂牟氏特立之法，不僅突破傳統"比興"說解的紛擾，同時亦為後代民歌如吳歌、西曲中充滿雙關語的現象找到了根源。是以在此，有必要對牟庭所發現及自創的聲喻法作一說明。

　　觀牟氏聲喻說解，即借此音表那意，既一語雙關，又頗具有起興之作用。如（1）〈鄘風·汎彼柏舟〉之一：

　　　汎彼柏舟，在彼中河。髧彼兩髦，實維我儀。

　　　之死矢靡他，母也天只，不諒人只。

牟氏以為：「柏舟，取其聲為喻，柏之言迫也，以喻其夫被父母逼迫而與己中
　　　道相棄也。」

　　〈鄘風·汜彼柏舟〉之二：

　　　汜彼柏舟，在彼河側。髧彼兩毛，實為我特。

　　　之死矢靡慝，母也天只，不諒人只。

牟氏以為：「柏舟不浮於水，而在河旁之涯，喻己以逼迫被遣，不得在夫家也。」

　　可看出牟庭在此取柏音近迫，以喻此婦被迫與丈夫分手，而被迫改嫁他人。此即以迫音喻柏舟，將此詩說成此女被迫改嫁而誓不從之意。

　　若觀《毛詩序》：「柏舟，共姜自誓也。衛世子共伯蚤死，其妻守義。父母欲奪而嫁之，誓而弗許，故作是詩以絕之。」可知其以附會史實說詩，然

〔註17〕此見董同龢先生《上古音韻表稿》所擬測的音。分見於頁216、223、227。中
　　　央研究院史語所出版，1944年。

而據《史記‧衛世家》云：「釐侯卒，太子共伯餘立爲君，共伯弟和襲攻共伯於墓上，共伯入釐侯羨自殺。……。」知其說與序異。序稱共伯爲世子，則共伯未及繼位爲君前已當死了，而《史記》中則是言共伯並未早死，共伯被殺時，年壽將近五十，是以我們可知共姜之年亦必相若，那麼，共姜之父母就無由逼迫共姜再嫁之理。所以《詩序》所云，共姜自誓詞不可信。然此詩大多學者解爲寡婦誓不改嫁之詩，如清學者姚際恆《詩經通論》「此詩不可以事實之，當是貞婦有夫蚤死，其母欲嫁之，而誓死不顧之作也。」然而我們觀原詩：「髧彼兩髦，實爲我儀」等字句，可看出此詩中並未言及這「髧彼兩髦」者已死，只言「實爲我儀」，言下之意：此人未死，故據此二句，知此詩口氣實不像出自寡婦之口。若我們仔細玩味詩原文，可發現此詩與牟庭說法較接近；意爲此女已有夫婿，然母親卻要逼她改嫁他人，故此女向母表白，而說出：「寧可獨身相守，非他不嫁，到死都不變心。」這番話來。在此，牟氏以聲喻──“柏”，“迫也”雙關喻意而道出此女被迫另嫁他人的無奈，較前人附會說詩，反而更能掌握全詩的微言大義。

　　此外，《詩》中另一〈柏舟〉，即〈邶風‧柏舟〉首章：

　　　汎彼柏舟，亦汎其流。耿耿不昧，如有隱憂，微我無酒，以敖以遊。

牟氏以「舟」特性：「載人涉水」；由此岸達彼岸性質正與媒氏撮合男女之意相當，故牟氏《詩切》中常以舟喻婚嫁者。而此〈柏舟〉乃「取其聲也，以喻逼迫爲婚，非其志也；亦汎其流，喻己不能自由作主，亦既從人之意也。」是以此詩亦以聲喻方式言此女被迫爲婚，以顯示當時婚姻不自由也。

　　（2）〈曹風‧鳲鳩〉之一：

　　　鳲鳩在桑，其子七兮。淑人君子，其儀一兮。其儀一兮，心如結兮。

牟氏認爲：「桑之言喪，取其聲，喻賢大夫殂沒之後，嗣子不能專一所事，去就多端也。」

　　〈曹風‧鳲鳩〉之二：

　　　鳲鳩在桑，其子在梅。淑人君子，其帶伊絲，其帶伊絲，其弁伊騏。

牟氏：「梅言靡，取其聲也。此詩喻賢大夫殂沒之後，嗣子變其儉德，衣服侈靡也。」

　　〈曹風‧鳲鳩〉之三：

　　　鳲鳩在桑，其子在棘。淑人君子，其儀不忒，其儀不忒，正是四國。

牟氏：「棘之言亟，取其聲也。喻賢大夫殂沒之後，嗣子操行亟暴，不平易也。」

可看出在此，牟庭取桑音喪，將鳲鳩喻賢大夫喪亡，而其子不能繼承父志，多生事端；第二章則取梅與靡雙聲，喻其子在父死後，始變其固有儉德，過著奢侈糜爛的生活；而第三章依棘與亟同音，取亟意，言其子行爲極暴戾乖張，逞強易怒，難以管教也。所以據牟庭這一路解釋下來，我們可清楚看出這裏蘊藏著今昔不同、嗣子不肖的感歎；想其前人風範是多麼令人景仰，今子卻爲敗家子，奢靡淫蕩無所不爲，是以不禁使人興起對昔人儀法風範的懷念。所以第一章後面的「淑人君子，其儀一兮，其儀一兮，心如結兮。」則爲詩人對前賢的儀法風範有所思念；所謂：「憶昔淑人君子之存日，其爲儀法莫不一，儀法何由莫不一，其心常收斂如繩之縛結。」而第二章則念昔者勤儉持家風範，所以「其帶伊絲」言其所束的大帶亦以素絲爲之，無其他飾物以見其儉；而第三章乃讚歎昔者君子淑人有盛德，其爲人儀法不差忒，可爲國人表率。所以此詩牟庭以此聲喻方式一路解下來，而以此詩乃：「刺大夫之嗣子不肖也。」如此說來，牟庭這般解釋，頗前後呼應，上下相承，意思連貫，無所謂邏輯矛盾等缺失。若依《毛詩序》解：

「刺不壹也。在位無君子，用心之不壹也。」則會發現《序》中所云：「在位無君子，用心之不壹也。」以無君子之故，故刺其人用心不壹，問題是此是刺誰不壹呢？又詩中除了後面言「淑人君子」儀法操守可爲人表率外，亦僅見有：「鳲鳩在桑，其子七兮」、「鳲鳩在桑，其子在梅」、「鳲鳩在桑，其子在棘」、「鳲鳩在桑，其子在榛」等話，而《序》中言：「在位無君子」又如何見得？可見《序》對「鳲鳩在桑，其子七兮」等句不明其眞意，以致交代不清，解說籠統，故其說：「刺不壹也。」令人費解。

而朱熹《詩集傳》云此：

> 詩人美君子之用心均平專一，故言鳲鳩在桑，則其子七矣。……鳲鳩常言在桑，其子每章異木，子自飛去，母常不移也。……言有常度，不差忒也。……有常度而其心一，故儀不忒，儀不忒，則足以正四國矣。……儀不忒，故能正國人。胡不萬年，願其壽考之詞也。

後來有些學者贊同此一說法，以爲此乃：「曹人讚美其君的詩。」〔註18〕然而

〔註18〕此詩，《詩序》云：「刺不壹也。在位無君子，用心之不壹也。」朱熹《詩集傳》云是「詩人美君子之用心均平專一。」而裴普賢先生《詩經評註讀本》以爲「這是曹人讚美其君的詩。」黃忠慎先生《詩經簡釋》以爲「從詩文看，〈鳲鳩〉全篇都是讚美國君之辭。」知他們主從《詩集傳》說法。

我們深入探索此詩，是否會覺得若是僅讚美其君爲人處事風範，那麼，爲何詩不僅以：「鳲鳩在桑」起興即可，爲何還要有：「鳲鳩在桑，其子七兮……其子在梅，……其子在棘，……其子在榛」等句起興呢？故此詩應著重在「鳲鳩」與「其子」關係說明，方爲明確。故牟庭以聲喻方式說解往者已矣，其子不肖，頗能把「鳲鳩在桑，其子七兮」等句意點明，而詩後面的「淑人君子，其儀一兮」等句亦能承接上句解之完善。

　　（3）又〈魏風・園有桃〉之一：

　　　園有桃，其實之殽。心之憂矣，我歌且謠。不知我者，謂我士也驕。

　　　彼人是哉！子曰何其？心之憂矣，其誰知之？其誰知之？蓋亦勿思！

牟氏：「取桃聲，喻國有逃亡之戶也。……詩言人得桃實，以爲殽，喻官得逃
　　　人田宅，是充國用也。」

　　〈魏風・園有桃〉之二：

　　　園有棘，其實之食。心之憂矣，聊以行國。不知我者，謂我士也罔極。

　　　彼人是哉！子曰何其？心之憂矣，其誰知之？其誰知之？蓋亦勿思！

牟氏：「棘之言殛，亦取聲也。喻國中有所誅殛也。人得棘實，是以爲食，喻
　　　官得所誅殛者之田宅，以充國用也。」

　　此詩，學者大多認爲是詩人憂君貪吝，國小民困，感傷國之將亡所作悲歌。自《詩序》云：「園有桃，刺時也。大夫憂其君國小而迫，而儉以嗇，不能用其民，無德教，日以侵削，故作是詩。」《鄭箋》：「魏君薄公稅，省國用，不取於民，食園桃而已，不施德教，民無以戰，其侵削之由，由是也。」及《朱集傳》：「詩人憂其國小而無政，故作是詩。」乃至清代，獨抒己見的方玉潤亦認爲是：「今務爲刻嗇剝削及民，民且避碩鼠而遠適樂國，君雖有土，誰與興利？旁觀深以爲憂，而當局乃以爲過，此詩之所以作也。」可看出此詩旨歷來大多無異議，均認爲是賢者憂心國事之作。然而在此我們是否會發現一個有趣現象，就是單就此詩原文解釋來看，此「園有桃，其實之殽。心之憂矣，我歌且謠。……」並無透露國君慳嗇剝削於民，使民不聊生，而詩人憂國憂民之意。如此又如何說此詩是言：賢者憂心國事？在此，牟庭運用詩中的“桃”音同“逃”關係，而以“逃”音喻國有逃亡之戶；棘音同殛關係，以殛音喻國有被誅殛者，因此，由逃亡之戶、被誅殛者現象，便可清楚得知這是一個暴政虐民社會，是以人民寧可紛紛遠避他國，亦不願居此苛政猛於虎的國度，而這些遠走他方的人民，及被殺害者的家園、土地則都充當

國用，是以詩人有此感慨：政府搜刮這麼多土地、田宅，而無人民效其力又有何用？故以此詩刺國君貪鄙、吝嗇，不懂施恩愛民，而憂國將亡也。如此說來，此詩是論國君剝削人民，詩人憂國憂民之意，亦明確多了。所以照牟庭以聲喻作解，較歷來解釋，反更能將詩涵意表達盡致。

（4）〈唐風·山有樞〉之一：

山有樞，隰有榆。子有衣裳，弗曳弗婁。

子有車馬，弗馳弗驅。宛其死矣，他人是愉。

牟氏：「榆聲若愉樂之愉，取其聲以爲喻也。山上有死菑，名爲樞，隰下有美木名爲榆，喻人家祖父枯瘁，而子孫愉樂也。」

〈唐風·山有樞〉之三：

山有漆，隰有栗。子有酒食，何不日鼓瑟？

且以喜樂，且以永日。宛其死矣，他人入室。

牟氏：「漆聲近卒，栗聲近利，皆取其聲也。喻人家祖父有卒然不可諱之變，而子孫有得其利益之時也。」

觀《毛傳》此詩解作：「興也。樞，荎也。國君有財貨而不能用，如山隰不能自用其財。」將此詩作法解作興體，然其解釋爲：「國君有財貨而不能自用，如山隰不能自用其財。」卻以比喻方式說明，在此可看出《毛傳》雖獨標興體，但此難以“興”說明，故仍運用“比法”作解。然而我們細觀原詩，會發現詩首二句：「山有樞，隰有榆」、「山有漆，隰有栗」與下文「子有衣裳，弗曳弗婁」、「子有酒食，何不日鼓瑟？」等句並無某一相似處，可直接作比喻講。所以《毛傳》在此將國君與山隰二者直接作比方，亦有不妥。

若此詩作法是興，則應如劉勰《文心雕龍·比興篇》所云：「興者，起也。……起情者，依微以擬議。起情者故興體以立。……」具有觸物起情，營造一個使情感觸發之境界。然而此照字面解：「山有樞，隰有榆」似乎難以具有起情作用。所以此詩作法與寓意不能單憑字面作揣測。

然而在此，牟庭既不從《毛傳》解作興，亦非直作比講，而是先據諸書考證出樞與菑聲義同，作死木之菑講，亦俗語所謂：草木腐爛謂之菑也。〔註19〕

〔註19〕見《詩切》，頁1011。其以爲「《毛傳》曰：『樞，荎也。』《釋文》曰：『樞本或作菑。』《釋木》菑荎，郭注引詩曰：『山有菑。』……余按：荎、菑聲義同。《皇矣毛傳》曰：『木立死曰菑。』……《廣雅》曰：『菑，枿也。』《集韻》曰：『枿，木立死也。』然則釋木之意，以菑爲立死之菑也，今俗語草木

故樞為死菑，而據榆音同愉，是以取愉音雙關喻後代子孫愉樂也。而漆古音是清紐、脂部入聲字，擬音為：*tsiet；卒古多音，亦有清紐、微部入聲字，音可擬為：*tswət，是以二者古音聲同韻近，可相通假；而栗與利古音聲母均是來母字、唯栗是脂部入聲開口字、而利是脂部陰聲韻開口字，二者聲紐同、韻部亦同，僅是韻尾音不同耳，一為入聲韻，音為：*liet；一為陰聲韻，音為：*lied，二者實音近可相假借。〔註20〕所以在此，可看出牟庭以音近關係，將漆作卒解，謂其祖父猝然而亡，不可諱言；而栗作利解，乃謂其子孫坐得其利，故以此聲喻雙關語義作解，則此詩便很自然與下句：「子有衣裳，弗曳弗婁。……宛其死矣，他人是愉。」、「子有酒食，何不日鼓瑟？……宛其死矣，他人入室」連貫作解，為勸喻世人當及時行樂，不要待其將死，才感嘆平生這般辛勞、節儉，反而什麼都沒有享用到，卻留給後人，不勞而獲，坐享其成。如此喻意似乎遠較《毛傳》：「國君有財貨而不能用，如山隰不能自用其財。」來得恰當。

　　（5）〈秦風・車鄰〉之二：

　　　阪有漆，隰有栗。既見君子，並坐鼓瑟。今者不樂，逝者其耋。

牟氏：「漆聲近卒，栗聲近利，皆取聲以喻上位尊顯者，卒然物故，而下位沉
　　　　淪者利得其處也。」

　　〈秦風・車鄰〉之三：

　　　阪有桑，隰有楊，既見君子，並坐鼓簧。今者不樂，逝者其亡。

牟氏：「桑、楊皆取其聲，以喻上位尊顯者，有死喪，而下位沉淪者有揚舉也。」

　　　此詩亦同上述，牟庭以漆聲近卒，栗聲近利，以卒音喻上位者猝然亡故，利音喻下位者樂得其利。第三章桑音同喪，楊音同揚，故取喪音喻上位者喪亡，而揚音喻下位者便趾高氣揚。觀《詩序》：「美秦仲也。秦仲始大，有車馬禮樂侍御之好焉。」《鄭箋》：「興者，喻秦仲之君臣，所有各得其宜。」二者皆讚美秦仲之言，然而觀原詩，我們可發現詩中並無秦仲字眼，如何是美秦仲之詩呢？所以毛、鄭之說，不可從。然而是詩，今學者大多主從朱熹《詩集傳》說法，以為是：「是時秦君始有車馬及寺人之官。將見者，必先使寺人通之，故國人創見而誇美之也。」即美秦君和樂可親也。〔註21〕然而既是美

　　　腐爛謂之藍，古遺言也。」

〔註20〕同注17。

〔註21〕此詩，朱熹《詩集傳》曰：「是時秦君始有車馬及寺人之官。將見者，必先使
　　　　寺人通之，故國人創見而誇美之也。」並未坐實秦之何君，然與《詩序》同

秦君，何以有：「今者不樂，逝者其耋」、「今者不樂，逝者其亡」等意？可見此詩意思，須重新商榷。

今牟庭以桑、喪音同；栗、利音近；漆、卒音近關係，突破舊說，將之翻案，解為詩人感傷上位者物故，而使下位者有機可乘、有利可圖，故不得不有番感慨。在此，照牟庭這般解釋下來，我們竟可發現此「今者不樂，逝者其耋」、「今者不樂，逝者其亡」等意，便可承接上句，自然得其解。原來是詩人油然生起一股"昨是今非"感慨，所以今不如往常快樂，因為心中所景仰的人已亡，而今所見是一群唯利是圖，沉淪奢華的小人，因此，詩人感傷今不如昔，頗對前人辛苦耕耘，卻換得後人奢靡揮霍結果，有股打抱不平寓意。

（6）〈鄘風・鶉之奔奔〉之一：

> 鶉之奔奔，鵲之彊彊。人之無良，我以為兄。

牟氏：

> 以奔奔通賁賁，作遠去意；彊彊通僵僵，死棄也。故鶉鳥惡鬥則奔奔而遠去，乾鵲知喜則僵僵而死棄，喻孫氏逐君而出居，甯氏納君而被殺，所謂逐我者出，納我者死也。

在此，牟庭不依從歷來約定俗成看法，即不以為此詩為衛人慨歎公子頑與宣姜淫亂之詩。他首先據鶉鳥與鵲鳥特性，謂鶉鳥性喜爭鬥，而喜鵲不聞健鬥，且鶉鵲並非淫鳥，而反駁毛、鄭及三家詩等看法，且以為：「諸家不考其物性，而苟以宣姜與頑傳致其說，種種不合，更為害於詩教。今據經文語意，反覆求之，則此詩實子鮮之所作也。」他所以認定此詩是子鮮所作，主要乃據《襄二十六年左傳》、《襄二十七年左傳》及《襄二十七年公羊傳》等記載，〔註22〕有「子鮮去衛」這段史實；內容大意為：衛獻公曾要求其弟子鮮助他回國，然子鮮要求：政權需由甯喜主管。不久，衛獻公受甯喜與子鮮之助回國，卻違背約定，將甯喜殺了，竟讓曾陷害他，逐他出境的孫林父奔至晉國，故子鮮頗感獻公無信，賞罰無章，是以在黃河立誓，不再踏入衛國一步。其曾云：「逐我者出，納我者死，賞罰無章，何以沮勸？君失其信，而國無刑，不亦

樣強調此詩所誇者在車馬侍御之盛。頁74。

〔註22〕此襄公二十六年及二十七年的史實見於《春秋左傳正義》頁 629～631、642
～644，《十三經注疏》本第六冊；而襄公二十七年《公羊傳》見於《春秋公羊傳注疏》卷 21，頁 264～265，《十三精注疏》本第七冊，台北：藝文印書館。

難乎？……」〔註23〕其中，「逐我者出，納我者死。」正表明當時曾驅逐我（衛獻公）者——孫林父，反而存活，而接迎我回國者——甯喜，卻遭慘死之意。

而詩中「鶉之奔奔」中「奔奔」通「賁賁」，可作遠去之意講；「疆疆」音近「僵僵」，與「僵僵」通假，作死之意也，是以「鶉之奔奔，鵲之僵僵。」即寓有好鬥者如鶉鳥奔奔而遠去，忠良者如喜鵲留存而遭慘死意味。觀此詩意不正與子鮮當時感慨的"逐我者出，納我者死"意相近？益加上《襄二十七年左傳》及《史記》有「伯賦鶉之奔奔」引此詩之記載。〔註24〕即表明此詩非淫亂之詩，乃爲隱射君臣不和，不宜讓外人知之意。所以我們由上述推論，可知此詩難保不是子鮮託諷之作？

牟庭這般考證論述，是持之有故，言之成理的。因此，據牟庭考證鶉、鵲鳥特性、其聲喻解釋及其依《左傳》、《史記》等記載作依據，可知此詩爲刺宣姜與頑淫亂之說，實不可信，此其所以主張此詩爲子鮮所作，以刺衛獻公無信用之意也。故姜亮夫云此：「牟氏之釋，並無巧會之機。……以鶉、鵲喻君臣，則不僅爲左氏說解其紛擾，亦爲千古說文學者立一規模。」

（7）〈衛風・伯兮〉之四：

　　焉得諼草，言樹之背。願言思伯，使我心痗。

牟氏：「此草名萱，音同忘諼之諼，詩人借萱之聲以言忘，因而假諼之字以名草，此古字音同假借之法，亦與借梅爲媒，借桃爲逃同意也。」

可看出此以諼音同萱，而此萱草爲忘憂草，故取其意以表達此婦思夫憂愁，欲忘卻痛苦，擬取忘憂草來解憂。所以此章：「焉得諼草，言樹之背。願言思伯，使我心痗。」意即：婦思伯不已，想借忘憂草解憂，而疑此草從何處可得？得來當種在屋之背後，喻將憂愁置之腦後。可是欲忘難忘，思得一身憔悴，心如發霉般痛苦。此章承前幾章詩意，可知此詩應爲征夫之婦思夫

〔註23〕同上，此文見於《春秋左傳正義》，頁643。
〔註24〕牟庭據《史記》曰：「惟天子受命於天，士受命於君，故君命順則臣有順命，君命逆則臣有逆命。詩曰：鵲之姜姜，鶉之賁賁。人之無良，我以爲君。」及《襄二十七年左傳》云：「伯有賦鶉之賁賁，趙孟曰：『床第之言不踰閾，況在野乎？非使人之所得聞也。』又曰：『伯有將爲戮矣。詩以言志，志誣其上，而公怨之，以爲賓榮，其能久乎？』叔向曰：『然已侈矣，所謂不及五稔者，夫子之謂也。』」以爲「此詩之作在襄二十七年之夏，而伯有之賦也。即在其秋七月，子鮮列國名賢，作賦早傳於諸夏。伯有，當時豪士，歌詩亦尚其新篇，而乃賦者不類，遂來趙孟之譏，而評者微詞，實啓漢儒之誤。然則此詩始作而失其解，竟爲伯有之賦累之也。」

之作。此說較《毛詩序》:「伯兮,刺時也。言君子行役,為王前驅,過時而不反焉。」及《鄭箋》;「衛宣公之時,蔡人衛人陳人從王伐鄭,伯也為王前驅久,故家人思之。」等說法,更切近詩文原意,而無史實附會。

二、以刺攝詩文大義

　　牟庭除了喻說詩旨外,尚以刺說詩。此不同於傳統以賦、比、興三體說詩,尤不似《毛傳》動輒以"興體"說之。主要其視比興意義與眾不同,而有自己一套看法。大抵其以「興」有「承上起下」意義,無關全詩微言大義,僅為引發下句的文義說明;而「刺」與「美」義類相當,對全詩旨可有見微知著的掌握。然而攸關國家、社會、人倫等大事,有難言之隱者,則「刺」方可正其詞也;「美」雖有稱譽、讚美等抒發作用,但對詩人欲藉古人酒杯以澆自己塊壘等寄託、諷喻,則無以深入其境,表達盡致。因此,牟庭在這兒所以舉刺,不舉美,正如姜亮夫所云:

> 詩人之辭,稱美無過頌,而頌實不足以觀風習。文學創作以憤怨而不以欣樂也,故取刺而不取美矣。……美詩之發憤舒情,未必能出之以率直,刺則婉而多諷,所以成其為詩教。

可看出牟庭以刺論諷,除了用來表達詩人心中憤怨之情外,還在以此完成詩教。而牟氏所說的"刺",非為《毛詩序》美刺正變之刺意,且其於三百篇中以刺釋者不甚多,可見其重視刺說而慎言矣。在此,就牟氏"刺說"舉例說明。

　　(1)〈召南・采蘩〉之一:

> 于以采蘩,于沼于沚。于以用之,公侯之事。

牟氏:

> 蘩生於山陸,而采之水中,言非其所也。用蘩以覆蠶,夫人世婦之事,而致之於公侯,則非其事也。此譏蠶室中人不務忠信以奉職也。

　　〈召南・采蘩〉之二:

> 于以采蘩,于澗之中。于以用之,公侯之宮。

牟氏:

> 公侯之宮,言不在蠶宮也。《祭義》曰:「古者,天子、諸侯必有公桑蠶室,近川而為之,築宮仞有三尺,棘牆而外閉之。及大昕之朝,卜三宮之夫人,世婦之吉者,使入蠶於蠶室。」據此知親蠶者,必齋;居嚴肅,不處君之宮寢,今者不然,故以為譏也。

故〈采蘩〉，牟庭以爲：「刺蠶室夫人不奉職也。」

　　（2）〈召南・采蘋〉之三：

　　　　于以奠之，宗室牖下。誰其尸之？有齊季女。

牟氏：

　　　祭者在室中之奧，不於戶外，然則蘋藻之奠，實不在牖下也。詩言
　　　不親奠者，不知而謬言其處也。……少女謂將嫁者，采盛湘奠，事
　　　不躬親，是不忠信也。澗濱行潦，筐、筥、錡、釜牖下言之，顛倒
　　　皆失其所，是不循法也。如是而猶尸之，詩人所爲疾而刺之也。

上述皆爲牟庭刺婦人事不躬親，行事顛倒失次，不盡忠職守之說。在此，
可看出牟庭不主從《毛詩序》論詩風雅有美刺正變說，以〈國風〉〈周〉、〈召〉
二南爲正風，故美之；而正風以下爲變風，則刺之說法。其據詩論詩，凡
不合理，不近人情者皆視爲刺來論之，無牽涉《詩序》的美刺正變說。是
以這二詩，經學大家如毛、鄭、孔，乃至朱熹等人均一致認同是美大夫妻
有禮自守，不失職以奉祭祀，而獨牟庭持此異說，由此采蘩、采蘋之女不
懂禮數，行事顛倒、錯置，以見其不忠誠，故刺之。此亦可謂牟庭自有的
一番主見。

　　然而牟庭雖自有創見，但其說亦非憑空虛造。〈采蘩〉詩，其以爲蘩榮生
於山陸，而詩卻言採於水中，知此婦不知其所，而采蘩乃養蠶之事，應是婦
人之事，詩中卻言：「于以用之，公侯之事」，將此推致於公侯之事，又據《禮
記・祭義》記載，可知古人采蘩養蠶，有其專門蠶室，如今此婦養蠶不在蠶
宮，卻在「公侯之宮」，可見此婦失其職守。益加上第三章言「被之僮僮，夙
夜在公。」其中僮僮與衝衝，音同可通假，是以此「被之僮僮」意即背負所
采的蘩，往來衝衝，可見其思慮不專；而「夙夜在公」即此婦早起夜寐，不
在蠶室，皆在公所，知此婦不潔齋，荒怠其職，故此詩是以爲刺。

　　同樣的〈采蘋〉詩亦相類似，牟庭以古人結婚祭祖，將嫁者必親採蘋藻
以配芼魚等祭物，方合乎禮貌與表示誠意。今詩采藻，「于彼行潦」，知謬言
其處；采蘋藻以覆羹，保其鮮美，焉用錡、釜以煮？知謬言其器；而蘋藻之
祭，據《鄭箋》所云，知此乃屬婚祭，當在戶外，不在牖下，〔註25〕而此言

〔註25〕此詩，鄭箋以爲「古者婦人先嫁三月，祖廟未毀，教于公宮；祖廟既毀，教
　　　于宗室。教以婦德、婦言、婦容、婦功，教成之際，牲用魚，芼用蘋藻，所
　　　以成婦順也。……蘋之言賓也，藻之言澡也，婦人之行尚柔順，自潔清，故

牖下，知謬言其處。由此看來，此詩所描寫的少女於婚祭禮儀多不甚了解，顛倒失所，不合禮儀，故此詩刺其祭不誠也，是可確信的。

（3）〈秦風‧駟鐵〉之一：

　　駟鐵孔阜，六轡在手。公之媚子，從公于狩。

牟氏：

　　《王度記》：「諸侯駕四馬，大夫駕三馬，士駕二。」此媚子當是大夫以下而駕君車，詩刺其僭也。

〈秦風‧駟鐵〉之三：

　　遊于北園，四馬既閑。輶車鸞鑣，載獫歇驕。

牟氏：

　　四馬八鸞，諸侯之車也。既使媚子得乘之，而又以載犬，名器之褻極矣，詩人所以刺也。

　　此詩歷來大多無異議，均以為是讚美秦君田獵之詩。如《毛詩序》：「駟鐵，美襄公也。始命有田授之事，園囿之樂焉。」孔疏：「作駟鐵詩者，美襄公也。秦自非子以來，世為附庸，未得王命。今襄公始受王命為諸侯，有遊田狩獵之事，園囿之樂焉，故美之也。」乃至清代，方玉潤看法亦是：「今秦初膺侯命，舉行大典，其相率以從于狩者。⋯⋯」這些學者以為「公之媚子，從公於狩」是秦公所寵愛的人隨公去打獵，並為公駕車前往，是以此詩美秦君狩獵之盛況。然而牟庭在此卻發現：為公寵信之臣，從公於狩，本應相從俱往，今卻各自乘車，維若乘君王高貴之車，則更顯示為君寵信之厚，是以此媚子非為公御車，如此說來，此媚子當是大夫以下的臣子，據禮法，不當乘君車，今卻乘之，故此詩乃刺其僭位。

　　在此，我們可發現一字解釋之差異，整首詩意思便大相逕庭。歷來學者於此詩的「公之媚子，從公於狩」均無異議，均以為公寵信的左右侍臣，為公駕車前往打獵，而牟庭在此卻觀察入微，發現前人所未發現之事象，即「從公於狩」當為媚子隨公一起前往打獵，非為公御車也，如此以見佞幸媚悅之臣，得寸進尺的醜態。否則，詩言「媚子」僅是替公駕車者，與公之司機有何不同？於此牟庭強調「媚子」之僭位，方顯其諂媚阿腴，而換得公寵愛的待遇，如此可恥行為理應刺之，才能顯出此詩之意。由此以見，其看法與眾不同，或可備一說也。

取名以為戒。」《毛詩鄭箋》本，頁6。

（4）〈魏風・葛屨〉之二：

> 好人提提，宛然左辟，佩其象揥。維是褊心，是以爲刺。

牟氏：

> 象揥、玉瑱並舉，是簪於首者也，此則子事父母之飾，所以爲父母
> 摘髮者，故佩之於裳旁也。……詩人特言佩揥，直指裳右，以見無
> 辟積也。……詩言其人心意褊狹，惜費尺寸之間，故令邊幅窘迫，
> 不能辟積，非貧之故也。……《魯語》公父文伯之母曰：「王后親織
> 元紞，公侯之夫人加之以紘綖，卿之内子爲大帶，命婦成祭，列士
> 之妻加以朝服，自庶士以下皆衣其夫。」據此知卿之内子，不爲朝
> 祭之服，朝祭之服皆有裳，此詩以縫裳爲刺，必卿家也。

可知牟庭以象揥、玉瑱並舉，二者是簪於頭上的髮飾，以此見其家不貧苦也。
但衣褊小，知其人心胸褊狹，惜費尺寸之間，故使邊幅窘迫，不願多縫衣縫、
衣邊也，是以爲刺。

　　據此詩中的「維是褊心，是以爲刺。」可知此首是刺人器量狹小的詩。
牟庭據詩意於此也主刺心量狹窄，吝於花費一絲一毫而慣於窘迫局促者。然
而眾所週知此主諷刺，但問題是所諷刺的那個好人是誰？歷來學者對此則有
不同看法。如依《詩序》之說是指國君，有《鄭箋》及三家詩看法，〔註26〕
然而有不少學者以「象揥」是貴婦人飾物，是以主此「好人」是指國君的夫
人或嫡夫人，如姚際恆《詩經通論》云：「此詩疑其時夫人之妾媵所作，以刺
夫人者。」民國以來，聞一多先生的《風詩類鈔》云：「屨裳皆妾手所製，夫
持以授嫡，嫡宛然而走避之。」而高亨先生《詩經今注》則以爲此詩描寫「女
奴不甘受主人虐待。」據吳師宏一云：「事實上，詩中的『好人』，說是指魏
國國君，或是指君夫人或貴族家庭中的嫡夫人，都可以講得通。」〔註27〕

　　在此，牟庭看法則不然，他據《閔二年左傳》記載，知有晉侯滅魏，賜畢
萬以爲大夫之史實。〔註28〕此畢萬雖貴爲卿大夫，卻是一個勤儉成性而吝嗇不

〔註26〕據此詩中「維是褊心，是以爲刺。」《鄭箋》云：「魏俗所以然者，是君心褊
　　　　急，無德教使之耳，我是以刺之。」《孔疏》曰：「《序》云：魏地狹隘，其民
　　　　機巧趨利，則似魏俗先然與此反者，魏俗趨利實由地狹使然，人君當知其不
　　　　可而以政反之。今君乃儉嗇且褊急而無德教，至使民俗益復趨利故刺之。」
　　　　知皆主刺國君心褊狹之說，如《詩序》云：「刺褊也。魏地狹隘，其民機巧趨
　　　　利，其君儉嗇褊急而無德以將之。」此見於《詩經正義》本，頁206。
〔註27〕此說見於吳師宏一《白話詩經》，頁336，台北：聯經出版社，1993年。
〔註28〕此晉侯滅魏，賜畢萬爲大夫史實，見於《春秋左傳正義》閔公元年，頁190。

合禮，惟利是圖者，故此詩以裳襀所刺的「好人」，牟庭以為是畢萬，其說云：

> 《閔二年左傳》：「晉侯滅魏，賜畢萬以為大夫。」《傳》所謂大夫即
> 卿也。然則摻摻女手，即畢萬之內子也。畢萬得魏而勤生修業，其
> 後遂大，儉德之共有明效矣。然其遺俗纖嗇習事，儉不中禮，趨利
> 而無慚，畢萬之化也，詩人識微慮遠，故因其裳襀而刺之。縫裳，
> 勤也；裳襀，儉也。詩人曰：「勤儉非所刺。」吾所刺者，心襀也。

以此詩既非婢妾或某一縫衣之女子所作，乃是某一詩人見魏俗漸趨無禮，究
其根源，乃畢萬造成，故作此詩以刺這導源之人，而詩中所刺的「好人」即
公卿：畢萬也。此一說法可謂獨特之見，與眾不同，在此，姑不論是非、優
劣，只是這般說解，似乎亦持之有故，言之成理。

（5）〈鄘風・牆有茨〉之一：

> 牆有茨，不可掃也。中冓之言，不可道也，所可道也，言之醜也。

牟氏：

> 古謂之茨，今俗語苫草謂之茨草，古遺言也。苫草有芒刺，蒺藜亦
> 有芒刺，故皆名為茨。然則茨者通謂草棘刺人者也，牆之高而有茨
> 之穢，不如平地之茨，可以掃除，以喻君母之尊，而有汙穢之行，
> 不如賤者之罪，可以防制也。

此即以茨草即苫草有芒刺，同蒺藜般等芒刺，故以草棘刺人者也。然牟庭
以為所刺者即是君母宣姜。據《左傳》閔公二年及《鄭箋》記載，知宣姜
在衛宣公死後，又和其子昭伯（即公子頑）有染，生下齊子、戴公、文公、
宋桓夫人、許穆夫人等兒女。〔註29〕可知宣姜位尊權貴，但有汙穢之行，
在古人心目中，是一件不可告人的醜聞，所以此詩《詩序》云：「衛人刺其
上也。公子頑通乎君母，國人疾之，而不可道也。」王先謙《詩三家義集
疏》引三家詩的說法，亦主「衛人刺其上也」。因此，此詩是衛人刺其上位
者荒淫無道是可信的。而牟庭亦主此說，但他更強調諷刺意味，以牆有茨
非平地之茨，可以掃除，隱刺宣姜淫亂不可防制也，故此詩牟庭以為「刺
君母宣姜淫亂也」。

〔註29〕此宣姜與昭伯有染之事，於《春秋左傳正義》閔公二年有：「初惠公之即位，
也少。齊人使昭伯烝於宣姜，不可，強之。生齊子、戴公、文公、宋桓夫人、
許穆夫人。」頁191；《鄭箋》：「宣公卒，惠公幼，其庶兄頑烝於惠公之母，
生子五人，齊子、戴公、文公、宋桓夫人、許穆夫人。」《毛詩鄭箋》，頁19，
皆有記載。

（6）〈小雅・鼓鐘〉之一：

　　鼓鐘將將，淮水湯湯。憂心且傷，淑人君子，懷允不忘。

牟氏：

　　《成十二年左傳》曰：「欲至將登，今奏作於下，驚而走出曰：如天
　　之福，兩君相見何以代此，下臣不敢。」《襄四年左傳》曰：「金奏肆
　　夏之三。」杜注曰：「擊鼓而奏此三夏曲也。」《魯語》曰：「夫先樂，
　　金奏肆夏繁遏渠，天子所以饗元侯也。」據知始作而擊鐘者，樂之最
　　盛，此當春秋之始，淮上諸侯始僭樂，周大夫聘其國，聞其樂而刺之。

　　淮列四瀆，禮視諸侯，故就以淮水奔流，比諸侯放恣不守軌度也。

牟庭以詩中的鼓鐘乃樂之最盛者，應為天子宴饗諸侯所用，然此卻為諸侯於
淮上飲酒作樂之用，故周大夫聞其樂而刺之。所以此詩旨為「刺楚人始僭樂
也。」《詩序》云：「刺幽王也。」《毛傳》曰：「幽王用樂不德比，會諸侯于
淮上，鼓其淫樂以示諸侯，賢者為之憂傷。」《鄭箋》：「為之憂傷者，嘉樂不
野合，犧象不出 門，今乃於淮水之上作先王之樂，失禮尤甚。」據王先謙《詩
三家義集疏》引三家詩言，亦指「王會諸侯於淮上，而奏先王之樂，失禮之
甚，聞者傷之。」今古文家所說雖略有出入，但在「僭樂」觀點是一致的，
是以牟庭據《左傳》成公十二年及襄公四年記載，主大夫刺諸侯僭樂之說，
尚可信之。然是否刺幽王之事，據王靜芝先生言：「按《詩序》云：鼓鐘，刺
幽王也。幽王於史無至淮之事，序說之不合固不待言。」〔註30〕知《序》說
刺幽王，不可信。今學者多主此詩為悼某國君之辭，如屈萬里先生云：「此疑
悼南國某君之詩。」〔註31〕或許解詩，因各人所站立場不同，側重觀點難免
有異，此所以說「詩無達詁」。

第二節　主以比與興說解章句

　　牟庭除了以喻、刺說解全詩大義外，還以比、興說解章句。於此，我們可
看出牟庭將比喻這一修辭法發揮得淋漓盡致，不僅以比喻全章詩旨，尚以比喻
說解詩中的字詞。是以此「比」說非鄭玄所謂「比，見今之失，不敢斥言，取

〔註30〕此見於王靜芝先生《詩經通釋》，其又以為「今細讀其詩，是憂傷追念之語。
　　　　鼓鐘為諸侯以上之樂。屢言淮水，其地當在淮水之畔。」頁452，新莊：輔大
　　　　文學院出版，1976年。
〔註31〕此見於屈萬里先生《詩經釋義》頁178，台北：中華文化出版，1953年。

比類以言之。」或朱熹的說法，僅僅是「比者，以彼物比此物也。」〔註32〕而是二者合一，既有諷諭全章之意，亦有說解字詞的作用在。而具有諷諭全章之意者，乃前一節所述，此則針對其以比喻說解字詞作一闡明。

牟庭的"興說"則與前人的說法略有不同，其"興"說雖不在關涉全詩旨意，但除了有興起下文，具有承先啓後的用意外，亦強調有以聲音起興之作法，並有與下文「所詠之辭」在意義上有某種相似特徵，可起一定的比喻作用，兼含比喻的興，然興意並不限詩的首句。此外，其亦擅以詩中某物或某事來烘托形象、渲染氣氛，是以他們說的興意實與前人說法有些出入，然亦不像以興在論述整首詩旨，（因其興說與最後其所說的詩旨未必合）故在此將其興說置於本節說解章句部分加以探索。

總之，其比興說解的特色，即擅以物之特質譬喻事理，且亦擅以音聲雙關方式言情說理，可謂克就物性與音聲特性兩方面掌握詩的內涵，將詩說得精采、豐富又別具創意。雖有的異於前人說法，但我們深入其說，亦見其持之有故，言之成理。倘若詩眞無達詁，那麼，牟庭這番喻說詮解，不正爲《詩經》學上又增添一新見解？可使我們對二千年前的《詩》又有更多不同角度的思考，如此，《詩經》學說豈不更多采多姿，更富饒有趣？所以我們亦不該先懷主見，排斥其說法，應有更寬廣的眼光來視之，才是。

這方面，本人打算舉代表的詩來對牟庭比興說解作一剖析與詮釋。

一、以「比」說解章句

（一）物性之比

（1）〈召南‧殷其雷〉之一：

殷其雷，在南山之陽。何斯違斯？莫敢或遑，振振君子，歸哉歸哉！

牟氏：

雷聞百里，喻國君也；隱藏其聲，喻微行也；南山之陽，喻其人既尊高而物色又明著，人皆望而識之也。

〈召南‧殷其雷〉之二：

〔註32〕鄭玄此一說見其於《周禮》大師教六詩注所云，《禮記正義》，頁 651；朱熹之說見其《詩集傳》釋〈周南‧螽斯〉所云，以爲「比者，以彼物比此物也。后妃不妒嫉而子孫眾多，故眾妾以螽斯之群處和集而子孫眾多比之。言其有德而宜有此福也，後凡言比者放此。」頁 4。

殷其雷，在南山之側。何斯違斯？莫敢遑息，振振君子，歸哉歸哉！

牟氏：

《廣雅》：「側，旁也。」……旁，謂左右也。南山之左右稍隱僻矣。

以喻尊高之勢，而其物色稍秘密矣，猶不能使人不識也。

〈召南・殷其雷〉之三：

殷其雷，在南山之下，何斯違斯？莫或遑處。振振君子，歸哉歸哉！

牟氏：

山在人之南，則上爲南，下爲北。南山之北，謂山陰也，以喻尊高

之勢而自晦愈深，猶不能使人不識也。

在此，牟庭以「殷其雷」謂「雷聲隱隱不奮震也。」將「殷」解作「隱」，意雷本非小聲之音，但此聲卻隱隱作響，故以此喻國君微行出遊也。而又據詩中的「南山之陽」，知先在高勢的山又顯著之地，然後才轉到「南山之側」、「南山之下」等高勢之山的隱密處，但既已曝光在前，後欲躲躲藏藏，不讓人知，則是不可能的，所以君王微服出巡，愈欲讓人不曉得，則是愈讓人知曉，故此詩，牟庭以爲是「刺召南君好微行也。」

然而此詩意思隨「殷其雷」解釋不同而有不同看法，大抵有的人主「殷其」應是疊字「殷殷」之意，形容雷聲轟轟隆隆；主此解者多從古文家之言，以爲是「召南之大夫，遠行從政，不遑寧處」，〔註33〕如胡承珙《毛詩後箋》：「細繹經文三章，皆言『在』而屢易其地，正以雷之無定在，興君子之不遑寧居。」嚴粲《詩輯》：「何爲此時違去此所乎？蓋以公家之事，而不敢遑暇也。」此則以轟隆之雷配合下文的「南山之陽」等句來解。而另有人主「殷其雷」應是隱隱之雷聲（如牟庭之見），然而作此解者，都將此詩視作「婦人懷念君子」之意，如傅斯年先生《詩經講義稿》云：「丈夫行役在外，其妻思之旋歸。」屈萬里先生《詩經釋義》云：「此婦人懷念征夫之詩。」而吳師宏一則認爲：

古人或以隱雷、輕雷比喻車音。……或許，從下文的「何斯違斯，莫敢或遑」等句看，以輕雷比喻車音，以車音漸行漸遠，比喻君子的遠

〔註33〕 此說法見於《詩序》所云：「召南之大夫，遠行從政，不遑寧處，其室家能閔其勤勞，勸以義也。」主爲公而忘私者則雷同此矣，如嚴粲《詩輯》釋「何斯違斯？莫敢或遑。」爲「何爲此時違去此所乎？蓋以公家之事，而不敢遑暇也。」

行于役，也是很自然貼切的聯想。……而〈殷其雷〉這首詩，寫婦人
的懷念，比較直接，我們不但可以聽見她最眞摯的心聲，而且也可以
聽見她對丈夫不斷的呼喚。這眞是一首眞情流露的詩篇。〔註34〕

然而牟庭在此雖以「殷其雷」作隱隱之雷聲講，但卻不以爲是婦人思夫之作，
而將此解作刺君王好微行之意，可謂其獨特之見。

　　（2）〈陳風・東門之楊〉之一：

　　　　東門之楊，其葉牂牂。昏以爲期，明星煌煌。

牟氏：

　　　　陳之東門有枌榆神祠，神祠之側有池，池之四周多植楊柳，此遊覽
　　　　之勝處也，詩人以楊葉比遊人之多也。……明星喻燈燭之光也。本
　　　　以昏夜爲期，女子出遊欲不見人也，而燈炬之明，如列星煌煌然，
　　　　照耀如白晝般，如何取乎昏夜？

〈陳風・東門之楊〉之二：

　　　　東門之楊，其葉肺肺。昏以爲期，明星晢晢。

牟氏：

　　　　肺當讀與市同。《說文》曰：「市，草木盛，𣎴然，讀若輩。」……
　　　　然則肺肺者，葉動之貌也，喻遊人之往來也。

此詩意，牟庭之解亦如上述，乃述某人出遊欲不爲人見得，反愈讓人看見，
只是此詩主角非一國之君，而是某一女子。或許古時女子受禮教束縛，多大
門不出，二門不邁的，若有一女子出遊，豈敢以女貌身份在光天化日下大大
方方走動？更何況是男女私下約會？當然，更爲當時封建禮法所不許。因此，
若男女非奉父母之命，媒妁之言而認識的，而爲一見鍾情的戀愛方式，那麼，
其約會的情景可能就如歐陽修的〈生查子〉詞，所謂的「月上柳梢頭，人約
黃昏後」的隱隱藏藏景象。此詩，歷來學者多不主從《詩序》之意，〔註35〕
多以爲是男女期會也，如朱熹《詩集傳》云：「此亦男女期會，而有負約不至

────────────

〔註34〕見於吳師宏一《白話詩經》所云，頁123～125。
〔註35〕此詩，《詩序》云：「刺時也。昏姻失時，男女多違，親迎女猶有不至者也。」
　　　　而朱熹《詩集傳》不以爲然，以爲「此亦男女期會而有負約不至者，故因其
　　　　所見以起興。」高亨《詩經今注》：「二人約定於黃昏時相見於東門，而對方
　　　　久久不來，作者唱出這首情歌。」糜文開、裴普賢先生《詩經研究與欣賞》：
　　　　「男女約會，以黃昏爲期，只見天上星光閃爍，等得人好不心焦。」知這些
　　　　學者皆主此詩乃男女約會不得之怨詞。

者，故因其所見以起興也。」高亨《詩經今注》云：「二人約定黃昏相會於東門，而對方久久不來，作者唱出這首情歌。」屈萬里先生《詩經釋義》云：「此男女相期而不遇之詩。」王靜芝先生《詩經通釋》云：「此男女相期會，而女未能至，男乃賦此也。」知多主為男女相約會，有一方負約不至者，使他方賦此。

觀牟庭詮釋之意，彷彿亦是主利用昏夜行事，然不同是此非主男女以昏夜相約會，而是主一女子趁昏夜出遊賞玩，不欲人知，但孰知外面人群眾多？有如楊柳之葉「肺肺」茂盛也；又燦燦之星，明亮如燈，更反襯此女之行，不欲彰顯，反更顯而易見，是以於此可知，此女欲趁昏暗之夜以暗中藏翳，孰料今晚燈火通明，一如白晝，遊人如織，己不想被人識出又如何不為人知？是以此女便詠夜遊張燈之熱鬧景象，以自我陶侃。照牟庭這解釋，可謂異於眾人之見，但其說與原詩文意配合來看，似乎亦相得益彰。

（3）〈衛風‧氓〉之三：

> 桑之未落，其葉沃若。吁嗟鳩兮，無食桑葚。吁嗟女兮，無與士耽。士之耽兮，猶可說也。女之耽兮，不可說也。

牟氏：

> 此言桑樹未零落之時，其葉茂盛，沃沃然，喻人未悰棄之時，其情意相與親厚也。……桑葚甘香，鳩鳥之所嗜，而人之所護也，猶士之情意親厚，女子之所惑而禮之所禁也，故詩人比類而戒之，不謂鳩食葚而醉也。

案：此以桑樹綠意盎然，喻人情意相厚，而桑葚甘香為鳩鳥所喜而不得，喻此女為此男所愛，但為禮儀所禁戒也。

〈衛風‧氓〉之四：

> 桑之落矣，其黃而隕。自我徂爾，三歲食貧。淇水湯湯，漸車帷裳。女也不爽，士貳其行。士也罔極，二三其德。

牟氏：

> 桑葉之零落，先萎黃而遂隕墮矣，以喻人情之冷落，先悰薄而遂棄絕也。而往爾家三歲之後，食用貧薄，不蒙優厚，見待悰也，如桑葉之萎黃也。言今日被驅，復還乘小車，涉淇水棄絕而去也，如桑葉之隕墮也。

案：桑葉逐漸枯黃而凋零，猶人情炎涼冷暖。此男追女，由最初追求不得到

熱情猛追，一旦追到手卻又不好好珍惜，而逐漸冷落她，終將之棄絕，此與繁花綠葉逐漸從樹上枯萎凋謝之意，並無二致，所以牟庭在此以之作比，頗能盡其妙。

〈衛風‧氓〉之六：

> 及爾偕老，老使我怨。淇則有岸，隰則有泮。總角之宴，言笑晏晏。
> 信誓旦旦，不思其反，反是不思，亦已焉哉。

牟氏：

> 此言今日雖不見棄，遂得與爾偕老，人老色衰終亦棄絕，使我怨耳。
> 淇水之深，亦有其岸，隰澤之廣，亦有其泮，如人之歡情，亦有竭
> 盡之時，不能長久無變也。

案：牟庭以「淇則有岸」、「隰則有泮」表示事物至終都有盡頭，以此喻人之情誼終有竭盡之時，不可能長久不變的。所謂「月有陰晴圓缺，人有悲歡離合」，正顯示世事無常，沒有恆久不變的事物。

就上述字詞譬喻解釋下來，我們可發現牟庭一如今之學者主此詩乃是「棄婦之怨辭。」〔註36〕所不同的是牟庭主此棄婦被棄後復還。所謂「氓，詠奔女見棄復還也。」案：此復還，據詩中有此女回至家中，遭其兄弟嘲笑之描述，所以可能是指她又回到自己的娘家，非指又回去夫家。

據牟庭闡析，可知其以爲全詩第一、二章是描寫：最初，此男子對她非常親切，常找藉口來親近她，進而使她動了心，對他想念之深、相思之切，追切待嫁也，然而萬事具備，只欠良媒，此女只得以秋節爲期與男子有約，後來好不容易才如願以償，準備完成婚禮。三、四章即云此女嫁了後，男子卻變了心，棄婦的命運，如桑之凋落矣。於此，牟庭掌握了借景言情的修辭筆法，將二者譬喻說明，並將此婦後來的遭遇，與前述情節作一對照說明。是以後來第五、六章，牟庭言此女婚後艱苦的生活是早起晚睡，難得休息，卻不得丈夫諒解，反而屢遭橫暴的待遇，回至家中亦遭兄弟嘲笑。因此，此女經此婚變，終有所覺悟，以前的山盟海誓更無所依恃。詩中的「及爾偕老，老使我怨。」牟庭以此「老」既寓有年老色衰之悲意，以說明上句「及爾偕

〔註36〕此詩，朱熹《詩集傳》：「此淫婦爲人所拋棄，而自敘其事以道其悔恨之意也。」歐陽修《詩本義》：「據詩所述，是女被棄逐怨悔，而追續與男相得之出初，殷勤之篤，而責其始終被棄之辭。」黃忠慎先生則認爲「學者們多半較同意歐陽修《詩本義》所說的」，《詩經簡釋》，頁130，台北：駱駝出版社，1995年。

老」的昔時盟誓已變質，亦在呼應第四段的「桑之落矣，其黃而隕。」所謂「今日雖不見棄，遂得與偕老，人老色衰，終亦棄絕，使我怨耳。」即今雖不被棄，但昔時的山盟海誓、甜言蜜語已不再，而人老色衰，如葉落枯黃，將成昨日黃花，終遭被棄，是以由恨生怨矣。

　　（4）〈小雅‧大東〉之四：

　　　　東人之子，職勞不來；西人之子，粲粲衣服；

　　　　舟人之子，熊羆是裘；私人之子，百僚是試。

车氏：

　　　　舟人習水而熊羆山獸也，以喻西人衣服之美，不知所從來也。……

　　　　私人職少，百僚事多，以喻東人之職勞不來也。

此章詩，據车庭詮解，知為：

　　　　瘴人居東方，辛苦人家子。貢役職勞勤，力竭恐不來。

　　　　而居西方者，京師人家子。粲粲極鮮華，安坐美衣服。

　　　又

　　　　西人有美服，不自知所由。譬如舟人子，習水但操舟。

　　　　不獵得熊羆，山獸以為裘。東人雖勤勞，名位本卑陬。

　　　　譬如私人子，豈有秩祿優，空試百僚事，事多僦不酬。

其以舟人習水，乃屬居水緣地帶者，應無山產等物，如今此舟人卻披有熊羆等山獸之皮件、皮衣，呼應上句的「西人之子，粲粲衣服」之意，暗喻：此衣不知從何而來？或許是由東方人士疲於奔命，努力貢獻出來的吧！而東方人士為何如此辛勞，不得休息？原來人少事多，一人需抵二人份工作量，是以東方人士難以勝任，故叫苦連天也。此據车庭這般說來，知將東西方人士，所受的差別待遇明顯比對出來，亦將西方的貴族們壓搾東方貧民百姓情景，隱隱約約表現出，所謂不直言說，卻句句都道出個中理，车庭這一說法就是如此。而此詩據糜文開、裴普賢先生等說法，知是一首東國人士對周室不滿的怨詩，如其云：

　　　　東方諸侯之國的人民，困於賦役，疲於奔命，以致「杼柚其空」、「葛
　　　　屨履霜」，生活極端苦痛。而那些來自西方的闊綽的周室貴族們，還
　　　　是以統治者的傲態，出現在他們眼前，於是東方人民無可告訴的怨
　　　　苦，乃借批評天象而發洩，而表達了出來，成此獨創一格的瑰奇詩
　　　　篇。〔註37〕

─────────────

〔註37〕此說見於糜文開、裴普賢先生《詩經欣賞與研究》頁1027，台北：學生書局

（5）〈小雅・苕之華〉之一：

苕之華，芸其黃矣；心之憂矣，維其傷矣。

牟氏：

蓋苕有美華，依託大樹，蔓延至高，有似女子以美色至貴，故古人
多以苕華喻王侯妃妾者。

此牟庭以姣好華美的苕之特性，即依附大樹而生性質，喻以美色誘惑王侯卿
相而高攀至富貴榮華之家的女子。且其以為古人多以苕華喻王侯妃妾者也。

〈小雅・苕之華〉之三：

牂羊墳首，三星在罶。人可以食，鮮可以飽。

牟氏：

人可以食，鮮可以飽，喻人不知止足也。

於此，牟庭掌握了食與飽的關係，以喻人欲與滿足之間的微妙關係。所
謂此嘴有如無底洞，永遠都填不飽的，不正如人的欲望永無止息，永遠都有
欲求在追尋，直至躺在棺木為止嗎？此以人可以食，鮮可以飽，喻人不知止
足，頗富創意。

此詩歷來學者多無異議，多主此乃是傷時憂亂之作。如《詩序》：

苕之華，大夫閔時也。幽王之時，西戎東夷，交侵中國，師旅並起，
因之以饑饉，君子閔周室之將亡，傷己逢之，故作此詩。

朱熹《詩集傳》云：「詩人自以身逢亂世之衰，如苕附物而生，雖榮不久，故
以為比，而自言其心之憂傷也。」姚際恆《詩經通論》：「此遭時飢亂之作，
深悲其不幸而生此時也，與兔爰略同。」吳闓生《詩義會通》：「此詩寥寥數
言，而危亡迫切之禍懸於眉睫，儳然不可以終日矣。」是否為「幽王之時」，
雖不可考，但主「周室之衰」、「大夫閔時」大抵雷同。

然而此詩，牟庭並不主傷時憂亂之意，其以為苕華是比喻以美色致貴的
王侯妃妾；而芸字，非《孔疏》：「極黃之貌。」或王引之《經義述聞》：「芸
其黃矣，言其盛，非言其衰。」[註38] 其主「芸」字：

當讀為隕，音同假借字也。（泯）曰：「其黃而隕。」《毛傳》曰：「隕，
墜也。」故此傳云：「將落則黃。」亦以落字釋芸字也。《史記南越

出版，1991 年。

[註38] 此見於王引之《經義述聞》，頁 33，楊家洛主編《中國學術名著》第六輯，台
北：世界書局出版，1963 年。

傳》曰：「不戰而耘。」《漢書》作殞，此亦芸、隕通用之證也。
據此知其以為古芸字與隕字通用，可作凋落講，是以將此章詩解作美人對己
年老色衰的感慨，如苕華至晚秋隕落，為君遺忘。而後章的「苕之華，其葉
青青。知我如此，不如無生。」則以「青」通「菁」字講，為「此言苕華方
盛時，茂葉菁菁然也。」而「生」字作「語已詞也。」所謂：

> 六朝人云太俗生、太憨生、太瘦生、可憐生、作麼生，今俗人語後
> 詞亦曰生，皆詩人遺言也。……知我如此，言既知我美好，而恩寵
> 不過如此也，不如無生者，言不如無也。詩言不如無知我。

此即以苕華菁菁茂盛，比喻美人自矜年輕貌美，最受君王的寵愛，然而後來
感到君之恩寵不過如此，終亦會因己年老色衰而將己拋棄，故感慨早知如此，
不如起初君不知有我的好。此與主傷時憂亂者，以為苕花凋謝，只剩青青之
葉，早知己生不逢辰，不如不要把我生下來的好，意義不同。最後的「牂羊
墳首，三星在罶；人可以食，鮮可以飽。」以感時傷亂者來看，是指母羊瘦
得僅剩個大頭，天上三星仍空照著捕魚笱簍以說明世亂，百物凋殘、人民饑
饉之象；雖今人還有食物可食，但吃得飽彷如天方夜譚。而牟庭則以「牂羊
墳首」表示白色大母羊，比公羊高壯，大而可見，有如大山頭，即「詩言牂
羊，不言殺羊，為牂羊色白，高而可見也。……墳首者，高墳之首，猶言山
頭也。」然而白母羊雖高大，不如三星，留在天上放光明，此「罶」字，牟
庭作留講，所謂「罶，留聲義相通，昂宿之名為留，即罶字也。」是以此比
喻人居高寵，已擁豐祿，但仍想攀緣更高處，追求更富厚，如此，人欲無法
滿足，正如食鮮可以飽。牟庭就此推論以此詩為「刺王姚妒寵無厭也。」

　　（6）〈大雅・卷阿〉之七、之八：

> 鳳凰于飛，翽翽其羽。亦集爰止，藹藹王多吉士。維君子使，媚于
> 天子。鳳凰于飛，翽翽其羽。亦傅于天，藹藹王多吉人。維君子命，
> 媚于庶人。

牟氏：

> 鳳凰喻王也，其羽喻王之從臣也。集止喻逸遊也，傅天喻輔王以善
> 治也。

　　此以鳳凰比喻君王，而其身上羽毛，比如君王身旁跟從的臣子，有時隨
君逸遊，有時輔佐君王，治好國政。

　　〈大雅・卷阿〉之九：

鳳凰鳴矣，于彼高岡。梧桐生矣，于彼朝陽。菶菶萋萋，雝雝喈喈。

牟氏：

> 鳳凰鳴者，喻聖王之作歌也。高岡喻盛治之隆也。梧桐生者，喻賢
> 臣之輩出也。朝陽喻明時之遇也。故《釋訓》曰：「藹藹萋萋，臣盡
> 力也。噰噰喈喈，民協服也。」以此詩藹藹王多吉士，藹藹王多吉
> 人，皆言從臣之多；菶菶萋萋比多賢之盛，故總以藹藹萋萋爲臣盡
> 力也。雝雝喈喈比太平之世，歌頌聲和，非其媚于庶人，萬民和悅
> 則不能然，故曰民協服也。《釋訓》明其興諭之意，深得之矣。

此以「鳳凰鳴矣」、「高岡」、「梧桐生矣」、「朝陽」分別比喻聖王作歌於太平
盛世時，而自古君王與賢臣之難遇，今亦在這四海昇平時遇合，是以鳳凰于
飛於鳴，止得其所，歌之得其諧，和鳴雝雝正洽其情，以喻群臣能得君王用，
如鳳凰之非梧桐不能棲，梧桐非鳳凰不能用，可謂得其所；群臣和睦融洽，
又如鳳凰能洽其情。君義臣忠，和樂融融，充滿一片昇平盛世之景，正如所
謂「皇路當清夷，含和吐明庭。」這上下一片和樂盛平之象。

（7）〈魯頌·閟宮〉之四：

秋而載嘗，夏而楅衡。白牡騂剛，犧尊將將。毛炰胾羹，籩豆大房。
萬舞洋洋，孝孫有慶。俾爾熾而昌，俾爾壽而臧。保彼東方，魯邦
是常。不虧不崩，不震不騰。三壽作朋，如岡如陵。

牟氏：

> 不虧，比如日也；不崩，比於山也；不震，比於地也；不騰，比於
> 川也，皆言其恆常也。……《戴氏詩考正》曰：「三壽作朋，謂年與
> 上壽、中壽、下壽之人相比也。」是矣。……余按：如岡如陵，言
> 齊高也，喻三壽之朋也。

此「不虧」、「不崩」、「不震」、「不騰」是用來比喻魯國恆常不變也，如日不
虧損、山不崩塌、地不震蕩、川不騰躍。而後「三壽作朋」，牟庭以「朋」如
《戴氏詩考正》所云，作「比」講，整句意爲年壽與上、中、下三壽等人相
比擬，則皆如山岡高陵般長久。案：此「三壽作朋」之「朋」字，據季旭昇
先生《詩經古義新證》考證，以爲此「朋」字，當作「比」講，〔註39〕一如

〔註39〕此見於季旭昇先生《詩經古義新證》所考證，引魯實先先生《金文講義》以
　　　　知此「三壽作朋」乃爲「比如參星一般長壽」此朋作比講。頁 153～154，台
　　　　北：文史哲出版社出版，1996 年。

车庭，皆從戴震之說，只是二者不同在季先生以「三壽」是指「參星」而言，整句意爲「和參星一樣長壽」；而车庭以爲「三壽」是指上壽、中壽、下壽三等年壽，則爲「此年壽和這三等人相比」之意。如此整章詩說來是慶賀魯公之後代，繁昌又興旺，可使公長壽又安康，永保魯國久不衰亡。若將三壽元老來相比，其壽如高岡般長久。

（二）音聲之比

（1）〈召南‧摽有梅〉之一：

> 摽有梅，其實七兮。求我庶士，迨其吉兮。

车氏：

> 梅之聲若媒，詩取其聲以喻媒妁之言也。摽落不收者十之七，喻所拒者多也。

此以梅音近媒，故以梅喻媒妁之言；表示樹下散落的梅子不收者，多達十之七，比如媒人來說的親事頗多，然皆被此女所拒絕，惟其迨吉時才想嫁人也。而其釋二章：「其實三，言摽落不收者十之三耳，以喻過時未嫁，其拒媒妁亦漸少矣。」至釋末章：「摽落之梅側筐而取之，無一棄置者，以喻過時未嫁，而向者所拒之媒，來則許之也。」可看出车庭以梅音喻媒，將古時男女論婚嫁的方式，畫龍點睛表達出來，且將婚嫁衍期而心慌意亂情景逐一比喻說出。如其云首章言來說媒、說親事的很多，但都爲此女欲等待吉時而被拒絕；漸漸人老株黃時，拒媒說親之事便少了；若迨到女子頗感時機已過又未嫁出時，則便令人著急，只要有媒人說親，便允諾，而顯出一飢不擇食的醜態，故车庭以此詩乃「刺嫁女愆期也。」總之，「花開堪折直須折，莫待無花空折枝」，尤其花樣年華更是匆匆，青春一去不再來，故有好的姻緣當下要把握，否則，時機一錯過，女子們只有聽天由命，任人擺佈，想必车庭言下之意當如是。

（2）〈邶風‧北門〉之一：

> 出自北門，憂心殷殷。終窶且貧，莫知我艱，已焉哉！天實爲之，謂之何哉？

车氏：

> 《說文》曰：「北，乖也。從二人相背，又曰乖，戾也。從屮、兆，北古文別。」然則出自北門喻已出身而仕，乃從古人之道，背於俗尚也。

此以北音同背，且北即是背的古字，是以此「北」字有背陽向陰的暗示作用。〔註40〕故就此北字寓意，知「出自北門」乃喻此人身在官場，行事卻與俗尚趨炎附勢、貪慕榮華富貴之傾向違背，透露此人秉志清高，難以從俗富貴也。是以據牟庭這般說來，此正有「眾人皆醉我獨醒，眾人皆濁我獨清。」之意義在，故其以此章詩意是論賢者出仕不從俗，失勢無財又貧苦，眾人亦不知其艱辛，故使此賢想辭官歸隱，所謂「賢者仕而困窮自罷歸也。」〔註41〕

　　案：牟庭這一說法，大異前人看法。如《詩序》：「北門，刺仕不得志也。言衛之忠臣，不得其志爾。」方玉潤《詩經原始》：

> 此賢人仕而不見於上者之所作。觀其王事之重，政務之煩，而能以一身肩之，則其才可想矣。而衛之君上乃不能體恤周至，使其「終窶且貧」，內不足以畜妻子，而有交讁之憂，外不足以謝勤勞，而有敦迫之苦。重祿勸士之謂何，而衛乃置若罔聞焉。此詩之所以作也。

知多主衛之臣子，仕不得志也；上得不到君王知遇，下亦不得家人諒解，故感嘆也。

　　（3）〈魏風・汾沮洳〉之一：

> 彼汾沮洳，言采其莫。彼其之子，美無度，美無度，殊異乎公路。

牟氏：

> 莫之言暮，取其聲也。……此詩言汾水之旁，卑濕之處采得酸莫之菜，喻魏氏連姻庶賤之家，娶其晚嫁之女也。

〈魏風・汾沮洳〉之二：

> 彼汾一方，言采其桑。彼其之子，美如英，美如英，殊異乎公行。

牟氏：

> 采桑，亦取其聲，喻娶其喪服之女，新寡者也。

〈魏風・汾沮洳〉之三：

> 彼汾之曲，言采其藚。彼其之子，美如玉，美如玉，殊異乎公族。

牟氏：

> 藚之言續也。亦取其聲，以喻續嫁者也。

　　由上述可知，牟庭以「莫」、「桑」、「藚」音近「暮」、「喪」、「續」，是以「采莫」、「采桑」、「采藚」配合前一句的「彼汾沮洳」來解，則分別比喻成

〔註40〕見於吳師宏一《白話詩經》，頁257。
〔註41〕見牟庭《詩切》，頁432。

此魏氏先後娶了晚嫁之女、服喪之女及續嫁之女。然後言及雖這些女子，皓首蛾眉、天生麗質，但皆非出自高貴人家，故雖美而貧賤、低微。因此，牟庭依此解說，以為此詩「刺魏氏娶賤女也。」

　　此一說法，吳師宏一《白話詩經》則以為：「說此詩乃『刺魏氏娶賤女也』，更是推衍太過之詞，不必一一討論。」牟庭這一說法確有值得商榷之處，但其以聲音相近而比喻說解，倒也恰合無間、巧妙之至，因此，牟庭這一番巧說喻言，亦是我們不可忽略的。再加上我們絕不可以現今民主開放的標準來衡量古人社會型態，否則，便是以今律古。牟庭在此看出古人封建社會的保守觀念，對婚嫁而言，必得門當戶對，才行；即使這出自卑微家境之女，有的氣質可能比官宦之人士高貴；有的面容可能比官宦之子姣美，但貴為一國的國君，或公侯卿相，或貴族人士，就是不能娶這出身低微卻美得如寶玉、如瓊英之女，否則，便難逃大眾輿論的攻擊與批評。而此詩依牟庭說法，雖言此女「美無度，殊異乎公路」、「美如英，殊異乎公行」、「美如玉，殊異乎公族」，但出自「彼汾沮洳」的「其莫」、「其桑」、「其薈」，是以魏氏娶賤女便為當時所不容，故牟庭在此主回復到古人生活狀態下，強調刺之意義。可見今所謂「英雄不論出身低」、「天生麗質難自棄」，無論是有才德者、或美麗之女，凡在那個封建社會下，出身卑微者，想要鹹魚翻身，則比一步登天還難。

　　（4）〈秦風・黃鳥〉之一：
　　交交黃鳥，止於棘。誰從穆公？子車奄息。維此奄息，百夫之特。
　　臨其穴，惴惴其慄。彼蒼者天，殲我良人！如可贖兮，人百其身。
牟氏：
　　黃鳥有好音以悅人，喻人子有美名以娛其親也。棘之言極也，取其
　　聲以喻遭命之極也。
此以棘音近極，故以喻生命遭之危急，可能有至極、至終之寓意。此意乃喻子車奄息隨秦君陪葬，命至終極矣。

　　〈秦風・黃鳥〉之二：
　　交交黃鳥，止於桑。誰從穆公？子車仲行。維此仲行，百夫之防。
　　臨其穴，惴惴其慄。彼蒼者天，殲我良人！如可贖兮，人百其身。
牟氏：
　　桑之言喪也，亦取其聲以喻死喪之禍也。
　　此以桑言喪，喻子車仲行，陪秦君下葬、活埋，遭此死喪之禍也。

〈秦風‧黃鳥〉之三：

> 交交黃鳥，止於楚。誰從穆公？子車鍼虎。維此鍼虎，百夫之禦。
>
> 臨其穴，惴惴其慄。彼蒼者天，殲我良人！如可贖兮，人百其身。

牟氏：

> 止於楚，亦取其聲喻死生之際，辛楚苦痛也。

此以楚喻辛楚苦痛也，即喻子車鍼虎陪喪，必罹苦遭痛吧！

此詩牟庭之解，一如《詩序》所云：「哀三良也。國人刺穆公以人從死，而作是詩也。」朱熹《詩集傳》：「此《序》最有據。……秦穆公卒，以子車氏之三子爲殉，皆秦之良也。國人哀之，爲之賦〈黃鳥〉。事見《春秋傳》，即此詩也。」

原來此詩，古有明證，史載可考，據《左傳》文公六年曰：「秦伯任好卒，以子車氏之三子奄息、仲行、鍼虎爲殉，皆秦之良也。國人哀之，爲之賦〈黃鳥〉。」知此詩乃秦國人哀悼子車氏之三子：奄息、仲行、鍼虎隨秦穆公下葬之作。歷來於此均無異議，牟庭亦主此一說，然而其以音聲方式爲喻奄息、仲行、鍼虎三人下葬情景，說明此詩意義，可謂其說詩高妙處，正爲其超越眾說所在，故其詩說義旨與前人同，但方式不同，正有殊途同歸之妙，值得一提。

二、以「興」說解章句

牟庭的興說，如前所述，有的僅在解釋發端起情，與下文無意義的連繫；有的似乎以興說解下文所詠之辭，與下文有某種比喻關係在，甚者，對下文有烘染氣氛或交代背景之意義，是以其興說，本人覺得頗如夏傳才先生的說法，夏先生云：

> 從《詩經》運用這種手法來看，「先言他物」的起興與下文的「所詠之辭」的關係，大致有三類情況：第一類是興辭只有發端起情和定韻的作用，而與下文在意義上沒有什麼連繫，即朱熹所說的「全不取其義」；第二類是起興的形象與下文「所詠之辭」在意義上有某種相似的特徵，因而能起一定的比喻作用，即毛、鄭派所說的「託物起興」、「興寓美刺」；第三類是起興對正文有交待背景、渲染氣氛和烘托形象的作用，起到鍾嶸所說的「文已盡而意有餘」的效果。〔註42〕

〔註42〕此見夏傳才先生《詩經語言藝術》頁120～135，台北：雲龍出版社，1990年。

於此，本人以爲牟庭的興說，雖未表明其方式、理論如何，但就其對《詩》中的章句說解，我們可發現其興說，正如上述有這三種類型，是以本人針對其說法，大致分爲：1、發端起情，與下文無關者；2、託物起興，比喻下文者；3、以興烘托，渲染氣氛三者，分別來作一說明。然而他又有以音聲方式起興，與其以物性方式起興不同，亦與前人以音聲起興，只作發端與定韻之用，與下文無意義關係的說法不同，〔註 43〕其不同處正爲其特色所在，亦有探討必要。因此，原則上分別以（一）物興以解（二）聲興以解二大類說明，然後在此二大類中，又可再分爲1、發端起情，與下文無關者；2、託物起情，比喻下文者；3、以興烘托，渲染氣氛者三小類，再逐一闡析與詮釋，以期看出牟庭這一興說詩的眞正蘊涵。

（一）以物起興

1、發端起情，與下文無關者

如（1）〈大雅・江漢〉之一：

> 江漢浮浮，武夫滔滔。匪安匪遊，淮夷來求。既出我車，既設我旟。
> 匪安匪舒，淮夷來鋪。

牟庭：

> 此詩以〈江漢〉起興，知爲南國之地，淮水上源別自有此夷也。春秋昭四年，楚子會於申，有淮夷，據知淮夷與申呂比近，故詩人來淮夷而詠〈江漢〉，所謂歌其土風也。

此即以「江漢」起興，與下文並無意義關係。據其說，我們知道江漢爲南國之地，淮水上源一處，加上史實有載：楚子會于申（攻申國）來淮夷情形，故此詩乃詩人來淮夷詠江漢之作。由牟庭這一說，知其「江漢起興」乃作發端之詞，實與下文無意義關係。又其以爲：

> 《毛傳》:「淮夷，東國在淮浦而夷行也。」非矣。《漢書地理志》云：
> 「南陽郡平民縣淮水所出，又曰南陽宛縣申伯國。」所言申伯國即

〔註 43〕　以爲詩的興體，乃以聲音作用作開頭，與下文只有諧韻關係，無任何關係者，如顧頡剛先生看法，其以爲詩「起首的一句和承接的一句是沒有直接關係的。……於是『關關雎鳩』的興起淑女與君子便不難解了。作詩的人原只要說『窈窕淑女，君子好逑』，但嫌太單調了，太率直了，所以先說一句『關關雎鳩，在河之洲』。他的最重要意義，只在於『洲』與『逑』的協韻。至于雎鳩的情摯而有別，淑女與君子的和樂而恭敬，原是作詩的人所絕沒有想到的。」《古史辨》第三冊，民十四年六月，論比興部分。

謝也；謝即徐也。徐者近於淮夷，而淮夷非徐也。宣王既封申伯於
徐，申甫相倚，豪殖強大，驕蹇不朝，宣王是以命將南征，先伐淮
夷，欲以威震之，淮夷服而徐不服，王乃命召伯視師，召伯不戰而
服之，還而策勳，因勸王以德撫徐而無以武力，此江漢所以作也。

知其以爲此乃召伯（召穆公）征申伯國而服淮夷，能以德服人，是以詩人爲
作此詩。

2、託物起情，比喻下文者

如（1）〈周南・關雎〉之一：

關關雎鳩，在河之洲。窈窕淑女，君子好逑。

牟氏：

洲渚，水中之高地可依蔽者。詩言雎鳩和鳴，常在河洲隱蔽之處，
以興夫婦好合，亦在深閨祕密中。

〈周南・關雎〉之二：

參差荇菜，左右流之。窈窕淑女，寤寐求之。

牟氏：

荇菜，取其名接余也，以興男女之交接也。……詩言接余之菜不齊
而難取，則將雙手以摎捋之，以興男女之交，貞靜而難求，則將反
覆以親媚之也。

由上述可看出牟庭以在河洲的雎鳩和鳴之景，以言深閨祕密中，夫婦好合之象。
此乃一借景起興、以景言情之說，即水鳥關關和鳴，以比喻男女求偶情形，所
謂由雎鳩禽鳥尚知有求偶之樂，而興起獨何人而無乎之感？於此，牟庭將之進
一步解說，將「關關雎鳩」與下文的「窈窕淑女，君子好逑」二者意義上，以
興作一連繫。而第二章，牟庭以荇菜又名「接余」，以言男女的結合，此雖名曰
興，實與以此隱喻彼是相似的，正如朱熹所謂的「興而比」之意。

（2）〈召南・野有死麕〉之一：

野有死麕，白茅包之。有女懷春，吉士誘之。

牟氏：

麕，美味也。野有死麕，人之所必取也，然而白茅包之，潔清慎守，
不可以苟得也，以興美女志欲從人，人之所欲也，然而申禮防以自
持，不可誂也。

〈召南・野有死麕〉之二：

> 林有樸樕，野有死鹿。白茅純束，有女如玉。

牟氏：

> 林有樸樕，可以煮死鹿矣。野有死鹿，可以煮用樸樕矣。然而白茅
> 純束之清潔慎守，不可以苟得，以興吉士足以當美女，美女亦欲當
> 吉士，然而申禮防以自持，不可誂而得也。

牟庭此以「野有死麕」卻「白茅包之」的情景，作興起下文「有女懷春」卻「有
禮自守」之說解。蓋麕乃一美味的肉，郊野上有此一珍饈，固人之所愛，然而此
肉卻有白茅緊密包裹起來，似乎使人只有遠望而不可褻玩焉之感。由此興說一花
容月貌之女，雖足以沉魚落雁，且正當懷春時，但其仍以禮自守，則使人愛而難
近，望而興嘆。如此說來，二者卻有某一相似處，牟庭這般解釋，則易使我們對
「野有死麕，白茅包之」、「野有死鹿，白茅純束」意義，有更深一層了解。

　　此詩，歷來有很多不同的解釋，吳師宏一歸納有：「有人以為它是淫詩，
描寫青年男女戀愛的心聲；也有人以為它是一首讚美貞潔女子的詩篇，另外
還有人認為它寫的是賢士拒絕招隱。」〔註44〕在此，我們可知牟庭是主讚美
貞潔女子之意。

　　（3）〈小雅・谷風〉之一：

> 習習谷風，維風及雨。將恐將懼，維予與汝。
> 將安將樂，汝轉棄予。

牟氏：

> 以谷風常吹而不止，必有陰雨之來，以興人之相與久而習熟必有怨
> 隙之時也。今俗語謂陰雨曰不好天，故為人情翻覆之喻，此詩人之
> 遺言也。詳〈邶鄘衛谷風〉篇，此云維風興維予與汝也；及雨興汝
> 轉棄予也。

〈小雅・谷風〉之二：

> 習習谷風，維風及頹。將恐將懼，寘予于懷。將安將樂，棄予如遺。

牟氏：

> 頹者，謂墜葉矣。維風興寘予于懷；及頹興棄予如遺也。

　　就牟庭這解釋，我們可清楚看出這〈小雅・谷風〉與〈邶風・谷風〉題材
近似，即為一首「婦人為夫所棄」之辭。乃以風雨不止，起興人情嫌隙、摩擦；
而前句的「維風維雨」、「維風及頹」即興說婦初為夫所狂追不捨，終遭被棄之

〔註44〕同注40，頁149。

命運。牟庭將二者以興解釋，頗能借景言情，以景喻說棄婦之怨；怨夫對己棄若敝屣；怨己所遭的人事是如何無常啊！屈萬里先生《詩經釋義》云：「此與邶風之谷風相似，蓋亦棄婦之辭也。」牟庭之說，正是此情此景。

3、以興烘托，渲染氣氛者

如（1）〈周南‧卷耳〉之一：

> 采采卷耳，不盈頃筐。嗟我懷人，寘彼周行。

牟庭：

> 卷耳取其名常思也，言人欲采常思之菜，而不專所事，不滿其頃筐，
> 以興他人之思遠人而用心不專，如未之思者也。

其以卷耳乃一常思菜，顧名思義，其取這一常思之菜，則雙關於下文的人有所思而心不專也，故採此菜若有所思，不滿這一斜口筐，營造出此人思慕遠人之投入而忘己正在採菜情景，加深了渲染主人公的相思之情來。故牟庭此一興說，乃屬一烘托情景、渲染氣氛之說，所謂誰道相思苦，正為思念入愁腸。相思不斷，思慕不已，則陷入其中，渾然忘我，而心不在焉。詩意至為明顯，而《詩序》云：「卷耳，后妃之志也，又當輔佐君子，求賢審官，知為臣下之勤，勞內進賢之志，而無險詖私謁之心，朝夕思念，至於憂勤也。」則未免曲為之解。後代許多學者一如俞平伯先生所主：「此詩作為民間戀歌讀，首章寫思婦，二至四章寫征夫，均係直寫，並非代詞。」〔註45〕而此亦正為牟庭之意也。

（2）〈周南‧葛覃〉之一：

> 葛之覃兮，施於中谷。維葉萋萋，黃鳥于飛。
> 集于灌木，其鳴喈喈。

牟氏：

> 《毛傳》曰：「中谷，谷中也。」余按：谷中謂谷之正中，處地卑下，
> 以興所託之不良也。……然則維葉萋萋，言葛在中谷幽陰之處，其
> 葉寒涼，以興婦人所託非人，而華容冷落也。

此以「中谷」乃指「谷中」，有地處卑下陰濕之寓意在，生動刻劃出一貧苦之境。牟庭在此以中谷興婦所託不良，則說明一遇人不淑之寄寓意義在。又其以「維葉萋萋」之「萋萋」與「淒淒」、「棲棲」音同通假為古假借通用字，如其云：

〔註45〕此說可詳見俞平伯〈葺芷繚衡室讀詩札記〉，《古史辨》第三冊，下編，頁418。

《綠衣毛傳》曰：「淒，寒風也。」即此推論之，風雨淒淒，言風雨
氣寒也。「蒹葭萋萋」言露寒也，云：「猶蒼蒼者，蒼本滄之假音，
蒼蒼涼涼，亦寒意也。」……「卉木萋萋」，言春寒花遲也；「有杕
之杜，其葉萋萋」，言葉寒也。

知其以「萋萋」字作淒寒、冷落意講，所以由此葉凋零淒淒之景，正興起此
一婦人處於寒苦、淒涼之處境，故其容華亦隨之憔悴、冷落也。

　　然後，其以爲後面的「黃鳥于飛」、「集于灌木，其鳴喈喈」乃是比喻其
他群女皆適高門，託身得所，和樂舒暢。而獨己如「葛之覃兮，施於中谷」、
「維葉萋萋」般遇人不淑，處境貧苦，是以嘆己遠嫁庸夫，貧賤寒酸，不如
其他眾姊妹之託身高門，和樂平生，是以興說之。

　　（二）以聲起興

　　牟庭在這一方面的說解較少，據本人觀察與研究，此《詩切》中的以聲
興說，總共僅有以下這四首，且就這四首而言，其興說內容，大抵不外 1、託
物起情，以喻下文者；2、以興烘托，渲染氣氛者。

　　1、託物起情，以喻下文者

　　（1）〈周南・桃夭〉之一：

　　　　桃之夭夭，灼灼其華。之子于歸，宜其室家。

牟氏：

　　　　桃之言逃也，以興女子逃其家，而奔人者也。夭夭，言枝斜屈之貌
　　　　也，以興女子不端莊也。……灼灼其華，言樹華色光明，以興奔女
　　　　容質美好，深可惜也。

桃音如逃，以逃音起興女子逃家；而夭夭，牟庭取其枝屈曲不直暢貌，以興
女子行爲不檢點，花枝招展，妖冶放蕩；而花容盛貌，則興起一看到此花，
則想見此女之嬌美樣貌，但惋惜其行爲不端莊也。

　　〈周南・桃夭〉之二：

　　　　桃之夭夭，有蕡其實。之子于歸，宜其室家。

牟氏：

　　　　蕡、墳音假借字。……然則蕡、墳、賁音義皆通，蕡蓋實大貌也。
　　　　華喻女、實喻男，有蕡其實，以興有賢夫也。

此牟庭以蕡音近墳，可通假，有大的意義；而「實」喻男子，是以「有蕡其實」

表示家有賢夫能安其家室，故牟庭又以此認爲：「宜其室家，主於夫而言也。有賢夫則婦安其家，而夫安其室也。」以惟有賢夫才能安頓此放蕩不拘之女。

〈周南·桃夭〉之三：

桃之夭夭，其葉蓁蓁。之子于歸，宜其室人。

牟氏：

蓁、溱、榛音同義通，今俗語眾多齊盛謂之蓁蓁，詩人之遺言也。

然則其葉蓁蓁，以興夫家眾多之人也。

以蓁作盛多講，桃葉蓁蓁然，正與家庭人口眾多貌相似，故藉此以興。又其以爲：「宜其家人，主於夫家眾人而言也，娶婦而得貞信之人，則一家相與安之也。」表示爲夫須娶賢慧女，方能整頓好家風與振興家道。

而此詩今多數學者多主是一篇歌詠男女婚嫁的詩。如陳子展先生《詩經直解》：「美民間嫁娶及時之詩。」黃忠愼先生以爲「就詩的本義來看，這可能只是祝賀人家嫁女兒的詩。」〔註46〕吳師宏一則認爲：

這首詩以盛開的桃花、圓大的果實、茂密的葉子起興，來形容當年合時的女子容貌；以欣欣向榮的桃樹，來比喻可託終身的美滿家庭；以「桃之夭夭」來點明結婚之及時，以「宜其室家」來顯示一切合乎禮儀。……這眞是一首歌詠新婚之樂的詩篇啊！〔註47〕

可知「桃花」多用來起興以比喻女子豔麗的容貌，此興乃有比的意義在，正如姚際恆《詩經通論》所云：「桃花色最豔，故以取喻女子，開千古詞賦詠美人之祖。」牟庭此亦主桃花喻女子，不同是其以「桃之夭夭」音聲來興說，而變成興起此一不端莊、不守婦道之女敗壞了家風，故需有賢夫整頓之意義。如此解釋下來，與眾不同，但正因其不同，故爲其別具特色所在。

（2）〈周南·漢廣〉之一：

南有喬木，不可休思；漢有游女，不可求思。

漢之廣矣，不可泳思；江之永矣，不可方思。

牟氏：

喬之言驕也，木喬高而上竦，行人不蔭其下，以興人君驕亢而自尊，賢人不立其朝也。

以喬音近驕，而音聲起興，興上位者的態度驕矜自滿，高亢自大，使在下的

〔註46〕此見於黃忠愼先生《詩經簡釋》頁17。

〔註47〕同注40，頁37～39。

賢人避、才子隱，紛紛遠離君王。如此，「興」說實有比的寓意在，即以喬木高聳，行人不受其遮蔭，而至他處休息，以喻上位者剛愎自用，使有才德者不願為之效命，紛紛敬而遠之。就牟庭這解釋下來，便清楚此詩的主旨為刺君不能求賢也。此詩原本眾說紛紜，牟庭這一說可謂又添一佳話。其說之所以可取，端在其說詩的方法獨特，以聲起興說喻，還能持之有故，言之成理，這一點就是他說詩一大特色。此外，其有大膽魄力不願淪於人云亦云，經常依聲、依物、依理喻、刺、興說，乃至詳博考據以論之，或者以俗語論詩等等，這些都是其詩說創意所在。

（3）〈魯頌・泮水〉之一：

> 思樂泮水，薄采其芹。魯侯戾止，言觀其旂。其旂茷茷，鸞聲噦噦。
> 無大無小，從公于邁。

牟庭：

> 芹之聲若勤，頻采其芹，以興魯侯之來之勤也。魯侯即伯禽也。

〈魯頌・泮水〉之二：

> 思樂泮水，薄采其藻。魯侯戾止，其馬蹻蹻。其馬蹻蹻，其音昭昭。
> 載色載笑，匪怒伊教。

牟庭：

> 藻之音若早，頻采其藻以興魯侯之來之早也。

此以芹音近勤、藻音近早以起興，喻魯侯來此泮水既早亦多。此以音聲為興，說明魯侯對建泮水之宮室頗重視，故經常早來，次數亦頻繁。由此興解，整首詩旨便十分清晰，可看出為「泮水，伯禽作宮也。」亦即清楚知曉牟庭對詩旨的主張及為何他主此一說的理由。

2、以興烘托，渲染氣氛者

（1）〈豳風・東山〉之一：

> 我徂東山，慆慆不歸。我來自東，零雨其濛。我東曰歸，我心西悲。
> 制彼裳衣，勿士行枚。蜎蜎者蠋，烝在桑野。敦彼獨宿，亦在車下。

牟氏：

> 蜎蜎者蠋，蠋之言獨也。此取其聲以興離別之後，夫人屈體臥病，
> 獨居處也，亦公所悲也。烝在桑野，桑之言喪也，野之言序也，皆
> 取其聲以興夫人不起，所病久在喪殯西階之上也，此又公所悲也。

牟庭之所以有此番解釋，主要其以為：

周公居幽三年，至是冒雨而歸，此紀行也。我東日歸，我心西悲，言我來自東，空名曰歸，而乃我心向不勝其悲，謂其已無歸也，夫人已喪亡也。

其以為周公自東歸來，而感到無所歸，乃因其夫人已喪亡，故回家後亦失魂落魄，如無所歸般，此以聲來興悲也、以聲渲染一悲哀氣氛，淒涼景象，使人傷感也。故此以聲為興說，頗能達此一烘托、渲染的效果。而此例乃以詩中之句起興，並非以首句起興，可看出其以為託物起興，或興物渲染，不限於詩的開頭，亦可以詩中的句子或末尾起興，由此以見其觀念新穎。艾治平的《古典詩詞藝術探幽》云：「兼含比喻的興，有時也出現在一首詩的中間或末尾，而不是在詩的開頭。」〔註 48〕可見亦有部分學者主張詩的「興體」並非都是作詩開頭，引起下文之用，如含「比喻之興」則有詩中句及末尾之例。

　　總之，由上述可看出牟庭的喻說佔大多數，而興與刺說則較少，且以興為說多仍以首句起興，但有例外，如上述的聲興為說則不拘首句。除了喻說之外，我們若將其刺說、興說與喻說作一統計，會發現到在詩三百中，牟庭以刺說詩只有 22 首；以興說詩，僅有 25 首，而以喻說詩者，就有 130 首。〔註49〕可看出大部分的詩，牟庭皆以喻說方式解之，並以訓詁詳釋字義來輔證解詩。此正與歷來學者如朱熹主張《詩》中的「興」多而「比」少不同。〔註50〕或許這就是牟庭與前人對比興的涵意理解不同所致。

〔註48〕此見於艾治平《古典詩詞藝術探幽》，頁 350，台北：木鐸出版社，1987 年。

〔註49〕牟庭《詩切》中共 282 首，除去今本殘缺的三十三篇外，共 249 首。這 249 首中，以刺說詩者有 22 首，如〈采蘩〉、〈采蘋〉、〈騶虞〉、〈旄丘〉、〈簡兮〉、〈牆有茨〉、〈木瓜〉、〈蝃蝀〉、〈相鼠〉、〈大叔于田〉、〈東方日〉、〈敝笱〉、〈猗嗟〉、〈葛屨〉、〈蟋蟀〉、〈鴇羽〉、〈駟鐵〉、〈鼓鐘〉、〈既醉〉、〈抑〉、〈桑柔〉、〈崧高〉；而以興說詩有 25 首，如有：〈關雎〉、〈葛覃〉、〈卷耳〉、〈螽斯〉、〈桃夭〉、〈兔罝〉、〈芣苢〉、〈漢廣〉、〈行露〉、〈野有死麕〉、〈淇奧〉、〈黃鳥〉、〈墓門〉、〈匪風〉、〈東山〉、〈破斧〉、〈習習谷風〉、〈四月〉、〈白華〉、〈旱麓〉、〈文王有聲〉、〈生民〉、〈韓奕〉、〈江漢〉、〈泮水〉等等。然而此就本人所見的殘本（因今所見之版本缺〈小雅・鹿鳴〉至〈小雅・雨無正〉三十三篇）而言，刺說詩與興說詩共 47 首耳，若再加上這三十三首中有的話，則不僅如此。而以喻說詩者共 130 首，因繁多在此不一一例舉。

〔註50〕關於這部分，據朱熹《詩集傳》統計，全書 1141 章，其中賦有 727 章、比 111 章、興有 274 章，兼類（即興而比，賦而興之類者）有 29 章。而朱志清《詩言志辯》統計 305 首詩中，興體就有 116 首，將近 30％之多。其中〈國風〉160 首中，興有 72 首；〈大雅〉74 首中，興有 38 首；〈小雅〉31 首中，興有 4 首；〈頌〉40 首中，興有 2 首。

　　而〈風〉詩、〈雅〉詩、〈頌〉詩篇章上，我們可發現到牟庭在〈風〉詩內容上，無論是比喻爲說、或興說、或刺說，都較〈雅〉詩、〈頌〉詩內容豐富，且數量眾多。或許在此，牟庭以爲〈風〉詩內容多爲民間歌謠，故直敘其字義說解，無法將詩的言外之意、弦外之音，說得一語中的，鞭辟入裏；故其重視風謠特性，抒情爲主，敘事說理爲輔，而以喻、刺、興說亦多；而〈雅〉詩、〈頌〉詩內容多爲朝廷燕樂之歌及宗廟讚祭的頌歌，故敘事、詠理多，抒情少，而牟庭在此似乎亦發現此理，所以於〈雅〉、〈頌〉詩上，喻說、興說、或刺說則亦較少。若作一統計，我們可發現《詩切》中的〈雅〉詩部分，運用到喻、刺、興說解者，共有 38 首耳；而〈頌〉詩部分，運用到喻、刺、興說解者，亦僅 7 首。〔註51〕而《詩切》中〈風〉詩共 159 首，其中運用到喻、刺、興說者，據本人研究，就有 132 首之多，如此說來，〈風詩〉的喻、刺、興說遠較〈雅詩〉、〈頌詩〉爲多。

　　上述乃本人探究牟庭說詩部分，至於字義訓詁考證，雖亦爲其《詩切》一重要特色，然而並非本論文所要論述的重點，故此一部分先暫時不談論，留待後續研究。

第三節　主韻語詮釋詩旨

　　《詩切》是牟庭詮釋《詩經》的著作。而其對《詩經》最完整的詮釋，莫過於其以韻語重述翻譯《詩》意部分，即牟庭《詩切》〈自序〉所云：

> 故訓既明，依文爲切。故者古之所同，切者今之所獨。是以自名其學，不曰故而曰切。又不欲俯同群碎，墜於學究講章之流，是以略倣歌謠，稱心避俗，詩人之作，金玉鏗聲，切以韻語，體亦宜之。

〔註51〕〈大雅〉、〈小雅〉詩中，以喻、刺、興說者，共 38 首，即〈小宛〉、〈巧言〉、〈何人斯〉、〈谷風〉、〈大東〉、〈四月〉、〈鼓鐘〉、〈青蠅〉、〈采菽〉、〈采綠〉、〈漸漸之石〉、〈苕之華〉、〈旱麓〉、〈皇矣〉、〈文王有聲〉、〈生民〉、〈鳧鷖〉、〈卷阿〉、〈板〉、〈桑柔〉、〈雲漢〉、〈烝民〉、〈江漢〉、〈瞻卬〉、〈召旻〉，以上爲喻說部分共 25 首。而刺、興有〈習習習谷風〉、〈四月〉、〈白華〉、〈旱麓〉、〈文王有聲〉、〈生民〉、〈韓奕〉、〈江漢〉、〈鼓鐘〉、〈既醉〉、〈抑〉、〈桑柔〉、〈崧高〉共 13 首。
　　〈頌〉詩中，以喻、刺、興說者，有 7 首耳，即〈昊天有成命〉、〈潛〉、〈小毖〉、〈良耜〉、〈閟宮〉、〈長發〉，以上爲喻說部分。而〈泮水〉僅有興說耳，無刺說。觀其詩旨，可看出在〈頌〉詩部分，多主美無刺說，故在此亦無刺說詩。而〈風〉詩部分，以喻、刺、興說者，則有 132 首，在此，不煩盡舉。

其中「切以韻語」就是這以韻文詮釋詩旨部分；其以韻文論述詩意，以確定整首詩主旨，如切入《詩》的主題一般，故其詮釋《詩經》著作，取名爲《詩切》，用意亦在此，乃牟庭所強調異於前人的地方。由此見這些「韻語」可看出牟庭對《詩經》的闡述與看法。許維遹先生云：

> 此編先詳訓詁以定字義，後譯爲成語以達於文辭，使誦者易於解悟。
> 其於訓詁引證詳博，有資多識；而於切語，皆演經以爲有韻之文，
> 如後世雜體詩式。〔註52〕

可知此韻語闡述詩意，並非規律的近體詩，而是有的押韻不一致，有的句式參差不齊，甚至雜以口語白話，正如《詩經》的語言活潑、豐富。《詩經》雖以四言爲主，但雜有二三五六七八字句型，如〈江有汜〉：「江有渚，之子歸，不我與；不我與，其後也處。」甚者，有的有九字句，如〈昊天有成命〉：「二后受之成王不敢康」，所以成伯瑜《毛詩指說》：

> 《三百篇》造句大抵四言，而時雜有二三五六七八言。意已明不病
> 其短，旨未暢則無嫌於長。短非蹇也，長非冗也。

而《詩經》韻律，據陳第《毛詩古音考》云：

> 《毛詩》之韻，不可一律齊也。蓋觸物以擴思，本情以敷辭。從容
> 音節之中，宛轉宮商之外。如清漢浮雲，隨處聚散，蒙山流水，依
> 坎推移，斯其所以妙也。總之，《毛詩》之韻，動於天機，不費雕刻，
> 難與後世同日論矣。〔註53〕

可知《詩經》語言具有初期民歌特色，發語自然，矢口成韻，又靈活自如，不拘一格，而牟庭《詩切》的韻語譯《詩》，亦押韻自如，句式不拘，似乎以切近《詩經》的民歌特色爲主，故《詩經》語言靈活，而《詩切》韻語亦自然不拘。

就後代學者研究《詩三百》用韻方式，可知有句首韻、句中韻、句尾韻；而句尾韻又有所謂「一韻到底」、「隔句押韻」、「一二四句押韻」、「轉韻」、「錯韻」、「空韻」、「閒韻」、「抱韻」、「疏韻」、「遙韻」等方式。〔註54〕可知《詩

〔註52〕見許維遹先生〈棲霞牟默人先生著述考〉一文，《清華學報》第九卷第二期，頁437，1934年4月。

〔註53〕前者見成伯瑜《毛詩指說》《文淵閣四庫全書本》頁70～177，台北：臺灣商務印書館出版；後者見陳第《毛詩古音考》頁9～11，台北：廣文出版社，1977年。

〔註54〕此押韻格式見陳鐘凡《中國韻文通論》，頁18～23，台北：臺灣中華書局出版，又見夏傳才《詩經語言藝術研究》頁51～58，台北：雲龍出版社出版。前者提到《詩經》押韻格式有句首者、句中者及空韻（空數句不入韻者）、閒韻（其

經》韻律豐富，具備多種多樣的方式，足爲後代詩人所取法。若將此韻律與對後代詩律影響，作一歸納，實如顧炎武《日知錄》二十一卷所云：

> 古詩用韻之法，大約有三。首句次句連用韻，隔第三句而於第四句用韻者，〈關雎〉之首章是也，凡漢以下及唐人律詩之首句用韻者源於此。一起即隔句用韻者，〈卷耳〉之首章是也，凡漢以下詩及唐人律詩之首章不用韻者源於此。自首至末句句用韻者，若〈十畝之間〉、〈月出〉諸篇是也，凡漢以下若魏文帝〈燕歌行〉之類源於此。自是而變，則轉韻矣。轉韻之始，亦有連用隔用之別，而錯綜變化，不可以一體拘。

若以《詩經》既有的句尾押韻格式爲主，來看牟庭《詩切》押韻型式，我們會發現到《詩切》韻例型式與《詩經》用韻型式相近，亦有以下這幾種：（一）一韻到底；（二）首句不用韻，爲隔句用韻；（三）首句用韻，即一、二、四等句用韻；（四）轉韻（有顧炎武所謂的連用與隔用韻情形）；且具有四聲通押特性。與元、周德清《中原音韻》入派平上去三聲，且押韻不分聲調等性質相近。

而《詩切》中的韻語詮釋《詩經》內容，根據《詩經》中〈風〉、〈雅〉、〈頌〉詩篇性質的不同，大抵可分爲（一）男女抒情歌謠；（二）諷刺時政詩；（三）反應社會各階層詩；（四）詠史政教規諫詩；（五）祭祀禮儀歌讚五類。然而我們由此亦可發現牟庭說詩的傾向；多主〈十五國風〉內容是男女抒情歌謠、或諷刺時政、或反應社會階層；主〈小雅〉多爲諷刺時政或反應社會階層；主〈大雅〉多爲詠史或政教規諫；而主〈頌〉詩則爲祭祀禮儀歌讚或詠史。

在此，就分別以一、押韻型式；二、韻語內容兩部分探究其以韻語詮釋詩旨等內容。

一、押韻型式

針對其句尾用韻方式探究，可分爲：

（一）一韻到底

如〈周南·螽斯羽〉首章、二章；〈周南·卷耳〉第三章、第四章；〈召

中有幾句另協其他韻者）；後者提到有抱韻（一、四句押韻或二、三句押韻）、疏韻（隔兩句用韻）、遙韻（這一章的某句與下之章相應部位的某句押韻）等韻例。

南‧殷其雷〉首章；〈邶風‧汎彼柏舟〉第二章；〈邶風‧綠衣〉第四章；〈邶風‧匏有苦葉〉首章；〈王風‧采葛〉首章；〈鄭風‧羔裘〉第三章；〈鄭風‧出其東門〉首章；〈唐風‧采苓〉首章；〈秦風‧車鄰〉第三章；〈小雅‧巷伯〉首章；〈小雅‧鼓鐘〉首章；〈大雅‧雲漢〉第二章等《詩切》韻語的押韻方式皆是一韻到底。而這些一韻到底者皆是指每章詩而言，非整首詩。（牟庭譯語並無全詩是一韻到底者。）又此一韻到底除了同一韻外，亦有因韻近而有旁通情形。就〈召南‧殷其雷〉首章：

> 殷其雷，在南山之陽。何斯違斯？莫敢或遑。振振君子，歸哉歸哉！

牟庭譯爲：

> 有雷殷殷聲不揚，所在顯明山之陽。
> 比如人主好微行，衆人指識狀非常。
> 呵察所至人懼恇，違去還疑在其旁。
> 呵斯違斯誰能詳，莫或安居敢暇遑。
> 眞眞君子覽四方，歸哉歸哉坐朝堂。

可知其以十句譯此詩，七言一句，句句押韻，韻腳字有揚、陽、行、常、恇、旁、詳、遑、方、堂等，爲押下平陽韻字。

> 而〈小雅‧巷伯〉首章：

> 萋兮斐兮，成是貝錦。彼譖人者，亦已太甚！

牟庭譯爲：

> 一萋一斐錯相引，織之成此貝文錦。
> 比如集事巧爲譖，羅織人罪入誅禁。
> 彼譖人者如織紉，飾小成大亦太甚。

可知其以六句譯此詩，亦七言一句，句句入韻，押韻字有引、錦、譖、禁、紉、甚等，爲押上聲軫韻、寢韻字，又因軫、寢二韻可相通，故此韻律亦和諧。

（二）隔句押韻

如〈周南‧兔罝〉第二章；〈召南‧鵲巢〉首章、二章；〈召南‧采蘩〉第二章；〈召南‧行露〉首章、第二章；〈召南‧摽有梅〉首章；〈召南‧何彼襛矣〉第三章；〈邶風‧汎彼柏舟〉首章；〈邶風‧燕燕〉第三章；〈邶風‧日月〉第三章；〈齊風‧載馳〉第三章；〈衛風‧考槃〉首章；〈王風‧中谷有蓷〉首章；〈陳風‧月出〉首章；〈鄭風‧大叔于田〉第二章；〈鄭風‧東門之墠〉首章等《詩切》韻語皆屬之。

此隔句用韻情形多爲偶數句，句尾用韻。例如〈召南‧鵲巢〉第二章：

> 維鵲有巢，維鳩方之。之子于歸，百兩將之。

牟庭譯爲：

> 巢者鵲之有，鳩來相與旁。
>
> 比如夫人正爲居中宮，嬖人並坐不退讓。
>
> 不念之子初嫁時，諏吉于歸盛儀仗。
>
> 君車百兩爛盈門，獎賞寵榮誰與抗。

可看出其頗以口語方式譯此詩。此譯語總共八句，然而有的五字一句、有的七字一句、有的九字一句，句式長短不齊，而押韻字均爲偶數句尾字，即旁、讓、仗、抗等字，（旁作傍講，去聲），所押的是漾韻。

又如〈齊風‧載馳〉第三章：

> 陟彼阿丘，言采其蝱。女子善懷，亦各有行。許人尤之，眾穉且狂。

牟庭譯爲：

> 登彼偏高之阿丘，采其貝母藥物良。
>
> 比如謀事取上策，勿云女智無所長。
>
> 女子善思非多事，亦各有道必可行。
>
> 許人不肯聽我言，而尤責我爲不當。
>
> 我視汝眾童穉耳，且又不慧皆癡狂。

此七言一句，句式齊整，共十句。偶數句押韻，有良、長、行、當、狂等字，押下平陽韻。

（三）首句用韻，為一、二、四、六、八……句用韻者

〈唐風‧蟋蟀〉第三章；〈唐風‧羔裘〉第三章；〈小雅‧黍苗〉首章；〈小雅‧召旻〉首章等《詩切》韻語皆屬之。例如〈唐風‧蟋蟀〉第三章：

> 蟋蟀在堂，役車其休。今我不樂，日月其慆。
>
> 無已太康？職思其憂。好樂無荒，良士休休。

牟庭譯爲：

> 蟋蟀在堂已深秋，行役歸來車馬休。
>
> 今我爲樂不及時，日月滔滔不可留。
>
> 莫以此會太康娛，職思生計懷百憂。
>
> 好人爲樂亦復好，斷無荒淫使人愁。
>
> 良士不爲賈豎事，安享美祿意休休。

以十句譯此詩，且句式齊整，七言一句，而此首句即入韻，然後即為隔句押韻，韻腳有秋、休、留、憂、愁、休等字，押尤韻。

又〈小雅·黍苗〉首章：

> 芃芃黍苗，陰雨膏之。悠悠南行，召伯勞之。

牟庭譯為：

> 芃芃茂者禾黍苗，惟望陰雨降澤膏。
>
> 比如良民可愛惜，惟望慈惠寬征遙。
>
> 遙遙南行不知止，庶幾召伯知我勞。

此七言一句，句式齊整，共六句。押韻字有苗、膏、遙、勞等，分別屬蕭、肴、豪等韻，因韻近相通。

（四）轉　韻

〈周南·關雎〉首章；〈周南·葛覃〉第二章；〈周南·卷耳〉首章、第二章；〈周南·桃夭〉第二章；〈召南·采蘋〉首章；〈召南·草蟲〉第三章；〈召南·小星〉首章、第二章；〈邶風·擊鼓〉第二章；〈邶風·二子乘舟〉首章；〈鄭風·女曰雞鳴〉第三章；〈小雅·巷伯〉第三章；〈大雅·江漢〉第六章；〈周頌·時邁〉第二章等《詩切》韻語皆屬之。

而此轉韻，有如顧炎武所謂的有連用與隔用情形。連用韻者，即句句都有押韻，但中有換不同的韻如〈女曰雞鳴〉第三章：

> 知子之來之，雜佩以贈之。知子之順之，雜佩以問之。
>
> 知子之好之，雜佩以報之。

牟庭譯為：

> 更有一事使人思，子所與遊女皆知。
>
> 知有來者為子來，解其雜佩出相貽。
>
> 知子往過心所順，解其雜佩遣信問。
>
> 知子來往所愛好，解其雜佩殷勤報。

可看出此七言一句，句式齊整，共八句。其中一、二、三、四句押韻字有思、知、來（本是灰韻，與支韻諧）、貽等，押支韻；而五、六句押韻字是順、問，分別屬震韻與問韻，古可相通，七、八句押好、報等字，為號韻。可知此連用韻，而共換了二次韻。

隔用韻者，即非句句押韻，每隔一句即押韻，但此隔句押韻有換韻情形。如〈邶風·二子乘舟〉首章：

　　　　二子乘舟，汎汎其景。願言思子，中心養養。

牟庭譯爲：

　　　　兩個小兒子，共乘一葉舟。

　　　　汎汎河水中，其影在中流。

　　　　願言望其影，思子不可忘。

　　　　中心感別離，癢癢難爲狀。

此五言一句，句式齊整，共八句。乃隔句押韻，中有轉韻，即前二、四句舟、流等字，押尤韻；後換爲六、八句押漾韻，押韻字有忘、狀等字。

二、韻語內容

　　牟庭闡述《詩經》的內容，由其重述的韻語可看出，多據〈風〉、〈雅〉、〈頌〉詩等特性，而有不同傾向與觀點。茲據其說重新加以整理歸類，並舉例以明之。

（一）男女抒情歌謠

　　牟庭以爲〈十五國風〉的主要內容，乃是男女詠歌各言其情。綜觀〈國風〉有的寫單相思、或幽期密約等迷戀、或新婚嫁娶的歡樂、或征人閨婦之思念、或堅貞夫婦的篤厚忠貞、或男女失戀等苦惱、或曠男怨女的憤恨種種，皆爲男女愛情詩的內容，但在牟庭的《詩切》中可發現到有關未婚男女相思之戀、或幽期密會之情誼等內容，似乎不可見。〔註55〕而論已婚夫婦等感情事宜卻較多，是以男女愛情詩依其韻文內容可分爲：1、未婚男女的愛情詩，其中只就（1）表達貞潔之愛；（2）待嫁之愆期等無奈這二部分作探究；2、已婚夫婦的愛情詩，其中則關涉到新婚之樂、怨耦之嘆、征人閨婦之思及悼亡之慟等方面之探究。

〔註55〕因據鍾洪武《詩經中有關男女情感問題之探討與分析》所研究，（政大中文所碩士論文）其將內容有關未婚男女相思之戀、或幽期密約等詩，主要歸納有〈將仲子〉、〈子衿〉、〈蒹葭〉、〈月出〉、〈澤陂〉、〈靜女〉、〈桑中〉、〈木瓜〉、〈野有蔓草〉、〈溱洧〉、〈東門之楊〉、〈東門之枌〉等詩，然而這些詩，就牟庭《詩切》而言，分別表示：〈將仲子〉：「刺處女不謹也。」〈子衿〉：「寄衣也。」〈蒹葭〉：「百里奚薦寒叔也。」〈月出〉：「望月詞也。……此詩詠中秋月也。」〈澤陂〉：「嘲人怕婦也。」〈靜女〉：「箴管詞也。」〈桑中〉：「刺醜夫欲得美室而不諧也。」〈木瓜〉：「刺賄也。」〈野有蔓草〉：「夏姬酬子靈也。」〈溱洧〉：「詠禊事也。」〈東門之楊〉：「詠夜遊張燈也。」〈東門之枌〉：「詠神叢歌舞之會也。」知無一首關此一內容。而觀《詩切》其餘各詩，亦無論此，故本論文方作此一說。

1、未婚男女愛情詩

關此方面，牟庭闡述的內容，頗值得一提的是（1）表達貞潔之愛；（2）待嫁之愆期等無奈二方面。

（1）表達貞潔之愛

如〈周南·野有死麕〉。牟庭以爲其主旨是「貞女詞也。」〈周南·野有死麕〉：

> 野有死麕，白茅包之。有女懷春，吉士誘之。
>
> 林有樸樕，野有死鹿。白茅純束，有女如玉。
>
> 舒而脫脫兮，無感我帨兮。無使尨也吠。

牟庭譯爲：

> 自然美味野田有，麕而死矣安能走？
>
> 無奈重重用白茅，包裹潔清不敢取。
>
> 比如美人非是不鍾情，但以禮防自申守。
>
> 有女未嫁思嘉耦，傷懷正遇春陽候。
>
> 謂君吉士當知禮，那得私情相挑誘？
>
> 林有美薪是樸樕，以煮鹿肉無不熟。
>
> 野有美味是死鹿，煮之最宜樸樕木。
>
> 無奈重重用白茅，包裹之外有純束。
>
> 比如兩美相遇宜合諧，美人有禮那可瀆？
>
> 有女遷延誘不得，持身堅白眞如玉。
>
> 有女吐言薄怒穎，放舒汝手莫觸振。
>
> 那得向人脫脫輕，無近前來左右縈。
>
> 撼動佩帨令人憎，去矣無復往來行。
>
> 使我尨也吠多聲。

可知其以白茅純束比喻此女貞潔愼守，難以苟得，此女雖正當懷春，有其心上人時，亦要此男知禮，不可輕挑相誘，顯出此女有愛在心中，但守身如玉，不爲所誘，誠所謂發乎情止乎禮義。牟庭此番詮釋正如錢澄之《田間詩學》所云：

> 女子及笄之年，而有懷春之心，以來吉士之誘。亦情所宜有者，而卒能守身如玉，不爲所誘，所謂發乎情止乎禮義也。〔註56〕

〔註56〕此見錢澄之《田間詩學》《景印堂文淵閣四庫全書本》頁84～427 台北：臺灣商務印書館影印。

（2）待嫁之愆期等無奈

如〈召南・摽有梅〉，牟庭以爲是「刺嫁女愆期也。」其詩云：

> 摽有梅，其實七兮！求我庶士，迨其吉兮！
> 摽有梅，其實三兮！求我庶士，迨其今兮！
> 摽有梅，頃筐塈之！求我庶士，迨其謂之！

牟庭譯爲：

> 樹下摽落有梅實，棄置不收十之七。
> 比如媒來輒麾出，好語強半不中意。
> 求我眾士不擇一，所願惟曰迨該吉。
> 有梅摽落在深林，棄置不收十之三。
> 比如媒妁舊所嫌，邇來拒絕不甚嚴。
> 求我眾士莫荏冉，迨該今歲吉期占。
> 有梅摽落從風雨，不遺一箇側筐取。
> 比如媒妁不入戶，請入言之不汝拒。
> 求我眾士在何所，迨該來者即報許。

可看出女子婚嫁不可拖延，一旦錯過時機，欲嫁人則時不待人也。牟庭此乃說明此女愆婚嫁之期等無奈。

2、已婚夫婦的愛情詩

（1）新婚之樂

此有〈唐風・綢繆〉、〈小雅・車舝〉二詩。前者牟庭以爲「新婚詞也。」乃新婚時，洞房花燭夜，男女坦誠相見之詞，其內容可詳見前比喻說詩部分。而後者爲「燕婿也。」乃言新婚嫁娶之樂，如〈小雅・車舝〉末章：

> 高山仰止，景行行止。四牡騑騑，六轡如琴。覯爾新婚，以慰我心。

牟庭譯爲：

> 高山未易上，且復仰頭望。前路豈不長？且復循路行。
> 比如汝家高門牆，我將勉力一登堂。駕我四牡馬，騑騑行遠郊。
> 六轡持在手，緩急如琴調。往見爾家室，新婚樂陶陶。
> 如是足爲慰，何事我心勞？

可看出牟庭以此爲新郎迎娶新娘，欣豫歡悅之詩，是以有此男高興而詠：「往見爾家室，新婚樂陶陶。如是足爲慰，何事我心勞？」意娶得這美嬌娘，足

慰我心，何有心煩不安呢？正如朱熹《詩集傳》所云：「此燕樂其新婚之詩。」

（2）怨耦棄婦之歎

此有〈周南‧葛覃〉，牟庭以爲「去婦詞也。」〈邶風‧日月〉：「婦賢而貌醜，既嫁而不親也。」〈邶風‧終風〉：「賢婦人嫁狂夫也。」〈邶風‧谷風〉：「妒婦怒也。」〈邶風‧新台〉：「賢婦人不見答於夫君而作詩也。」〈鄘風‧桑中〉：「刺醜夫得美室而不諧也。」〈衛風‧氓〉：「詠奔女見棄而復還也。」〈王風‧中谷有蓷〉：「醜婦棄其夫也。」〈陳風‧澤陂〉：「嘲怕婦也。」〈曹風‧候人〉：「刺貴易妻也。」就〈邶風‧終風〉詩而言：

> 終風且暴，顧我則笑。謔浪笑敖，中心是悼。
>
> 終風且霾，惠然肯來。莫往莫來，悠悠我思。
>
> 終風且曀，不日有曀。寤言不寐，願言則嚏。
>
> 曀曀其陰，虺虺其雷。寤言不寐，願言則懷。

牟庭譯爲：

> 既苦捲地風，且又凍雨瀑，比人賦性既狂癡，又不謹愿喜淫嫽。
>
> 顧我不肯正言色，忽則向人哇其笑。
>
> 詞言謔薄意浪當，戲笑不已又放敖。
>
> 歡娛若此非心好，使我中心自傷悼。
>
> 既苦捲地風，且又蔽塵霾，比人賦性既狂癡，又不相守得見稀。
>
> 有意惠我懷宴私，然後貿貿肯一來。
>
> 常時莫知往來處，使我遙遙懷遠思。
>
> 既苦多風又陰曀，不日陰曀曰清霽。比人既狂又昏昧，不日昏昧曰明智。
>
> 寤對敘言不肯寐，非所願言強酬對，所願言者多忌諱，則我口跲不敢出。
>
> 天曀曀其常陰，又虺虺其欲雷。比人賦性本愚闇，又善怒人性行乖。
>
> 寤言不寐終夕陪，非所願言不能諧。所願言者畏嫌猜，欲吐則又卷而懷。

此詩牟庭以爲是此婦遭夫輕薄，自傷悼也。所謂「天既多風，且又疾雨，喻其夫既狂，又好淫也。……此婦人端莊有禮，而其夫輕薄，不能相敬如賓，所以傷悼也。」正如裴普賢先生《詩經評註讀本》云：「這是夫婿輕薄而狂暴，

婦人自傷遇人不淑的詩。」

（3）征人閨婦之思

　　有〈周南‧卷耳〉：「思婦吟也。」〈召南‧草蟲〉：「寄夫也。夫宦遊置妾不歸家也。」〈邶風‧雄雉〉：「夫遠宦不歸也。」〈衛風‧伯兮〉：「周襄王忠臣之婦思夫也」〈王風‧君子于役〉：「戍人婦問歸信也。」〈王風‧執簧〉：「思婦之夢也。」〈鄭風‧子衿〉：「寄衣也。」〈秦風‧小戎〉：「思夫從軍詞也。」〈小雅‧采薇〉：「閨思也。」〈小雅‧出車〉：「閨思也。」〈小雅‧杕杜〉：「閨思也。」〈小雅‧采綠〉：「望夫也。吏祿薄而職煩，休沐不得歸也。」如〈王風‧君子于役〉：

> 君子于役，不知其期。曷至哉？雞棲于塒，日之夕矣，羊牛下來。
> 君子于役，如之何勿思！
> 君子于役，不日不月。曷其有佸？雞棲于桀。日之夕矣，羊牛下括。
> 君子于役，苟無飢渴。

牟庭譯為：

> 君子今何往？行役未歸來。若問罷役期，不知但疑猜。
> 日日望歸至，何日歸至哉？雞已上棲滿牆塒，天色暮矣日在西。
> 羊牛亦可下山歸，比如居人閉戶皆息機，周其淪喪已可知，
> 遠行不歸亦何為？君子此時在行役，如何使我勿思之？
>
> 君子今何往，行役不休歇。論年不論日與月，何有其時來會佸？
> 雞已上棲在杙桀，日之夕矣光影滅。
> 羊牛下山當閉括，比如居人閉戶息行轍。
> 已知西都王澤竭，遠客思歸當守拙。君子此時猶行役，苟得安全無
> 飢渴？

知其主婦人思行役丈夫之作。所謂「羊牛下山者也，睹雞棲而知日夕，則思羊牛之在山者，亦當下來矣，喻人在家者既隱退不出，則知王室微矣，遠行者亦可以歸矣。我君子往在兵役中而不歸，如之何勿思乎？」知其以為王室衰矣，遠行服役者應解甲歸家，那麼，此婦的丈夫亦快歸來吧！但仍未見其跡，故使此婦朝思暮想：是否丈夫安然無恙呢？是以牟庭主此詩乃「戍人婦問歸信也。」因婦懷念行役之夫，終不得見而探其訊息。論者之說多與此相近，如姚際恆《詩經通論》：「此婦人思夫行役之作。」方玉潤《詩經原始》：「婦人思夫遠行無定也。」程俊英《詩經譯注》：

> 這是一位婦女思念久役于外的丈夫的詩。這位農村婦女，在暮色蒼

茫中，看到牛羊等禽獸回來休息，而自己的丈夫則歸家無期，就更
覺寂寞、孤獨，不禁唱出了這首情景交融的動人詩篇。〔註57〕

（4）堅貞夫婦之表白

如有〈周南・芣苢〉：「貞婦遇夫有惡疾而自誓不肯絕去也。」〈鄘風・小
柏舟〉：「貞婦被遣去而不嫁也。漢樂府焦仲卿妻似焉。」〈王風・大車〉：「貞
婦約與夫同死也。」等如：

〈周南・芣苢〉：

采采芣苢，薄言采之。采采芣苢，薄言有之。
采采芣苢，薄言掇之。采采芣苢，薄言捋之。
采采芣苢，薄言袺之。采采芣苢，薄言襭之。

牟庭譯爲：

采采似多事，此草名不以。雖其名不以，頗已見收采。
比如爲婦雖不以，頗受夫家之六禮。采采似多事，此草名不以。
雖其名不以，頗已被識有，比如爲婦雖不以，夫氏頗知有我矣。
采采自猜疑，不以何所爲？雖云無所爲，頗已掇拾歸。
比如爲婦雖不以，頗已親迎費提攜。采采自猜疑，不以何所爲？
雖云無所爲，捋取不見遺。比如爲婦雖不以，頗承驅使帚與箕。
采采自悲切，不以那可說。雖云不可說，受任頗執袺。
比如爲婦雖不以，頗同衣被知寒熱。采采自悲切，不以那可說？
雖云不可說，頗扱帶間襭。比如爲婦雖不以，衣帶頗與同心結。

此說與韓魯兩家詩說同，皆主「傷夫有惡疾也。」〔註58〕然而牟庭更強調此
婦不因己夫有惡疾，人道不通，而與之仳離，反而誓願與他永結同心。

（5）宮廷夫人、眾妾之爭寵、妒忌與怨憤不平

有〈周南・樛木〉：「刺周南夫人專妒也。」〈召南・鵲巢〉：「刺召南君以

〔註57〕見程俊英《詩經譯注》頁124，上海：上海古籍出版。
〔註58〕見王先謙《詩三家義集疏》頁47，《魯詩》曰：「蔡人之妻者，宋人之女。既
嫁於蔡而夫有惡疾，其母將改嫁之，女曰：『夫不幸，乃妾之不幸也。奈何去
之？適人之道，壹與之醮，終身不改。不幸遇惡疾，不改其意。且夫采采芣
苢之草，雖其臭惡，猶將始於掇采之，終於懷襭之，浸以益親，況於夫婦之
道乎？彼無大故，又不遣妾，何以得去！』終不聽其母，乃作〈芣苢〉之詩。」
《韓詩》曰：「詩人傷其君子有惡疾，人道不通，求己不得，發憤而作。」台
北：明文書局出版。

妾爲妻也。」〈召南‧小星〉:「宮怨也。」〈召南‧江有汜〉:「召南夫人幽怨也。」〈邶風‧汎彼柏舟〉:「宣夫人夷姜幽憤也。」〈邶風‧式微〉:「傅母傷黎莊夫人不得意也。」〈邶風‧旄丘〉:「黎莊夫人不得意而責衛使臣久於黎也。」〈小雅‧蓼蕭〉:「宮怨也。」〈小雅‧庭燎〉:「宮怨也。」〈小雅‧苕之華〉:「女子妒寵無厭也。」如〈召南‧江有汜〉:

> 江有汜,之子歸。不我以,不我以,其後也悔。
> 江有渚,之子歸。不我與,不我與,其後也處。
> 江有沱,之子歸。不我過,不我過,其嘯也歌。

牟庭譯爲:

> 浩浩大江流,旁有決入汜。比如爲夫人,妾媵豈不使?
> 奈何是子既來歸,使君忘故不我以。
> 不怨今茲不我以,謂其後也徐思君自悔。
>
> 浩浩大江流,旁有枝出渚。比如爲夫人,亦有妾媵侶。
> 奈何是子既來歸,君心改換不我與。
> 不恨今時不我與,恐其後也習慣益安處。
>
> 浩浩大江流,旁有別出沱。比如爲夫人,妾媵不厭多。
> 奈何是子既歸來,使君忘我不來過。
> 君不來過君奈何?其悔當嘯處當歌,嘯也歌耶不知他!

牟庭以此召南夫人憤恨其夫納妾,不再與她恩愛,故作此詩以抒心中幽怨也。所謂「汜、沰字同。沰是大水旁小水之名也,以喻我爲夫人,其下當有妾媵,何所不容也。」雖說容其妾媵,但指桑罵槐,怪其夫棄她不顧,想必夫將來一定會後悔的。

(6) 悼亡之慟

如〈豳風‧東山〉牟庭云:

> 周公悼亡也。一章言悲也;二章謂歸士,有鰥居者,獨出獨入,室空無人,惟是人宜知我悲,而猶不能知也;三章言士有室家者,歸來相見而計離聚之年,是人固不知我悲也;四章謂士未娶者,歸及親迎而比量新舊之嘉,是人更不知我悲也。

就〈豳風‧東山〉最悲哀之末章來看:

> 我徂東山,慆慆不歸。我來自東,零雨其濛。倉庚于飛,熠耀其羽。
> 之子于歸,皇駁其馬。親結其縭,九十其儀。其新孔嘉,其舊如之

何？

牟庭譯爲：

> 又念士有未娶者歸，及親迎而比量新舊之嘉，此人亦更不知我悲矣，
> 爲其詩曰：昔我從行往東山，悠悠道路不時還。今我從歸來自東，
> 零雨時節我冒蒙。行來苦雨歸喜晴，良時佳日飛倉庚，熠耀之羽照
> 眼明，比如嫁者靚飾六禮迎，新裝炫服爛盈庭。之子于歸入青廬，
> 皇馬駁馬秣生芻。有綏繫者其緯繡，親手解帶劇摩娑。燭出成禮儀
> 匹多，爲九爲十不知他。樂矣新相知，良宵事孔嘉。不知舊沆儷，
> 今夕皆如何？舊人新人一樣嘉，有人向隅獨悲歌。

此章詩據牟庭說來，知其以新人樂婚嫁之樂景反襯此主人公心中之哀慟，此
哀慟最是刻骨銘心，所謂但聞新人笑，不見舊人悲；樂莫樂兮新相知，悲莫
悲兮生別離。本章承前幾章而來，知周公悼亡妻，原已哀傷不已，今見他人
迎嫁娶，想必他心中的苦更難令人分擔了！

（二）諷刺時政詩

這方面，可分以下幾項說明。

1、諷刺上位者私心自用，則有

（1）刺君剛愎自用：有〈唐風‧采苓〉：「刺愎也。」〈小雅‧白華〉：「刺
周桓公不恤諒闇，而謀黨亂也。」如〈小雅‧采苓〉首章：

> 采苓采苓，首陽之巔。人之爲言，苟亦無信。
>
> 舍旃舍旃，苟亦無然。人之爲言，胡得焉？

牟庭譯爲：

> 采蓮復采蓮，采於首陽之山巔。人言山上不生蓮，亟亦無信其人言。
>
> 采而不得自舍旃，自舍旃！亟亦無謂人言然，人爲言者總讕讝。
>
> 胡有一言偶得焉？

此以「采蓮者當於水中，不當於山頂。詩言愎者不識事宜也。」同樣的，釋
二章的「采苦」亦「瓜瓠植於家園，非首陽山下所有也。」釋三章的「采葑」
爲「菰葑生水中，首陽……非菇葑所生處也。」然而詩中卻執著己見，自以
爲是，無論采蓮、采苦、采葑皆主在首陽山上下，不採信他人意見，總以他
人看法頗讕讝天眞，殊不知是己觀念有誤，是以牟庭主刺此君頗剛愎自用也。

（2）刺君私養士：有〈周南‧兔罝〉：「刺周南君私養士也。」〈魏風‧

伐檀〉：「刺儲卿也。」如〈周南‧兔罝〉第三章：

> 肅肅兔罝，施于中林。赳赳武夫，公侯腹心。

牟庭譯爲：

> 肅肅清靜處，捕兔罝網施。施在林中間，林木陰翳之。
>
> 比如取士有深機，陰畜死士人不知。
>
> 得此赳赳才智奇，武夫斂客氣險巇。
>
> 公侯厚養示恩私，以爲腹心與陰謀。

知此詩牟庭主刺國君私養士也。如其譯詩云，私養士以示厚恩，藉此培養心腹爲己效勞與獻陰謀也。其釋首章云：「設兔罝以捕兔，雖肅肅然清靜，而椓杙之聲自丁丁然遠聞，以興求士者，雖當待之以密意，而不當結之以陰謀也。」正表明此君求賢養士爲己擴大勢力也。

　　（3）刺君不求賢爲用，好信讒言：有〈周南‧漢廣〉：「刺周南君不能求賢也。」〈鄭風‧山有扶蘇〉：「刺小大官皆無賢人。」〈唐風‧小枕杜〉：「刺不饗士也。」〈小雅‧隰桑〉：「刺好賢不能舉也。」〈大雅‧瞻卬〉：「刺王用虢石父也。」〈大雅‧召旻〉：「刺王不用賢也。」〈陳風‧防有鵲巢〉：「刺信讒也。」〈小雅‧巧言〉：「鄭質子刺虢公也。」〈小雅‧青蠅〉：「刺王好讒也。」如〈陳風‧防有鵲巢〉首章：

> 防有鵲巢，邛有旨苕。誰侜予美，心焉忉忉。

牟庭譯爲：

> 房隙不容鵲，云有鵲之巢，既云是鵲巢，羌有小鳥所銜此葦苕。
>
> 比如讒人言，指小以爲大。其小雖有徵，語大不爲怪。
>
> 是誰爲訑語侜張？予美人我心獨憂勞，忉忉難具論。

此詩據古文家說法，皆主詩人憂君信讒賊說，如《毛詩序》：「憂讒賊也。宣公多信讒，君子憂懼焉。」《孔疏》：「憂讒賊者謂作者憂，讒人謂爲讒以賊害於人也。經二章皆上二句言宣公致讒之由，下二句言己憂讒之事。」此詩牟庭亦以爲是刺君王信讒言也，然而不同的是其並未表明此君就是宣公也，且以爲《鄭箋》：「防之有鵲巢，邛之有美苕，處勢自然，喻宣公信多言之人，故致此讒人，尤非矣。」知其又不主從古文家說法，爲刺宣公信讒言而憂心忡忡。但牟庭以「此詩言房檐之隙，燕雀之所棄，烏鵲大鳥不能巢於房檐，而今謂房檐有鵲巢，喻讒人之言以小爲大也。」知其據詩中的檐隙鵲巢是漸累積而成，以喻讒人之言漸受重用，是以讒言惑人非一日一言造成，必積累形成，由小而成大也，故

以此說詩爲刺君信讒言，讓讒言蔓延擴大，浸滲人心也。

（4）刺君好微行出遊，如〈召南・殷其雷〉：「刺召南君好微行也。」其
詩首章：

　　　殷其雷，在南山之陽。何斯違斯？莫敢或遑。振振君子，歸哉歸哉！

牟庭譯爲：

　　　有雷殷殷聲不揚，所在顯明山之陽。

　　　比如人主好微行，眾人指識狀非常。

　　　呵察所至人懼恇。違去還疑在其旁。

　　　呵斯違斯誰能詳，莫或安居敢暇遑。

　　　眞眞君子覽四方，歸哉歸哉坐朝堂。

以爲君子微服出行，不欲人知，但其尊高之勢，人皆識得，反使人又懼又疑，
是以詩人唱出君不如歸去，不如歸去，還是回去宮中高坐朝堂，反可使人民
安心度日吧！

（5）刺陪葬，有〈秦風・黃鳥〉：「哀子車氏三子也。」其詩第三章：

　　　交交黃鳥，止於楚。誰從穆公？子車鍼虎。維此鍼虎，百夫之禦。

　　　臨其穴，惴惴其慄。彼蒼者天，殲我良人。如可贖兮？人百其身。

牟庭譯爲：

　　　交交在人前，黃鳥爲媚嫵。所止乃不祥，正得一株楚。

　　　比如人家好子聲名樹，如何辛楚懼痛苦？

　　　穆公用葬使誰從？子車三子曰鍼虎。

　　　維子鍼虎有材武，百夫遇之能禦敵。

　　　眾人相送臨壙穴，惴惴驚懼骨寒慄。

　　　蒼蒼遠者維彼天，比如爲君不念民。

　　　如何殲滅我良人？如可贖賈倖生存，送者無數人，人願百其身。

此說亦如《毛序》、《鄭箋》等說法，爲國人哀三良從穆公陪葬而死。據《左
傳・文公六年》載：「秦伯任好卒，以子車氏之三子奄息、仲行、鍼虎爲殉，
皆秦之良也。國人哀之，爲之賦〈黃鳥〉。」知此說是史有明載的，牟庭亦主
此一說。歷代諸家及今人亦多信此說，如余冠英《詩經選譯》：「這是一首挽
歌。三章分挽三良。每章末四句是詩人的哀呼，見出秦人對于三良的惋惜，
也是秦人對於暴君的憎恨。」〔註59〕

―――――――――――

〔註59〕見余冠英《詩經選譯》頁258，人民文學出版。

（6）刺君王心胸窄，眼光不遠大，有〈魏風·葛屨〉：「刺褊儉也。」〈魏風·汾沮洳〉：「刺魏氏娶賤女。」〈秦風·終南〉：「刺秦伯不務遠略也。」如〈秦風·終南〉：

> 終南何有？有條有梅。君子至止，錦衣狐裘。顏如渥丹，其君也哉。
>
> 終南何有？有紀有堂。君子至止，黻衣繡裳。佩玉將將，壽考不忘。

牟庭譯爲：

> 終南山之大，所有伊何哉？果有柚條之珍奇，木有梅冉之大材。
>
> 比如國君養賢才，厚實高名在賓階。
>
> 滿道忽傳君至矣，但見錦爲衣，狐爲裘，赤顏如丹渥漬之，
>
> 除此之外無所有，此其爲人君也哉？
>
> 終南山所有，何者有名彰？曰有大書功德之碑紀，又有朝會萬國之
> 明堂。
>
> 比如國君御世計久長，欲使名垂後世，功被遠方。
>
> 滿道忽傳君至矣，但見黻者衣繡者裳，佩者美玉聲將將，
>
> 以此服飾遠有光，使人老壽不能忘。

牟庭以爲「終南大山則有柚條之名果，又有梅楠之大木，喻人君立國當有實德高名之士，與長才大略之臣，非但美服而已也。」是以其主國君應多重用有才德之人，俾人盡其材，物盡其用，才是，非僅重視個人表面的「錦衣狐裘」或「黻衣繡裳」等打扮而已，是以藉此主君王應務遠略，眼光遠大。

2、諷刺上位者驕奢荒淫

有〈召南·騶虞〉：「刺輪禽而獵也。」〈鄘風·牆有茨〉：「刺君母宣姜淫亂也。」〈鄘風·君子偕老〉：「刺君母宣姜爲容也。」〈鄭風·雞鳴〉：「刺留色也。」〈齊風·南山〉：「刺魯桓公以夫人文姜來也。」〈齊風·敝笱〉：「刺魯文姜來孫也。」〈陳風·墓門〉：「刺儀行父也。」〈檜風·素冠〉：「刺冠服奢麗也。」〈小雅·頍弁〉：「刺王燕族人而不樂也。」〈周頌·酌〉：「刺醉賓也。」〈小雅·瓠葉〉：「刺燕飲而無禮也。」〈大雅·既醉〉：「刺王留賓夜飲弛宮禁也。」〈大雅·鳧鷖〉：「刺賓不出也。」〈大雅·假樂〉：「諷王不勤民也。」如〈小雅·瓠葉〉：

> 幡幡瓠葉，采之烹之。君子有酒，酌言嘗之。
>
> 有兔斯首，炮之燔之。君子有酒，酌言獻之。
>
> 有兔斯首，燔之炙之。君子有酒，酌言酢之。

有兔斯首，燔之炮之。君子有酒，酌言醻之。

牟庭譯爲：

幡幡薄者乾瓠葉，既采擇之又鬻煮。
比如庶人雖微薄，賓主禮節亦周詳。
君子有酒不行禮，率然斟酌入口嘗。

兔頭雖小欲登盤，毛炮還須加火燔。
比如庶人禮數寬，賓主成拜亦可觀。
君子有酒不揖讓，率然斟酌舉觴獻。

兔頭登盤雖儉薄，加火燔之炕火炙。
比如庶人雖簡略，賓主揖讓乃進爵。
君子有酒無禮樂，率然斟酌舉觴酢。

兔頭儉薄無多穀，加火燔之又毛炮。
比如庶人雖質略，賓主亦以禮儀交。
君子有酒禮不脩，率然斟酌相勸醻。

以賓主宴飲應有禮儀，君子有酒應先行禮再入口，今君子卻是率然入口未行禮，是以爲刺。

3、諷刺上位者殘酷剝削與壓迫

有〈鄭風・緇衣〉：「刺待士無恩也。」〈魏風・園有桃〉：「刺沒入人田宅也。」〈魏風・碩鼠〉：「刺長吏也。」〈小雅・黍苗〉：「刺城徐也。」〈小雅・何草不黃〉：「刺盛暑不休征役也。」如〈小雅・何草不黃〉：

何草不黃？何日不行？何人不將？經營四方。
何草不玄？何人不矜？哀我征夫，獨爲匪民。
匪兕匪虎，率彼曠野。哀我征夫，朝夕不暇。
有芃者狐，率彼幽草。有棧之車，行彼周道。

牟庭譯爲：

草生有榮必有落，何草經秋獨不黃？
日出旋中旋西昃，何日停天不運行？
比如人生會當有勞役，安能畢世無奔忙？
何人無事獨徜徉？將有經營向四方。

草生有落亦有榮，何草逢春不幽玄？

比如人生亦有安樂日，豈得終年不息肩？

何人長勞苦而不蒙憐矜？

哀我征夫不獲恤，豈曰我獨非生民？

彼兕彼虎雖非民，猶得閒放率空野。

哀我征夫彼不如，朝朝夕夕不暇處。

誰有涼篷者，曰狐有涼篷。

率彼幽草之深叢，草長蔽日與篷同。

征夫有車棧無篷，觸熱行彼周道中。

知其主上位者壓迫人民，使民服役，朝夕不暇；反觀野獸之閒適自在，則有人不如獸之感。

4、諷刺上位者尸位素餐或不盡忠職守、僭位、不公

有〈召南‧采蘩〉：「刺蠶室夫人不奉職也。」〈召南‧采蘋〉：「刺教成之祭不誠信也。」〈召南‧羔羊〉：「刺餼稟薄也。」〈鄭風‧大叔于田〉：「刺濫駕君車。」〈秦風‧駟鐵〉：「刺濫駕君車。」〈小雅‧鼓鐘〉：「刺楚人始僭樂也。」〈小雅‧瞻洛〉：「刺入相諸侯也。」〈小雅‧裳華〉：「諫卿士車服奢僭也。」〈小雅‧鴛鴦〉：「刺二相老而固位也。」如〈召南‧羔羊〉第三章：

羔羊之縫，素絲五總。委蛇委蛇，退食自公。

牟庭譯為：

羔之縫，羊之縫，素絲作裏皆五總。

羔雖小也與羊等，羊雖大也與羔同。

比如備官多童子，我年長大廁其中。

各食官家一囊粟，奉錢不別稚與翁。

委委佗佗行相從，朝無公膳且退食，我與他輩出自公。

其以為「退食自公，言無公膳也。襄二十八年《左傳》曰：『公膳日雙雞，饔人竊更之以鶩。』據知古制大夫治事於公，必有公膳而召南國無之，詩人所為歎也。」據《左傳》知古時作官辦公人士都有公膳，而詩云「退食自公」乃為官者辦好公務後即各自回家用膳，而公家無備膳可用，足見在上位者不公，召南國詩人所為歎也。

而諷刺以下僭上，如〈小雅‧瞻洛〉首章：

瞻彼洛矣，維水泱泱。君子至止，福祿如茨。韎韐有奭，以作六師。

牟庭譯爲：

> 瞻見彼洛之川矣，惟是大水流決決。
>
> 比彼諸侯可知矣，惟是自得意揚揚。
>
> 君子入相至京師，福祿高大如屋茨。
>
> 戎服韠韐有赤色，以代天子作六師。

知其主諸侯僭入爲君相，頗自得其樂，享有在上位者之優渥待遇而沾沾自喜。殊不知此乃以下犯上之舉。

（三）反映社會各階層詩

此社會各階層詩是包括上自公侯卿相，下至販夫走卒等階層，而內容非關男女之間愛情故事，或上位者專制、荒淫等醜態，純是反映民俗，如婚喪喜慶或民間特殊情景。在此，分以下這幾部分說明。

1、反映賢者任職心聲

有〈周南・汝墳〉：「士妻勸其夫爲貧而仕，無出疆也。」〈邶風・北門〉「賢者仕而困窮自罷歸也。」〈唐風・揚之水〉：「賢者仕危疑之朝，同僚相戒懼不免也。」〈秦風・晨風〉「請見君也。」如〈秦風・晨風〉首章：

> 鴥彼晨風，鬱彼北林。未見君子，憂心欽欽。如何如何？忘我實多。

牟庭譯爲：

> 鴥疾乎晨朝清涼之風，籲動於北方幽暗之林。
>
> 比如早見之諷諭，而欲開闇國之幽陰。
>
> 留秦矦見君，未見久屈沉。憂心不能決，坎坎遲至今。
>
> 欲去則如思君何？欲留如君不問何？忘我不相見，時日實已多。

觀牟庭譯詩，知其意旨，乃在論一位久居下僚之賢人，以深懷遠略，欲觀見於君，但不被召見，是以內心掙扎不已；欲離此國，則思君；留此國境，君又不見聽，故以此表達見君之心聲。所謂「北林，謂幽陰僻遠之處也；鴥疾者，清晨之風鬱動於幽暗之北林，喻人以早見遠識，諷諭之微言，自進見於昏暗之國，而不見聽也。」類似此說，有王質《詩總聞》：「此賢人居北林者也。當是有舊勞，以間見棄，而遂相忘也。欲見其君吐其情，又不得見，所以懷憂久而至於如醉也。」〔註60〕其主賢者見棄不忘其君之說，與牟庭主此賢人欲上呈觀見不允許相似，但不同的是王氏主此賢人已被棄，但仍憂其君，而牟庭並無此賢人

〔註60〕見王質《詩總聞》頁50，《叢書集選》台北：臺灣新文豐出版社。

已被棄之意，只是主張此賢人處此昏暗之國欲諷諭國君，不得見而已。

2、反映古人訴訟官司

有〈召南・行露〉：「折酆人獄詞也。」如〈召南・行露〉第三章：

> 誰謂鼠無牙，何以穿我墉？誰謂女無家，何以速我訟？
>
> 雖速我訟，亦不女從。

车庭譯爲：

> 誰謂鼠子口無牙，何以齮齕穿我墉？
>
> 誰謂申女無夫家，何以被速入我訟？
>
> 有牙無牙汝莫爭，有家無家汝莫關。
>
> 雖然速訟非無因，若教從汝同床夢，亦終抵死不肯從。

车庭以爲：

> 襄七年《左傳》曰：「晉韓獻子告老，公族穆子有廢疾，辭曰：《詩》曰：豈不夙夜？謂行多露。……」據穆子以廢疾辭位而引此詩，則知此詩古義必爲廢疾者也。申氏女好而酆氏之子蓋跛行躄蹇者也，申爲媒妁所欺而不肯嫁，酆人訟之於理，理官察其實，曾許婚而惜以好女配非其偶，故作是詩，判其獄而遣之，言道上信多露矣。然人若不自早夜行於露中，豈得謂道上多露也，以興申女信有婚姻之約矣，而汝廢疾不能親迎，豈得徒執婚姻之約也？斷其獄者，處置能通乎人情而其言大服乎人心，此折獄之美談也，非申女作詩，亦非美申女也。

是以其主此乃理官判婚嫁之訟獄之辭說，以好女所嫁非偶，被媒妁之言所騙，是以此婚嫁之約應可取消。故其解此末章爲「言我欲謂鼠無牙，而鼠能穿墉，似非無牙；我欲謂申女無夫家，而酆氏速之於訟，又似非無夫家。然有夫家無夫家不必論也，但申女不肯與汝爲婚，假令汝強娶之，亦將執死不從汝也。」意即使理官判此女定要嫁之，則此女亦不肯，抵死亦不從，所以有夫家無夫家不是問題，而問題在於男女非偶，不足以配爲室家。因此，车庭主此是理官插手干涉一婚嫁不諧的官司。

3、反映行役、從軍、避亂者心聲

有〈邶風・北風〉：「避亂也。」〈王風・陽之水〉：「戍人謠也。」〈王風・兔爰〉：「戍人刺平王也。」〈唐風・鴇羽〉：「戍周役人謠也。」〈秦風・無衣〉：「河上軍謠也。」〈陳風・株林〉：「築臺役人謠也。」如〈秦風・無衣〉首章：

> 豈曰無衣？與子同袍。王子興師，修我戈矛，與子同仇。

牟庭譯爲：

> 豈曰子寒無綿衣？與子同煖一緼袍。
>
> 而日勤王興師名甚高，爲我修戈又修矛，與子同往即仇讎。

此說一如程俊英《詩經譯注》：「這是一首秦地的軍中戰歌。」〔註61〕大抵反映戰士們慷慨激昂的團結友愛和將士與平民同仇敵慨精神。

4、反映農事

有〈豳風・七月〉：「周公居耕田園也。」〈小雅・大田〉「刺稅畝也。」〈周頌・思文〉：「成王親耕藉田歌也。」〈周頌・載芟〉：「蜡而飲酒，勞農之歌也。」〈周頌・良耜〉：「亦蜡而飲酒，勞農之歌也。」如〈豳風・七月〉首章：

> 七月流火，九月授衣。一之日觱發，二之日栗烈。
>
> 無衣無褐，何以卒歲？三之日于耜，四之日舉趾。
>
> 同我婦子，饁彼南畝，田畯至喜。

牟庭譯爲：

> 七月來豳邑，大火已流西，九月天氣涼，主人授我衣。
>
> 一陽月之日風觱發，二陽月之日寒栗烈。
>
> 若無纊衣與毛褐，何以終度歲寒月？
>
> 三陽月之日春事起，往于田廬致耒耜。
>
> 四陽月之日皆耕矣，農夫蹠來高舉趾。
>
> 我亦偕同婦與子，移家觀耕饁南畝。
>
> 田中畯民知我來饁已，至極感悅欣欣喜。

於此，牟庭以爲「周公以流言見疑，避而出奔，東依郇伯，受田而耕，自比老農。婦子饋謁，女行求桑。」是以主此詩乃是周公避流言，居田耕種，自得其樂詩，因此，此章乃言「耕者見周公親率婦子而來饁矣，皆感悅而喜也。」意其他農夫見此，都樂與爲朋。

5、反映奔喪詞

有〈邶風・擊鼓〉：「迎喪詞也。」〈邶風・擊鼓〉前三章：

> 擊鼓其鏜，踴躍用兵。土國城漕，我獨南行。
>
> 從孫子仲，平陳與宋。不我以歸，憂心有忡。
>
> 爰居爰處，爰喪其馬。于以求之，于林之下。

〔註61〕見程俊英《詩經譯注》頁232，上海：上海古籍出版社。

牟庭譯爲：

> 揚抱擊鳴鼓，滿耳鏜鞳聲。奮行跳踴躍，習用長短兵。
>
> 或在國門勤杜禦，或往漕邑守邊城。
>
> 我人願戰不使戰，獨令無事向南行。
>
> 行從孫子字子仲，言欲平和陳與宋。
>
> 待其平也以我歸，不平不歸老我爲。使我忡忡心憂悲。
>
> 於是在外蹲坐居，於是留處一事無。
>
> 於是年命忽已徂，喪其乘馬不馳驅。
>
> 於是招魂求生埋，于林木下收遺骸。

主要其以爲「陳、宋兩國不和，衛大夫孫子仲率師往和之。雖無戰鬥之患，久而不歸，士卒死於外，其室家迎喪而作此詩。言其人樂居本國而戰鬥，不樂南行而不歸也。」可知其據詩中的「南行」與「從孫子仲，平陳與宋。」認爲衛大夫孫子仲率軍前往，平陳與宋國紛擾，而衛國士兵久去不歸，是以衛兵家人已認爲其死於外，故作此詩迎喪也。

6、反映古人入贅的心聲

有〈王風・葛藟〉：「贅子詞也。」其詩首章：

> 綿綿葛藟，在河之滸。終遠兄弟，謂他人父。謂他人父，亦莫我顧。

牟庭譯爲：

> 綿棉細長如一縷，葛藟託根在何處？蔓延乃在河之滸。
>
> 比人單弱去鄉土，入贅他人之門戶。
>
> 終遠自家之兄弟，而謂他人爲己父。
>
> 雖謂他人爲己父，他人亦猶莫我顧。

知其以爲此乃贅婿悲嘆處境之意。所謂「葛藟生於山陸，而蔓延于水涯，喻人舍其家而贅于人家也。」以葛藟蔓延于水涯，喻入贅於人家。而爲入贅者，必稱他人父爲己父，且得忍受他人愛理不睬等屈辱，是以有股寄人籬下之感。

7、反映自由擇婚風尚

有〈鄘風・蝃蝀〉：「刺女自擇夫也。」其詩云：

> 蝃蝀在東，莫之敢指。女子有行，遠父母兄弟。
>
> 蝃蝀于西，崇朝其雨。女子有行，遠父母兄弟。
>
> 乃如之人也，懷婚姻也。大無信也，不知命也。

牟庭譯爲：

> 兩日相映蝃蝀起，眼看在東莫敢指。
> 比如處子怕聞婚姻事，誰敢親口說夫婿。
> 豈不知女子有行思相離，遠於父母與兄弟。
>
> 朝隮忽向西方睇，明日重朝必降雨。
> 比如婚姻早定聞吉語，計日往嫁爲夫婦。
> 豈不知女子有行別離苦，遠於兄弟與父母。
>
> 異哉乃有如是人，親自懷思議婚姻。
> 小時貞信不思嫁，應爲年大便無信。
> 自擇其夫未必佳，不知佳惡由天命。

此詩牟庭以爲是刺此女不樂天知命，不順從父母之命、媒妁之言，自己作主，嫁與自己所選擇的人。或許在今天來看，其行爲無可指摘，但生活在二千幾百年前的詩人，對此婚姻的看法，可能就與今日不同了。是以其以爲「婚姻嫁娶，人之大禮也，但女子不當自懷其事，故詩人以爲譏，不謂其淫奔也。……人之夫婿美惡賢愚皆由天所命，非由人也。今必擇而後嫁之，是爲不知命也。」以此女自擇夫而嫁，頗不認命也。

8、反映淫蕩風俗

有〈曹風·蜉蝣〉：「刺裸裎而遊也。」其詩首章：

> 蜉蝣之羽，衣裳楚楚。心之憂偯，於我歸處。

牟庭譯爲：

> 蜉蝣尚有羽，五色衣裳鮮楚楚。人不衣裳愧蜉蝣，我見其人爲心憂。
> 請於我屋來歸休，止宜伏處莫出遊。

牟庭之所以會有此一說，主要其以爲「《毛傳》謂蜉蝣，朝生夕死，猶有羽翼以自修飾，以此爲興者。此言人生長久，而其作計不如蜉蝣，乃有蔑棄禮法，解衣而裸，放達爲高，不自修飾，頹薄風俗，爲可憂也。」以此裸裎而遊，則刺其風俗頹敗、淫蕩。據《毛傳》所解，知蜉蝣尚有羽翼自修飾，而此曹國人士不知穿衣以自遮，是頗不知羞，故此詩爲刺。

9、反映士人遊學詩

有〈小雅·綿蠻〉：「遊學也。」〈小雅·綿蠻〉第二章、第三章：

> 綿蠻黃鳥，止於丘隅。豈敢憚行？畏不能趨。

飲之食之，教之誨之。命彼後車，謂之載之。

綿蠻黃鳥，止于丘側。豈敢憚行？畏不能極。

飲之食之，教之誨之。命彼後車，謂之載之。

牟庭譯爲：

綿蠻甚微小，黃鳥力無多。心期所止息，遠在丘之阿。

比如下士一身矮，宦遊欲指周京過。

問道云遠步蹉跎，我行勞倦可如何？

飲之食之忘渴飢，教之誨之路不迷。

命彼後車意款款，謂之載之息重趼。

綿蠻甚微小，黃鳥力區區。心期所止息，遠在丘之隅。

比如寒賤一介儒，宦遊遠道指京都。

行行豈敢憚長途？但畏疲極不能趨。

飲之食之忘渴飢，教之誨之路不迷。

命彼後車意款款，謂之載之息重趼。

其以爲此乃一寒士赴京遊學，一路上又飢又渴且又負重物，故自比如一小小黃鳥，想飛至遠方卻飛不高，故力雖不成，但心仍嚮往之，是以自勉努力不懈，繼續前行，但孰知？後車僕役卻叫苦連天，謂負載太重啦！

10、反映急功速成、名實不符情形

有〈衛風·芄蘭〉：「刺童子欲速成也。」〈鄭風·羔裘〉：「刺俗士得貴仕也。」〈衛風·芄蘭〉前比喻說詩部分已論述，在此不贅。〈鄭風·羔裘〉第二章、第三章：

羔裘豹飾，孔武有力。彼其之子，邦之司直。

羔裘晏兮，三英粲兮。彼其之子，邦之彥兮。

牟庭譯爲：

羔裘自是小羊皮，卻將文豹爲緣飾。羊便甚威武，似有豹之力。

比如庸材蒙貴勢，盛氣居然傲岸立。彼其之子今何職？刺察一邦官司直。

莫謂羔裘不值錢，晏溫自足禦風寒，三英之飾粲爛而可觀。

比如庸流得位不寒賤，爵祿光榮人所羨。彼其是子誰敢慢？一邦稱之曰美彥。

以爲俗士得貴仕後，則有威嚴可畏，讓人都對他敬畏三分，故刺其人趾高氣昂，不懂謙虛，則亦反映一般人現實的態度，故助長此勢。

11、反映家庭倫理觀

此方面頗豐富，又可分爲（A）表達孝子心聲，有〈邶風・凱風〉：「孝子留後母也。」〈小雅・小弁〉：「孝子伯奇見放也。」〈小雅・蓼莪〉：「孝子不得終養父母也。」（B）父母教子，有〈衛風・有狐〉：「有童子宦學於衛，蓋其母寄詩戒之也，以衛多女閭也。」〈大雅・抑〉：「夫人教嗣君小學也。」（C）父母感歎子大不孝，有〈檜風・萇楚〉：「老人刺其子長而孝衰也。」（D）夫婦之禮，有〈鄘風・相鼠〉：「自責以諫夫也。」（E）兄弟之誼，有〈鄭風・揚之水〉：「兄弟相約不分財也。」〈唐風・杕杜〉：「刺兄弟不相親也。」〈小雅・小宛〉：「思兄也。兄子不謹，懼禍宗也。」在此，舉〈小雅・小弁〉作一說明。其詩第八章：

> 莫高匪山，莫浚匪泉。君子無易由言，耳屬于垣。
>
> 無逝我梁，無發我笱。我躬不閱，遑恤我後。

牟庭譯爲：

> 彼山誠乃高，莫說是高山。彼泉誠乃深，莫說是深泉。
>
> 比如讒言雖罔極，汝莫說是讒言。慎無從君子，輕易爲我言。
>
> 後母有伏耳，接屬于牆垣。我如魚在石梁首，縱而逝之遠罥罳；
>
> 我如困魚在竹笱，笱門一發鋌而走。
>
> 假令留我不驅去，如無逝梁無發笱，
>
> 即今我已貫以柳，刀俎不脫他人手。邛能恤餘年，流離從今後。

牟庭以爲：

> 據《孟子》趙注既知此篇爲伯奇之詩，而卒章切戒其人，勿爲我有所關說於父，防後母聞之，蹈我故轍，似我得罪，恐我放逐之餘，不遑救恤汝身。愛知深而憂之切如此，此非語其弟而誰乎？……觀伯奇所以戒之之意，則知伯奇亦孝子也。

知主此乃伯奇所作，恐有後母進讒言於父而加害他，其弟欲救之，則擔心弟弟蹈其故轍，有生命危險，故作此詩勸其弟勿爲他而得罪於後母，則兄雖被誤會而放逐，但亦能度其餘年，故勸其弟勿爲他而冒險。此詩，《魯詩》說：「〈小弁〉，伯奇之詩也。伯奇仁人而父虐之，故作〈小弁〉之詩。」知牟庭看法偏此一說。若據屈萬里先生《詩經釋義》：「孟子論此詩，大意謂不得於

父母者所作，而不坐實其人。」知此亦主爲孝子不得於父母諒解而作也。

12、反映節慶之聚會

有〈鄭風・溱洧〉：「詠上巳水上之會也。」〈陳風・東門之枌〉：「詠神叢歌舞之會也。」如〈鄭風・溱洧〉首章：

> 溱與洧，方渙渙兮。士與女，方秉蘭兮。女曰：「觀乎？」士曰：「既且。且往觀乎？洧之外，洵訏且樂。」維士與女，伊其相謔，贈之以勻藥。

牟庭譯爲：

> 溱洧相與非一水，桃花水下並流而渙渙。
>
> 士女相與非一家，祓除之會並行而秉蘭。
>
> 女若嗔士近身邊，顧曰爾去乎水外自遊觀；
>
> 士曰願與姐並肩，姐如往觀我亦觀。
>
> 士女渡洧何處去？崖外有路遮略彴，空地很訏大，招邀且可樂。
>
> 維不見士與女之著落，試想伊二人，其殆何所作？
>
> 此時相言必戲謔，相貽必以佩囊，香口之勻藥。

其以爲：

> 《文選》注《初學記》引《韓詩章句》曰：「鄭國之俗，三月桃花水下時，上巳之辰，于溱洧兩水之上，招魂續魄，秉蘭草，祓除不祥之故。」……然則執蘭祓除，亦鄭國之禮俗固然。

知其說與薛氏《韓詩薛君章句》：「鄭國之俗，三月上巳之日，此兩水之上，招魂續魄，拂除不祥，故詩人願與說者俱往觀也。」相似，都主三月上巳節，男男女女前往水邊祈福之詩，此亦反映鄭國有此秉蘭祓除不祥之風俗。

13、反映吝嗇情形

有〈唐風・山有樞〉：「刺富人老而愈嗇也。」〈陳風・衡門〉：「刺國無逆旅舍也。」〈秦風・權輿〉：「刺館客薄也。」如〈秦風・權輿〉第二章：

> 於我乎！每食四簋。今也每食不飽。于嗟乎！不承權輿。

牟庭譯爲：

> 但曰客來於我乎？我能每食方丈設四簋。
>
> 今也食客竟何似？每食不飽飢欲死。
>
> 于嗟乎！我承末流之委，而不承殷勤之始。

牟庭主以「詩言主人嘗自謂待客豐厚，蓋其始初或然，今我來適當其疏薄，

而不得承其始之優厚，故歎之也。」蓋此客歎今非昔比，往日主人款待他甚豐碩，今又來此，則受到菲薄之待遇，故歎之。

14、反映宮刑之詩

有〈小雅・巷伯〉：「宮刑發憤也。」其詩末章：

> 楊園之道，猗于畝丘。寺人孟子，作爲此詩。凡百君子，敬而聽之。

牟庭譯爲：

> 楊園一去步道卑，迆麗漸高加畝丘。
> 比我身賤體形虧，當有貴者復相隨。
> 刑餘寺人字孟子，發憤而作爲此詩。
> 凡百君子應自危，敬而聽之防讒譏。

其以爲：

> 楊生下隰，楊園之道下也；畝丘高也，楊園卑下之道。迆麗而加於畝丘之高，以言讒人者，先中傷其下位，浸尋而害其大臣也。……寺人即巷伯奄人也。孟子，字也。此人以讒被宮刑爲巷伯，故發憤而作詩也。

可知其主此乃巷伯受讒而遭宮刑，發憤之作。

（四）有關詠史政教、祭祀禮儀歌讚

此方面主要關於詠君臣創業建國有功者、或規諫君王政治上施爲，或對歷代先祖先烈之祭祀頌美等等。因性質都爲政教、頌美之意義，故在此舉代表之例以說明：

1、美君臣建功立業者

有〈召南・甘棠〉：「思召穆公也。」〈鄘風・干旄〉：「詠甯子以忠功受寵禮，而惜其不讓也。」〈大雅・崧高〉：「尹吉甫送申伯就國也，如繞朝贈策也。」〈大雅・江漢〉：「召穆公平徐銘功。」〈周頌・烈文〉：「錫周公天子禮樂之歌。」〈周頌・時邁〉：「武王克商封諸侯之歌也。」〈周頌・武〉：「奏武舞以象武王之功之歌也。」〈商頌・玄鳥〉：「正考父頌帝乙也，傷紂之亡也。」〈商頌・長發〉：「頌襄公成寢也。」等詩。如〈大雅・江漢〉第六章：

> 虎拜稽首，對揚王休。作召公考，天子萬壽。
> 明明天子，令聞不已，矢其文德，洽此四國。

牟庭譯爲：

虎乃祭於召祖拜稽首，對揚戰懼奉王命之美休。

作此祭器以爲召公考，上祝天子萬年壽。

明明有道聖天子，聞望令善無窮矣。施陳文德不征戰。四國洽和終

無變。

其中，虎指召虎，牟庭以爲：

宣王既封申伯於徐，申甫相倚，豪殖強大，驕蹇不朝，宣王是以命

將南征。先伐淮夷，欲以威震之，淮夷服而徐不服，王乃命召伯視

師，召伯不戰而服之，還而策勳，因勸王以德撫徐而無以武力，此

〈江漢〉所以作也。

並以爲「江漢之滸」乃表示水不流暢之處，此乃喻王師遇申甫的軍隊阻擾，而不能征服徐，而後派召伯（即召虎）前往則不戰而平定徐，是以召伯作此詩以詠王德服人之重要。故此詩第三章：

江漢之滸，王命召虎。式辟四方，徹我疆土。匪疚匪棘，王國來極。

于疆于理，至於南海。

牟庭譯爲：

江漢不流處，兩岸水之滸。比如王師遇申甫，坐甲觀望無威武。

武夫皆喪氣，王乃命召虎。召虎用命闢四方，縱橫撒算我土疆。

非來病人鬥兵力，非以威虐相迫急。

諸侯固當朝王國，約令通好皆來極。

往行疆界視地理，通道無阻至南海。

即表示威迫不足以收服人心，而以德服人，反能不攻自勝，故此詩乃召虎以德平徐，銘功所作，藉以垂訓後人。

2、規諫政教詩

此方面，主要是在政治措施等方面規諫君王，有〈豳風‧鴟鴞〉：「周公貽王，言管叔殷人所宜預防也。」〈大雅‧民勞〉：「忠臣相與謀以王還鎬京也。」〈大雅‧大明〉：「諫成王欲封后族。」〈大雅‧綿〉：「請錄舊勞臣也。」〈大雅‧皇矣〉：「酈伯、靈臺戒成王處逸樂，勿忘前人艱難也。」〈大雅‧下武〉：「召康公告歸，留戒康王也。」〈大雅‧泂酌〉：「諫穆王勿棄寒賤之士。」〈大雅‧板〉：「責太師不憂王疾也。」〈大雅‧蕩〉：「召穆公驟諫厲王也。」〈大雅‧桑柔〉：「芮良夫責共和也。」〈大雅‧韓奕〉：「徵貢也。」〈大雅‧常武〉：「諫伐徐也，言武節不可常也。」等詩。如〈大雅‧泂酌〉首章：

洞酌彼行潦，挹彼注茲，可以餴饎。豈弟君子，民之父母。

牟庭譯爲：

洞冷而瀾汋，行道積潦水。挹之於彼更注此，可用蒸下爲餴饎。

比如賤士出荒榛，拂拭用之可養民。閻圉明白者，用人之君子。

用人以養民，是謂民父母。

即以洞酌爲洞冷的瀾汋，意指不潔清之水；此水雖髒，但可蒸米成熟飯，是以比如出身低的賤士，雖出處卑賤，但好好培養他，磨鍊他，將來亦可有番作爲。是以明白通達之君子，應知人善用，不該看其表面，應重視其內在之能力，才是故用人之君子，應重用有才能者以教民、養民，以成爲人民所愛之國君；是以爲民擁戴之君，應用人以才德，而不該棄寒賤之士。

3、祭祀禮儀等歌讚

有〈王風‧丘中有麻〉：「遺民祭忠臣也。」〈大雅‧文王〉：「宗祀明堂之禮成，周公進戒成王也。」〈大雅‧行葦〉：「祝人長壽也。」〈周頌‧清廟〉：「祀文王於明堂以配上帝之歌也。」〈周頌‧天作〉：「成王封禪之歌也。」〈周頌‧振鷺〉：「將祭而擇貢士之歌也。」〈周頌‧雝〉：「成王大享於先公先王，以周公配食之歌也。」〈周頌‧有客〉：「鄉大夫賓興賢能之歌也。」〈周頌‧小毖〉：「成王告廟，命周公攝位之歌也。」〈魯頌‧新廟〉：「僖公修太廟也。」〈商頌‧那〉：「正考甫頌廟樂也。」等詩。如〈商頌‧那〉首章：

猗與那與！置我鞉鼓。奏鼓簡簡，衎我烈祖。

牟庭譯爲：

聲容之美猗與！樂器之多那與！設我小鞉，設我大鼓。

奏鼓以爲倡，條條八音舉。以樂我先王，殷商功烈祖。

主此是正考父所作，乃因牟庭認爲：

《史記‧宋世家》曰：「襄公之時，修行仁義，欲爲盟主，其大夫正考父美之，故追道契湯高宗，殷所以興，作商頌。」……余按正考父作商頌者，謂〈那〉、〈烈祖〉、〈玄鳥〉三篇也。

是以此〈商頌‧那〉主正考父所作。而觀此詩文意，乃是正考父頌美殷商以下功臣烈祖，因此，於此廟內作樂齊和，以顯榮重。

上述即針對牟庭的「切以韻文」詮解詩意部分，作一說明。我們可發現到牟庭對詩文翻譯，似乎以切近原詩之意爲主，有許多篇章還注重句式齊整與聲韻和諧，有若詩歌，可歌可詠；且以通暢明快詞語敘述詩文，故觀此譯

語即略知其說詩之意。若翻譯古文標準是以信雅達爲主，我想，牟庭這一韻文釋詩部分，應足以當之。

此外，這一韻文釋詩部分，頗亦因風、雅、頌詩不同性質，內容偏重的比例亦不同，如是屬國風之詩，則多反映當地風俗民謠爲主，如其釋〈邶風・靜女〉，則爲「靜女，箴管詞也。衛地婦人相造請逢迎，解佩投贈，其俗然也。」又〈鄭風・東門之墠〉爲「刺婦人空室出遊也，鄭之俗也。」而屬雅、頌詩篇，多爲政教之規諫、或諷刺君王不當作爲、或頌美曾建功立業、開疆拓土者，是以可看出其論詩的特色。

第四節　主詩三百調整分合

在錯簡移易方面，牟庭主張主要有：《詩》篇章的歸屬與分合、篇次的移易與篇名的更異。

一、《詩》篇章的歸屬與分合

1、主〈邶國〉、〈鄘國〉、〈衛國〉三風合一爲〈衛國〉。

牟庭以爲：

> 舊分〈柏舟〉以下十九篇爲邶國，〈小柏舟〉以下十篇爲鄘國，〈淇奧〉以下十篇爲衛國，此皆漢初經師謬誤也。今據左傳倂爲邶、鄘、衛一國，仍入〈黍離〉一篇爲四十篇。

案：牟庭此主〈邶國〉、〈鄘國〉、〈衛國〉三國風合成一〈衛國〉，並加上〈王國〉的〈黍離〉一篇，〈衛國〉應共四十篇。主〈邶〉、〈鄘〉、〈衛〉合爲〈衛風〉這一說法，早在鄭玄《詩譜》即有此一說，其云：

> 邶、鄘、衛者，商紂畿內方千里之地。其封域在〈禹貢〉冀州大行之東，北踰衡漳，東及兗州桑土之野。周武王伐紂，以其京師封紂子武庚爲殷後，庶殷頑民被紂化日久，未可以建諸侯，乃三分其地，置三監，使管叔、蔡叔、霍叔，尹而教之。自紂城而北謂之邶，南謂之鄘，東謂之衛。〔註62〕

可見〈邶〉、〈鄘〉、〈衛〉合成〈衛風〉這一說法是其來有自的。在鄭玄《詩

〔註62〕此鄭玄的《邶鄘衛譜》見於《毛詩正義》頁72～73，《十三經注疏》第二冊，台北：藝文印書館出版。

譜》中即闡明三者皆爲商紂畿內地名，是後來周武王伐紂封其後裔之地，是以三分爲邶、鄘、衛也，而原來邶、鄘、衛是不分的。

2、主〈黍離〉自〈王國〉分出，與〈邶國〉、〈鄘國〉、〈衛國〉風合併。

牟庭乃因：

> 據《魯詩》古意，則〈黍離〉之篇舊在〈衛風〉之末，至韓詩乃移入〈王風〉之首，遂以屬之伯封兄弟，而猶事同伋、壽，未至大變其義也。毛以爲既在〈王風〉，而其詞與箕子麥秀之歌有相似者，因更以宗廟宮室爲說，則展轉而益遠矣。今以詩意求之，定從魯詩說爲是。但其詩非壽子所自作，蓋詩人詠其事而弔之，且以刺宣公也。

可見牟庭以此詩意是衛宣公之子壽憫其兄伋被害，而憂思不已，故詩人哀悼二子之遭遇，藉詠此詩以刺衛宣公也，是以此詩應爲〈衛〉詩，非〈王〉詩，故〈王風〉之〈黍離〉應併入〈衛風〉。因此，〈王風〉爲九篇，非舊本十篇。

牟庭所以肯定此詩意是《魯詩》之意，乃因：衛宣公子——伋、壽被害之史實，古有明文，在《左傳》、《史記》都有記載；〔註63〕又《左傳》所云無所附會，在《左傳》未出前，魯詩已行，而魯詩所說的內容皆合《左傳》的記載，且比《左傳》敘述詳細，故《魯詩》說法最可信。〔註64〕

〔註63〕據《桓十六年左傳》曰：「初，衛宣公烝於夷姜，生急子，屬諸右公子。爲之娶於齊而美，公取之，生壽及朔，屬壽於左公。夷姜縊，宣姜與公子朔構伋子。公使諸齊，使盜待諸莘，將殺之。壽子告之，使行，不可，曰：『棄父之命，惡用子矣？有無父之國則可也。』及行，飲以酒，壽子載旌以先，盜殺之。急子至，曰：『我之求也，此何罪？請殺我乎！』又殺之。二子故怨惠公。」及《史記‧衛世家》：「宣公十八年初，宣公愛夫人夷姜，生子伋以爲太子，而令右公子傅之。右公子爲太子取齊女，未入室而宣公見，所欲爲太子婦者好，說而自取之，更爲太子取他女。宣公得齊女生子壽、子朔，令左公子傅之。太子伋母死，宣公正夫人與朔共讒太子伋。宣公自以爲奪太子妻也，心惡太子，欲廢之，及聞其惡，大怒，乃使太子伋於齊，而令盜見持白旄者殺之，與太子白旄，而告界盜見持白旄者殺之。且行，子朔之兄壽，乃謂太子曰：『界盜見太子白旄即殺太子，太子可毋行。』太子曰：『逆父命，求生不可。』遂行。壽乃盜其白旄而先馳至界，界盜見其驗，即殺之。壽已死，而太子伋又至謂盜曰：『所當殺我也。』盜并殺太子伋以報宣公，宣公乃以子朔爲太子。明年宣公卒，太子朔立，是爲惠公。」可見此衛宣公娶子伋之妻宣姜；而宣姜與子朔共害伋，反而使其子壽與伋喪命的事實，是史有明載的。

〔註64〕此〈黍離〉乃壽憫其兄見害所作這一說法，據劉向《新序》云：「壽憫其兄之見害，作憂思之詩歌，〈黍離〉是也。」可知此〈黍離〉詩有此一說，而將之置於〈衛風〉末應是可行的。此《魯詩》已先行於《左傳》之說，見《詩切》頁475。

3、主〈鄭國〉的〈丰〉篇後二章：〈衣錦〉當別為一篇；〈鄭國〉應為二十二篇，非舊云二十一篇。

案：此〈衣錦〉二章，在舊《傳》、《箋》中是同屬〈丰〉詩的，但牟庭以為前二章〈丰〉詩與後二章〈衣錦〉詩的內容不同，故應分開成兩篇詩來看，較確當。因〈丰〉詩主在說明：「謝慢也。」〔註65〕而〈衣錦〉詩主在以錦、耿所作的上衣與下裳"喻"：「賢者在人之上，亦不自表著；在人之下亦不自表著，未易識也。」〔註66〕故此詩意是指：賢人無論處在何時何地，均謙沖自牧，曖曖含光，不願鋒芒畢露，愛出風頭，故有材能之賢者不易為人知曉，而自隱其晦。牟氏以此闡釋，故主〈衣錦〉詩應從〈丰〉詩分出。

4、主〈鄭國〉的〈東門之墠〉應有〈唐棣之華〉。

主要是牟庭以為：

> 《論語》有：「唐棣之華，偏其反而，豈不爾思？室是遠而。」子曰：「未之思也，夫何遠之有？」言人若思室，室本不遠，惟其不思，而乃以遠為辭。學者思欲適道，而曰：道遠者。皆如此室矣。故夫子蓋有取乎詩人之善言也。詩者偏反之辭，而夫子正言其意也。漢初經師不識微言，乃謂夫子駁難詩詞，必在刪除之列，遂刊去之，誤矣。今謹據《論語》補正。

案：蓋牟庭以為孔子善言詩說教，《論語》中既有此詩，那今本《詩經》不應缺漏，今本《詩經》之所以少此數句，乃因漢初經師師心自用，而刪除了，故今據《論語》而增補。

5、主〈魏國・葛屨〉末章前應增有「宛然左辟」之句，每章應共四句也。

此詩據《毛傳》本子，共二章，一章六句，而後這一章惟五句而已；此章若依《毛傳》而言，原是：「好人提提，宛然左辟。佩其象揥，維是褊心，是以為刺。」然而牟庭在這兒卻發現：「卒章少一句而不成音節。疑因漢時章句，誤分此詩為二章，分合之間，致脫其重讀之句也。」以為這兒不當五句耳，首句應重讀前一章之句，且為詩音節成韻有四句方是，所以此章前應再加上「宛然左辟」之句，即為：「（宛然左辟），佩其象揥。維是褊心，是以為刺。」所以整首詩章句略有更動，為共三章，章四句，方是。然而牟庭又以：「但今無他書可證，未敢大書補正，姑作此讀，私記所疑。」可見其治學嚴

〔註65〕此見於《詩切》頁 823～824。
〔註66〕同上注，頁 825。

謹，此無他書之證，可作依據，故雖以詩音韻增句，但仍有所保留，姑作此四句來讀，不敢就此斷定。於此，我們可見其論詩認真、負責一面。有多少證據即說多少話，而無證據者，雖有此一見，亦私記存疑。故依其說法，〈魏風·葛屨〉，應共三章，每章四句，即：

第一章：糾糾葛屨，可以履霜。摻摻女手，可以縫裳。

第二章：要之襋之，好人服之。好人提提，宛然左辟。

第三章：（宛然左辟）佩其象揥。維是褊心，是以爲刺。

6、主〈曹國〉的〈下泉〉應併入〈豳國〉，故〈曹國〉篇數應比舊云少一篇。

牟庭以爲：

> 此篇舊屬〈曹國風〉，由先儒不知郇伯是豳國之君，故移入〈曹風〉之末，以爲思古明王賢伯之詩。

故牟庭主此詩應爲〈豳詩〉。其理由是：

> 誠使詩人思古賢伯，何爲不思周公、召公、太公、畢公？而郇伯不聞嘗爲東西大伯，何以獨思之？甚無說也。今據詩意當爲周公居豳，贈郇伯之詩，謹是正以歸〈豳國風〉。

牟庭主要據《漢書·地理志》、《左傳》等典籍記載，以豳地是郇伯之邑地；〔註67〕而郇伯又是周公的同父異母之兄弟，又因周公當時遭管、蔡流言之亂，避居於豳，乃奔去投靠郇伯，故〈豳詩〉是周公東征時詩。而此〈曹國·下泉〉中的「念彼周京」、「念彼京師」等句當爲周公當時居豳，不在周京師，思念彼成王之詞也。此外，〈下泉〉詩中末章有「四國有王，郇伯勞之」等字眼，故此詩中詞可確定是周公居豳，勸郇伯效忠於周王，不要與三叔共謀反叛之詞。因此，〈豳國〉緊接前的〈曹國〉末篇〈下泉〉應列入〈豳國〉，方是。

7、主〈豳國〉中的〈破斧〉、〈伐柯〉、〈九罭〉當合一篇，是以〈豳詩〉省二篇，再加上〈曹國〉的〈下泉〉，應爲六篇。

牟庭於此主〈破斧〉、〈伐柯〉、〈九罭〉合爲一〈破斧〉詩，乃因這三詩

〔註67〕牟庭以爲豳地應在〈禹貢〉雍州岐山之東北，郇伯國中之邑也。據《漢書地理志》曰：「右扶風栒邑有豳鄉。」《詩·豳國》應劭注引《左傳》曰：「畢原酆郇，文之昭也。」《漢書郊祀志》曰：「王命尸臣，官此郇邑。」師古注曰：「栒邑，即豳地是也。」可知牟庭主豳地爲栒伯之邑地，是有諸書可考究的。

詩旨，皆在說明豳人送周公歸京師之意，是以不該將此豳人歡送周公歸京的情景、過程分開來談，應合爲一詩來論，才是。〈豳國〉原本共七篇，因省此二篇，再加上〈曹國〉的〈下泉〉，故爲六篇。

8、主〈大雅〉的〈靈台〉應併入〈皇矣〉，故〈大雅〉篇章應共三十篇。

關於此，牟庭的理據是：(1) 僅舊篇〈皇矣〉則意猶未盡，若再加上〈靈臺〉則語意完結。所謂：

> 〈皇矣〉終於伐崇，不言作豐，則首章與宅之意竟未結完，而〈靈臺〉直言「王在靈囿」、「王在靈沼」亦終未知爲指何王，此所謂離之兩傷者也。

案：牟庭以〈皇矣〉與〈靈臺〉併爲一篇，乃合之雙美，否則離之兩傷。(2)據其他文獻考證，可知靈臺爲文王伐崇所設之臺，而〈皇矣〉乃論文王伐崇之事，故〈靈臺〉篇應屬〈皇矣〉篇章。其說云：

> 據《孟子》曰：「文王以民力爲臺爲沼，而民歡樂之，謂其臺曰靈臺、謂其沼曰靈沼。」此則古之說詩者，以靈臺爲文王之吉室，信矣。靈臺謂文王之臺，則必靈臺即屬〈皇矣〉之篇，承上文王伐崇而言王在靈囿，故知爲文王在靈囿也，亦猶五章直言王赫斯怒，爲承上帝謂文王而言，故知爲文王之怒也。〈文王有聲〉篇曰：「既伐於崇，作邑于豐。」《史記・周本紀集解》引徐廣曰：「豐在京兆，鄠縣東有靈臺。」……《文王》篇孔疏引是類謀，《易乾鑿度》皆曰：「伐崇作靈臺。」緯書多漢人僞造，其時古書猶多，所舉事證尚有依據。然則經始靈臺，即言得崇地，作豐邑，而立臺沼也。故知〈皇矣〉、〈靈臺〉本是一篇詩，無庸疑也。

9、主〈周頌〉惟十二篇。舊三十一篇，今以〈維天之命〉、〈維清〉俱併入〈清廟〉；〈昊天有成命〉、〈我將〉俱併入〈天作〉；〈酌〉、〈賚〉、〈般〉、〈執競〉、〈桓〉等篇俱併入〈武〉篇；〈臣工〉、〈噫嘻〉俱併入〈思文〉；〈豐年〉、〈有瞽〉、〈潛〉篇俱併入〈振鷺〉；〈載見〉併入〈雝〉；〈訪落〉、〈敬之〉、〈小毖〉等篇俱併入〈閔予小子〉篇，亦爲〈小毖〉篇；〈絲衣〉併入〈良耜〉篇，故省十九篇。

牟庭省併此十九篇的理據是這樣的：

(1) 舊分〈維天之命〉八句別爲一篇，〈維清〉六句又別爲一篇。今據文義併入〈清廟〉篇。

　　大抵〈清廟〉文意，據後代學者考究是祭祀文王之樂歌；而〈維天之命〉與〈維清〉內容亦爲祭祀文王之詩，是以牟庭將此三詩併爲一〈清廟〉的。

　　（2）舊分「昊天有成命」七句別爲一篇，「我將、我享」十句又別爲一篇，蓋因《周語》說「昊天有成命」而分之，不知《周語》所說，乃一章，非一篇也。今據文義併入〈天作〉篇。

　　此亦據詩中文意，以定「昊天有成命」與「我將」爲〈天作〉一篇。

　　（3）此將〈酌〉、〈賚〉、〈般〉、〈桓〉與〈執競〉合爲〈武〉一篇。乃因牟庭據《左傳》所引的詩文，知〈賚〉、〈桓〉等篇爲〈武〉之章節，其說云：

> 《宣十二年左傳》楚子曰：「武王克商作〈頌〉曰：『載戢干戈，載櫜弓矢。我求懿德，肆於時夏，允王保之。』又作〈武〉。其卒章曰：「耆定爾功。」其三曰：「鋪時繹思，我徂維求定。」其六曰：「綏萬邦，屢豐年」。其三其六者，〈武〉之章句也，可證〈賚〉、〈桓〉、皆〈武〉篇之屬章矣。其卒章次於三、六之前，則一章之卒句也。……蓋自漢初失其師傳，〈武〉之六章各自爲篇，又散亂失次。〈武〉、〈酌〉、〈賚〉、〈般〉、〈桓〉皆以錯簡，惟〈執競〉未動耳。

所以〈武〉篇「此一章舊在〈有客〉之後，〈閔予小子〉前，不與〈酌〉、〈賚〉、〈般〉、〈執競〉、〈桓〉諸章相連。」

　　乃漢初失其師傳所至，故有〈武〉篇與〈酌〉、〈賚〉等篇錯簡情形，而〈執競〉一章仍爲舊次。

　　此外，牟庭又據「武子引〈汋〉曰：「於鑠王師，遵養時晦。」又引〈武〉曰：「無競維烈。」知〈武〉之屬章皆有小名也，此漢儒所以誤爲各篇者也。」及《樂記》的"一成、二成、三、四成、五、六成"之意，即指樂"武舞"的步驟，而〈武〉詩即載頌美武王功業的舞詩。所謂"武舞"：

> 先鼓以警戒，三步以見方，再始以著往，復亂以飾歸，言大武之一成、二成，皆謂之始，故曰再始。五成、六成皆謂之亂，故曰復亂也。

亦：

> 舞人總持干盾，山立不動者，此爲始而北出，夾振駟伐，……備戒已久，……在此時也，象武王之事也，武之一成也。舞人發揚，而步蹈猛屬者，此爲再成而滅商，三成而南，四成而南國是疆，分夾而進之時，是象太公之志也。武之再成、三成、四成也，舞將終矣，兩膝皆坐者，此爲五成而分，六成而復，久立於綴之時，是象周召

之治也，武之五成、六成也。今以此詩合之，則〈武〉一章爲一成，
〈酌〉二章爲再成，〈武〉、〈酌〉皆始，所謂再始也。〈賚〉三章爲
三成，〈般〉四章爲四成，〈執競〉五章爲五成，〈桓〉六章爲六成，
五、六皆亂，所謂復亂也。

又：「〈執競〉之競，當讀爲竟，詳〈武〉章，〈執競〉，即職競也，職競者，
至竟也。」案：觀〈酌〉、〈賚〉、〈般〉等詩，在何楷《詩經世本古義》則以
爲分別是：「大舞樂第二、三、四章。」而〈武〉詩，朱熹以爲是：「大武樂
第一章。」〔註68〕我們就這些篇章的文意剖析，可發現到原來〈酌〉、〈賚〉、
〈般〉、〈桓〉、〈執競〉等詩都是在讚美武王功業的詩；只是有的頌武王克商，
歸告於文王；有的讚美武王巡狩祭祀河嶽；有的僅論祭祀武王、成王、康王
的詩。這些詩文正是〈武〉詩所論的內容，是以牟庭將這些詩合併，亦頗有
幾分道理。

（4）舊分〈臣工〉十五句別爲一篇，〈噫嘻〉又別爲一篇，今據文義併
入〈思文〉篇。

案：觀〈思文〉乃頌美周人始祖后稷之詩。后稷可謂教周人播種五穀，養育
萬民的偉人；而〈臣工〉與〈噫嘻〉二詩皆爲論播種百穀，祈禱豐年的樂歌，
是以同是論農事，合爲一篇，較連貫。

（5）舊分〈豐年〉章別爲一篇，〈有瞽〉章又別爲一篇，〈漆沮〉章又別
爲一篇。今據文義併入〈振鷺〉篇。

此亦據文意合併。觀三詩旨，確如牟庭所云，皆爲助祭、祭神、祭祖之
詩，是以合一，可行也。又〈漆沮〉章本爲〈潛〉詩，牟庭因據其文意與〈振
鷺〉相似，故與之合併。

（6）舊分〈載見〉以下十四句別爲一篇，今據文義併入〈雝〉篇。

案：〈雝〉爲武王祭祀文王之詩，〈載見〉爲成王初即位，諸侯來朝，助祭於
武王廟之詩。二者皆有諸侯來助祭，文義相近，故牟庭併〈載見〉爲〈雝〉

〔註68〕此〈武〉詩據朱熹《詩集傳》云：「《春秋傳》以此爲〈大武〉之首章也。〈大
武〉，周公象武王武功之舞，歌此詩以奏之。」知其主〈武〉詩爲〈大武〉詩
之首章。此外，據糜文開先生云：「大舞樂有九章與六章的兩種主張。孔穎達
主九章之說，朱熹、何楷、魏源等只說〈大武〉樂共六章。六章知說因有樂
記〈大武〉六成的根據，爲大家所採信。樂曲一終爲一成，則〈大武〉爲六
成樂也。何楷定一成爲〈武〉、二成爲〈酌〉、三成爲〈賚〉、四成爲〈般〉、
五成爲〈時邁〉、六成爲〈桓〉。」見裴普賢先生《詩經評著讀本》頁613。

篇。

（7）舊分「閔予小子」十二句爲一篇，「訪予落止」十二句別爲一篇，「敬之敬之」之十二句又別爲一篇，「予其懲」八句又別爲〈小毖〉一篇，今據文義當合爲一篇。〈小毖〉者閔予小子之小，而毖後患之毖，撮取首尾二章以名其篇，此秦漢以上所題也。

案：觀此四詩文意，我們可發現到，都與成王守喪、祭祀與自儆有關；只是「閔予小子」頌成王守武王之喪，「訪落」論成王除喪，始執政而朝於廟，「敬之」記成王咨詢群臣規戒與自勵答辭，而〈小毖〉言周公東征平亂，還政於成王，成王以此自儆之詞。可看出這些詩所論都是成王初執政，所作的努力與準備，是以將這些詩合爲一篇，亦不爲過。

（8）舊分「絲衣其紑」以下九句別爲一篇，而序之曰：「絲衣，繹賓尸也。」高子曰：「靈星之尸也。」今據文義〈絲衣〉句並非首章，何意橫斷以爲篇端？高叟之爲詩，信不足據也，今併入〈良耜〉篇。

案：觀二詩意皆在論秋收後慶祝燕饗的意思，是以牟庭將二詩合爲一篇，可信也。

10、主〈商頌〉的〈殷武〉與〈長發〉當合爲一篇，故省舊〈商頌〉五篇爲四篇。

案：牟庭以爲〈商頌〉作者惟正考父與宋襄公的大夫。而〈商頌〉的〈那〉、〈烈祖〉與〈玄鳥〉三篇是正考父所作，另二篇則是襄公的大夫頌美襄公修行仁義，欲爲盟主之事；既頌美同一人同一事，應爲一詩，不可分，是以二詩應合爲一。

由上述，我們會發現到牟庭大刀闊斧將〈頌詩〉部分，作一合併縮減，然而他爲什麼這樣做呢？據其云：

> 以風雅刺譏得失，頌則歌其成功。頌之體制，與風雅異，故風雅分章，多爲排偶相對；頌則單行直下，不爲排偶，此亦如後世之詩，有古今體之不同爾。漢初諸儒，見其章無對偶，因以每章各自爲一篇，鉤脈析亂，文義不完，有甚不可讀者。蓋一章之不可爲篇，亦猶一句之不能爲章也。孔疏不知漢儒分篇之誤，從而爲之說曰：「風雅敘人事，刺過論功，一章不盡，重章以申殷勤，故風雅之篇，無一章者。頌者述成功以告神民，直言寫志，不必殷勤，故一章而已。」苟如此說，則頌之盛者，又當一句而已乎？今俱據文意，考合其篇，

　　　　庶復各得其所之舊觀爾。

可知牟庭以〈頌〉與〈風〉、〈雅〉詩篇性質不同，〈風〉、〈雅〉主在刺譏得失，故分章排偶以盡意；而〈頌〉多歌功頌德，可單行直下，不爲排偶。然不能因其無對偶，就以每章各自爲一篇，若是這樣，萬一〈頌〉詩有讚美盛況、詠君之恩，意猶未盡時，則又如何足以一章表達盡致？所以牟庭據詩文意，重新作一調整安排。

二、《詩》篇次序的移動

　　1、主〈采蘋〉應在〈草蟲〉之先。

　　案：牟庭以爲「毛詩〈采蘋〉在〈草蟲〉之後，據齊詩先〈采蘋〉而後〈草蟲〉，移正於此。」觀前一篇爲〈采蘩〉，此篇爲〈采蘋〉二者篇名相近，應依序排列，不該中夾一〈草蟲〉，是以牟庭這樣移易，較井然有序。

　　2、主〈武〉應在〈執競〉之前，與〈酌〉、〈賚〉、〈般〉、〈桓〉等章相連。

　　此除上述外，牟庭又據：「〈武〉與〈執競〉，並有「無競維烈」之句。」是以：

> 若〈執競〉非〈武〉之屬章，而篇次又在其前，隨武子引之當云〈執
> 競〉，不當云〈武〉矣。此可知古詩本〈執競〉在〈武〉之後，而爲
> 〈武〉之屬章明矣。今據《左傳》移正焉。

尚且「據楚子引〈時邁〉篇文，乃云又作〈武〉，可證〈武〉之篇次，本在〈時邁〉之後，〈思文〉之前……。」見牟庭以《左傳》及〈時邁〉等文獻爲據而移易。

　　3、主〈酌〉應在〈武〉之後，爲〈武〉詩第二章，〈良耜〉、〈絲衣〉之前。案：牟庭乃因爲「發揚蹈厲，太公之志也。舊次〈良耜〉、〈絲衣〉之後，〈桓〉之前，今據文義移正於此。」據詩中文義而移易。

　　4、主〈賚〉爲〈武〉之三章，應在〈酌〉之後。案：此乃牟庭據《左傳》所引詩文的次序，故以此移正。所謂：「此章連下〈般〉章，舊次〈桓〉之後，在〈周頌〉之終。今據《左傳》引爲〈武〉之三章，當移正於此。」

　　5、主〈桓〉爲〈武〉之六章，爲〈武〉、〈酌〉、〈賚〉、〈般〉、〈執競〉等章詩之後，爲大〈武〉詩最後一章詩。案：此同上，所謂：

此章舊在〈酌〉之下,〈賚〉之上,今據《左傳》引爲〈武〉之六章,當移正於此。……〈武〉之六章曰:「〈桓〉,復綴『象崇天子也』九句,武奏武舞以象武王之功之歌也。」

三、《詩》篇名的更異

我們知道,古人詩文初無標題,今《詩三百》之所以有題名,乃是後人爲編次整理,取篇首一至數字以爲篇名,是以此名稱實與全篇詩義無關。如此,今詩之題名,乃後人隨意命名,並無一共同的標準或因具有某意義而定之的。正如同是先秦古籍的《論語》〈學而篇〉,即取:「學而時習之,不亦說乎?」首句二字"學而"爲篇名,然而我們觀此篇名可發現到此與全文意義無關。

由於如此,我們可發現一個事實,就是既有詩的篇名並不一致,即有的詩乃是攝取首句爲名,如〈何草不黃〉;但有的詩篇僅是截取首句前二字爲名,如〈七月〉,而非〈七月流火〉;又有的詩篇名不以首句爲名,卻以詩中句子二字爲名,如〈大東〉。是以我們所見的詩篇名稱異常混亂,並無一致性,即以取首句爲名者而言,亦往往有句型相似而篇名不同情形。如:〈氓〉首句:「氓之蚩蚩」,其篇名爲〈氓〉,而類似此句型有:「鶉之奔奔」,篇名稱卻爲〈鶉之奔奔〉,非〈鶉〉。可見後人對詩"命名"的參差不齊。

牟庭在這方面,看出了既有詩篇名稱的矛盾與錯亂,大刀闊斧作一番改正與更易。其改正的對錯與否,暫且不論,但《詩》中篇名如有上述不一致情形,他都一一作了糾正。雖然牟庭對篇名的糾正不多作說明,僅依某篇名例作更正,但我們在此若作一整理與歸納,卻可發現到:牟庭似乎已略有《詩經》語法詞彙的觀點,頗依據《詩經》語言特性——重言疊唱性質,將不同的首句句型依不同篇名作更易。亦由此我們可看出牟庭治學的細心與獨到的慧識。

一般而言,"重言疊唱"形式,可謂《詩經》詞彙的特色之一。據學者研究《詩經》的重疊形式依外形區分可分爲 AA 式、ABAB 式、AABB 式,也有學者主張單音形容詞與「有」、「其」、「斯」、「思」、「彼」……等組合,是與 AA 式相當的。據宋子然〈略談《詩經》重言形式和分析方法〉一文,可知《詩經》重言形式有四種:AA 式、ABAB 式、有 A 式、AB(sAsB)式。〔註69〕然而此係就《詩經》外在構詞形式作分析的。若將此和現代漢語詞性

〔註69〕此所謂 AA 式即如「關關」、「依依」……等,ABAB 式即如「委佗委佗」……等,有 A 式即如「有桃有潰」……等。AB(sAsB)式即是所謂的雙聲疊韻式,

語法的觀點綜合來看牟庭的見解，我們會發現牟庭認爲《詩經》首句構詞形式相同者，其取名方式大抵亦應相類似，才對。是以在此就語法、詞性觀點爲牟庭的見解作一分析與論斷：

（1）首句重言（AA）式例

牟庭以爲：「舊題的〈皇皇者華〉、〈棠棠者華〉、〈漸漸之石〉，今據〈楚茨〉例，作〈皇華〉、〈棠華〉、〈漸石〉。」

案：觀舊篇〈皇皇者華〉、〈棠棠者華〉、〈漸漸之石〉首句皆是「皇皇者華」、「棠棠者華」、「漸漸之石」與今〈楚茨〉首句；「楚楚者茨」句型相似，而今「楚楚者茨」篇名定爲〈楚茨〉，而同是 AA 式句型的「皇皇者華」等句，爲何就不能重疊合併呢？是以在此牟庭將首句同是 AA 式型以爲篇名的〈皇皇者華〉、〈棠棠者華〉、〈漸漸之石〉，據〈楚茨〉例，合併篇名爲〈皇華〉、〈棠華〉、〈漸石〉，以見其統一。

（2）首句前二字是爲數字名詞者

牟庭以爲：「舊題的〈二子乘舟〉、〈十月之交〉，今從〈七月〉例當爲〈二子〉、〈十月〉。」

案：今〈七月〉首句：「七月流火。」撮取前二字爲篇名，類似此如：〈二子乘舟〉首句：「二子乘舟。」；〈十月之交〉首句：「十月之交。」可見應可像〈七月〉撮取前二字爲篇名。

（3）名詞＋介詞＋名詞組合併例

在此，牟庭就「有」句式與「彼」句式相比較，以見二者篇名應雷同，不應有異。此即：

「舊題的〈匏有苦葉〉、〈南有嘉魚〉、〈南山有台〉，今據〈沔水〉例，當爲〈匏葉〉、〈南魚〉、〈南台〉。」

案：今〈沔水〉首句：「沔彼流水。」而篇名爲〈沔水〉，然觀同此句型的「匏有苦葉」、「南有嘉魚」、「南山有台」皆爲名詞＋介詞＋名詞之句，是以「沔彼流水」爲〈沔水〉，那「匏有苦葉」應爲〈匏葉〉、「南有嘉魚」爲〈南魚〉、「南山有台」爲〈南台〉，才是。

另外，介詞爲「之」者，亦有合併情形。如：

如「間關」、「婆娑」……等。此和有 A 式爲《詩經》重言的變例。詳見宋子然：〈略談《詩經》重言的形式和分析方法〉，《四川師院學報》第 3 期，1982年。

「舊題的〈東門之枌〉、〈東門之池〉與〈東門之楊〉等詩，今據〈車舝〉例，作〈東門枌〉、〈東門池〉、〈東門楊〉。」

案：分析今〈車舝〉首句為：「間關車之舝兮。」與「東門之枌」、「東門之池」、「東門之楊」等句型皆為形容詞＋名詞＋介詞＋名詞的句式，而形容詞＋名詞可謂一名詞詞組，既然「間關車之舝兮」可為「車舝」，那「東門之枌」、「東門之池」、「東門之楊」為何不能併為「東門枌」、「東門池」、「東門楊」？在此，牟庭將之合併為篇名，可謂明智之舉。

（4）首句為名詞＋介詞＋副詞或形容詞拆開例

牟庭以為：「舊題的〈鶉之奔奔〉、〈定之方中〉，今據〈氓〉例，當作〈鶉〉、〈定〉。」

案：觀今〈氓〉篇首句為「氓之蚩蚩。」則取前一字為篇名，而今〈鶉之奔奔〉、〈定之方中〉首句分別為「鶉之奔奔」、「定之方中」與「氓之蚩蚩」句型相似，則「氓之蚩蚩」為〈氓〉，「鶉之奔奔」、「定之方中」篇名應為〈鶉〉、〈定〉。

（5）首句省略句中介詞例

牟庭以為：「舊題的〈有女同車〉、〈出其東門〉、〈東方之日〉，今據〈汾沮洳〉例，作〈女同車〉、〈出東門〉、〈東方日〉。」

案：前者〈汾沮洳〉首句：「彼汾沮洳」省略"彼"取後"汾沮洳"為篇名，似此的詩篇如有：〈有女同車〉、〈出其東門〉、〈東方之日〉，其中的"有"、"其"、"之"等字亦如"彼"可省略，故篇名應可為〈女同車〉、〈出東門〉、〈東方日〉。

（6）首句省略句子開端發語詞例

牟庭以為：「舊題的〈無將大車〉、〈何草不皇〉，今依〈匪風〉例，作〈無將〉、〈何草〉。」

案：牟庭將「無將大車」、「何草不皇」之"無"、"何"視作發語詞，並不作解釋，視同〈匪風〉的「匪風發兮」之"匪"，彼也。而「匪風發兮」篇名作〈匪風〉，類似此的「無將大車」、「何草不皇」豈能不為〈無將〉、〈何草〉乎？

（7）不以首句為名稱，應以詩中句子為篇名

牟庭以為：「舊題的〈君子于役〉，今從〈庭燎〉例，改為〈雞棲〉；〈君子陽陽〉亦從〈庭燎〉，改為〈執簧〉。」

案：觀今〈庭燎〉詩為：「夜如何其？夜未央。庭燎之光，君子至止。」而篇

名爲〈庭燎〉，知此乃取詩中的「庭燎之光」的「庭燎」爲篇名的。類似此詩有〈君子于役〉：「君子于役，不知其期。曷至哉？雞棲於塒。……」、〈君子陽陽〉：「君子揚揚，左執簧，右招我由房，其樂只且！」在此，我們可知這三首詩皆與君子有關；〈庭燎〉乃讚美君王早朝勤政之詩，〈君子于役〉爲夫君遠出服役，妻子思念之詩，〈君子揚揚〉承〈君子于役〉詩來，爲慶夫君歸來，歡樂起舞之詩。既然〈庭燎〉詩是取詩中句子爲篇名，而與〈庭燎〉詩類似的〈君子于役〉、〈君子揚揚〉，則亦應從〈庭燎〉例，篇名以詩中句子爲主，是以效仿〈庭燎〉例，改作〈雞棲〉、〈執簧〉，才是。

（8）詩中有篇名相同者，以章句多少分大、小以別之

改〈鄘風〉的〈柏舟〉篇名爲〈小柏舟〉，以別於〈邶風〉的〈柏舟〉；〈唐風〉的〈有杕之杜〉應爲〈小杕杜〉，以別於前〈杕杜〉；〈鄭風〉的〈大叔于田〉應爲〈大叔于田〉，以別於前〈叔于田〉。

案：原《詩經》中〈柏舟〉有兩篇，一爲〈鄘風〉，一爲〈邶風〉；〈杕杜〉在〈唐風〉有兩篇；〈叔于田〉在〈鄭風〉有兩篇，牟庭爲清楚分別他們之不同，以章幅多寡，而篇名冠以大小來區分。即以章句多者的篇名前冠一"大字"，而章句少的篇名冠一"小字"。如：〈柏舟〉詩在〈邶風〉與〈鄘風〉皆有，則以〈鄘風〉的〈柏舟〉章句較〈邶風〉的少，是以〈鄘風〉的〈柏舟〉改〈小柏舟〉，而〈有杕之杜〉亦是。而同爲〈鄭風〉的〈叔于田〉，因後首〈叔于田〉章句多，是以後者〈叔于田〉改〈大叔于田〉。

（9）據經傳改篇名

牟庭以爲：「舊題的〈節南山〉，今據《昭十二年左傳》：「季武子賦〈節〉之卒章。知此詩古止名〈節〉。」

「舊題的〈信南山〉，依〈節〉例，亦可名爲〈信〉。」

「舊題的〈閟宮〉，據經文，知此詩本名爲〈新廟〉。」

案：由於今所見的《詩切》版本，有缺漏；缺的篇章正由〈小雅・鹿鳴〉至〈小雅・雨無正〉等三十三篇，而〈小雅・節南山〉正是其中之一，故今我們僅能由《詩切》後所附錄的〈小序〉得知，牟庭據《左傳》所載，知今本《詩經》中的〈節南山〉，爲古人所賦詠的詩〈節〉，故牟庭將之改爲〈節〉。而〈信南山〉類似〈節南山〉，故依〈節〉例改作〈信〉。

觀〈魯頌・閟宮〉的詩中：「新廟奕奕，奚斯所作。」牟庭以爲「〈新廟〉詩篇名也。詩爲僖公新修祖廟而作，故詩人自名其篇曰：〈新廟〉。漢之經師

失其傳而更取篇二字題曰〈閟宮〉，誤也。」由此以知牟庭認爲今《毛傳》的〈閟宮〉爲漢之經師失其傳所取之名，而此〈閟宮〉應爲僖公新修祖廟所作，是〈新廟〉詩，才對，不當爲〈閟宮〉。牟庭又就《文選》引《韓詩》薛君曰：「是詩，公子奚斯所作也。」及《三家詩古義》、《後漢書曹褒傳》、《班固兩都賦序》及《王延壽魯靈光殿賦》所引，〔註70〕這些皆主奚斯作此〈新廟〉之詩也，故牟庭主此詩名，不當爲〈閟宮〉，應爲〈新廟〉。是以《毛傳》獨云：「有大夫公子奚斯者作是〈廟〉也。」牟庭則評爲：「此毛公故爲異說，以駁前儒，不知作廟之功，僖公主之，當非奚斯所可專也。」觀牟庭所據的諸多文獻與探究，可知今〈閟宮〉當爲僖公主修新廟時，奚斯所作的〈新廟〉詩，既是〈新廟〉詩，應爲〈新廟〉不當爲〈閟宮〉，所以《毛傳》主奚斯作〈閟宮〉則不妥也。

　　諸如此類移易錯簡，大肆刪動《詩三百》的篇章，確非無魄力、無識見者所能爲。雖牟庭據諸史實、諸文獻及詩原文等考究，以定分合，但仍爲後代學者非議，如李慈銘《桃花聖解盦日記》即評爲：「如此之類，眞是風狂囈語，名教罪人，錄之，以資笑柄，可也。」〔註71〕然而李慈銘主從古文家說法，當然對牟庭這般前所未有的主張與更易，大爲不滿，但是站在學術立場上，是者論其是，非者論其非，總以客觀論斷才是，而不宜厚古薄今，一味從古，畢竟讀書貴能疑；隨俗研究，不過如波蕩漾，可有可無；但持疑論斷，則如燈塔般，可使黑暗的死角，通徹明亮。

〔註70〕據《文選注》引韓詩薛君曰：「是詩，公子奚斯所作也。」《法言學行篇》曰：「正考甫常晞尹吉甫矣，公子奚斯常晞斯正考甫矣。」《後漢書曹褒傳》曰：「昔奚斯頌魯，考甫詠殷。」班固《兩都賦序》云：「皋陶歌虞，奚斯頌魯。」王延壽《魯靈光殿賦》曰：「詩人之興，感物而作，故奚斯頌魯，歌其路寢。」牟庭據此諸說，而以此詩當是奚斯所作，而建廟之功，推魯僖公也。

〔註71〕此見李慈銘《桃花聖解盦日記》頁 117～118，台北：臺灣商務印書館，1973年。

第四章 《詩切》中的論《詩經》學的觀點

　　牟庭《詩切》論詩觀點，因為與傳統說法有相當岐異，若一一列舉，則徒顯繁瑣，無以見其論說的真正價值；但挑所謂重要的詩論來探討，則又有掛一漏萬之虞，故在此僅就牟庭對歷來《詩》說有爭議的焦點，有其一番特殊看法的，如《詩序》可信否？〈風〉、〈雅〉、〈頌〉的意義與地域範圍？《詩》作者與確切的年代？〈豳風・七月〉是最早的詩？二南為獨立詩體嗎？《詩》有正變？〈六笙詩〉是詩嗎？等重要問題，以及牟庭於《詩》有新穎的說法，或從古文之說，或從今文之說，或從獨立自主派之說，均在此章作一釐清。

第一節 論《詩》作者與史實的觀點

一、風雅頌詩之作者

　　《詩經》的作者，因年代久遠，且乏記載，實在難以稽考。而在《詩經》中明確表明作者的，只有五篇，即〈小雅・節南山〉：「家父作誦，以究王訩。」〈小雅・巷伯〉：「寺人孟子，作為此詩。」〈大雅・崧高〉：「吉甫作誦，其詩孔碩。」〈大雅・烝民〉：「吉甫作誦，穆如清風。」〈魯頌・閟宮〉：「奚斯所作，孔曼且碩。」除此之外，論及詩作者的文獻，如《毛詩序》，就曾指明許多詩篇作者的姓名，然而出於穿鑿附會的多，足以令人相信的少。因此，《詩》中除了明確表明作者的詩篇，可無爭議外，其餘若欲明確指實，真是難上加難。

　　然而牟庭《詩切》中考究《詩經》作者的，則不勝枚舉，且持之有故，言之成理，據姜亮夫先生云：

《詩》三百篇作者，《詩》中亦偶言之。蓋先秦無署名作品之習，牟氏亦苦心求之。細繹其術，蓋以每國每體原有次序爲基礎，自其時代之事跡，以探其作者爲誰，或爲誰而作。〔註1〕

可知其考究《詩》作者的方式，依《詩》中〈風〉、〈雅〉、〈頌〉年代的次序，及史實記載等事跡，探究《詩》篇作者爲何，或此詩是爲誰而作。就牟庭論《詩》作者而言，姜亮夫先生以爲頗佳者有〈邶風‧式微〉、〈鄘風‧載馳〉、〈衛風‧碩人〉、〈衛風‧竹竿〉、〈大雅‧民勞〉、〈大雅‧烝民〉等篇，其說然否，在此擬擇幾首詩闡明，以資驗證。又《毛詩序》所論的《詩》作者，頗有爭議，如有〈邶風‧汎彼柏舟〉、〈邶風‧綠衣〉、〈邶風‧燕燕〉等首，牟庭又是如何論之？於此亦一併詮解。

　　1、〈邶風‧汎彼柏舟〉，歷來學者於此詩有不同看法，大抵有的以爲是《毛詩序》所謂君子在朝失意之作；有的承襲魯詩說，以爲這是「衛宣夫人」之作；甚者，主從朱熹說法，以爲是婦人不得於其夫，而以柏舟自比。除了魯詩說法指名道姓外，其他各說都不得知作者，然而牟庭於此詩卻主張是夷姜被迫嫁與衛宣公憂憤之作，其說法可謂獨特。然而牟庭爲何斬釘截鐵主此一說？而同是主衛宣夫人所作，爲何牟庭主張是衛夷姜，而不是從魯詩說爲衛宣姜呢？

　　主要牟庭以爲：

然據桓十六年《左傳》曰：「初，衛宣公烝於夷姜，生急子，屬諸右公子，爲之娶於齊而美，公取之，生壽及朔，屬壽於左公子，夷姜縊，宣姜與公子朔構急子。」……閔二年《左傳》曰：「初，惠公之即位也，少，齊人使昭伯烝於宣姜，不可，強之，生齊子、戴公、文公、宋桓夫人、許穆夫人。」傳所云惠公即位少者，蓋年十歲以下。……然宣姜以急子妻改事宣公，已十年，餘其所生子已能爭死相讓，又已能立爲君，此與魯詩所說嫁衛，至城門，而衛君死者不合。公子頑是宣公之子，非宣公之弟，又未嘗立爲衛君，立爲衛君者，即宣姜之子朔也，與魯詩所說弟立，請同庖者又不合。且宣姜爲人始終淫亂，本無貞一之操，故知魯詩所說宣夫人齊女者，非宣姜明矣。《史記‧衛世家》曰：「初，宣公愛夫人夷姜，夷姜生子伋。」《左傳》則曰：「宣公烝於夷姜，生急子。」……以此言之，則魯詩

所謂衛宣夫人，即夷姜矣，夷姜之始嫁於衛，蓋爲桓夫人也。至城門，而州吁之難作，桓公死，即隱四年春二月戊申事也，及宣公立爲君，而強請夷姜以爲夫人，宣公即桓公弟也，此所謂弟立，請同庖者也。魯詩言使人愬於齊兄弟，不可以據者也。疑《左傳》所云：「齊人使昭伯烝於宣姜，不可，強之者。」本屬宣公、夷姜之事，《左傳》於夷姜未能詳其由來，必以所據史策荒略不明，遂誤以夷姜事實屬之宣姜爾。宣姜有子爲衛君，已爲君母，齊人何故使昭伯烝之；且昭伯非人君也，齊人何故強使君母爲大夫妻，此皆非人情也。惟夷姜，甫至城門而未與桓公相見，未有夫婦之禮，其義可以復還；可以復還，則可以更嫁；可以更嫁他國，則亦可以更嫁於衛，故宣公之請，齊人之使，猶皆人情所可言也；不可強之者，蓋夷姜不可，而齊人強之也。其不可者，高節也；而強之者，亦人情也。若乃昭伯、宣姜之事，兩情所欲，豈有不可而何待強之哉？夷姜既強爲宣公夫人，故魯詩謂之宣夫人。……夷姜雖見逼迫，執節不終，而其意不自得，憂憤積年，所生子已長大冠婚，而竟自縊以死，此真皎然不欺其志，可無愧爲孝子之母，賢婦人也。君子憐其志，而悲其遇，故錄其詩，以冠〈邶〉、〈鄘〉、〈衛〉風之首，蓋貴之也。以爲非昭伯、宣姜所可同年語者也。今據此詩詞旨，皆失守以後之言，蓋夷姜既從宣公，而憂憤所作也。《列女傳》言：「女終不聽，卒守死君。」蓋魯詩傳聞失實，傅會爲說爾。

可知牟庭據《左傳》與《史記》等記載，以證魯詩說法非矣。因爲此詩若是依魯詩說爲衛宣姜所作的話，那《左傳》所云宣姜有子爲國君，已應爲衛君母，那齊人何故使衛昭伯烝之？且昭伯非人君也，據傳聞亦聽說昭伯與宣姜兩人曾暗中私交，互通款曲，既然二人已是兩情相願，那又何必要齊人強迫宣姜嫁與這荒淫的昭伯呢？可知魯詩說，此詩爲衛宣姜所作，與史實、詩文原意不合，故牟庭不從魯詩說。而其又據《左傳》所載：州吁之難，桓公死，宣公爲君，曾不按牌理出牌，烝夷姜，生子伋，後又強佔伋之未婚妻：齊宣姜爲己有，而生朔與壽等史實，依照年代先後次序論史實，知此詩不應魯詩說爲宣姜之作。此蓋是夷姜本爲桓公之妻，因桓公瘁死，宣公立，本可悔婚改嫁的，卻被齊人陷害，強迫嫁給宣公，雖則執節不從，但亦無可奈何，故鬱鬱寡歡，甚不自得，積憂累憤而作此詩以明志也。故牟庭據這般詮解下來，

原詩的「憂心悄悄，慍於群小。覯閔既多，受侮不少。靜言思之，寤辟有摽。」
即順理成章解釋爲：

> 群小，眾小人，……蓋言夷姜左右之人，皆順宣公之意也。今據此
> 詩語意，則夷姜之被逼迫，其事猶可得而知也。當其時宣公請之不
> 聽，齊兄弟強之又不聽，而自守益嚴，凜然不可以犯干，乃與左右
> 侍御者謀之，蓋醉之而納宣公以亂之，醒而知之，此所以憂心慘切，
> 而致怨於群小者也。……覯閔，謂遇醉惛闇不自覺也。……受侮，
> 謂宣公乘醉亂之也。……靜言思之，寤辟有摽，言每靜夜思計，欲
> 以禮自全，乃覺悟之後，清節已隳，譬如有所拋棄，惘然自失也。

知此爲夷姜遭宣公及周遭小人設計，失身於宣公，爲宣公強烝之，而欲以禮
自保其清操，則惘然矣，而夷姜每想及此，便憂憤難以自已，故作是詩以抒
怨恨也。照牟庭這般說來，主夷姜憂憤之作，乃據史實論斷所作的一番詮釋；
觀其說亦頭頭是道，言之成理。

　　2、〈邶風・綠衣〉，據吳師宏一《白話詩經》所云，可知此詩歷來主要有
兩種說法；一在朱熹以前多主從《毛詩序》言，以爲衛莊姜傷己，憂嬖妾上
僭，而使己失寵失位也。此說，連今文家如齊、魯、韓等詩說，以及朱熹看
法都無異議。而在近代，則頗多學者不限定此詩是衛莊姜之作，而以爲是詩
人睹物懷人，想念其妻之作。至於牟庭則主此詩是：定姜怨妾無禮，獻公不
孝之作。此一說法倒頗突出，與歷來學者觀點大異其趣。然而牟庭何以主此
一說？其云：

> 成九年《左傳》曰：「季文子如宋致女，復命，公享之，賦〈韓奕〉
> 之五章，穆姜出於房，再拜曰：『大夫勤辱，不忘先君以及嗣君，施
> 及未亡人，先君猶有望也。敢拜大夫之重勤。』又賦〈綠衣〉之卒
> 章而入。」此成公勞季文子爲賦〈韓奕〉之五章，言伯姬如韓姞、
> 宋公如韓侯、宋土如韓樂，季文子靡國不到如蹶父，穆姜出，又爲
> 賦〈綠衣〉之卒章，取其我思古人，實獲我心，喻以因伯姬適人，
> 感思先君，又喜伯姬得其所歸，我心獲安也。〈魯語〉：「公父文伯之
> 母，欲室文伯，饗其宗老，而爲賦〈綠衣〉之三章，老請守龜卜室
> 之族，師亥曰：『善哉！謀而不犯，微而昭矣。』詩所以合意，歌所
> 以詠詩也。今詩以合室，歌以詠之，度於法矣。」此文伯之母，欲
> 謀娶婦而賦詩以見意，取其我思古人，俾無訧兮。言已因文伯當婚，

感思穆伯，又欲使婚姻禮正，無有怨尤，此所謂謀而不犯，微而昭
者也。據此二人賦詩之意，皆因子女婚嫁，思先夫不及見之，因知
此詩本義必非無所指斥，而泛思古之人也，則必思其夫也。其夫已
爲古人矣，而憂嫡妾之不正也。其嗣君必不孝也。據下〈燕燕〉篇
言之，則此篇亦定姜之詩也。成十四年《左傳》曰：「衛侯有疾，使
孔成子甯惠子立敬姒之子衎，以爲太子。冬十月衛定公卒，夫人姜
氏既哭而息，見太子之不哀也。不內酌飲，歎曰：『是夫也。將不唯
衛國之敗，其必始於未亡人。烏呼！天禍衛國也夫。吾不獲鱄也。
使主社稷』。」襄十四年《左傳》定姜曰：「余以巾櫛事先君，而暴
妾使余三罪也。告亡而已，無告無罪。」襄二十六年《左傳》曰：「衛
獻公使子鮮爲復辭，敬姒強命之。對曰：『君無信，臣懼不免。』敬
姒曰：『雖然，以吾故也。』子鮮不獲命於敬姒，以公命與甯喜言。」
據此則定姜之賢，獻公之不孝，敬姒之專恣而無禮，皆可見矣，故
知此詩必定姜之所作也。衛宏《序》云：「莊姜傷己。」非矣。

知牟庭據《左傳》記載，以定此詩之旨，爲定姜傷嗣君獻公不孝，妾敬姒專
恣無禮，而思夫君之作也。牟氏一開頭就強調此詩本義並非無所指斥，泛思
古人，而必是思夫君之作。何以思已故的夫君？乃因此詩作者不滿於現況，
感今不如昔，故思舊以慰今，且據史實所載，知此人應是定姜，因其處境乃
夫已亡，而嫡妾不正，嗣君不孝。此際遇所吟詠之詩，頗似此詩之意，又加
上《左傳》等史實記載，知確有人賦此〈綠衣〉之詩以見志者，其意境正與
定姜當時可兩相比附，故藉古人之酒杯以澆自己之塊壘。

此外，牟庭尚以比較互證方式，據下篇〈燕燕〉所云，確定此詩爲定姜
所作，乃定姜刺妾敬姒無禮，嗣君獻公不孝也。然而〈燕燕〉篇所論到底如
何？爲何牟庭可以據此佐證〈綠衣〉作者就是定姜，及此詩之意？其憑據是
什麼？到底〈燕燕〉與此〈綠衣〉有何關係呢？是以接下來，我們就來探討
這相關的〈燕燕〉詩。

3、〈邶風‧燕燕〉，觀詩文之意，知是一首送別詩。據《毛詩序》言，此
是寫衛莊姜送歸妾之作。然據今文家言，以爲此是衛定姜送其婦或娣歸之作。
牟庭之意亦主此。牟庭以爲：

毛詩說以爲莊姜送戴嬀。衛宏序云：「〈燕燕〉，衛莊姜送歸妾也。」
所謂送歸妾者，是也；而其說莊姜戴嬀則尤非矣。據《史記‧衛世

家》曰：「陳女女娣亦幸於莊公，而生子完，完母死，莊公命夫人齊
女子之，立爲太子。」即《左傳》所云戴嬀，生桓公，莊姜以爲己
子者也，如是則桓公未立戴嬀已死久矣，安得至州吁殺完而大歸哉？
蓋燕燕爲定姜之詩，魯詩必有所傳授之說，但以古詩詁而不切，解
文不能無失耳。今以《列女傳》、《坊記注》、《毛傳》三考詩義，定
爲定姜無子，庶子衍立爲獻公，而無禮於定姜，其娣仲氏無子而大
歸，定姜送之，感而作詩，作者復起，不易此言矣。

可知牟庭據《史記》所云，以爲此詩並非衛莊姜送戴嬀回歸之作，因「生子
完，完母死。」知戴嬀生桓公後，即逝世，故莊姜以桓公爲己子，如是說來，
何有州吁殺死桓公後，莊姜送戴嬀回歸之事？又據《列女傳》、《坊記》、《毛
傳》所記載，知定姜無子，立庶子衍爲獻公，此獻公曾無禮於定姜，而當娣
仲氏無子大歸時，定姜送之，有感而發，因作〈燕燕〉。據牟庭所言，知其以
爲此乃是定姜感獻公無禮之作，而前一首〈綠衣〉亦爲有感獻公不孝，擘妾
上僭之作，可知均與獻公有關，此作者應是定姜無疑。

4、〈邶風・式微〉，古文家以爲是黎侯居衛，其臣勸其歸國之作。而今文家
主黎莊夫人與傅母相與問答之詞。牟庭主此乃是黎莊夫人之傅母憫夫人居衛不
甚得意之作。其說雖與三家詩說法接近，但仍有所不同，牟庭主要的理由爲：

劉向世傳魯詩，故《列女傳》所載，即魯詩說也。魯詩以此詩爲傅母、
黎莊夫人二人作也。古無二人共作一詩，如後世詩人之聯句者，且其
彼此語意皆不中肯要，魯詩之說非也。蓋古者詩書故而不切，漢初經
師皆傳聞大意，而以己意尋文補接以爲說，如衛女爲黎莊夫人而不得
意，傅母憐之。此詩之所由作，申公所傳聞於古者也。其云傅母作上
二句，黎莊夫人作下二句者，刺申公之意以說之者也，爲其說之未愜，
故令後儒不能謹守，而附會以生異說。《毛詩序》云：「〈式微〉，黎侯
寓於衛，其臣勸以歸也。」此因〈旄丘〉之篇，而附會說之，尤不足
據矣。按詩意是傅母作之，以黎莊夫人不得意，傅母在黎，黎人待之
恩禮甚微薄矣，然而不肯歸者，念夫人故舊之恩，不忍離去也。

可知其以爲《列女傳》所論有關黎莊夫人與傅母的對話內容是可信的，但並
非如《列女傳》所云此是黎莊夫人與傅母二人所作的詩，因古無二人共作聯
句之詩例，且據文意論亦不恰當；據文意此應當是黎莊夫人之傅母所作，傅
母閔其居衛不得意，勸其遠離此國，而因夫人念其與夫君之情意，不忍離去，

故傅母作此詩以憫黎莊夫人之遭遇。所以「式微式微，胡不歸？微君之躬，胡為乎泥中？」正表現傅母對黎莊夫人之抱怨：黎人待夫人太苛薄，夫人為何不想回去？若不是夫人憫其夫君之故，又如何會困守於黎國呢？據此牟庭以為此應是黎莊夫人之傅母所作的詩。

　　5、〈魯頌・閟宮〉，雖有「新廟奕奕，奚斯所作。」可清楚看出作者即奚斯，但問題是句中的奚斯卻為歷來爭論不休的話題。據薛君《韓詩章句》云：

> 奚斯，魯公子也。言其新廟奕奕然盛，是詩公子奚斯所作也。

而《毛詩・駉序》云：

> 僖公能遵伯禽之法，儉以足用，寬以愛民，務農重穀，牧於坰野。魯人尊之，於是季行父請命於周，而史克作是頌。

即以為此頌是史克所作，而「奚斯所作」句認為是作廟非作詩。段玉裁則以為：

> 此章自「徂徠之松」至「新廟奕奕」七句，言魯修造之事。下「奚斯所作」三句，自陳奚斯作此〈閟宮〉一篇，其辭甚長且甚大，萬民皆謂之順也。〔註2〕

而陳奐《詩毛氏傳疏》亦從段說。〔註3〕在此，牟庭看法如何呢？就其《詩切》云：

> 魯舊有天子禮樂，自得作頌，不須復請之於周，且季孫之請，史克之作，《春秋經傳》亦無其文。衛宏因《左傳》季文子使史克對，而附會言之，不足據也。《韓詩・閟宮傳》曰：「是詩公子奚斯所作也。」……《後漢書・曹襃傳》曰：「昔奚斯頌魯，考甫詠殷。」班固〈兩都賦〉曰：「皋陶歌虞，奚斯頌魯。」……此皆本韓詩以〈魯頌〉為奚斯作也。蓋〈魯頌〉之卒章曰：「新廟奕奕，奚斯所作。」韓意以新廟為詩篇名，言此〈新廟〉之篇，有奕奕之美，是奚斯之所作也。毛既改名其篇題曰：〈閟宮〉，則以新廟直為新修之廟，言此新修廟屋，奕奕然大者，是奚斯之所作廟也。此韓、毛所以異也。然如毛意讀之，路寢新廟，孔碩且碩，文重意複，非通人之製，似毛氏本不深知韓意，而輕變其說，衛宏因之，妄言史克作頌，而不自知其險悖於經文也。然奚斯作頌，亦〈新廟〉一篇耳。其〈駉〉、

〔註2〕見段玉裁《經韻樓集》卷一。
〔註3〕見陳奐《詩毛氏傳疏》卷二十九。

〈駉〉、〈泮〉三篇，乃自伯禽以來有之，不知誰所作也。〈費誓〉征淮夷，〈泮水〉頌其功，其爲伯禽之詩，灼然甚明矣。《譜》謂僖公之世，始作魯頌，亦非矣。

知其據諸多文獻以確定此詩當是奚斯所作。且明辨《韓詩》與《毛詩》之異，即前者主此〈新廟〉是一篇詩名，而依「新廟奕奕，奚斯所作。」可知此詩作者即是奚斯；後者主〈魯頌〉所有的詩，都是史克作，此「新廟奕奕，奚斯所作」指此光鮮耀眼的新廟，是奚斯蓋的。然而牟庭據詩文以確定此「新廟奕奕，奚斯所作。」此「新廟」當是一首詩名，作者就是奚斯。而〈魯頌〉其他的詩篇，則不一定是奚斯作的，但可確定是〈魯頌·駉〉、〈魯頌·駜〉、〈魯頌·泮〉這三詩，當是伯禽時詩，惟作者不明而已。

二、風雅頌詩之史實

據姜亮夫先生云：

凡立新義，有驗證，能四達於史、地，而不能違離，則吾人固當心服其高見卓識矣。……牟氏爲學，有實事求是之精神，故於《詩》中史實制度諸端，必求其心安理得而後快。……約而論之，牟氏於〈邶〉、〈鄘〉、〈衛〉各篇之參正史跡以定詞旨，無一篇不精當絕倫。〔註4〕

然而是否真如其說，在此，且擇幾首加以考察。

1、〈召南·甘棠〉，這是一首感念「召伯」的詩，然而「召伯」是誰？歷來不少學者都以爲是周朝開國功臣召公奭，但亦有反對的聲音，以爲是宣王時的召穆公虎，牟庭就是一例。他以爲：

召伯，召穆公虎也。穆公以世職爲王官伯、事屬王、宣王、幽王，既老而從平王東遷，糾合宗族，作〈常棣〉之詩，於時國家新造，穆公勞來安定，劬勞於野，嘗宿甘棠樹下，其後穆公薨，而人思之，封殖其棠，以爲遺愛，此詩所爲作也。……魯韓詩皆以〈甘棠〉屬之康公，而《史記》又著於世家，今必知其非是者。〈召南〉言「平王之孫」，則是東周詩明矣。東周之詩，不應有康公之棠，一也；周公大聖，遺愛之長，不後於召公，若召南詩爲美召康公，而周南詩何不美周文公，二也；風雅中多穆公詩，如〈黍苗〉云：「召伯勞之」；

〔註4〕見姜亮夫先生《詩切·自序》一文，頁45。

〈崧高〉云：「王命召伯」，及此詩云：「召伯所茇」，稱號皆同，明
一人也。至詩中言及召康公，則如〈江漢〉云：「召公維翰」，〈召旻〉
云：「有如召公之臣」，皆曰召公，不曰召伯，三也，以此知魯、韓
詩、《史記》皆非矣。魯詩言述職，韓詩因言聽斷，《史記》因言決
獄，而《鄭箋》云：「召伯聽男女之訟，不重煩勞百姓，止舍小棠之
下而聽斷焉。」此又從〈行露〉生說，說益增而失之遠耳。

由上述，我們可歸納其要點如下：

一、此詩屬〈召南〉之一，是東周詩，而召穆公虎乃開國功臣，曾於此
甘棠樹下休息，後穆公死，而國人懷念之，作此詩以紀念。

二、魯、韓詩及《史記》皆以爲是詠康公，然此詩是東周詩，與康公的
年代不符合。

三、周公乃大聖者，遺愛人間頗長久，不後於召公，若〈召南〉詩爲美
召康公，而〈周南〉詩何不美周文公？

四、〈風〉、〈雅〉中詠穆公詩，多言：「召伯」，而言召康公的，則多曰：
「召公」，不曰：「召伯」。知魯、韓詩及《史記》於此「召伯」主康
公，非矣。

知其以《魯》、《韓》詩及《史記》作對照以說明，此詩是詠召穆公虎也。
然而後代學者亦主此一說的，有傅斯年先生，其以爲：

南國稱召，以召伯虎之故。召伯虎是厲王時方伯，共和行政時的大
臣，庇護宣王而立之人，曾有一番轟轟烈烈的功業。〔註5〕

屈萬里先生亦是，其《詩經通釋‧甘棠篇》云：

召伯，召穆公虎也，早期經籍，於召伯虎或稱公，而絕無稱召公奭
爲伯者。召伯之稱，又見小雅黍苗、及大雅崧高，皆謂召虎；而大
雅江漢之篇，於虎則曰召虎，於奭則曰召公，區別甚明。舊以此詩
爲美召公奭者，非也。

可看出其據經籍記載，亦以稱召虎的爲召伯，而無稱召公奭爲召伯的。《詩經》
中〈小雅‧黍苗〉、〈大雅‧崧高〉凡稱召伯的，都是指召虎而言；〈大雅‧江
漢〉篇於虎則稱召虎，於奭稱召公，以證《詩經》中亦無稱召公奭爲召伯的。
可知其說亦與牟庭看法類似，是以此詩所謂的「召伯」應是指「召穆公虎」。

2、〈衛風‧竹竿〉，此詩今古文家均認爲是描寫衛女思歸之作。然而此「衛

女」究竟是專指或汎稱，則見仁見智，有不同看法。就牟庭而言，其以爲是：

> 衛姬自請和親，以釋公於晉也。……襄二十九年六月《左傳》曰：
> 衛侯如晉，晉人執而囚之於士弱氏。十二月《左傳》曰：衛人歸衛
> 姬于晉，乃釋衛侯，君子是以知平公之失政也。《杜注》曰：衛侯以
> 女說晉而後得免。余按：衛獻公方見執囚，而衛姬已歸於晉，此則
> 非獻公之意，似衛姬所自謀也。以身歸晉而免其父于患難，可謂行
> 中孝矣。又知平公失政，諸侯之請，禮義之言，所不能動其聽，惟
> 女色在御，則悦而立解，可謂慮中聖矣。然則孟子所稱衛女之志，
> 必衛姬矣。以此詩考之，比興之義，皆爲婚姻之言，而其卒章曰：
> 以寫我憂。夫嫁娶而有憂者，爲其父在患也。然則此詩必衛姬所作，
> 即所云自親嫁娶者也。

知其據襄二十九年六月及十二月《左傳》所記載，作此詩者乃衛姬，以爲衛
姬因父被晉國君執囚，衛姬爲救其父，行權自謀嫁與晉國君，以免除父親的
危難。然而自古以來婚姻之道，當是男求女，且男方至女方之家迎娶，並無
女方自動跑去男方家者，而此詩正因衛姬救父，權變自嫁娶於晉之作，故此
詩的「泉源在左，淇水在右。女子有行，遠兄弟父母。」牟庭則解釋爲：

> 凡水皆自西而注東，……淇水居西而在右，則泉源不能西流，以注
> 於淇水矣。以喻婚姻之道，當以男來求女，乃晉爲霸國而勢重，衛
> 爲小國而勢輕，則不能得晉之輕，使重幣而來求女於衛矣。……有
> 行謂嫁也。大國雖無請婚之使，而女子已是可嫁之時，要當遠離兄
> 弟父母者也。

觀其說似乎亦頗有道理。既然水莫不自西而注東，此「淇水在右，泉源在左。」
恰相反而自東向西流，正與此衛女自嫁娶於晉之權變婚姻相似，可兩相比附，
是以喻衛爲權勢輕的小國，而晉爲權勢大的霸國，衛姬爲救父，只好委屈求
全，自請和親於晉，以救其父衛獻公也。所以牟庭據史實等載，以爲此詩是
衛姬救父，自請與晉和親也。

由此可見牟庭說法與今、古文家主「衛女思歸」看法不同。然而據牟庭
之見亦可看出其說頗有番道理。

3、〈大雅・生民〉，這首詩亦爲歷來爭議之焦點。主要針對詩中的「履帝武
敏歆」有不同解釋，《毛傳》以爲「從於帝而見于天，將事齊敏。」指姜嫄去祭
祀時，跟在其夫高辛帝後面，踩著他所走的足跡，敏捷的去祭饗。而同是古文

派的《鄭箋》卻贊同三家詩說法，以爲是姜嫄祭祀時，在路上踩到大神的足跡，而受孕，所生下的孩子即后稷。同此說者尚有《史記·周本紀》，其云：「姜嫄出野，見巨人跡，心忻然悅，欲踐之，踐之而身動如孕者。」〔註6〕至宋·歐陽修《詩本義》則反對此說，以爲：

> 天生聖賢，其人必因父母而生，非天自生之也。……無人道而生子，
> 與天自感於人而生之，在於人理，皆必無之，事可謂誣天也。〔註7〕

以感天生子說不可信，凡人生子必因父母交媾而生，絕不會子虛烏有產生的。朱熹《詩集傳》則以爲：

> 麒麟之生，異於犬羊，蛟龍之生，異於魚鱉，物固有然者矣。神人
> 之生，而有異於常人，何足怪哉？斯言得之矣。

主從《鄭箋》或《史記》說法，以感天生子是可確信的。而嚴粲《詩輯》以爲：

> 古無巨跡之說，特列子異端，司馬遷好奇，鄭氏信讖緯，以帝武疑似
> 之詞，藉口而爲是說耳。至謂姜嫄無人道而生子，謬於理而妨於教，
> 莫此爲甚。……今依毛以敏爲疾，而不用其帝爲高辛之說。〔註8〕

陳啓源《毛詩稽古編》云：

> 巨跡之說，近於誕罔，嚴輯是毛非鄭，以爲列子異端，緯書妄說，
> 史遷好奇，皆不足據，似矣。〔註9〕

二者反對《鄭箋》或《史記》之說，以踩天帝之跡而生子，不可信。然而對此眾說紛紜之論，牟庭看法如何呢？其《詩切》云：

> 余桉：姜嫄無夫之女，故詩謂之初生人者，若有夫而生子，則是父
> 子相傳，不可謂之初生人矣。……《毛傳》云：「姜嫄配高辛氏帝。」
> 《鄭箋》云：「姜嫄當堯之時，爲高辛氏之世妃。」皆非矣。……張
> 融信《箋》而難《傳》曰：「如《毛傳》、《史記》之說，帝嚳爲稷契
> 之父，帝嚳聖夫，姜嫄正妃，配合生子，人之常道，則詩何故但歎
> 其母，不美其父？而周魯又何以特立姜嫄廟乎？」融之此論，非獨

〔註6〕 《史記·周本紀》見日·瀧川龜太郎川著《史記會注考證》本，頁64，台北：
　　　　天工書局出版，1993年。
〔註7〕 見歐陽修《詩本義》，《景印文淵閣四庫全書本》第六十四冊，頁70～258，台
　　　　北：臺灣商務印書館出版。
〔註8〕 見嚴粲《詩輯》，《景印文淵閣四庫全書本》第六十九冊，頁75～377，台北：
　　　　臺灣商務印書館出版。
〔註9〕 見陳啓源《毛詩稽古編》，《景印文淵閣四庫全書本》第七十九冊，頁85～599，
　　　　台北：臺灣商務印書館出版。

難《傳》,亦可用以難《箋》。何者?姜嫄若帝嚳之世妃,則后稷爲帝嚳之裔孫,其父非聖人即可但知有母,不知有父乎?帝嚳雖非其父,不當由父而上推其祖乎?即曰:感神而生,非是其父之子,然其母既有夫矣,配合而生與感神而生,事涉疑似,未易分明,何以必知非其父之子也?其母既有夫,於理自當有子,《詩》何以言居然生子?又何爲而棄之也?《箋》謂無人道而生子,懼時人不信,顧安有有夫而無人道者?安有夫生子而時人不信者哉……《史記·周本紀》曰:「姜嫄出野,見巨人跡,心忻然説,欲踐之,踐之,而身動如孕者。」《鄭箋》云:「祀郊禖之時,有大神之跡,姜嫄履之,足不能滿履其拇指之處。」皆是也。然《箋》謂祀郊禖之時者,非也。……歆,噫也。……噫歆即噫興,乃人之聲詞也。禮之有噫歆,爲其靜久不宜猝遽驚動,故先作聲曰噫歆。今人尚皆有此聲也。此詩之歆即詩人敘説中間,著此聲詞,以其室女懷孕事可詫歎,故言次不覺失聲,而曰噫歆。今人語亦皆然也。

就上述牟庭所云,整理其要點如下:

1、牟庭以爲詩中有「厥初生民,時維姜嫄」等字眼,可知姜嫄乃無夫之女,才謂之初生者,若有夫而生子,則父子相傳,就不可謂初生人矣。

2、若母既有其丈夫,於情理上自當有子,《詩》又何必言居然生子?又何必生而後棄?

3、《箋》云無人道生子,是因懼怕當時人不相信而言的話,但是哪裏有夫而無人道?又哪裏會有丈夫生子而時人不信的呢?既爲夫妻生子,乃合於常理之事,時人豈會不信?想必是出自於不合理之事,故有懼人不信之語。

4、詩中有「噫歆」之語,此聲乃非常之語,爲室女懷孕時詫歎也,故詩中的「履帝武敏歆」知此姜嫄踩到大神足跡而懷孕,故發此聲也。

據此可知牟庭與《鄭箋》、《史記》等説法相似,贊成感天生子之説。據蕭兵《太陽英雄神話的奇蹟》以圖騰事跡考究,知遠古時代確有此事,如其云:

以履跡可致孕。以跡乃龍跡,爲龍的圖騰,爲周人寄托靈性之物,乃周族的聖地、禁地。亦周人圖騰與族體的「生命線」。而姜嫄履跡乃自覺或不自覺按照周姜二族聯姻,一交往,一聯合要求,有意去踐履周人圖騰龍跡,……此終究是一種可能達到預期效果的神祕接

觸。……履跡生子是可信的，有其更古老的背景；以兒女之孕育，
氏族之繁衍，基本上決定於氏族祖先的意志和行爲。……有時是氏
族的婦女與圖騰動物進行或實際或幻想或摹擬的交媾。有時只要圖
騰經過身旁或出現夢中，都能使婦女懷孕。但更常見的是與圖騰身
體或其附屬品，派生物發生，實際、幻想、或摹擬的「神秘接觸」，
就可能致孕。〔註10〕

可知履跡致孕，是有其淵源的，早至遠古時代有所謂的與圖騰接觸，都可使
婦女懷孕的。且感天生子之說本身涉及神秘文化，所以直至今日仍有不少人
信之。如古添洪先生〈詩經中有神話背景的詩〉亦云：

后稷是上帝憑藉姜嫄生下來的。姜嫄的祈上帝，姜嫄的踏上上帝的
大姆指，姜嫄的懷孕生育，居然生出孩子來，每一動作都與天帝發
生關聯，並且具象鮮明，產生神話的驚異感。〔註11〕

然則數百年前的牟庭已採取這種說法，也就不足爲奇了，是以今日我們看此
神話之論，更不應苛責，更應以寬大胸襟，廣博眼光視之。蓋古時或許可能
有此情形，故詩才有所謂的：「厥初生民，時維后稷。生民如何？克禋克祀，
以弗無子。履帝武敏歆，攸介攸止。載震載夙，載生載育，時維后稷。」以
履帝武敏歆而生后稷等敘述。

第二節　論《詩》風雅頌篇義的觀點

一、十五國風的觀點

（一）風者，風謠也

就《毛詩序》而言，以爲“風者”具有三種意義，即：（一）教化，所謂：
「風，風也，教也。風以動之，教以化之。」（二）諷刺，所謂：「上以風化
下，下以風刺上。主文而譎諫，言之者無罪，聞之者足以戒，故曰：風。」（三）
王政之事，即「一國之事繫一人之本，謂之風。」然而不論是教化，或諷刺，
據後代學者考證，這些都非風的本意。屈萬里先生《詩經釋義》云：

〔註10〕見蕭兵《太陽英雄神話的奇蹟》頁 39～40，台北：桂冠出版社，1991 年。
〔註11〕見古添洪先生〈論《詩經》中有關神話背景的詩〉，《今日中國》第四十二卷，
　　　　頁 151，1974 年 10 月。

〈大雅·崧高〉篇説：「吉甫作誦，其詩孔碩；其風肆好，以贈申伯。」
從這幾句話看來，在那時，似乎是指風就是詩。《詩序》解釋國風説：
「風，風也、教也。風以動之，教以化之」。又説：「上以風化下，
下以風刺上，主文而譎諫，言之者無罪，聞之者足以戒，故曰風。」
這是把風解作諷，恐怕不是國風之風的本義。我以爲國風之風的本
義，應該解作風土之風；因爲從這些歌謠裏，可以看到各地的風土
人情；現在常用的風謠兩字，卻和國風之風的本義，恰恰符合。

他又在「國風」二字下解釋：「自周南以下至豳，凡十五國之詩，相傳謂之國
風；因其詩多爲諸國之歌謠也。」

　　屈先生雖主張今國風已非民間歌謠本來面目，但就國風之風而言，屈先
生仍以爲是指風謠之意；而十五國風就是指諸國之歌謠；只是今日我們所見
的詩，多已爲采詩者、編詩者或樂官整理潤色過，可能已非民間歌謠本來面
目，但就國風的本意與來源，應仍是指民間風謠。

　　而主風乃是風謠之意，早在朱熹《詩集傳》，即云：「風者，民俗歌謠之
詩也。」然則此十五國風之風本來應是風俗之意，後由其風土風俗所產生的
歌謠則謂之國風，而《詩經》所錄自〈周南〉至〈豳風〉，共有十五國風。正
如白川靜《詩經研究》所云：「風者風俗之意，原來是指自然風俗的詞語，後
來由其風土風俗所產生的歌謠也稱爲『風』。」

　　此「風」字，就牟庭之意，則以爲：「風者，人民之風謠也。觀其詩，知
其俗之習尚，與其人之風操，故曰風。」知其把風的意義還原作人民的風謠
講，由此風謠可知其風土俗情也，此説正爲後代學者所認同的。故可看出牟
庭詮釋"風"，正將風的本意表現出來，而無詩教、政事等附會。

（二）二南，東周詩也

　　首先，牟庭據諸書考證知此南當讀爲男也，〔註12〕故以此論周、召二南

〔註12〕牟庭《詩切》云：「南猶男也。昭十三年《左傳》：『鄭伯，男也。』賈注曰：
　　　　『男當爲南，謂南面之君也。』《周語》：『鄭伯，南也。』韋注引賈侍中曰：
　　　　『南者，在南服之侯伯。』鄭司農曰：『南謂子男，畿內之諸侯。雖爵侯伯，
　　　　皆食子男之地。』《家語》〈正論篇〉：鄭伯南，王注曰：『南，左氏作男，古
　　　　字作男，亦多有作此南。連言之，猶言公侯也。』《史記》〈周本紀〉曰：『求
　　　　周苗裔，封其後嘉，三十里地，號曰：周子南、君子南，即子男也。』據此
　　　　諸證，知古字南、男通用。故諸國風，皆直題國名，而周、召獨繫之以南，
　　　　正謂畿內伯、男之國，與外大國不同也。」據此我們可知牟庭以諸書作證，

皆爲王畿內的小國，是以「周、召獨繫之以南，正謂畿內伯、男之國，與外大國不同也。」然後，牟庭以：「東周之畿內周、召焉。周南之詩言河洲、江漢、汝墳；召南詩言江氾、江渚、江沱，皆東周之地望也。」又「東周在〈禹貢〉、豫州、太華外方之間，北得河陽，南望江漢，詩人託興，詠其土風，然則二南爲東周詩矣。」其以爲〈周南〉中所云的河洲、江漢、汝墳；〈召南〉中所言的江氾、江渚、江沱，皆東周地望，是以〈周南〉、〈召南〉爲東周詩矣，又所以名〈周南〉、〈召南〉，不言國，乃因〈周南〉、〈召南〉爲王畿內諸侯國，與王畿外諸侯國不同，欲與之區別，故名〈周南〉、〈召南〉。再則，其從《史記自序》云：「太史公留滯周南。周南，謂東周之地；南郡、南陽之間，因詩而爲名也。」及《襄二十九年左傳》載：「吳季札觀周樂，使工爲之歌〈周南〉、〈召南〉曰：『美哉！始基之矣，猶未也，然勤而不怨矣。……勤而不怨，衰世之意也。』」以知〈二南〉詩的風格並非如《傳》、《箋》傳說有所謂開國的盛世氣象與人倫道德等教化，再加以二南所在地理位置與史實記載考證，知此二南乃爲東周之地，故此〈二南〉詩牟庭以爲：東周詩矣。

　　然而〈二南〉是否爲東周詩？歷來學者對此有不同看法。有的主從《毛詩序》說法，以爲「關雎麟趾之化，王者之風，故繫之周公。南，言化自北而南也。鵲巢、騶虞之德，諸侯之風也，先王之所以教，故繫之召公。」主二南爲受周文王教化之地，爲周公、召公之詩，然此說崔述《讀風偶識》曾加以辯駁：「江、漢、汝、沱皆在岐周之東，當云自西而東，豈得自北而南乎？」〔註13〕可知《毛詩序》說法是不正確的。而有的主《三家詩》說，如《水經注・江水二》云：「《周書》曰：『南，國名也。南氏有二臣，力鈞勢敵，競進爭權，君弗能制，南氏用分爲二南國也。』按韓嬰敘《詩》云：『其地在南郡南陽之間。』」然而胡承珙《毛詩後箋》〈周南・召南〉考證：「若僅南氏二臣之國而冒之以周、召，于義不可通矣。」〔註14〕知《三家詩》說法亦不確當。

　　而晚近學者多以〈小雅・鼓鐘〉有「以雅以南，以籥不僭。」主張〈南〉爲獨立的詩體，與〈風〉、〈雅〉、〈頌〉并稱四詩。像王質《詩總聞》：

　　　得知古書中南與男字相通，是以十五〈國風〉中其他諸國風皆直題國名，而獨〈周南〉、〈召南〉繫之以南，謂王畿內伯、男之國也。

〔註13〕見崔述《讀風偶識》〈通論二南〉一文，頁 4～5，台北：學海出版社，1992年。

〔註14〕見胡承珙《毛詩後箋》〈周南・召南〉，《皇清經解續編本》頁 5096，台北：藝文印書館出版。

〈南〉，樂歌名也。見《詩》，「以雅以南。」見《禮》，「胥鼓南。」……
大要皆樂歌名也。

程大昌《考古編・詩論》云：

蓋〈南〉、〈雅〉、〈頌〉，樂名也。若今樂曲之在某宮者也。〈南〉有〈周〉、
〈召〉，〈頌〉有〈周〉、〈魯〉、〈商〉，本其所得而還以繫其國土也。

同此說者，尚有顧炎武云：「〈周南〉、〈召南〉，〈南〉也，非〈風〉也。」（《日
知錄》卷三〈四詩〉）崔述說：「〈南〉者，乃詩之一體。」（《讀風偶識》卷一
通論二南）梁啓超主：「南是一種音樂。」（〈釋四詩名義〉）章炳麟：「二南為
荊楚風樂。」〈檢篇・詩終始論〉等等，然而有不少學者反對此說，如魏源《詩
古微》云：

《周禮》太師教國子以六詩，有〈風〉、〈雅〉、〈頌〉而無南。《左傳》
「〈風〉有〈采蘩〉、〈采蘋〉」，其詩實在〈召南〉。則〈二南〉同為
〈國風〉，明矣。（〈二南義例篇〉）

可知若〈南〉為獨立詩體，那《周禮》太師教國子以六詩，應非六詩，而是
七詩，今「六義」應改為「七義」，才對。又《左傳》言〈風〉有〈采蘩〉、〈采
蘋〉，則亦應改為〈南〉有〈采蘩〉、〈采蘋〉，但觀今既有的文獻所載，知《周
禮》太師教國子以六詩，非七詩；《左傳》言〈采蘩〉、〈采蘋〉是〈風〉，而
非〈南〉，由此可知〈南〉並非獨立之詩體。又金景芳〈釋二南〉一文亦考證
出〈南〉為獨立詩體這一說法並不能成立，其以為：

果如諸家所說「二南」的「南」為「南夷之樂」或「荊楚之樂」，那
末，周人把它用為鄉樂、燕樂、射樂和房中樂；孔子教導他的兒子伯
魚說：「汝為〈周南〉、〈召南〉矣乎？人而不為〈周南〉、〈召南〉，其
猶正面而立也與？」試問，他們為什麼把「南夷之樂」的地位看得如
此之高？於道理講不通。第二，就《左傳》襄公二十九年吳公子季札
觀周樂這份材料而言，上文已說「使工為之歌〈周南〉〈召南〉」，下
文又說「見舞象前南籥者」，則〈周南〉、〈召南〉的「南」與「南籥」
的「南」之非一物，已斷然可知；又〈周南〉、〈召南〉在習慣上固然
可以簡稱為〈二南〉或直稱為〈南〉，但是單稱「南」的「南夷之樂」
則絕不能稱為〈周南〉或〈召南〉。可見縱然證明了「南」是「南夷
之樂」，還不能說〈二南〉的「南」就是「南夷之樂」。〔註15〕

〔註15〕見江磯《詩經學論叢》，頁87～99，嵩高書社印行，1985年。

可知〈二南〉的「南」不當爲「樂名」或「樂器」講,而〈二南〉亦非獨立詩體。然而〈二南〉詩究竟指何呢?是否是指東周詩呢?此應從〈二南〉所收的詩的時、地等等,作一考察,方可確定〈二南〉詩之眞確意義與是否爲東周詩。

首先,我們由今本《毛詩》考察,可發現〈周南〉、〈召南〉有尾題,亦如〈邶〉、〈鄘〉等十三國風之例。如〈邶風〉尾題爲「邶國十九篇,七十一章,三百六十三句。」〈鄘風〉爲「鄘國十篇,三十章,百七十六句。」而〈周南〉爲「周南之國十一篇,三十六章,百五十九句。」〈召南〉爲「召南之國,十四篇,四十章,百七十七句。」〔註16〕可知〈周南〉、〈召南〉應同其他十三國般,爲諸侯國,非獨立詩體,故《毛詩》本子云「周南之國」、「召南之國」。然而〈二南〉詩是否爲東周詩呢?據程俊英《詩經譯注》云:

> 〈二南〉產生的年代,……經後人考證,認爲它大約是西周末東周初的製作。崔述《讀風偶識》說:「此〈汝墳〉乃東遷後詩,『王室如燬』,指驪山亂亡之事。」〈何彼襛矣〉中有「平王之孫,齊侯之子。」二句,……魏源《詩古微》認爲這是指周室東遷後的平王宜臼。……〈野有死麕〉據《舊唐書‧禮儀志》,說它是平王東遷後的詩。而且〈二南〉的寫作技巧遠勝于〈周頌〉,周初不可能產生這樣成熟的作品。因此,今人多認爲〈二南〉可能是東遷前後的詩。

若觀〈周南‧汝墳〉:「魴魚赬尾,王室如燬,雖則如燬,父母孔邇。」詩文即表明係傷亂而不忍離祖國,因此,此詩絕不會是作於周室方興之時。〈何彼襛矣〉:「平王之孫,齊侯之子。」依詩句解應是平王之孫往適齊侯之子。由上述學者據詩文考據,更可確定《毛詩》說〈二南〉詩爲西周初年的作品,是絕不可信的。其產生的年代應是西周晚期或至東周時,如吳師宏一《白話詩經》云:

> 歷來有些研究者認爲〈周南〉的產生地區,應在周公居守的洛陽附近,和〈王風〉的地域相同。洛陽是東周時的都城,因此,〈周南〉的詩篇也可能產生於西周末、東周初年。……〈召南〉收錄了〈鵲巢〉以下十四首詩。……魏源《詩古微》也認爲是指東周的平王宜臼。因此,〈召南〉的產生年代,不會早於宣王之世,晚的已到東周初年了。

可知牟庭主〈二南〉詩爲東周詩,亦應是可信的。總之,我們可確定〈二南〉

〔註16〕此〈周南〉、〈召南〉、〈邶〉、〈鄘〉、〈衛〉、分別見《毛詩鄭箋》本第5頁、第10頁、第18頁、第22頁、第27頁。台北:新興書局出版,1981年。

詩絕不是西周初年作品，若是西周初方興未艾之作，則絕不會有〈周南・汝墳〉描寫戰亂衰世之景；又〈二南〉詩亦絕非獨立詩體，應同〈國風〉其他諸國之歌謠，故《左傳》云：〈風〉有〈召南・采蘩〉、〈召南・采蘋〉，而不言〈南〉詩。或許〈周南〉、〈召南〉二篇是王畿內諸侯歌謠，與王畿外諸侯國有別，故稱之為〈周南〉、〈召南〉，而不直言風。

（三）邶風、鄘風、衛風皆衛詩

牟庭據《漢書・地理志》記載以為：

> 〈邶〉、〈鄘〉皆殷之故邑，在河淇之間。周初以封康叔，改名衛國。
> 號令簡策則從其國名曰衛。人民謠俗，因習故言，猶曰：〈邶〉、〈鄘〉。
> 詩者，採之土風，著之竹帛，故兼雅俗之語，合古今之名，而曰〈邶〉、
> 〈鄘〉、〈衛〉也。

此外，牟庭又據《襄三十一年左傳》：「衛北宮文子引〈衛〉詩曰：『威儀棣棣，不可選也。』」及《襄二十九年左傳》：「吳公子札來聘，請觀於周樂，……使工……為之歌〈邶〉、〈鄘〉、〈衛〉。曰：『美哉淵乎！憂而不困者也。』吾聞衛康叔公之德如是，是其〈衛風〉乎？」以證春秋時人就將〈邶〉、〈鄘〉、〈衛〉視作〈衛〉詩來看。然再觀原〈邶〉、〈鄘〉、〈衛風〉篇章，如：〈泉水〉篇曰：「亦流于淇。」〈桑中〉篇曰：「送我乎淇之上矣。」〈淇奧〉篇曰：「瞻彼淇奧。」〈新臺〉篇曰：「河水瀰瀰。」〈碩人〉篇曰：「河水洋洋。」等篇所言皆與河淇有關，是以證〈邶〉、〈鄘〉、〈衛〉，風土不殊，非有異域也。

邶、鄘、衛同風之說，早在鄭玄《詩譜》即有之，（此論見前述論詩三百錯簡部分所引及其註）而嚴粲《詩輯》亦有云：「〈邶〉、〈鄘〉、〈衛〉，皆〈衛風〉也。」陳奐《詩毛氏傳疏》云：

> 武王時，武庚以邶為國都，稱邶國，而鄘與衛皆其下邑。成王時，
> 封康叔于紂之故都，更名曰衛，稱衛國，而邶與鄘又皆其下邑。衛
> 即朝歌，邶在朝歌北，鄘在朝歌東，所以邶、鄘、衛三國之詩，皆
> 衛詩也。〔註17〕

而據《漢書・地理志》云：「河內本殷之舊都，周既滅殷，分其畿內為三國，詩風邶鄘衛國是也。」又「〈邶〉、〈鄘〉、〈衛〉三國之詩，相與同風。」可知〈邶〉、〈鄘〉、〈衛〉為〈衛〉國詩，是古有明證，確實可信的。而主此一說，

〔註17〕見陳奐《詩毛氏傳疏》頁 75，台北：學生書局出版，1970 年。

後代學者比比皆是，如吳闓生、高亨、屈萬里先生、裴普賢先生、吳師宏一、程俊英先生等等都是，[註18]可知〈邶〉、〈鄘〉、〈衛〉不分，皆爲〈衛〉詩，乃古今學者一致的看法。

（四）王風，西周詩，作於平王東遷之後，乃遺民憂傷時亂之作

牟庭以爲：

> 王國風者，西周之詩，作於東遷之後者。西周岐畢豐鎬，在〈禹貢〉雍州之域。自幽王滅於犬戎，平王遷於東都，遂棄西周之地，以入於秦，其遺民經涉亂離，憂傷作詩，既無所繫矣，因而題之曰：王國，以存王名也，且不使下同於列國也，特筆也。襄二十九年《左傳》曰：「爲之歌〈王〉曰：美哉！思而不懼，其周之東乎？」言周既東遷，西土之人思也，西周已滅，故不懼也。

知牟庭以〈王風〉多是平王東遷後的西周遺民所作。蓋遺民感傷時亂，觸景傷情，故內容仍多屬西周之詩；而〈王風〉則作於平王東遷之後，是以〈王風〉不同以下列國，此存王名，乃一特殊筆法也。

歷來學者多據鄭《譜》所云：「王城者，周東都王城畿內方六百里之地。」而主〈王風〉乃是東周之詩，如朱熹《詩集傳》云：

> 王，謂周東都洛邑王城畿內方六百里之地。……至成王時，周公始營洛邑，……自是謂豐鎬爲西都，而洛邑爲東都。……平王徙居東

[註18] 主〈邶〉、〈鄘〉、〈衛〉皆〈衛〉詩者，如吳闓生《詩義會通》云：「邶、鄘、衛，三國名，後併入於衛。陳奐云：『考之《左傳》，三國本不分編，後人因其篇什多，遂別題之耳。』」頁 18，台北：洪氏出版，1977 年。高亨《詩經今注》云：「今本《詩經》〈邶〉十九篇，〈鄘〉十篇，〈衛〉十篇，是漢人隨意分的。春秋時人認爲〈邶〉、〈鄘〉、〈衛〉都是衛國的詩。……」屈萬里先生《詩經釋義》：「蓋衛地既括邶、鄘，則衛之詩亦即邶、鄘、衛之詩。」裴普賢先生《詩經評註讀本》：「〈邶〉、〈鄘〉、〈衛〉三風皆衛國之詩。」吳師宏一《白話詩經》云：「邶、鄘、衛，都是西周初年周武王在攻陷殷武朝歌（今河南淇縣）之後所封的三國國家。……後來邶、鄘、又被衛國兼併了，所以有人把邶、鄘的詩，也說是衛國的作品。例如《左傳》襄公二十九年，記載吳公子季札到魯國參觀周樂，聽了魯國的樂隊唱了邶、鄘、衛的詩歌以後，在評論時，即將此三國國風，合稱爲〈衛風〉。另外，《左傳》襄公三十一年，記載衛北宮文子引〈邶風〉時，也稱爲〈衛詩〉。可見從春秋時代開始，就有人把邶、鄘、衛的作品，看成是一組詩。」程俊英《詩經譯注》：「邶、鄘、衛都是衛地，春秋時人已經把它們看作是一組詩。……只有《毛詩》才把它分爲三卷，現在仍舊將它們合在一起。」

都王城，于是王室遂卑，與諸侯無異，故其詩不爲雅而爲風。然其
王號未替也，故不曰周而曰王。

吳闓生《詩義會通》說：「王，謂東周雒邑王城之地。幽王既滅，平王遂東徙
於此。其詩不爲雅而爲風，故載之國風。」而高亨《詩經今注》則表明：「〈王
風〉十篇，東周王國境內的作品。」可知主〈王風〉爲東周詩者頗多，而牟
庭主〈王風〉作於平王東遷之後，乃西周遺民悼念西周之作，此與一般學者
的看法又稍有不同。

（五）鄭風，王畿內諸侯國之詩

牟庭以爲：

> 服虔曰：「鄭，東鄭，古檜國之地。」……《史記·鄭世家》曰：「桓
> 公問太史伯曰：王室多故，予安逃死乎？太史伯對曰：獨雒之東土，
> 河濟之南可居。公曰：何以？對曰：地近虢檜；虢檜之君，貪而好
> 利，百姓不附。今公爲司徒，民皆愛之，公誠請居之，虢檜之君，
> 見公方用事，輕分公地，公誠居之，虢檜之民，皆公之民也。桓公
> 曰：善！於是卒言王東徙其民雒東，而虢檜果獻十邑，竟國之。」
> 余桉：雒東本王畿之地，桓公請於幽王，移封其地，而桓公身留王
> 朝，獨徙其民於新邑，新邑地近虢檜，故以孥與賄寄之，虢檜受其
> 寄，而分與十邑之地，《周語》與《史記》事義相明，非有不同也。
> 但虢檜二君竟未背鄭，鄭桓公死於幽王之難，亦竟不及以成周之衆
> 伐虢與檜，此則史伯所策有不必盡驗者，故《周語》不復詳其事。

其據《史記·鄭世家》記載，以鄭桓公於周幽王時，遷徙人民至雒東，此地
乃王畿之地，且近於虢檜，而虢檜兩國曾獻十邑以表示友好，是以鄭桓公雖
死幽王之難，但虢檜二君未背叛鄭國，是以〈鄭國〉之可能是虢檜兩國人民
所記載；因鄭都於雒東，即今新邑，但爲王畿內之地，是以〈鄭國〉詩亦爲
王畿內諸侯國詩。唯此王不知爲西周王或東周王？據漢鄭玄《詩譜》云：

> 初，宣王封其弟友於宗周畿內咸林地，是爲鄭桓公。今京兆鄭縣是
> 其都也。爲幽王大司徒，……幽王爲犬戎所殺，桓公死之。其子武
> 公與晉文侯定平王於東都王城，……取虢、檜十邑之地。

知鄭國所在地應爲平王東遷於東都雒邑之附近，故此王畿內諸侯國應指東周
王畿內諸侯國，所以牟庭主〈鄭風〉詩應爲東周時詩，如吳師宏一《白話詩
經》所云：「大多數的學者，都以爲〈鄭風〉所錄，是東周乃至春秋之間的詩

篇。產生的地區在新鄭，內容則多言情之作。」

（六）魏風、唐風皆晉詩

牟庭以爲：

> 襄二十九年《左傳》，吳季札請觀於周樂，爲之歌〈魏〉曰：「美哉
> 渢渢乎大而婉，險而易行，以德輔此則明主也。」爲之歌〈唐〉曰：
> 「思深哉！其有陶唐氏之遺民乎！不然何憂之遠也？非令德之後，
> 誰能若是。」季札蓋知二國同是晉詩，故於唐但論其遺民而不復論
> 其國君也。札之論詩，除檜、曹無譏，陳不言美，其他諸國皆言美
> 哉。惟秦不言美哉，知其爲周之舊，與〈王風〉同地也。唐亦不言
> 美哉，知其爲晉之詩，與魏同國也。又札之論詩，惟齊、魏、秦三
> 國以大爲言，其他諸國無言大者，以齊、秦、晉爲大國故也。若魏
> 非晉詩，詩作於獻公滅魏之先，則寖微寖滅之小國，不能優於檜、
> 曹，季札何取而大之乎？以此爲斷，故知魏唐皆晉之詩也。

又：

> 成王封叔虞於唐，唐叔之子燮父，已改國名曰晉，而詩猶謂之唐，
> 不謂之晉，何也？謂之晉則魏不可與晉分列矣。魏唐以其地別之也，
> 其實皆晉也。

牟庭據季札觀樂歌〈魏〉、〈唐〉，以得知〈魏〉、〈唐〉乃〈晉〉詩。蓋季札論
詩以魏乃大國，但實則魏並非大國，比檜國、曹國不如，爲晉獻公所滅的小
國，可能在韓、趙、魏分晉後，乃壯大成大國，是以分晉後的魏多與晉有地
緣關係，故詠魏風，實爲詠晉詩。而據史載，周成王封他的弟弟姬叔虞於唐，
後來此唐國改稱爲晉國，故順理成章唐風稱爲晉詩。因此，唐謂之晉，魏國
則不能與晉國分列，故仍以國地分別名之魏、唐，而其詩之內容皆爲晉詩。

主〈魏風〉〈唐風〉爲晉詩者，《毛詩序》論〈唐風〉第一首〈蟋蟀〉即云：

> 刺晉僖公也。儉不中禮，故作是詩以閔之，欲其及時以禮自娛樂也。

此晉也，而謂之唐，本其風俗憂深思遠，儉而用禮，乃有堯之遺風焉。
即把〈唐風〉視作晉詩，以此晉詩而有唐堯之遺風也。且觀宋蘇轍《詩集傳》
亦有：

> 晉自僖公以來，變風既作。及魏爲獻公所併，其人作詩以譏刺晉事，
> 如〈邶〉、〈鄘〉之詩，其實皆衛之得失。故孔子之編詩，列之〈唐
> 詩〉之上，亦如〈邶〉、〈鄘〉、〈衛〉之次然。毛氏之敘〈魏詩〉，則

日魏地狹隘，其民機巧趨利，其君儉嗇褊急，國迫而數侵削，役乎
大國，民無所居，蓋猶以爲故魏詩，而不之其爲晉詩也。

又：

晉詩而謂之〈唐〉，以爲此堯之舊，而非晉德之所及也。

范楚義《詩補傳》亦云：

晉之爲晉久矣，而詩猶謂之〈唐〉，蓋具二美焉：一則以堯之遺澤在
人心者，萬世如一日，故存唐之名，示不忘堯也；一則以見聖人之
思古，故凡有古之名號存于世者，不輕變易也。〔註19〕

可見牟庭這一說，亦是其來有自的，並非新創之說法。

（七）齊風、秦風、陳風、魏風、唐風，可知東西南北諸國風俗

〈齊風〉，牟庭以爲「齊即齊國風也。東方之國齊爲大，錄齊詩而東方風
俗，可概見矣。」據《漢書‧地理志》載，知齊國所在地乃「〈禹貢〉青州、
岱山之陰，淄濰之野。」爲山東一帶，故歌〈齊風〉，可知東方風俗。

〈秦風〉，牟庭以爲：

秦本在隴西秦谷，及周東遷而秦得岐、雍、豐鎬之地，東境至河。
襄二十九年《左傳》，吳季札觀周樂爲之歌秦曰：「此之謂夏聲，夫
能夏則大，大之至也，其周之舊乎？」言秦以西戎、汧、隴之俗，
而能有諸夏之聲，是大國也。得西周之舊地者也。《左傳》歌秦在齊、
豳之後，魏、唐之前，今詩次序在此，此孔子所定也。先晉而後秦，
內諸夏而外戎夷也。西方之國，秦爲大，錄秦詩，而西戎諸國之風
俗，可見矣。

以秦國所在地，爲隴西秦谷，靠近西戎，爲西周之舊地也，是以秦風亦帶有
中原聲調色彩，有諸夏之聲，是以錄秦詩可知西戎諸國風俗。

高亨《詩經今注》云：

東周前期，秦國疆土在今陝西中部。國君姓嬴，西周孝王封他的臣非
子於秦，疆土逐漸擴展，莊公遷犬丘，襄公遷汧。周幽王時犬戎侵略
西周，平王東遷，秦人趕走犬戎，西周王畿及豳地都逐漸歸秦所有。

可知今〈秦風〉所歌詠之地，即爲古西周王畿及犬戎之地，所以欲知西方人
情風俗，詠〈秦風〉可知矣。

〔註19〕此范楚義《詩補傳》所云，見《景印文淵閣‧四庫全書本》第六十六冊，頁
72～131，台北：台灣商務印書館出版。

〈陳風〉，牟庭以為：

> 陳在〈禹貢〉豫州之東，其地廣平無名山大澤，西望外方，東方不
> 及孟諸，最居諸夏之南，南接吳楚之地。襄二十九年《左傳》吳季
> 札觀周樂，為之歌陳曰：「國無主其能久乎？」杜注曰：「淫聲放蕩，
> 無所畏忌，故曰國無主也。」……南方之國陳為近，錄陳詩而南方
> 風俗可見矣。

以陳國在〈禹貢〉豫州之東，居諸夏之南，南接吳楚之地，故錄〈陳風〉可
知南方風俗也。據蔣立甫《詩經選注》考證：「陳建都宛丘（今河南淮陰），
統治區大致包括今河南東部和安徽西北部的部分地方。〈陳風〉就是這個區域
的詩。」可知〈陳風〉所在地確是中國地理的南方，所以歌〈陳風〉，可知南
方風俗。而〈魏風〉、〈唐風〉，牟庭以為晉詩，（見前述），且以為「北方諸侯
之國晉為大，錄魏唐之詩，而北方風俗，可概見矣。」由上述牟庭之說解，
知詠〈齊風〉、〈秦風〉、〈陳風〉、〈魏風〉、〈唐風〉可知東西南北之風俗。

（八）檜風，可知諸侯亡國風俗

牟庭以為「諸國風獨檜詩錄於國亡之後，錄檜詩而諸侯亡國之風俗，可
概見矣。」據牟庭所述，乃因：

> 檜國在禹貢豫州，外方之北，滎波之南，居溱洧之間，即鄭所都也。
> 桓十一年《公羊傳》曰：「古都，鄭國處于留，先鄭伯有善于鄶公者，
> 通乎夫人，以取國而遷鄭焉而野留。」據是知滅檜而遷都者，在莊
> 公之前，即武公也。武公之取檜，事在春秋前；晉獻公之滅魏，在
> 閔元年，後于鄶亡且百年。然魏雖後亡，其詩作於既亡之後，故為
> 晉詩。檜雖先亡，而詩作於未亡之先，故不為鄭詩。……襄二十九
> 年《左傳》季札觀周樂，自檜以下無譏焉，檜以下者，檜與曹也。
> 其時檜亡已久，而曹亦小國，將亡不足譏也。

知〈檜風〉錄於檜國亡之先，所以檜國亡而詩猶存，故詠〈檜風〉可知亡國
風俗。據朱守亮《詩經評釋》云：「此〈檜風〉四篇，蓋未被併於鄭以前之詩，
西周末年與平王東遷初年之作也。」可知其亦同牟庭之說法，主〈檜風〉乃
未被鄭滅亡以前的詩，故可由〈檜風〉知那些亡國風俗。

（九）曹風，可知諸侯小國風俗

〈曹風〉，牟庭以為「曹國在禹貢兗州、陶邱之北、雷夏荷澤之野、魯之

西、衛之東，小國也。錄曹詩而諸侯小國之風俗，可概見矣。」

據方玉潤《詩經原始》所附的地圖，可知曹國確是在魯之西、衛之東的地區；〔註20〕此地與齊、楚、秦等地面積比較起來，的確小了許多，故牟庭說錄〈曹風〉之詩，可知諸侯小國風俗，亦頗有其理。據白川靜《詩經研究》云：「陳、檜、曹皆小國，陳、檜在河南，曹在山東，陳屬今河南南方，地近楚國，山川祭祀之詩特盛。」可知曹與陳、檜爲小國，近楚國，而楚爲南方之國，祭祀盛行，故此〈曹風〉祭祀詩亦多。

（十）豳風，西周初年詩

〈豳風〉，牟庭以爲：

> 襄二十九年《左傳》吳季札觀周樂，爲之歌〈豳〉曰：「美哉蕩乎！樂而不淫，其周公之東乎？」居東之爲居豳，此其明驗也。周公居豳而作詩，又有豳人所爲公作之詩，皆不可繫之乎邠，非邠伯之風也，又不可繫之乎魯，非魯地也，是以就其所居而繫之乎豳。豳非國也，以周公故國之也，諸國風之作皆在東遷之後，惟〈豳風〉作於西周之初，爲〈國風〉之最先，而獨殿於後者，所以近之乎〈雅〉也。

知其以爲〈豳風〉是周公避居至豳地，時人歌詠周公或周公所作之詩，故其詩年代最早，爲西周初年之詩。因其時代最早，風謠純樸，近於〈雅〉之特性，故爲〈國風〉之壓軸。據朱熹《詩集傳》云：

> 豳，國名，在〈禹貢〉雍州岐山之北，原隰之野。虞夏之際，棄爲后稷，而封於邰。及夏之衰，棄稷不務，棄子不窋，失其官守，而自竄於戎狄之間。不窋生鞠鞠，鞠鞠生公劉，能復修后稷之業，民以富實，乃相土地之宜，而立國於豳之谷焉。十世而太王徙居岐山之陽，十二世而文王始受天命，十三世而武王遂爲天子。武王崩，成王立，年幼不能蒞祚，周公旦以冢宰攝政，乃述后稷、公劉之化，作詩一篇以戒成王，謂之〈豳風〉。而後人又取周公所作，及凡爲周公而作之詩以附焉。

可知朱熹主〈豳風〉是周公所作，以述后稷、公劉的道德教化，勸誡成王之作。然而不論作〈豳風〉的目的如何，其皆主周公所作。既爲周公所作，可知〈豳風〉年代必定頗早，應爲周公之時，故推〈豳風〉爲西周初年之詩，

〔註20〕見本論文附錄所附的地圖，此圖取自方玉潤《詩經原始》之附圖。

亦是頗有番道理。

二、雅詩觀點

（一）大雅，詠文王之德

因今本《詩切》〈小雅〉部分，缺〈鹿鳴〉至〈雨無正〉三十三篇，故關於牟庭對〈小雅〉看法如何，已無從知曉，於此僅就既有的〈大雅〉詩探討之。牟庭以爲：

> 襄二十九年《左傳》吳季札觀樂，爲之歌〈大雅〉曰：「廣哉！熙熙乎曲而有直體，其文王之德乎？」此言〈大雅〉多詠文王之德，非以爲文王時詩也。

知牟庭據季札觀樂，歌〈大雅〉詠文王之德，故以爲《詩經》〈大雅〉是詠文王之德的詩，非爲文王時詩。由此，以見〈大雅〉詩的年代，不限在文王時，可能爲周文王死後，國人歌詠其德之作。案：據襄二十九年《左傳》吳季札觀樂歌〈小雅〉曰：「美哉！思而不貳，怨而不言，其周德之衰乎？猶有先王之遺民焉？」可知〈小雅〉詩未必是西周衰世之作，因若是西周衰世之詩，季札觀樂所言，豈會頌美之，且言「思而不貳，怨而不言」？故以此推〈大雅〉詩亦未必是西周盛世之作，據《左傳》載季札觀樂，論〈大雅〉之意，可知並未提〈大雅〉爲文王時詩，而是主〈大雅〉爲讚文王之德的詩。據此牟庭以論〈大雅〉爲讚文王之德的詩。雖今本《詩切》缺〈小雅〉部分，而使我們不明其對〈小雅〉的看法，但由其對〈大雅〉詩的看法，我們大概可推測出其對〈小雅〉看法，應亦是據《左傳》所載，吳季札觀樂所言，以〈小雅〉應非西周衰世之作。

關於此〈大雅〉的解釋，歷來有不同說法，如《毛詩序》云：「雅者，正也；言王政之所由廢興也，政有小大，故有〈小雅〉，有〈大雅〉焉。」以「雅」之意爲「正」，而「正」引伸爲「政」，是以政事大小分〈大雅〉、〈小雅〉。此〈大雅〉即指政事大者而言，即「大政」爲〈大雅〉；「小政」爲〈小雅〉。

此外，尚有以樂調不同而分〈大雅〉、〈小雅〉，如清惠周惕《詩說》云：「〈風〉、〈雅〉、〈頌〉以音別也。《樂記》師乙曰：『廣大而靜，疏達而信者，直歌〈大雅〉；恭儉而好禮者，宜歌〈小雅〉。』據此則大小雅當以音樂別之。」〔註21〕而有的以雅爲正聲，爲中原雅正之音，以此正樂之歌所用的場所不同、

〔註21〕此惠周惕《詩說》所云，見《景印文淵閣・四庫全書本》第八十一冊，頁87
　　　～3，台北：台灣商務印書館出版。

目的不同而分大、小雅，如朱熹《詩集傳》云：

> 雅者，正也，正樂之歌也。其篇本有大小之殊，而先儒說又各有正
> 變之別。以今考之，正小雅、燕饗之樂也；正大雅，會朝之樂，受
> 釐陳戒之辭也。

有的則以詩的體制分大、小雅，如嚴粲《詩輯》云：

> 明白正大，直言其事者，雅之體；純乎〈雅〉之體者爲雅之大；雜
> 乎〈風〉之體者爲雅之小。

又有的以「雅」與「夏」古音同，同讀爲 Ga，是以「雅音」即「夏聲」；而〈大
雅〉、〈小雅〉即〈大夏〉、〈小夏〉之聲，如孫作雲先生〈說雅〉一文考證，
即以爲：

> 《荀子‧榮辱篇》說：「越人安越，楚人安楚，君子安雅。」而《荀
> 子‧儒效篇》則說：「居楚而楚，居越而越，居夏而夏。」前曰「安
> 雅」，而後曰「居夏」，可見「雅」就是「夏」。……稱西周詩爲「夏
> 詩」，稱大小雅爲「大夏」、「小夏」者，見於《墨子‧天志篇》：「于
> 先王之書，大夏之道之然：『帝謂文王：予懷明德，毋大聲以色，毋
> 長夏以革，不識不知，順帝之則。』」這裏所引的詩，即〈大雅‧皇
> 矣〉，但它不稱爲〈大雅〉，而稱爲〈大夏〉，可見在春秋末年、戰國
> 初年，古書中猶有稱〈大雅〉爲〈大夏〉、〈小雅〉爲〈小夏〉者。
> 這是個證明大小雅的雅字原爲夏字，其初義爲指夏地之詩的最直接
> 的證據。……《論語‧述而篇》曰：「子所雅言，詩、書、執禮。」……
> 劉寶楠《論語正義》發揮其說曰：「周室西都，當以西都音爲正。……
> 夫子凡讀易及詩、書、執禮，皆用雅言，然後辭義明達，故鄭以爲
> 義全也。後世人作詩用官韻，又居官臨民，必說官話，即雅言也。」
> 他說西都語爲「官話」、爲「雅言」，是完全正確的；……就是因爲
> 西周居夏地，而夏、雅古音通，所以稱西周方言爲雅言。……我們
> 從「雅言」之爲西都音，一方面可以證明：「雅」即「夏」，「雅言」
> 即「夏言」、大小雅即「大小夏」；一方面又可以證明：「雅」之訓爲
> 「正」，就是因爲夏地爲「周室西都」，而「周室西都」的一切，又
> 爲全天下標準的緣故。……總括以上所論，可知《詩經》的大小雅
> 即「大小夏」。〔註22〕

〔註22〕孫作雲〈說雅〉一文，見林慶彰先生編《詩經研究論集》（一），頁 51～62，

然而亦有不少學者主〈大雅〉、〈小雅〉是以時代先後不同而分的，如朱東潤
先生《詩三百篇探故》：

> 要之〈大雅〉爲岐周之詩；〈小雅〉爲一般周人之詩，對岐周而言，
> 亦不妨謂爲京周之詩。總而言之，則《詩譜》所謂「〈大雅〉、〈小雅〉，
> 周室居西都豐鎬之時詩也。」一語，得其旨矣。〔註23〕

而裴普賢先生亦以爲：

> 〈大雅〉多是追述西周初年祖先功德的詩；〈小雅〉多是表現西周衰
> 世，特別是幽王之世的詩。〔註24〕

總之，我們可發現〈大雅〉、〈小雅〉之意義，有各種不同說法，而牟庭《詩
切》主〈大雅〉爲「頌文王之德」的說法，以內容爲立說的標準，頗新穎，
亦可聊備一說。然而因今所見的《詩切》版本，缺〈小雅〉篇章，因此，我
們無從得知其對「雅」與〈小雅〉等看法，或許其說有突出的觀點，正與眾
不同，可爲《詩經》學上帶來新的觀點，然因版本有殘缺，故從缺。

三、頌詩觀點

（一）頌，爲典制之作

牟庭以爲：

> 《鄭譜》曰：「周頌者，周室成功致太平德洽之詩。其作在周公攝政，
> 成王即政之初，頌之言容也。天子之德，光被四表，格於上下，無
> 不覆燾，無不持載，此之謂容，於是和樂興焉，頌聲乃作。」……
> 風雅刺譏得失，頌則歌其成功。……風雅取會近俗，則用當時之音，
> 而今謂之古音；頌爲典制之作，用古音而今謂之古之古音。

以風雅近俗，重在譏刺；而頌較古樸，爲典制歌頌之詩。此一說法可謂與歷
來學者對「頌」的解釋不同。歷來對「頌」看法，有所謂的「稱揚、讚美」
之意，如《毛詩序》云：「頌者，美盛德之形容，以其成功告於神明者也。」
或者，將「頌」作「舞容」之意解，如阮元的〈釋頌〉一文，即以爲：

> 頌字即容字也，故《說文》曰：「頌，貌也。」……所謂商頌、周頌、

台北：學生書局出版，1987年。
〔註23〕見朱東潤《詩三百篇探故》頁59，上海：上海古籍出版，1981年。
〔註24〕此見裴普賢先生《詩經評注讀本》下冊，頁1，台北：三民書局印行，1991
年。

魯頌者，若曰商之樣子、周之樣子、魯之樣子。……風雅但弦歌笙
間，賓主及歌者皆不必因此而舞容，如三頌各章皆是舞容，故稱爲
頌。若元以後戲曲，歌者、舞者與樂器全動作也。〔註25〕

又有的以爲「頌」乃是和緩之聲。如王國維〈說周頌〉一文，云：

然謂三頌各章皆是舞容，則恐不然。……竊謂風、雅、頌之別，當
於聲求之。頌之所以異於風、雅者，雖不可得而知，今就其著者言
之，則頌之聲較風、雅爲緩也。何以證之？曰「風、雅有韻而頌多
無韻也。」……其聲促者，韻之感人也深；其聲緩者，韻之感人也
淺。……然則風雅所以有韻者，其聲促也。頌之所以多無韻者，其
聲緩而失韻之用，故不用韻。此一證也。其所以不分章者亦然。風、
雅皆分章，且後章句法多疊前章，……若聲過緩，則雖前後相疊，
聽之亦與不疊同。頌之所以不分章不疊句者當以此，此二證也。頌
如〈清廟〉之篇，不過八句，不獨視〈鹿鳴〉、〈文王〉長短迥殊，
即比〈關雎〉、〈鵲巢〉，亦復簡短，此亦當由聲緩之故，此三證也……
〈肆夏〉一詩不過八句，而自始奏以至樂闋，所容禮文之繁如此，
則聲緩可知，此四證也。然則頌之所以異於風、雅者，在聲而不在
容，則其所以美盛德之形容者，亦在聲而不在容可知。〔註26〕

可知其以爲頌非容之意，而是聲緩之意，故頌多無押韻、不分章、不疊句，
如〈清廟〉一詩，僅有八句，即因其聲緩之故也，又〈肆夏〉亦短，僅僅八
句，演奏起來十分費時，所容的禮文頗繁複，亦因其聲緩造成的，所以由此
四個據證，可知頌乃是指聲緩之意。

然而有的學者以爲頌乃是指樂器；如張西堂《詩經六論》云：

頌的得名，應當也如南雅一樣，是由於樂器。這個樂器應當是鏞，
就是所謂大鐘。……這在文字通假上是有證明的，在〈周頌〉詩本
身上有證明，這個假定有助於王國維、阮元、《鄭箋》、傿〈毛序〉
之說而不與他們相違。〔註27〕

由上述可知頌的意義，有許多種說法，在此，牟庭的說法似乎比較接近主頌爲

〔註25〕阮元〈釋頌〉一文，見林慶彰先生《詩經研究論集》（二），頁45～50，台北：
　　　　學生書局出版，1987年。

〔註26〕同上，頁51～52。

〔註27〕見張西堂《詩經六論》，頁98～115，上海：上海商務印書館出版，1957年。

美盛德之形容之意；其所謂「風雅刺譏得失，頌則歌其成功。」主頌爲歌其成功之意，然因頌之音爲當時之古音，非如風、雅是當時之音，故頌爲典制之作，意指古代所流傳下來的典章制度的詩文文獻。然又因上古的典章制度等詩文，大多與崇拜鬼神，祭祀先祖等內容有關，故可知牟庭主頌爲典制之作，應指頌多爲祭祀詩之意。案：觀今本《詩經》的頌詩，內容似乎亦多是祭祀之詩。

由於在三頌中，以〈商頌〉，最爲人爭議，然則牟庭的《詩切》的看法如何？是以在此特舉商頌詩作以探究。

（二）商頌，宋國詩

牟庭以爲：

> 商即宋也。宋人作頌謂之〈商頌〉。《史記・宋世家》曰：「襄公之時，修行仁義，欲爲盟主，其大夫正考父美之，故追道契湯高宗，殷所以興作〈商頌〉。」《集解》曰：「駰案：韓詩〈商頌〉章句亦美襄公。」……《樂記》曰：「溫良而能斷者宜歌商。」《鄭注》曰：「商，宋詩。」〈長發〉疏引馬昭曰：「宋爲殷後，郊祭天以契配，昭出鄭門。」亦謂〈商頌〉是宋人之詩，與《史記》、《韓詩》符合，可據信也。《毛傳》、《衛序》、《鄭箋》、《孔疏》皆謂商世作頌，非宋人之詩，甚謬誤矣。

由此以知，牟庭據《史記》等載，主〈商頌〉詩乃東周宋襄公時詩，非殷商時詩，且本章第一節論史實與作者中，亦論及其對〈商頌〉的作者等看法，即以爲〈商頌〉作者有二：東周宋國的正考父和宋襄公，故其確定〈商頌〉詩是宋人之詩。

據後代一些學者考證：舊說主〈商頌〉最古，爲殷商時之詩，不妥，而主此〈商頌〉應爲東周宋國詩，方是，如王國維〈商頌說〉：

> 然則商頌果爲商人之詩與？曰：否。〈殷武〉之卒章曰：「陟彼景山，松柏丸丸。」……而商自盤庚至於帝乙居殷虛，紂居朝歌，皆在河北，則造高宗寢廟不得遠伐河南景山之木。惟宋居商邱，距景山僅百數十里，又周圍數百里內別無名山，則伐景山之木以造宗廟，於事爲宜。此〈商頌〉當爲宋詩不爲商詩之一證也。又自其文辭觀之，則殷虛卜辭所紀祭禮與制度文物，於〈商頌〉中無一可尋；其所見之人地名與殷時之稱不類，而反與周時之稱相類；所用之成語並不與周初類，而與宗周中葉以後相類；此尤不可不察也。……由是言之，則〈商頌〉蓋宗周中葉宋人所作以祀其先王。正考父獻之於周

太師，而周太師次之於〈周頌〉之後。逮〈魯頌〉既作，又次之於
魯後。若果爲商人所作，則當如《尚書》例在〈周頌〉前，不當次
〈魯頌〉後矣。〔註28〕

由此，可看出有頗多證據可證〈商頌〉不當爲殷商時詩，應爲東周宋國之詩。
葉慶炳先生《中國文學史》云：

王氏所舉證詳實，其說可信。〈商頌〉既非商詩，則三百五篇全係周
詩。〈周頌〉前三篇〈清廟〉、〈維天之命〉、〈維清〉，皆爲祭文王之
詩，必有作於武王之世者，此即《詩經》中最古作品。

據其言，可知王氏考證〈商頌〉爲宋詩，是可信的，因此，《詩經》最古作品
應是〈周頌〉的〈清廟〉、〈維天之命〉與〈維清〉等詩，非〈商頌〉詩，且
《詩經》中所有的詩，應該全都是周詩。

由上述論證可知牟庭主〈商頌〉是宋詩的說法，無誤；而從古文家說法
者，主〈商頌〉爲殷商時詩，則爲非矣。

第三節　牟庭辨正詩旨

由於秦始皇曾焚書坑儒，致使先秦時許多經書大多散佚。漢興，設立五
經博士官，即用當時通行的文字隸書寫成的經書爲教本，爾後由於魯恭王壞
孔壁，發現許多經書，是用秦漢以前的古文所寫成的，因此，治經學者就以
當時文字隸書寫成的本子爲今文；而在民間發現用古文寫成的爲古文以作區
別。因爲今、古文字體不同，字句、篇章亦異，是以今古文解釋分歧，造成
學術宗派觀點不同；最重要是西漢末年哀帝時，劉歆建議設立古文經博士，
引起當時今文經博士等反彈，因此，今古文壁壘分明對立起來，在西漢末至
東漢這二百餘年，共發生四次今古文之爭。〔註 29〕在《詩經》學上，據班固

〔註28〕王國維〈說商頌〉一文，見同注25，頁53～55。
〔註29〕西漢末年至東漢末年，二百年時間共發生四次今古文之爭，此四次今古文之
　　　爭爲：一、西漢末年哀帝建平時，劉歆向皇帝提出設立古文經博士，如有《左
　　　氏春秋》、《毛詩》、《逸禮》、古文《尚書》四經博士，但遭今文經博士反對；
　　　二、東漢光武帝建武三年時，尚書令韓歆要求皇帝設立古文《費氏易》、《左
　　　氏春秋》博士，而遭今文經博士如范升等人反對，惟《左氏春秋》設立博士。
　　　但至此而後，古文經漸爲人們重視；三、東漢鄭玄打破家法，兼採今古文，
　　　自創一家之言，而統一今古文之爭；四、王肅反對鄭學，而釀成鄭王之爭，
　　　至西晉時，王學盛行，鄭學不彰，至東晉後，北朝經學崇鄭，南朝經學崇王。

《漢書藝文志》云：

> 漢興魯申公爲詩訓詁，而齊轅固、燕韓生，皆爲之傳，或取《春秋》雜說，咸非其本義，與不得已，魯最爲近之。三家皆列於學官，又有毛公之學，自謂子夏所傳；而河間獻王好之，未得立。

可知西漢之初，治《詩》者有魯、齊、韓、毛四家；四家之中，以魯、齊、韓爲官學，毛爲私學；又齊、魯、韓三家詩爲當時隸書寫成的是今文經，毛詩多爲古文及假借字，是古文經。由於毛詩爲古文經，以章句訓詁解說爲主，保存古意最多，故流傳至今；而三家詩今文經，多附會當時流行的讖緯思想，以解說微言大意爲主，故因思想隨時代變遷，常有不同，三家詩亦逐一亡佚，據林耀潾《西漢三家詩學研究》云：

> 齊詩頗雜陰陽五行之說，離奇怪誕，神祕難測，亡於魏代；魯詩重詩句詁訓，說詩平實，然亦亡於西晉；韓詩多引申，今僅存《外傳》十卷。然西漢立爲博士，設官講學者，三家而已，毛詩無與焉。其後，東漢經師繼起，雖亦兼融三家，實以毛詩爲主，三家詩隨而沒落、亡佚。東漢以降，言《詩》者多以《毛傳》爲主，三家詩遂少學者問津。〔註30〕

總之，在《詩經》學上所謂古文經是指毛詩而言，今文經是以三家詩爲主。而宗毛詩者即爲古文家，宗三家詩者爲今文家。所謂宗毛詩是指宗《毛傳》、《毛詩序》說法爲主，如《鄭箋》、《孔疏》；而宗三家詩者即以齊詩、魯詩、韓詩三家詩爲主，如以魯詩說爲主的有劉向《列女傳》；以齊詩說爲主的有匡衡、師丹說詩、伏理的《解說》，傳伏氏學；以韓詩爲主則有薛漢爲大家。〔註31〕

　　至清代今古文之學又復起一高峰，在《詩經》學上，宗《毛傳》、《鄭箋》的古文家有陳啓源《毛詩稽古編》、陳奐《詩毛氏傳疏》、馬瑞辰《毛詩傳箋通釋》等等，而宗三家詩者則有王先謙《詩三家義集疏》、魏源《詩古微》、皮錫瑞《詩經通論》等。於此尚有不主從任何學派，自抒己見的姚際恆《詩經通論》、方玉潤《詩經原始》等著作。然而清乾嘉時的牟庭，有人說他一如

隋統一，南北朝經學亦歸於統一。上述乃本人摘要於羅聯添、戴景賢等先生所編的《國學導讀》頁64～67而來，台北：巨流出版社，1990年1月。

〔註30〕見林耀潾《西漢三家詩學研究》，第六章〈西漢四家詩異同析論〉，頁259，台北：文津出版社，1996年。

〔註31〕見同上註，頁90～91，西漢齊、魯、韓詩學等表格，有本人整理其要點而來，見附錄。

姚際恆、方玉潤等人是屬獨立思考派，如張樹波《國風集說》云：

> 以姚際恆、牟庭、方玉潤、崔述為代表的獨立思考派。……他們既
> 不迷信漢學，也不迷信宋學；既繼承了朱熹、鄭樵等人的思辨和求
> 實的精神，又不被這些人的著作和學說所束縛。他們主張對《詩經》
> 開展自由研究，進行獨立思考，其見解往往能突破前人，是清代詩
> 學中一個很重要的流派。〔註32〕

而有的人則以為牟庭說詩的觀點頗像今文家說法，如許維遹先生云：「牟氏處
身寒微，遯居僻壤，與乾嘉今文學家，鮮通聲聞；顧治學旨歸，無不暗合。」
〔註33〕然而牟庭論詩的主張，究竟是屬獨立思考派，或傾向今文家說法，或
一如朱熹說詩，反《毛詩序》但說辭仍不離《詩序》詩教觀點？此節，擬針
對牟庭論詩三百的詩旨與古文家、今文家說法作一比較，希藉此一比較以釐
清牟庭說詩傾向與定奪其學術的地位。

由前述，我們可知古文家是以宗《毛詩序》為主，今文家以宗《三家詩》
為主，是以本文論古文家說法選《毛詩序》為標準，今文家說法以王先謙《詩
三家義集疏》中所錄的《三家詩》及陳喬樅《魯詩遺說考》、《齊詩遺說考》、
《韓詩遺說考》為主。本論文附錄〈牟庭詩旨與各家詩旨對照表〉將《毛詩
序》觀點、《三家詩》觀點與牟氏論詩的觀點這三者說法以表格羅列出來，以
便清楚看出牟庭說法從古文家說法有哪些，從今文家說法有哪些，而牟庭自
創新說有哪些，又哪些說法是既不同於古文、今文家說法，亦非自創新說，
但很可能是淵源於獨立自主派，如承襲朱熹、姚際恆、方玉潤等說法。因此，
亦在此表格專列一欄加以探究，是否有雷同於所謂獨立自主一派的觀點，總
之，希藉此歸納、比較與說明，以看出牟庭說詩的傾向。

一、牟氏從古文家說

由上述對照表的統計與歸納（可詳見後附錄的表格），可看出在《詩》三
百零五首中，牟庭從古文說，大概有九首；即〈鄘風·牆有茨〉、〈鄘風·載
馳〉、〈齊風·著〉、〈齊風·東方未明〉、〈齊風·敝笱〉、〈秦風·黃鳥〉、〈豳
風·七月〉、〈大雅·蕩〉、〈周頌·清廟〉等九首。

〔註32〕見張樹波《國風集說》前言，頁3，石家莊：河北人民出版社，1993年。
〔註33〕見許維遹先生〈棲霞牟默人先生著述考〉一文，《清華學報》第九卷第二期，
頁411，1934年4月。

〈鄘風‧墻有茨〉，《毛詩序》云：「衛人刺其上也。公子頑通乎君母，國人疾之而不可道也。」牟庭以為此乃是「刺君母宣姜淫亂也。」其以牆之高而有茨之穢，不如平地之茨可以掃除，用來比喻君母之尊，而有污穢之行，難以防制也。然後宮中流傳此淫蕩等話，有如中冓之言，不可道也。只要一說出，真是情何以堪？更何況是那些不可說的呢？是以牟庭主此是刺君母宣姜淫亂也。案：此說與《毛詩序》說法，主「衛人刺其上也。」乃刺其上位者淫亂荒蕩行為的見解並沒有不同，是以可看出牟庭此從古文家之言。

而〈鄘風‧載馳〉，《毛詩序》主：

> 許穆夫人作也，閔其宗國顛覆，自傷不能救也。衛懿公為狄人所滅，國人分散，露於曹邑。許穆夫人閔衛之亡，傷許之力小不能救，思歸唁其兄，又義不得，故賦是詩也。

意指許穆夫人閔衛國將亡，自傷己力無以援救，故賦是詩以明志。而牟庭以為：

> 許人聞衛難，蓋觀望良久，方縱使人馳驅往唁，故曰載馳載驅，歎其遲也。曰歸唁者，自許穆夫人言之，則以為歸也。……是時戴公廬於漕，許大夫驅馬遙遙行至漕邑而已，其於衛事不能一毫有所救助，此詩之所以為作也。

主此乃是「許穆夫人謀救衛也。」可知二者皆主此乃是許穆夫人憫宗國之顛覆而賦詩以見志之作。

〈齊風‧著〉，《毛詩序》：「刺時也。時不親迎也。」牟庭主「刺不親迎也。」意義大體相同。

〈齊風‧東方未明〉，《毛詩序》主「刺無節也。」意指朝廷施政朝令夕改，無一節度，而牟庭主此亦刺君王無常也，蓋從此意也。

〈齊風‧敝笱〉，從《毛詩序》等古文家皆主此乃刺文姜淫亂，欲回至齊國與兄幽會，而牟庭據《左傳》、《公羊傳》所載，以文姜居魯復思齊而出奔，齊人見其來歸，作是詩以諷刺也。故牟庭主此詩乃「刺魯文姜來孫也」。蓋文姜有見不得人之醜行，故齊人作是詩以刺之，觀牟庭之意，知同古文家之言。

〈秦風‧黃鳥〉，據對照表可知牟庭與《毛詩序》看法相同，皆主此詩乃哀三良，亦即哀子車氏之三子陪葬之作。

〈豳風‧七月〉，《毛詩序》主周公遭變，避居東都，陳王業以感懷也。而牟庭主此為周公為避流言之禍，出奔至東，投靠郇伯，而自比為老農，躬耕而食，兩相比較，可知其說與古文家所言，大體相似；皆以該詩與周公有

關，且爲周公至東之作。

〈大雅·蕩〉，《毛詩序》以爲「召穆公傷周室大壞也。厲王無道，天下蕩蕩，無綱紀文章，故作是詩也。」牟庭以爲：

> 此詩必召穆公之作。蓋穆公可謂老成人矣，同時他人作詩，不應曰：
> 雖無老成人。穆公自作可得云爾，然則此詩之作，即驟諫之詞也。
> 衛宏《序》曰：「召穆公傷周室大壞也。」其言召穆公作，似有聞於
> 古也。

可知牟庭主此一篇乃周厲王之詩，且爲「召穆公驟諫厲王也。」並贊同《毛詩序》的看法，以爲此衛宏《序》所言，是其來有自，聞於古人之說的，由此可知此詩牟庭主同古文家言。

〈周頌·清廟〉，《毛詩序》主「祀文王也。周公既成洛邑，朝諸侯率以祀文王焉。」牟庭以爲此乃「祀文王於明堂以配上帝之歌也。」並以詩中的「肅雝顯相」乃：

> 言神不可見而如可見，入廟而視之，有肅然而清，雝然而和，光顯
> 而可相者，如或見之，所謂周公升歌文王之功烈德澤，苟在廟中嘗
> 見文王者，愀然如復見文王者也。

可知牟庭亦主周公祀文王，歌詠文王功烈德澤之詩。由此以知牟庭此說同《毛詩序》之見解。

二、牟氏從今文家說

牟氏從今文家說法，約有二十首；即〈周南·關雎〉、〈周南·茉苢〉、〈周南·汝墳〉、〈邶風·燕燕〉、〈邶風·終風〉、〈邶風·凱風〉、〈邶風·旄丘〉、〈邶風·北風〉、〈邶風·新台〉、〈邶風·二子乘舟〉、〈鄘風·相鼠〉、〈衛風·碩人〉、〈衛風·氓〉、〈鄭風·溱洧〉、〈豳風·鴟鴞〉、〈小雅·小弁〉、〈小雅·巷伯〉、〈小雅·蓼莪〉、〈小雅·北山〉、〈小雅·青蠅〉等首。欲更進一步了解，可詳見附表，爲避繁瑣，在此僅舉代表之例以說明。

〈周南·關雎〉，牟庭以爲：

> 魯齊韓三家大旨，皆爲刺詩；蓋古義相傳，師承有自，而魯詩以爲
> 康王之詩，畢公之作；齊詩以爲后夫人配至尊者，似皆臆說，非也。
> 果爾，宜在〈大雅〉，不宜在〈國風〉也。韓詩以爲賢人作之，是矣。
> 蓋周南夫人晏起，其國中賢人刺之也。毛、鄭創爲異說，以周南爲

　　文王之詩,〈關雎〉爲后妃之德,其說難通,不可從也。

可知牟庭從三家詩說,更主《韓詩》說爲是,以此詩乃國中賢人所作,刺周
南夫人晏起也。

　　〈周南・芣苢〉,牟庭以爲:

> 魯韓《詩》皆言夫有惡疾,蓋古義相傳,師承有自,而其言芣苢惡
> 臭之草則臆說,非也。……余按芣苢字從草,不、以爲聲,詩人取
> 其聲也,以興夫有惡疾,人道不通,己雖名爲之婦,而實不以也。

主魯、韓《詩》說:「傷夫有惡疾」,是古義相傳,言之可信的;然芣苢不是
惡臭之草,在其以「不」、「以」聲興,蘊涵夫有惡疾,人道不通之意,是以
此詩主爲此婦表明嫁雞隨雞,嫁狗隨狗;既嫁此夫則堅決不肯離去之意。此
詩牟庭就三家詩義及詩文芣苢之意,主「貞婦遇夫有惡疾,而自誓不肯絕去
也。」觀《韓詩》云:「〈芣苢〉,傷夫有惡疾也。」薛氏《章句》云:

> 芣苢,臭惡之草。詩人傷其君子有惡疾,人道不通,求已不得,發
> 憤而作,以事興。芣苢雖惡臭乎,我猶采采而不已者,以興君子雖
> 有惡疾,我猶守而不離去也。

陳喬樅《魯詩遺說考》云:

> 《列女傳》四:「蔡人之妻,宋人之女也。既嫁于蔡而夫有惡疾,其
> 母將改嫁之,女曰『夫不幸乃妾之不幸也,奈何去之?……且夫采
> 采芣苢之草,雖其臭惡,猶將始於持採之,終於懷擷之,浸以益親,
> 況於夫婦之道乎?』……終不聽其母,乃作〈芣苢〉之詩。君子曰
> 宋女之意甚貞而一也。」〔註34〕

可知牟庭說法同此三家詩之意。

　　〈邶風・新台〉,牟庭以爲:

> 宮怨也。賢婦人不見答于夫君而作詩也。……此詩言新起樓台鮮潔
> 崇高,泚然有光,喻己之志節清高,皭然出塵垢之外也。而黃河之
> 水,眾下渾濁,瀰瀰深滿,喻夫君所好卑下,污穢不潔清也。一清
> 一濁,一高一卑,所以志不相得而不見答也。《易林・晉之無妄》、《歸
> 妹之蠱》皆曰:「陰陽隔塞,許嫁不答。〈旄丘〉〈新台〉,悔往歎息。」
> 此用三家詩舊說。〈旄丘〉、〈新台〉皆不見答於夫者之所爲,古義相

〔註34〕前者見王先謙《詩三家義集疏》頁 48;後者見陳喬樅《魯詩遺說考》,《皇清
　　　　經解續編本》,第十六冊,頁 12530,台北:藝文印書館出版。

傳最可據也。

其以新台與黃河之水，喻此婦與其夫志節一高一卑，是以志節高尚之賢婦與所好卑下的夫君，道不相同不相爲謀，故將此不相投合的二人勉強聚在一起亦彼此不見答也。於此亦可看出牟庭以《易林》所言爲據，以爲三家詩說，爲古義相傳最可信。王先謙《詩三家義集疏》云：

> 《易林·歸妹之蠱》：「陰陽隔塞，許嫁不答。〈旄丘〉、〈新台〉，悔往嘆息。」此齊詩說。〈新台〉、〈旄丘〉事異，而其爲陰陽隔塞，人倫禍變則同。悔往嘆息，以詩爲國人代表姜氏之詞，與《序》意合。姜氏許嫁子伋，入其國不見其人，是不答也。

可知二者在賢婦人不見答於夫君之意上是相同的。

〈鄘風·相鼠〉，牟庭以爲：

> 《毛詩序》據襄二十七《左傳》慶封不敬，叔孫爲賦〈相鼠〉，故曰〈相鼠〉，刺無禮也。然刺人無禮至於詈之以死，直而不婉，非詩教也。惟以爲妻諫夫之詩，則所謂夫婦一體，榮恥共之，夫無儀，故使己無儀，己無儀，故不如死，非詈人死，乃自詈也。自詈所以諫夫也，以此意讀之，可以識溫柔敦厚之教，而知古義之可貴矣。

知其主此詩應爲妻諫夫之詞。觀己夫無威儀，正如己無端莊儀容般，如此邋遢不如死矣，故作此詩以自警以諫夫。由此觀之，方可看出古詩的溫柔敦厚之教。而王先謙《詩三家義集疏》云：

> 魯說曰：妻諫夫也。……《白虎通·諫諍篇》：妻得諫夫者，夫婦一體，榮恥共之。詩曰：「相鼠有體，人而無禮。人而無禮，胡不遄死？」此妻諫夫之詩也。……是魯《詩》以此爲妻諫夫，與毛《序》意異。

可知牟庭主妻諫夫之說與《魯詩》說法是相同的。

〈小雅·小弁〉，牟庭以爲：

> 《孟子》趙注曰：「〈小弁〉，伯奇之詩也。伯奇仁人，而父虐之，故作〈小弁〉之詩。」趙注本齊魯詩古義也。……韓氏聞風雅中有伯封兄弟之詩，而未得其篇，因以〈黍離〉當之，誤也。然賴其說，故今人猶知有伯封也。據《孟子》趙注既知此篇爲伯奇之詩，而卒章切戒其人，勿爲我有所關說於父，防後母聞之，蹈我故轍，似我得罪，恐我放逐之餘，不遑救恤汝身，愛之深而憂之切如此，此非語其弟而誰乎？微《韓詩》之誤序，今日又誰知伯奇之弟其名爲伯

封乎？觀伯奇所以戒之之意，則知伯封亦孝子也。

可知牟庭主此詩乃是孝子伯奇見放之作。以為伯奇被父母虐待，而遭放逐，其弟欲幫他關說於父母，伯奇因至孝感發而憂其弟，恐其弟遭害，故作此詩以慰勸也。王先謙《詩三家義集疏》云：

> 魯說曰：〈小弁〉，〈小雅〉之篇，伯奇之詩也。伯奇仁人，而父虐之，故作〈小弁〉之詩。又曰：〈履霜操〉者，尹吉甫之子伯奇所作也。吉甫娶後妻，生子曰伯邦，乃譖伯奇於吉甫，放之於野。伯奇清朝履霜，自傷無罪見逐，乃援琴而鼓之。宣王出遊，吉甫從之，伯奇乃作歌以言，感之於宣王，王聞之曰：此孝子之辭也。

亦主伯奇見放之作也。知牟庭見解與此《魯詩》說同。

〈小雅·蓼莪〉，牟庭以為：

> 〈蓼莪〉，孝子不得終養也。

觀其譯「南山烈烈」這章詩為：

> 南山連互勢烈烈，比人安土不可拔；飄風忽過疾發發，比人奔命不遑歇。民莫不穀家多賴，我獨何為遇兇害？南山連互勢律律，比人安土不遠出；飄風忽過聲弗弗，比人奔命行急遠。民莫不穀得優恤，我獨何為不終卒？

可知牟庭主此詩為孝子疲於奔命，終年不休，待其父母死後，自責己不得終養父母之作，蓋有「樹欲靜而風不止，子欲養而親不待」深刻自責之意。王先謙《詩三家義集疏》云：

> 《釋訓》：「哀哀、悽悽，懷抱德也。」郭注：「悲苦征役，思所生也。」《爾雅》正釋此詩之旨，是魯說以「蓼莪」為困於征役，不得終養而作。

知牟庭說法大體從《魯詩》之說。而主此詩旨為孝子不得終養父母之作，亦不獨有偶，在朱熹《詩集傳》亦云：

> 人民勞苦，孝子不得終養，而作是詩。

可知牟庭這般說法，亦與主獨立思考的宋學學者之見解不謀而同。

三、牟氏從獨立自主派之說

所謂獨立自主派說法，乃指在牟庭之前的某些說法；此等說法既不同於前述古文家之言，亦非從三家詩之言，而是屬於個人一己之見，根據附表整

理，發現牟庭說《詩》似從獨立自主派說法的，約有四十六首；即〈周南·卷耳〉、〈召南·野有死麕〉、〈召南·何彼穠矣〉、〈鄘風·君子偕老〉、〈衛風·芄蘭〉、〈衛風·伯兮〉、〈衛風·木瓜〉、〈王風·君子于役〉、〈王風·揚之水〉、〈齊風·雞鳴〉、〈齊風·還〉、〈齊風·南山〉、〈齊風·載驅〉、〈魏風·碩鼠〉、〈唐風·山有樞〉、〈唐風·綢繆〉、〈唐風·杕杜〉、〈唐風·鴇羽〉、〈秦風·車鄰〉、〈秦風·小戎〉、〈秦風·晨風〉、〈秦風·權輿〉、〈陳風·墓門〉、〈陳風·防有鵲巢〉、〈小雅·杕杜〉、〈小雅·鴻雁〉、〈小雅·小宛〉、〈小雅·無將大車〉、〈小雅·車舝〉、〈小雅·賓之初筵〉、〈小雅·都人士〉、〈小雅·采綠〉、〈小雅·黍苗〉、〈小雅·何草不黃〉、〈大雅·文王〉、〈大雅·烝民〉、〈大雅·江漢〉、〈大雅·召旻〉、〈周頌·武〉、〈周頌·載芟〉、〈周頌·良耜〉、〈周頌·酌〉、〈周頌·桓〉、〈周頌·賚〉、〈周頌·般〉、〈魯頌·閟宮〉。

於上述表格中，已表明牟庭從誰之見，在此，僅舉代表之例以進一步分析。

〈周南·卷耳〉，牟庭以為是「思婦吟也。」以此婦思遠方之夫也。主此意者，方玉潤《詩經原始》有「此詩當是婦人念夫行役而憫其勞苦之作。」知牟庭之說與此相同。

〈召南·野有死麕〉，牟庭主「貞女詞也。」朱熹《詩集傳》云：「南國被文王之化，女子有貞節自守、不為強暴所污者，故詩人因所見以興其事而美之。」清、錢澄之《田間詩學》云：

> 女子及笄之年，而有懷春之心，以來吉士之誘，亦情所宜有者，而
> 卒能守身如玉，不為所誘，所謂發乎情止乎禮義也。〔註35〕

知牟庭以前，朱熹與錢澄之即有此一說，牟庭見解與他們的看法相同。

〈衛風芄蘭〉，牟庭以為「刺童子欲速成也。」主刺童子躐等之意，宋王質《詩總聞》有云：

> 雖有文具，而無所知。……雖有武具，而不能狃習。……此貴家飾
> 童子，而不知其不可勝也。

明季本《詩說解頤》亦有：

> 世俗父兄不能教童子習幼儀，而躐等以驚高遠也。故詩人作此以刺
> 之。〔註36〕

〔註35〕 見清錢澄之《田間詩學》，《景印文淵閣四庫全書本》，第七十八冊，頁84～412，
　　　　台北：臺灣商務印書館出版。
〔註36〕 此見宋王質《詩總聞》，《景印文淵閣四庫全書本》第六十六冊，頁72～487，

可知宋王質與明季本之意皆主此詩刺人揠苗助長，於童子求其好高鶩遠，不按部就班，循序漸進，欲童子躐等，一步登天，致使其童子不懂禮數，傲慢無禮，頗有小大人之貌。

〈衛風・木瓜〉，牟庭以爲：

> 刺賄也。……衛之執政好賄，屬官承望風旨，皆薄來厚往，惟欲得其悅好之意，而不敢計施報之稱。故《孔叢子》孔子曰：于〈木瓜〉見苞苴之禮行。蓋禮文之敝，雖饋問之常，而亦爲納賄之路，此詩人所爲刺也。

主刺衛國執政者喜收人賄賂的禮物，故造成衛國人民好賄賂的風氣，是以詩人作此詩以刺之。主此意，如明朱謀瑋《詩故》有云：

> 〈木瓜〉，……刺苞苴之禮公行也。木瓜、木桃、木李，皆刻木爲果以充籩實者，物至微矣。以瓊琚、瓊瑤瓊玖而猶若有歉焉，又爲遜順之詞以導之，政以賄成有如此。〔註37〕

知與牟庭之意相同，皆主刺下賄上，與苞苴之禮也。知牟庭此意似從其說也。

〈齊風・南山〉，牟庭以爲：

> 詩言南山高大崔崔然，雄狐行來綏綏然，喻魯桓在其國，則居高明之盛位，而來於齊，則爲淫偶之隨行。

且據《左傳》、《史記》等記載，以爲：

> 鄭忽必以聞襄公之情，故辭；君子必亦聞襄公之情，故善其辭，魯桓既不知而娶之矣，而又與之來，此齊之君子所竊笑也。善鄭忽則不得不刺魯桓矣，《毛詩序》乃謂有女同車，鄭人刺忽不昏于齊，以無大國之助，此人之愚，與魯桓等亦可憫矣。

可知牟庭不主此詩刺齊襄公，主「刺魯桓公以夫人文姜來也。」刺魯桓公明知文姜之淫亂而娶之，娶後又不禁其前行，反縱容其放蕩，是以爲刺。觀此意在宋嚴粲《詩輯》中即主此一說，所謂：

> 大夫去國，其心蓋有大不得已者，襄公之惡，不可道矣，齊之臣子難言之，故此詩不斥其君之惡，而唯歸咎於魯桓，與〈敝笱〉意同。

明季本《詩說解頤》，《景印文淵閣四庫全書本》第七十三冊，頁 79～86，台北：臺灣商務印書館出版。

〔註37〕見明朱謀瑋《詩故》，《景印文淵閣四庫全書本》第七十三冊，頁 79～562，台北：臺灣商務印書館出版。

清姚際恆《詩經通論》亦云：

> 《小序》謂「刺襄公」只似籠統語，集傳謂「前二章刺齊襄，後二
> 章刺魯桓」，未免割裂，辭意不貫。季明德謂「通篇刺文姜」。然則
> 「雄狐」之説爲何？何玄子謂「惟首章首二句刺齊襄，首章『懷』
> 字刺文姜，二章『從』字刺魯桓，下二章又追原其夫婦成婚之始」，
> 尤鑿。惟嚴氏謂「通篇刺魯桓」，似得之。蓋謂齊人不當以「雄狐」
> 目其君也。其曰：「雄狐綏綏然求匹喻魯桓求昏于齊也。」又曰：「齊
> 人不敢斥言其君之惡而歸咎于魯之辭也。」辭雖歸咎于魯，所以刺
> 襄公者深矣。如此，則辭旨歸一，而意亦周匝。

在此，牟庭亦主其説。

〈魏風·碩鼠〉，牟庭主「刺長吏也。」意指刺那些貪官污吏者，剝奪人
民財產，壓榨民生資糧，一切搜刮，據爲己有，將己養成如大鼠般，令人可
惡可厭矣。所謂：

> 再言〈碩鼠〉，喻晉政多門，貪者非一家也。黍以大暑而種，故夏而
> 納賄，如大鼠之食黍也；麥以秋種，故秋而納賄，如大鼠之食麥也；
> 苗以春生，故春而納賄，如大鼠之食苗也。據此詩知自古饋遺上官，
> 皆以三節。

以爲人民須於春、夏、秋將收成之農作物納賄予官家，如養大鼠般，不得不
然也，故詩人以此刺官吏也。主此一説的，於宋朱熹《詩序辨説》即有所謂：

> 此亦托于碩鼠以刺其有司之詞，未必直以碩鼠比其君也。

清，郝懿行《詩問》亦有：

> 〈碩鼠〉，怨追呼也。民困征求，催科之令時下，胥吏貪而不畏人，
> 飽民之食而不知德，比于碩鼠然，惡而欲去之，詩人述其詞而作。
> 〔註38〕

清、魏源《詩古微》云：「〈碩鼠〉，刺貪吏也。」〔註39〕可知牟庭之説同他們
之見。

〈秦風·車鄰〉，牟庭以爲：

> 感遇也。……詩言始者貧困，車敝馬劣，未得見君，嘗事寺人，給
> 其使令，蓋商鞅因景監之類也。……既見君子，得仕進也。並坐言

〔註38〕見清郝懿行《詩問》，《郝氏遺書》第三函，頁 21。
〔註39〕此見魏源《詩古微》頁 479，岳麓書社出版，1989 年。

尊寵也，鼓瑟言君臣歡樂也。

然在明季本《詩說解頤》則有：

> 賢者嘗遭暴虐憂死，不遑晚遇時君，能屈己忘勢而與之同樂，故喜
> 及見之而作此詩也。〔註40〕

可知牟庭與明季本皆主此爲論賢者感遇時君之意也。

〈小雅・采綠〉，牟庭以爲：「望夫也。吏祿薄而職煩，休沐不得歸也。」
朱熹《詩集傳》云：

> 婦人思其君子，而言終朝采綠而不盈一匊者，思念之深，不專於事
> 也。

可知二者皆主此乃婦人思夫之作，而牟庭似乎更強調此夫君職務繁忙，不得
休歸，而使其妻無法釋懷。

〈周頌・武〉詩，牟庭據《左傳》、《樂記》等載，以爲此是「奏武舞以
象武王之功之歌也。」爲一組龐大的舞曲詩，是以此名應爲〈周頌・大武〉
詩，涵有原〈周頌・武〉及〈周頌・酌〉、〈周頌・賚〉、〈周頌・般〉、〈周頌・
桓〉等首；據文意分別爲〈周頌・大武〉詩的章次，即：「一章曰：武，象北
出也；二章曰：酌，象滅商也；三章曰：賚，象還南也；四章曰：般，象疆
南國也；五章曰：執競，象治也；六章曰：桓，象崇天子也。」而主此爲奏
武舞以彰揚武王之功之歌者，宋、朱熹《詩集傳》即有云：

> 《春秋傳》以此爲〈大武〉之首章也。〈大武〉，周公象武王武功之舞，
> 歌此詩以奏之。……〈賚〉，《春秋傳》以此爲〈大武〉之三章，……
> 〈桓〉，《春秋傳》以此爲〈大武〉之六章，則今之篇次，蓋已失舊矣。

知朱熹主此〈武〉詩應爲〈大武樂〉詩，融〈武〉、〈酌〉、〈賚〉、〈般〉、〈桓〉
等詩爲一組曲詩矣。主此說法亦有明何楷《詩經世本古義》，其主〈大武〉爲
六成之樂也；一成爲〈武〉、二成爲〈酌〉、三成爲〈賚〉、四成爲〈般〉、五
成爲〈時邁〉、六成爲〈桓〉。

四、牟氏自創新說

除了上述從古文、今文家、及獨立自主派等說法外，其餘皆爲牟庭自創
新說。在三百零五首中，去除從古文說的有九首；從今文說的有二十首；從

〔註40〕見明季本《詩說解頤》，《景印文淵閣四庫全書本》第七十三冊，頁79～133，
臺灣商務印書館出版。

獨立自主之說的有四十六首外，則有二百三十首爲牟庭自己的看法，其見解可謂爲獨立自主派注入新血，益添一生力軍。

在這自創新說的二百多首中，頗特殊值得探討者有：

〈邶風·靜女〉，牟庭以爲「報謝女姻過存留贈箴管也。」其以爲「靜女」即「女姻」，「女姻」即所謂：親家的女客也，且以爲：「靜女者，親家女客。往來報贈，衛之俗也。」是以其釋首章爲：「此詩城中之女，暫往郊牧，適有女姻過相存問，踟躕佇立，欲俟其歸也。」釋三章爲：「此言靜女去矣，而所留彤管煒然光華，猶足以想見靜女之美，而喜樂之也。」以爲此乃是城中之女，在郊外遇到一女姻問路，告之，而此女姻歸去時，贈其一燦然的彤管，以表達其感激之情。故此詩即爲此一小女子得其彤管後，回憶這一女姻美好而作。

牟庭之所以會主此乃是報謝女姻留贈箴管之說，主要關鍵在於其認爲詩中這一「彤管」乃是：

> 赤色之箴管，女子之佩也。……男子佩者，韜筆之管也；女子佩者，韜箴之管也。……箴管不可以贈男子，故作此詩者亦女子耳。考一物得其實，而全詩之義曉然無疑，治經者安可以忽於小物哉？

主此彤管乃是女子所佩的赤色箴管，非男子所用，豈可將女子所佩之物贈給男子呢？故詩中的「靜女其孌，貽我彤管」此接受靜女贈送彤管者，必是一女子，又牟庭據《方言》等俗語載，以爲靜當讀爲倩，靜女則爲倩家之女，亦即親家之女，因此，此爲親家之女姻贈此彤管予此女子。而觀整首詩文之意即爲此女子接受女姻所送的彤管，表達感謝之意也。

〈鄭風·子衿〉，牟庭以爲此乃是女子寄衣予遠地的丈夫，表達相思之情也。所謂：

> 〈子衿〉，寄衣也。……古之學于國學者，與其妻俱。《漢書》稱王陽學問居長安，婦取東家棗，王章學長安，獨與妻居臥牛衣中涕泣，是西漢時沿古周遺法，學者皆以妻從往也。此詩蓋鄭之遠鄙之人，學於國學，而父母在家，其妻留侍，不得從往，因寄衣巾而作詩云：青青子衿，見其具父母也；見其具父母者，知我不往之爲有禮，而責彼不來之義正也。

即以爲古時學子學於國學，須帶妻小一齊前往，然而此詩即爲鄭國一住在偏遠地方的人家，要赴京學國學，正因家有年邁父母需人照顧，是以其妻留在家中照顧，而無法一同前往，故此婦寄衣巾於遠方留學的丈夫，其上言：「青

青子衿，悠悠我心」等語以表達對丈夫的思念，亦藉此責備丈夫久不歸來之怨意也。

　　這首詩，大多數學者不是主從古文家《毛詩序》所言，為「刺學校廢也。」就是主張如朱熹所謂「淫奔之詩。」或為教者之詞，如姚際恆《詩經通論》，以為「玩縱我不往之言，當是師之于弟子也。」或為一首女子懷念情人之詩，如程俊英《詩經譯注》所云的：「這是一位女子思念情人的詩。」然而牟庭主此詩為「寄衣於夫」，確實異於眾說，獨樹一幟，可看出其說詩觀點頗新穎獨到。

　　〈秦風・蒹葭〉，牟庭以為此詩之意，乃是論百里奚薦蹇叔也。所謂：

　　　余推此詩之意，似即百里傒所作，以薦蹇叔于秦者。

「蒹葭蒼蒼，白露為霜」牟庭以為：

　　　蒹葭自喻也，白露喻蹇叔也。蒹葭遇秋，滄滄然苦寒，而白露耐冷，

　　　方將結而為霜，喻己在貧賤中感慨悲涼，而蹇叔益以堅苦自守也。

而「所謂伊人，在水一方。溯洄從之，道阻且長；溯游從之，宛在水中央。」則解為：

　　　所謂是人，謂蹇叔也。……在水一邊，謂在水之彼一邊，相與隔水，

　　　喻其人不在此國中也。……宛在水中央，喻其人宛然已在國中

　　　也。……溯洄從之，喻求之於其家也。……溯游從之，喻求之於所

　　　流寓也。據百里奚困於齊，乞食輊人，而蹇叔收之，奚欲事齊君無

　　　知，而蹇叔止之，是蹇叔必家於齊者也。及奚干周王子穨事虞君，

　　　而蹇叔又皆止之，則是蹇叔得奚之後，相隨避地於諸侯之國，共商

　　　出處，蹤跡所託，時時相聞，其居於齊地久矣，故李斯上書曰：「穆

　　　公迎蹇叔於宋。」是百里用秦之時，蹇叔方隱居於宋也。故曰：「求

　　　之其家，則遠而不可得；求之道路中，則甚近而遠。」蓋蹇叔所在

　　　惟百里奚知之，他人不知也。

可知牟庭據《史記・秦本紀》〔註41〕記載，以為百里奚曾困於齊，乞食於人時，

────────────

〔註41〕《史記・秦本紀》云：「晉既虜百里奚，以為秦穆公夫人媵於秦，百里奚亡秦
　　　走宛，楚鄙人執之，繆公聞百里奚賢，欲重贖之，恐楚人不與，乃謂楚曰：『吾
　　　媵臣百里奚在焉？請以五羖羊皮贖之。』楚人遂許之。當是時，百里奚年已
　　　七十餘，繆公釋其囚，與語國事三日，繆公大說，授之國政，號曰五羖大夫。
　　　百里讓曰：『臣不及臣友蹇叔，蹇叔賢而世莫知，臣嘗游困於齊，而乞食輊人，
　　　蹇叔收臣，臣因而欲事齊君無知，蹇叔止臣，臣得脫齊難，遂之周，周王子

是蹇叔收養他；事齊君有難時，亦是蹇叔助其脫險；誠所謂雪中送炭的好人，卻賢而世莫知；仍過著貧苦困頓生活，然而他並不怨天尤人，反而居貧自守，刻苦自勵。可惜蹇叔這位賢人，卻沒沒無聞，不爲世人所知。故百里奚爲秦繆公所重用時，亦推薦蹇叔，而此詩即述其賢而居貧自守的高尚情操。

　　然而此詩，歷來眾說紛紜，有的主從古文家之言，如歐陽修《詩本義》以爲刺秦襄公，未能用周禮；〔註42〕有的主秦穆公訪賢得賢說，如王質《詩總聞》以爲秦穆公得其賢人，即百里奚與蹇叔也，然而感嘆賢人置身甚高，可望而不可即也；有的則以爲嘆惜招隱難致也，如方玉潤《詩經原始》所云；〔註43〕而今之學者多以爲此是首情詩戀歌，如程俊英《詩經譯注》以爲：「這是一首描寫追求意中人而不得的詩。」牟庭主百里奚薦蹇叔這一說，亦爲一新的說法，雖與王質《詩總聞》說法相似，但畢竟仍有所不同；王質重在論秦穆公訪賢得賢，而有感賢人不易得，而牟庭主在論此是百里奚回憶己困阨時，惟蹇叔救之，而有感蹇叔之賢而不遇，但固窮而不移其志節，此難得之人欲推薦與秦穆公也。故牟庭之說與王質之言，仔細分析，可知二者所重仍有所不同。

　　〈陳風‧月出〉，牟庭以爲「望月詞也。……此詩詠中秋月也。秋月尤皎白也。」觀其譯第一章詩，所謂：

　　　明月之出矣，秋光白皎皎。教人不忍眠，乘興欲戲嫽。

　　　將以舒散鬱結之窈糾，對月懷人心更勞，笑語無聲滿堂悄。

可知其以爲這是一首詠中秋月圓之詩，以中秋月分外明，無以成眠，故乘夜遨遊，舒散心中鬱悶之愁。此良辰美景，應好好賞心悅己，若在此對月懷人則煞風景，使心更愁了，原喧譁的笑語，今亦悄然無聲了。

頹好牛，臣以養牛干之，及頹欲用臣，蹇叔止臣，臣去，得不誅，事虞君，蹇叔止臣，臣知虞君不用臣，臣私利祿爵，且留，再用其言得脫，一不用及虞君難，是以知其賢。』於是繆公使人厚幣迎蹇叔，以爲上人。」見川資言《史記會注考證》，頁94，台北：天工書局出版，1983年。

〔註42〕見歐陽修《詩本義》云：「秦襄公雖未能攻取周地，然已命爲諸侯，受顯服而不能以周禮變其夷狄之俗，故詩人刺之。」可知其意與《毛詩序》以爲：刺襄公未能用周禮，而無以固其國之意相似。《景印文淵閣四庫全書本》第六十四冊，頁70～210，台北：臺灣商務印書館印行。

〔註43〕前者見王質《詩總聞》云：「秦興，其賢有二人焉，百里奚、蹇叔是也。」《景印文淵閣四庫全書本》第六十六冊，頁72～534；後者見方玉潤《詩經原始》云：「惜招隱難致也。」頁604，台北：藝文印書館出版。

　　而主此詩爲詠中秋月圓之意者，甚少，大多學者不是主從《毛詩序》爲刺好色也，就是以爲男女相悅相念之意；或者以爲是一首淫奔之詩；或者爲刺靈公淫夏姬之說；或者爲諷告陳靈公之說，〔註44〕蓋獨牟庭主此爲望月詞也。

第四節　駁議漢儒諸說之觀點

一、七害五迂之弊

　　牟庭論漢儒說《詩》，有所謂「七害五迂」之論；以爲漢儒說《詩》有七個不妥，五個迂闊之理。據《詩意》云：

> 詩有七害：其一曰：樂，樂者六律五聲八音，鏗鏘鼓舞，有譜無詞。詩者詞也，可歌可誦。……說者淆詩于樂，〈肆夏〉之屬，皆求之于詩，此一害也。二曰：禮，先王之禮經及樂偕亡，三禮皆漢時書耳。《戴記》自諸儒補綴，其事章灼。……《儀禮》起于孝文帝時，時魯徐生善爲容。……不宜依託周、孔，以欺人，然亦傳之者過也。至於《周禮》本出劉歆之手，賊民妄作，極惡滔天，安可信也？……三禮出于百年秦火之後，儒者拘牽之以證詩，此二害也。三曰：《左傳》……古以左氏爲左邱明，非也。……今左氏傳滑頭熟事，崇尚勢利，恬不知恥，非邱明也。左氏要爲周秦間博士人耳。既未得親見孔子，三百篇又非其專家，稱引安得無誤？而今欲局驅依之，三害也。四曰：《史記》，司馬子長博而不精，其考群書，甚多荒略，而欲據其事，證以說詩，此四害也。五曰：《爾雅》，《爾雅》興於漢世，其書非一人所獨成，要各有所傳授，亦時有傅會者，去其非而取其是，其功亦不在

〔註44〕如《毛詩序》言：「刺好色也。在位不好德而悅美色也。」《毛詩鄭箋本》頁51；郝氏《詩問》云：「《序》云刺好色也。男女相私，往來以夜，來欣會聚，往怨別離。凡人之情從理則逸，從欲則勞。詩人爲之辭，冀其聞而改之爾。」《郝氏遺書》第三函，頁27；朱熹《詩集傳》云：「此亦男女相悅而相念之辭。」頁83；王柏《詩疑》云：「淫奔之詩。」《通志堂經解本》第十七冊，頁9753，台灣大通書局出版；明季本《詩說解頤》云：「此詩男子因女子有相念之情而思之，亦淫風也。」《景印文淵閣四庫全書本》第七十三冊，頁79～145；而朱謀㙔《詩故》與魏源《詩古微》皆謂是：刺靈公淫夏姬也。前者見《景印文淵閣四庫全書本》第七十三冊，頁79～576；後者見《詩古微》本，頁546；何楷《詩經世本古義》則以爲：「陳靈公淫于夏姬，姬子征舒將弒公，國人作此詩以諷。」《景印文淵閣四庫全書本》第七十五冊，頁81～839。

申培、轅固、韓、毛之下。但以其書無作者主名，而尊其學者，乃漸而嫁名周公，自古傳書人陋習，每有然者，既嫁名周公，則後人不敢復有抉擇，不主詩而主《爾雅》，此五害也。其六曰：誤讀四子書，孔子曰：〈關雎〉樂而不淫，哀而不傷。此論聲也，誤而曰論詩也。……放鄭聲，鄭聲淫，此明言聲也，誤而曰〈鄭風〉之詩也。……子謂伯魚曰：女爲〈周南〉、〈召南〉矣乎？人而不爲〈周南〉、〈召南〉其猶正牆面而立也與？二南者，風之始，所以風天下而正夫婦也，父之教子，至於閨門之事，有甚不能言者，故使之學詩而自得之，此詩教之所以入人也。今則誤而曰文王后妃齊家治國之道也，誠如是，授之《大學》一編亦得矣，而必以〈周南〉、〈召南〉爲哉？孟子曰：王者之跡熄而詩亡。詩亡云者，〈大雅〉不作，〈頌〉聲寢也。今則誤而曰：王降爲風也。夫東周之季，王者僅亦守府而孔子修《春秋》以尊王。當平王始遷席洛邑，居鼎之烈，天下尚尊周，而輒悍然貶黜其詩，下同侯國，此非《春秋》尊王之義也。若謂原自貶黜，刪詩固當正之，此而不正，即孔子不當曰：〈雅〉〈頌〉各得其所也。夫四子書者，今日所賴以明詩也，誤讀之則使詩不明，故曰此六害也。其七則《詩小序》是也，《小序》淺陋無文理，其贗易見，而人傳信之尤篤，是以害于詩尤深，朱子起而辯之，而後尚不能信，猶以爲《小序》近古，不可廢也。乃孟子亦古人也，其言曰：固哉！高叟之爲詩，說詩者不以文害辭，不以辭害志，以意逆志，是爲得之。當孟子之時，詩無序，故待乎以意逆志而得之也。若其有《序》，孟子當蚤辯之矣，惡其固也。《小序》有高子之固，而猶未若高子之古，然而信奉之若此，此七害也。七害不除，詩不可得而治也。

上述即牟庭以爲漢儒說詩之誤，有所謂「七害」：亦漢儒將詩樂不分，混淆詩樂一體，將樂譜如〈肆夏〉之屬說成詩，一害也；引《三禮》之文說詩，殊不知先王禮經與樂皆亡，今《三禮》乃漢時之書，後人妄作，非先秦時人之作，據此說先秦之詩，二害也；據《左傳》記載言詩，三害也；因《左傳》作者非左邱明，乃後儒所作，既非與孔子同時，亦非治《詩經》學大家，據此後人所作的《左傳》言詩，豈能將詩說得無誤？據《史記》說詩，四害也。以司馬遷雖博考群書，但言之不精，頗多荒略，故據此證詩，所說必有違於詩人本意。主《爾雅》說詩，五害也。以《爾雅》漢時之書，非成於一人之手，此之所以命

名為周公所作，乃後儒嫁名周公以提高此書聲價也，故此書各有傳承，非周公所作。如今說詩不據《詩》原文之意說之，反而本末倒置以此後人集著的《爾雅》中所引的說詩，一害也。誤讀《四子書》說詩，六害也。此誤讀《四子書》說詩，指誤讀孔子與孟子於《詩經》看法，如孔子云：〈關雎〉樂而不淫，哀而不傷；〈鄭〉聲淫，此皆指聲而言，非指詩，今儒者多以此誤為指詩，故於《詩》附會有正、變之說；道德倫理等教化觀。雖儒者說詩欲還歸《詩》民間歌謠本色，但誤讀孔子之言，反更附會層層教條，如朱熹說詩，雖最大力評擊《詩序》不可信，但仍站在儒家教化立場說詩，以〈鄭〉聲淫，不可信，殊不知其誤讀孔子之言，指的是聲淫，靡靡之音，非指《詩》文之意而言，故據其誤讀《四子書》觀點說《詩》，於《詩》說又一害也。

此外，除了誤以聲淫為詩淫，這一說不當外，尚有誤讀孔子於〈二南〉看法，以為〈二南〉為文王后妃齊家治國之道也，殊不知孔子以〈二南〉乃〈風〉之始，為風化天下，端正夫婦家庭倫理教化之開端；若以《詩》教化人心，則此〈二南〉詩方為詩教入門，如此說來，才達到詩教目的；反之，若以為詠文王后妃齊家治國之德，還不如詠《大學》之理更易達成此齊家治國目的，何須詠〈二南〉之詩？

而誤讀孟子於《詩》看法，主要是對孟子所云：「王者之跡熄而詩亡。詩亡云者，〈大雅〉不作，〈頌〉聲寢也。」誤為「王降為風也。」即誤以詠王者歌謠如同民間男女相詠之歌謠看待，然而牟庭以為若是如此，那麼，刪詩者應刪這些詩，且孔子更不當言〈雅〉、〈頌〉各得其所。然而今並非如漢儒所云，所以漢儒不明孔孟說詩之意，據此誤讀之見以說詩，又是《詩》說一大害也。

又今人多從《詩序》說《詩》，亦為一害。《詩序》，牟庭以為「淺陋無文理，其贗易見，……害於詩尤深。」並以孟子的「以意逆志」說法驗證《詩序》不可信；其以為當時若已盛行《詩序》之說，那麼，孟子就不會提出「說詩者不以文害辭，不以辭害志，以意逆志，是為得之。」之說法，可知孟子當時並無《詩序》說，所以孟子才會提出「以意逆志」之說。又以此可知若當時《詩》有《序》說，孟子必會作一番辯駁。

總之，牟庭歸納漢儒說詩，不當之處有七，總此「七害」說詩，《詩》旨不可得而治也。

然而牟庭以為漢儒說詩有「七害」缺失外，尚有所謂的「五迂」之弊。亦其所云：

七害既除，又有五迂。以六義論詩，一迂也。〈風〉、〈雅〉、〈頌〉三
者詩之體也，安得橫出賦比興而與之爲六義乎？……以正變論詩
者，二迂也。詩無不正，故曰：一言以蔽之，曰思無邪。無邪者正
也，變而不正則宜刪之，若猶不詭于正也，而何其以變稱也？〈雅〉、
〈頌〉分什，三迂也。分什者以爲《詩》多不容同卷，故分之也；
雖分之以什，而什之大者，仍自太多，如〈蕩〉之什，三千餘字，〈周
頌〉少之遠矣，而分三什，彼〈蕩〉之什何不又分之以伍乎？〈蕩〉
之什能同卷，而〈周頌〉反不能乎？〈笙〉詩，四迂也。據《儀禮》
〈南陔〉、〈白華〉、〈華黍〉、〈由庚〉、〈崇邱〉、〈由儀〉，皆曰笙，此
蓋吹笙之譜，有此六譜，如言金奏〈肆夏〉，則〈肆夏〉鐘調也，下
管〈新宮〉，則〈新宮〉管調也，皆不得爲詩。詩者工歌之也，今取
〈笙〉譜而名之曰：〈笙〉詩，則彼鐘鼓管琴瑟諸樂器，何以皆無詩
也？若曰諸樂之詩亡，則〈笙〉詩亦不存矣，獨有其目何也？協韻，
五迂也。方俗殊語，古今異讀，考于詩以知古音可也，而欲以協救
古人之不韻則惑也。

可知牟庭以爲〈風〉、〈雅〉、〈頌〉爲《詩》三體，此三體與賦、比、興作法
是不同的，豈可混淆？所以將〈風〉、〈雅〉、〈頌〉與賦、比、興併稱「六義」
不妥，故以「六義」論詩，一迂也。而孔子曾云：「詩三百，一言以蔽之，思
無邪也。」既言思無邪，即明「正」，何「變」之有？若有「變」風、「變」
雅，孔子當時應當刪之，豈會將之存下來而爲後人論辯批評？故以正變論詩，
二迂也。以〈雅〉、〈頌〉詩多分卷，不妥；因既是詩多不容同卷，那麼，如
〈大雅‧蕩〉三千餘字，何不再分？而〈周頌〉少卻細分，知以詩多分卷並
不公允，故〈雅〉、〈頌〉分什，三迂也。又以〈笙〉譜爲詩，四迂也。蓋這
六〈笙〉詩非詩，如〈肆夏〉之類，爲樂調、樂譜，非詩也，故將笙譜稱爲
笙詩，又一迂也。而自古至今，語音常有更革，若以今音改讀古音，則有以
今律古之弊。陳第〈毛詩古音考序〉云：

古人篇章，必有音節，田野俚曲，亦各有諧聲，豈以古人之詩而獨
無韻乎？蓋時有古今，地有南北，字有更革，音有轉移，亦勢所必
至，故以今之音讀古之作，不免乖剌而不入。〔註45〕

牟庭在此，則亦有此觀念，以協韻改讀不妥，其以爲「方俗殊語，古今異讀，

〔註45〕見陳第《毛詩古音考‧序》，頁9，台北：廣文書局出版，1977年。

考于詩以知古音可也，而欲以協救古人之不韻則惑也。」即各地有各地方言，古今語音亦有變革，探究此古今音變化，而知古音與今音不同，是可以的；但據今音以叶音，改讀某音以求和諧，則不妥，是以此協韻改讀，一迂也。案：此可看出牟庭對宋人「叶音」說，即把不和諧的字臨時改讀某音，以求合轍，這種作法，亦表不滿，視為一迂也。然而本人以為此「協韻改讀」可以使詩讀來韻律和諧，朗朗上口，亦未嘗不可，但重要是改讀之後，能否符合古音，就值得考究了。據王力《古漢語通論》云：

> 語音隨著歷史的發展而發展，《詩經》的韻腳，到了後代，唸起來就
> 不和諧了。……宋朝的人就企圖用「叶音」的方法來解決。例如朱熹
> 注〈關雎〉第四章時說：「采，叶此禮反；友，叶羽已反。」用淺顯
> 的話來說，朱熹的意思就是：在這裏「采」要讀作「妻」字的上聲；
> 「友」要讀作「以」字的聲音。……這就是說詩人把某字臨時改讀為
> 某音，以求和諧。這種觀念是錯誤的，因為照這樣下去，字音可以隨
> 著上下文而變化無窮，所規定的「叶音」是隨意的，不規則的。這種
> 錯誤，在於不知道語言是發展的，古今的語音並不相同。〔註46〕

可知朱熹這種協韻改讀，只是從上下文句的韻腳推求出來，不是從上古音的實值中求證而得的，如此所改讀的字音，便缺乏語音學上的依據。換句話說，這種協韻改讀的結果，讀起來表面是和諧，但這一讀法是否即《詩經》寫作時代的原有讀法，這就值得懷疑了。然而這協韻改讀的不妥，牟庭在此亦提出一有力的批判。

　　而牟庭又以為「余愚陋不能守章句，竊取逆志之教，以讀不敢以害，不敢以迂，詮次所是，錄為《詩意》三卷，自備遺忘，不敢曰我得之矣，亦庶幾以竭吾才。」可看出牟庭治學的謙虛與嚴謹，以此「七害五迂」警戒自己，據詩文原意解讀，不敢妄說，還尚稱余愚陋不能守章句，或不敢曰我得之矣，可見其謙虛；而以此作備忘，及竭吾才以剃羅爬除，糾舉眾說，可見其論詩嚴謹與負責。

二、《詩序》衛宏作，不可信

　　有關《詩序》看法，歷來有不同主張，有的主《詩序》是子夏作，或子

〔註46〕見王力《古漢語通論》頁236，香港：九龍、時代發行、中外出版，1976年。

夏與毛公合作，不可不信，如陳啓源、陳奐、或馬瑞辰等人之見；有的據《漢書・藝文志》所載，以爲衛宏所作，不可信，於此牟庭就是。就牟庭《詩切》自序云：

> 及衛宏爲《毛詩》作序，亦猶謝曼卿作訓，各爲一家之言，雖頗蚩鄙無會自其本色，非志欲鑄張眩人也。何意鄭康成拾其燕石，強石爲寶，乃刻畫東海衛生，唐突西河夫子，詩教自是始大壞亂。……居今日而學詩，……法當就毛氏經文，校群書，考異聞，劾鄭箋，黜衛序，略法轅韓，推詩人之意。

就牟庭《詩切》自序所云，知其以《詩序》乃衛宏作，頗蚩鄙，非詮釋《詩經》之典範，然因鄭玄重其《序》說，視爲獨一無二之理，並將之發揚光大，故使詩教大亂，促成後人論詩，非主《詩序》說不可，而今牟庭主讀詩，應就毛氏經文，博考群書，校劾鄭箋，去除衛序之說，推詩人本意爲要。於茲，我們可看出牟庭對《詩序》看法，是主《詩序》乃衛宏作，不可信的。

又在其《詩意》中，所提出的漢儒說詩有「七害五迂」之弊等論點裏，亦有主《詩小序》一害也。就前述，我們可知其以爲「《小序》淺陋無文理，其贋易見，而人傳信之尤篤，是以害于詩尤深。」以《小序》之論對《詩經》闡析，是更加誤導後人對詩了解，是以從《小序》之說，於詩說上又一害也。

總之，就上述所論，知牟庭釋詩立場是就詩文意闡述，不主從《詩序》之說；解詩態度主客觀、公允，不附會詩教論詩，雖其亦不否認在先秦時，有孔、孟以詩教化人心，將《詩》賦與一教化色彩，使《詩》走向經學角度，然而不因此教化之理，而抹煞《詩》本身文學色彩，仍就《詩》本具有的文學特性，如比、興、喻、刺說詩；倘若《詩》本身有教化觀點，則賦與教化之說，若《詩》表現是男女抒情歌謠，則亦還其民間歌謠本色爲主。此即牟庭對《詩序》看法，與對《詩》詮釋觀點。

三、六〈笙〉詩非詩說

有關〈六笙〉詩看法，就牟庭所提出「七害五迂」中，則評〈笙詩〉一迂也。其以爲〈笙詩〉非詩，應是吹笙之譜，總共有六譜，若說〈笙〉譜爲詩，則不當。此〈六笙〉之譜亦如〈肆夏〉鐘調、〈新宮〉管調般，皆不爲詩也。

此外，在其《詩切》〈小序〉中亦有論及：

> 《禮》注與詩《箋》雖不同，而同謂〈小雅〉中原有此六篇之詩，

不知此六篇者，乃是〈笙〉譜，非詩篇也。古樂皆有譜名，故管之譜，則有〈新宮〉；鼓之譜，則有〈魯鼓〉、〈薛鼓〉；鐘之譜有〈肆夏〉、〈繁遏渠〉；〈笙〉之譜有〈南陔〉、〈白華〉、〈華黍〉、〈由庚〉、〈崇丘〉、〈由儀〉。譜者，可奏而不可歌也；詩者，可歌而不可奏也。《鄉飲酒禮燕禮》皆曰：「工歌〈鹿鳴〉、〈四牡〉、〈皇皇者華〉。」……《鄉飲酒禮》曰：「乃合樂〈周南〉：〈關雎〉、〈葛覃〉、〈卷耳〉；〈召南〉：〈鵲巢〉、〈采蘩〉、〈采蘋〉。工告于樂正曰：『正歌備。』是合樂者謂歌詩與樂合也。」……《襄十六年左傳》曰：「歌詩必類。」皆言歌不言奏也。《鄉飲酒禮》曰：「樂〈南陔〉、〈白華〉、〈華黍〉。」《燕禮》曰：「奏〈南陔〉、〈白華〉、〈華黍〉。」《鄉飲酒禮燕禮》皆曰：「笙〈由庚〉、笙〈崇丘〉、笙〈由儀〉。」《燕禮》曰：「下管〈新宮〉。」《襄四年左傳》曰：「金奏〈肆夏〉之三。」《魯語》曰：「金奏〈肆夏〉、〈繁遏渠〉。」皆言樂言笙言管言奏，而不言歌也。毛公采獲《儀禮》以〈南陔〉六篇之名，羼入〈小雅〉，固昧於詩與譜之辨矣。其意亦欲羼入〈新宮〉篇。但據升歌〈鹿鳴〉，下管〈新宮〉，是宜羼〈新宮〉於〈鹿鳴〉之下，而〈鹿鳴〉、〈四牡〉、〈皇華〉三篇相連，《儀禮》有明文，不得以〈新宮〉間之，為此疑難而決捨爾。鄭氏不知《儀禮》之非詩又不知《毛詩》取於《儀禮》，而謂周公、孔子時明有〈南陔〉、〈白華〉、〈華黍〉、〈由庚〉、〈崇丘〉、〈由儀〉、〈新宮〉之詩，詩箋禮注皆大惑也。

知牟庭以為詩箋禮注皆以〈六笙〉為詩，非也。蓋其以為〈六笙〉為笙譜；因凡為詩，文獻所載皆言歌，不言奏，謂詩樂合一；凡為樂譜，則絕不言歌，皆言樂言笙言管言奏，而此〈六笙〉在諸多文獻記載，如《鄉飲酒禮》、《左傳》等皆言〈六笙〉為奏或樂，不言歌，知此非為詩，故不言歌，否則，若〈六笙〉為詩，則應言歌，豈會言樂或言奏？此言奏言樂亦如言〈肆夏〉之譜，於是更可確定〈六笙〉如〈肆夏〉之屬，應為譜，非為詩，才是。而《毛詩》、《鄭箋》、《禮注》皆昧於詩與譜之別，而混淆為一。故在此，牟庭提出《鄉飲酒禮》、《左傳》等文獻記載，以證〈六笙〉為譜，非詩。

四、詞義、詩旨等誤釋

凡是漢儒說解有誤者，牟庭皆會標明：「非矣」，或「皆非矣」，並於其後

作一辯駁與說明。這方面，牟庭對漢儒說解等辯駁，又可分詞義、詩旨兩方面解說。

（一）詞義方面

（1）如釋〈周南‧汝墳〉之一：「未見君子，惄如調飢。」之「惄」，《毛傳》：「惄，飢意也。」《釋言》：「惄，飢也。」李巡《注》：「惄，宿不食之飢也。」《說文》：「惄，飢餓也。一曰憂也。」牟庭以為：

> 惄者，憂思不自得之意。《釋詁》、《方言》可證也。詩言惄如調飢，則惄非飢也。豈可曰飢如朝飢乎？《毛傳》望文誤解，《釋言》、《說文》因之，皆非也。

據牟庭所論，知此「惄」字不當作「飢」之意講，應為「憂思不自得」之意。其據詩文「惄如調飢」解，即有「朝飢」之意，此惄不當再作飢意，若惄又作飢意講，整句不就解成「飢如朝飢」？二者皆指飢餓還須兩相比喻說明嗎？故在此惄字應解作憂思之意，意指憂思不已如早上未吃飯般難受。然而惄字作憂解，亦不獨有偶，在《釋詁》與《方言》均作憂解。如《釋詁》：「惄，志而不得之思也。」《方言》：「惄，思也。又曰：惄，憂也。又曰：惄，傷也。」而《鄭箋》亦解：「惄，思也。」是以牟庭讚其為：「《鄭箋》易傳其義優矣。」以《鄭箋》這般解釋較《毛傳》之解佳。

（2）又如釋〈召南‧甘棠〉之一：「蔽芾甘棠，勿翦勿伐，召伯所茇。」之「蔽芾」，《毛傳》：「蔽芾，小貌。」《釋言》：「芾，小也。」《卷阿毛傳》：「芾，小也。」《小雅‧釋文》：「蔽芾，葉始生貌。」牟庭謂「皆非矣。」其認為：

> 蔽芾，《韓詩外傳‧家語廟制篇》皆作蔽痛。張遷碑云：芾沛棠樹，作蘙沛。徐邈音芾，方蓋切。是以讀為沛也。芾、痛、沛皆音同假借字。《論語》鄭注曰：「蔽，塞也。」《老子河上公注》曰：「蔽，覆蓋也。」……《風俗通》曰：「沛者，草木之蔽茂，禽獸之所蔽匿也。」……〈小雅〉曰：「我行其野，蔽芾其樗。」與言采其遂，言采其葍，語意一例，當言行人無所棲宿，而陰覆於樗下也。然則蔽芾者，蔽翳芾離樹多陰之貌也。

主要牟庭以蔽芾之芾與沛，音同假借，可作茂盛、眾多之意解；而蔽本身即有覆蓋之意，再加上〈小雅〉篇有「我行其野，蔽芾其樗。」此蔽芾即指樹多陰貌，故據上述諸多分析與證明，更可以此類推此〈召南‧甘棠〉的「蔽芾」應為樹多蔽蔭貌，非為《毛傳》解作「小貌。」

據吳師宏一《白話詩經》云：

> 「蔽芾甘棠」的「蔽芾」，不止是形容甘棠樹的高大茂密，而且有枝葉遮蔽覆蓋的意思。甘棠，一名棠梨，是一種可以高達十公尺的落葉喬木，古人常常種植在公廟或社廟之前，以爲綠籬。這裏是說：眼前的甘棠樹，垂陰如蓋，是召伯曾經休息過的地方。

可知「蔽芾甘棠」之「蔽芾」作樹枝葉茂密，可遮蔭覆蓋之意，爲學者所認同的看法。

（3）釋〈召南・羔羊〉之一：「羔羊之皮，素絲五它。退食自公，委委蛇蛇。」之「退食自公」《鄭箋》云：「退食謂減膳也。從於公，謂正直順於事也。」车庭謂「非矣。」其以爲：

> 退食自公，言無公膳也。《襄二十八年左傳》曰：「公膳日雙雞，饔人竊更之以鶩。」據知古制大夫治事於公，必有公膳而召南國無之，詩人所爲歎也。

以「退食自公」指從公門退朝，回家用膳，非如《鄭箋》之說：「減膳也」。正因古時從公者皆有公膳供給，今召南國無，故此詩言「退食自公」以歎惋也。由上述分解，可知此「自公門退朝而回家用膳」之說似乎較《鄭箋》之「減膳」說法，確近詩意許多。而主此一說尚有《孔疏》說法，即「退朝而食，從公門入私門。」朱熹《詩集傳》：「退朝而食於家也。」而據趙制陽先生《詩經名著評介》評此解，更可知《鄭箋》作「減膳」之解，確實不當，趙先生云：

> 〈召南・羔羊〉篇於「退食自公」下，《箋》云：「退食，謂減膳也。」「退食自公」即末章的「自公退食」，意謂「自公所返寓而食。」鄭氏訓爲「減膳」，即減少飲食，實不合文義。《朱傳》云：「退朝而食於家也。」以今語述之，即「從辦公廳下班，回家吃飯。」可見鄭氏「減膳」之訓的不當。

（4）釋〈邶風・擊鼓〉之四：「死生契闊，與子成說，執子之手，與子偕老。」之「契闊」，《毛傳》：「契闊，勤苦也。」《後漢書・傅毅傳注》曰：「契闊，謂辛苦也。」车庭則認爲：

> 毛以契闊聲轉而爲勤苦，李賢因以勤苦義同辛苦，皆遠失詩人之意。……據《韓詩》曰：「契闊，約束也。」《廣雅》曰：「絜，束也。」……《大學鄭注》曰：「絜猶結也。」《釋名》：「絜，結也，結束。」《釋文》曰：「契，一本作絜同，苦結切。」《易坤卦・虞注》曰：「括，

結也。」……《韓詩》曰：「括，約束也。」然則契、絜字皆同；闊、

括字亦同，今俗語人生究竟謂之結括，即契闊古聲，詩人之遺言也。

即以契闊爲結括，意指人生究竟，以別《毛傳》的「勤苦」之意。然觀二者之解，似乎以牟庭的說法較符合詩文之意。因若據《毛傳》解作勤苦，整句則譯爲「死生聚散太勤苦，和你這般說。緊握你的手，願與你白頭偕老」。問題是死生聚散豈可用太勤苦形容？又既是活著太勤苦，怎可希冀白頭偕老？反之，若據牟庭依俗語解作人生究竟，整句則譯爲「生死乃人生的究竟，和你這般說。緊握你的手，願與你白頭偕老。」似乎頗合乎常理與文氣，意先表明人生的究竟就是有生有死，是無法更改的，因此，發誓常相守，表願與所愛的人相伴到白頭，否則便無法表明己心中眞誠之意，所以整句言下之意則有生雖不能同生，但死亦要同穴也。

（5）〈唐風・綢繆〉之二：「綢繆束芻，三星在隅。今夕何夕？見此邂覯。子兮子兮。」《毛傳》：「邂覯，解說之貌。」牟庭：「非矣。」其以爲：

不期而遇謂之邂覯。以《釋文》解邂覯，不固之貌，是以不固，猶不

期也。婚姻之議，紛紛離合，不固知其得見，而幸見之，謂之邂覯。

「邂覯」，《說文》：「邂，相遇也。……覯，遇見也。從見、冓聲。」《正中形音義綜合大字典》：

邂覯之本意作相遇解。……乃途中相值之意，故邂從辵又以解本作

「判」解，因有離散之意，邂覯乃不期而會，乃暫會即分散者，故

邂從解聲。……邂覯，不期而遇之事。如：「今夕何夕？見此邂覯。

子兮子兮，如此邂覯何？」《詩・唐風》〔註47〕

可知「邂覯」應解作不期而遇，並非《毛傳》作解說之貌講。在此牟庭亦看出《毛傳》說解之誤，而提出邂覯乃不期而遇之解。並據文意解此詩爲新婚詞，表示婚姻之結合亦是多麼不容易，需有姻緣聚合才行，在此不期而遇則更倍加可貴，要好好珍惜。此章詩或許是女對男，或男對女之說，感到彼此相遇不易，結合之難，今確能不遇而遇，共結連理，眞是天賜良緣，多麼難得，故有「今夕是何夕」，彷彿在夢中之疑。

又同是此首之三的「綢繆束楚，三星在戶。今夕何夕？見此粲者，子兮子兮。如此粲者何？」之「粲」，《毛傳》解作：「三女爲粲，大夫一妻二妾。」則有不少學者以爲「粲」不當作一妻二妾，三女之意，如吳闓生《詩義會通》：

[註47] 此見高樹藩編《正中形音義綜合大字典》，頁1016，正中書局出版，1981年。

「粲，美也。《說文》作㜅。」高亨《詩經今注》：「粲，美麗，鮮明。粲者當指女人。」程俊英《詩經譯注》：「粲者，美人。粲，古字作㜅，《說文》；三女爲㜅，㜅，美也。」甚至趙制陽《詩經名著評介》分析道：

> 「粲」的本意是「美」。《國語·周語》云：「女三爲粲。」賈注「粲，
> 美貌。」本篇詩義原敘一對情侶在星光下互訴衷曲的對話，彼此互相
> 表露愛慕之情，極爲深摯。如果將男的說成是一位大夫，女的說是大
> 夫的三位妻妾，我們眞不知道他們夫妻四人的情話要如何表達的？
> 「粲」本有「鮮明」、「美好」等義。〈唐風·葛生〉篇「角枕粲兮」；
> 〈鄭風·羔裘〉篇「三英粲兮」，足以爲證。毛公捨本義而以「三女」
> 爲說，將原極平順的詩義弄到迂曲不通，這是弄巧成拙的一個例子。

可看出《毛傳》此解，確非得當，故趙制陽先生提出若此「粲」眞作一妻二妾解，那麼，三女一夫如何共處而表達愛慕之意？在此，牟庭亦看出《毛傳》之說，爲「非矣」。其亦以爲「粲，㜅，音同假借字，粲者，謂女色也。」以粲，可假借作講，爲美女之意，是以此解亦與諸多學者達成共識，均以爲此「粲」應爲美人之意，非三女之解；乃新婚中男女互款衷曲，表達愛慕之意，而有袒誠披露之讚歎！

（6）〈豳風·東山〉：「我徂東山，慆慆不歸。我來自東，零雨其濛。……町畽鹿場，熠耀宵行。……」之「町畽」，《毛傳》解作「町畽，鹿跡也。」牟庭則以爲：

> 毛望下文爲義，而云鹿跡，甚非矣。……町畽，若是鹿跡，何須又
> 重言鹿場？文繁詞複，詩無此體。故今日尋究文理，確知町畽乃人
> 跡，非鹿跡也。

其之所以有這番見解，主要是其據諸多文獻記載，多不將「町畽」作「鹿跡」講，且據俗語以音聲爲解，以證知「町畽」非鹿跡，應爲人跡也，才是。所謂：

> 作畽者，是從童聲也。町畽，猶町畦也。《說文》：「田踐處曰町。」
> 《莊子·人間世》：「彼且爲無町畦。」李頤注：「町畦，畔埒也。」
> 《莊子·徐無鬼》：「舜舉于童土之地。」注：「童土，畽也。如山無
> 草木曰童。」據此則人跡所踐，草所不生謂之町；畽，今東齊俗語
> 皆謂聚落曰畽，此古言也。

知牟庭以爲「町畽」若據《毛傳》作「鹿跡」，那麼，「町畽鹿場」豈不解成「鹿跡鹿場」，豈有「鹿場」、「鹿場」重複解釋？可知《毛傳》將「町畽」解

作「鹿場」不妥。牟庭又據《說文》等載，知「町畽」多作「町畦」之意，而東齊俗語皆謂人之聚落爲畽，是以更據此確定「町畽」非「鹿跡」，應爲「人跡」之意。

案：此「町畽」，據朱熹《詩集傳》解爲：「舍旁隙地也。無人焉，故鹿以爲場也。」而程俊英《詩經譯注》亦將此「町畽鹿場」譯爲：「田地變成野鹿場。」可知「町畽」應爲牟氏所云，爲人跡之田地，較通順恰當，故此解亦不獨有偶。而牟庭此解更能將行人遠征，回歸家鄉，眼見田園因無人耕耘成禽獸之地等荒蕪情景，與回家的感傷、無奈等情懷，表明盡致。

（7）〈大雅・文王〉之一：「文王在上，於昭于天。……有周不顯，帝命不時。……」之「有周不顯，帝命不時」，《毛傳》解作「有周，周也。……不顯，顯也；不時，時也；時，是也。」照《毛傳》的講法，「不顯」、「不時」的「不」字是無意義的語氣詞，然而牟庭在此，則不這般認爲，且以爲《毛傳》之解，「非矣」。其以爲：

> 《方氏通雅》曰：「秦和鍾銘云：『不顯皇祖，詛楚文云『不顯大沉
> 久湫，不顯大神巫咸，不顯大神亞駝。』』」可證不字古有丕音，詩
> 之不顯、不承即書之丕顯、丕承也。……此經不字亦皆當讀爲丕；
> 丕顯，大顯也；丕時，大得其時也。

可知牟庭據古語而證此「不」字皆當讀爲丕也；不顯乃丕顯，大顯也；不時乃丕時，大得其時也。據《詩經》其他篇如〈大雅・大明〉、〈大雅・韓奕〉的「不顯其光」，〈大雅・思齊〉的「不顯亦臨」，〈大雅・崧高〉的「不顯申伯」，〈周頌・烈文〉的「不顯維德」等篇中的「不顯」，似乎亦以「丕顯」，大顯之意，較能將詩文原意說解通順，且朱熹《詩集傳》對此「不顯」皆解作「丕顯」，且將「丕顯」解作：「丕，大也，顯，明也。」可知「不顯」乃「盛大光明」的意思，《毛傳》將「不」字解作無意義的一個詞，是不適當的。牟庭在此亦看出《毛傳》之非，而提出正確之解。

（二）詩旨方面

（1）釋〈召南・行露〉則謂獄訟辭，以爲法官判此家庭訴訟案，以男女不偶，不可迎娶，而駁斥《毛傳》、《鄭箋》、《魯詩》說三種說法。所謂「我欲謂雀無角，而雀能穿屋，似非無角；我欲謂申女無夫家，而酆氏速之於獄，又似非無夫家，然有夫家無夫家不必論也，但我視其男女非偶，不足以配爲室家也。」所以此詩牟庭以爲乃判官爲此女"所嫁非偶"打抱不平，故作此

"訟獄"詩，替此女伸述也。

而駁斥《毛傳》、《鄭箋》說法有：

> 《毛傳》之意，言人實有早夜之行，故謂道上多露，若不早夜行，
> 豈知道上露也？毛意非詩人之興意也。而《鄭箋》：「道上始有露，
> 謂二月中嫁娶時也，我豈不知當早夜成昏禮與？謂道中之露太多，
> 故不行耳。今彊暴之男，以此多露之時，禮不足而彊來，不度時之
> 可否？故云然。」尤非矣。

以為《毛傳》、《鄭箋》謂古人有早夜之行，故知道上多露，然而此男欲趁多
露時搶婚，而又謂道上露太多，不可行，豈不與前說詞自相矛盾？而此詩牟
庭亦以為並非劉向《列女傳》所謂：

> 召南申女者，……既許嫁於酆，夫家禮不備，而欲迎之。女與其人，
> 言夫家輕禮違制，不可以行，夫家訟之於理，女終以一禮不備，持
> 義不往，而作此詩曰：「雖速我獄，室家不足。」君子以為得婦道之
> 儀，故舉而揚之，傳而法之，以絕無禮之求，防淫欲之行焉。

主要牟庭反此說的理據是：

> 所謂申女許嫁於酆，此必自古相傳，實有所據也。而謂六禮不備，
> 則必傅會之義也。蓋既相約為婚，不可謂彊暴，六禮不備，必由夫
> 家貧耳。……然而婦人所重在貞信，若為貧富易心，是不貞信也，
> 不可以為婦道之儀，安得舉而揚之？傳而法之乎？以此論之，決知
> 魯詩說非也。

觀此說亦頗見牟庭分析之巧妙，而有自己一套說詞。以為此女因夫家貧窮，
六禮不備，而悔婚訴訟，是不貞信也，如此，豈能舉而揚之，傳而法之？故
可知魯詩說亦非也。

（2）釋〈邶風·凱風〉，牟庭則以為：

> 衛宏作序，乃云：「衛之淫風流行，雖有七子之母，猶不能安其室，
> 故美七子能盡其孝道，以慰其母心而成其志。」鄭箋亦云：「不安我
> 室，欲去嫁也。」此皆憑臆造謗，厚誣孝子之母。後儒遵守為說，
> 而莫知其非，豈不惑哉？通而論之，〈凱風〉，親之過小者也，此古
> 周之舊說也。

以為《衛序》言淫風流行，使七子之母不安於室，這種說法不恰當。而關此
〈凱風〉之旨，歷來各有說詞，然而牟庭認為東漢以來主有這三種說法，雖

有些許不同，但據《易林》證之，可知三說本無異也，大抵都主此乃孝子哀傷不爲後母所愛，以自責之意。如《孟子》云：

〈凱風〉何以不怨？曰：〈凱風〉，親之過小也。〈小弁〉，親之過大者也。親之過大而不怨，是愈疏也；親之過小而怨，是不可磯也。愈疏，不孝也；不可磯，亦不孝也。

趙注曰：

公孫丑以〈凱風〉亦孝子之詩，何以獨不怨？孟子以〈凱風〉言莫慰母心，母心不悅也，知親之過小也。

《齊詩》說：

凱風無母，何恃何怙？幼弱孤子，爲人所苦。

《衛宏》序亦云：

有七子之母，猶不能安其室，故美七子能盡其孝道，以慰其母心，而成其志。

而牟庭則以爲：

〈小弁〉，伯奇之父信後妻之讒，放殺其子，人倫之變，是過之大也。〈凱風〉，七子之母，性行嚴酷，不悅其子，非有放殺之慘，是過之小也。二者皆不得於親之詩，故《孟子》比例而論之。據趙注知三家詩本無不安其室之說，察《毛傳》亦無此意。……《易林·咸之家人》曰：「〈凱風〉無母，何恃何怙？」皆據三家詩，〈凱風〉爲母亡之後，孝子哀思之詩，此先漢之誤說，與《孟子》已不合矣，而衛宏乃云不安其室，此東漢以下之僞說也。此一詩三說，後學或不盡知，雖知之又不能強合也，今以《易林》證之，而知三說本無異也。《易林》曰：「〈凱風〉無母，何恃何怙？幼孤弱子，爲人所苦。」此用三家詩說，〈凱風〉爲母沒之後，七子不見於後母，而作詩以自責也。則《後漢書》云：「〈凱風〉寒泉之思，〈蓼莪〉，〈凱風〉之哀。」皆謂哀思其亡母也。而《孟子》所云：「親之過小者。」謂後母也；後母不受其前子，是爲後母者之過也。自其子言之，不愛己身，是親之過小者也。如此則三家詩與孟子合矣，而《衛宏序》云：「不安其室者」，當謂後母無出，以不愛前子而有去志，此亦非無根之談，但不應妄言淫風流行也。

總之，牟庭以爲據《易林》說法可證《孟子》、《三家詩》與《衛宏序》這三種

說法並非互不相通，無論是嘆親之過小或言母不安於室，或述孝子哀思等意，都不離此：母亡後，而七子不為後母所愛，孝子自責之意；是以後母不愛前七子，與七子之間有嫌怨，故有親之過小之嘆；而母不愛其子欲離去，而有母不安於室之說；而此乃出自此子之言，故有感傷，莫慰母心，而使母不悅此七子而不安其家，故有哀思自責之意，所以整體說來，皆非「親之過小」或「母不安於室」或「孝子自責」等片面之詞，此乃孝子自責己做不好，而使後母不悅，有離去其室之意，故孝子作此詩以哀思自責也。因此，《衛宏序》云：「淫風流行」，則妄言，不可信也。然而《衛宏序》所云的「母不安其室」或《孟子》所云的「親之過小」或《三家詩》所謂的「孝子自責」等說，並未不對，只是言之不夠周全、完整，所以他們的說法，牟庭以為是不中其意，但亦不遠矣。而《衛宏序》以為「淫風流行」之說，則妄言，絕不可信。

（3）釋〈邶風・式微〉，牟庭以為《魯詩》說，非矣。其以為：

> 《列女傳》曰：「衛侯之女，黎莊公之夫人也。既往而不同，欲所務者異，未嘗得見，甚不得意，其傅母憐其失意，謂之曰：夫婦之道，有義則合，無義則去。今不得意，胡不去乎？乃作詩曰：『式微式微，胡不歸？』夫人曰：『婦人之道，一而已矣。彼雖不吾以，吾何可以離於婦道乎？』乃作詩曰：『微君之故，胡為乎中路？』終執貞一不違婦道，以俟君命。君子故序之以編詩。」劉向世傳魯詩，故《列女傳》所載，即魯詩說也。魯詩以此詩為傅母，黎莊夫人二人作也，古無二人共作一詩，如後世詩人之聯句者，且其彼此語意皆不中肯要，魯詩之說非也。

以此詩雖一問一答，但古無二人共作一詩之例，又魯詩所詮釋的彼此之語意並不中肯，所以魯詩以此詩為傅母與黎莊夫人一問一答之作，非矣。又牟庭以為：

> 蓋古者詩書故而不切，漢初經師皆傳聞大意，而以己意尋文補接以為說，如衛女為黎莊夫人而不得意，傅母憐之，此詩之所由作，申公所傳聞於古者也。其云傅母作上二句，黎莊夫人作下二句者，此申公以意說之者也，為其說之未愜，故令後儒不能謹守，而附會以生異說。《毛詩序》云：「式微，黎侯寓于衛，其臣勸以歸也。」此因〈旄丘〉之篇而附會之，尤不足據矣。按詩意是傅母作之，以黎莊夫人不得意，傅母在黎，黎人待之恩禮甚微薄矣，然而不肯歸者，

> 念夫人故舊之恩，不忍棄去也。《鄭箋》云：「君何不歸乎？禁君留
> 止於此之辭。」非矣。

此可看出牟庭以此詩原意本是衛女的傅母憐其成爲黎莊夫人不得意之作，然
因最初的經師皆傳授詩文大意，而又古者詩書多訓詁字義，不切說文意，所
以造成後來儒者擅以己意妄說詩旨，如魯詩傳者申培公，即以己意說此詩乃
傅母與黎莊夫人一問一答之作，自此以後，漢儒們多以己意說詩，曲說附會，
妄生異說。如《毛詩序》即附會〈旄丘〉之詩而說此詩；《鄭箋》而附會《毛
詩序》之說，而有「禁君留於此」之辭，然而這些說法都不合此詩本旨，此
詩眞意乃是黎莊夫人之傅母居黎，所受的待遇極微薄，且亦頗感黎莊夫人在
此地鬱鬱寡歡，甚不得意，故作此詩憐憫夫人，爲夫人打抱不平，並表達感
激夫人故舊之恩，故此詩乃是黎莊夫人的傅母所作，憫其不得意之詩。

　　（4）釋〈鄘風·相鼠〉，牟庭以爲此乃妻自責以諫夫也。而《毛序》以
爲「刺無禮也。衛文公能正其群臣，而刺在位承先君之化無禮儀也。」《毛傳》、
《鄭箋》、《孔疏》皆主此說，然而牟庭以爲不然，其理據是：

> 詩言鼠蟲之賤，猶有皮毛以自覆，我爲人而裸體無威儀，是人而不
> 如鼠也。《毛傳》云：「無禮儀者，雖居尊位猶爲闇昧之行。」非矣。
> 《鄭箋》云：「視鼠有皮，雖居高顯之處，偷食苟得，不知廉恥，亦
> 與人無威儀者同。」皆非矣。《白虎通》曰：「相鼠，妻諫夫之詩也。
> 妻得諫夫者，夫婦一體，榮恥共之。」……又《毛詩序》據《襄二
> 十七年左傳》慶封不敬，叔孫爲賦相鼠，故曰相鼠，刺無禮也。然
> 刺人無禮至於詈之以死，直而不婉，非詩教也。惟以爲妻諫夫之詩，
> 則所謂夫婦一體，榮恥共之。夫無儀，故使己無儀；己無儀，故不
> 如死，非詈人死，乃自詈也；自詈，所以諫夫也。以此意讀之，可
> 以識溫柔敦厚之教，而知古義之可貴矣。

由此可知牟庭主此詩乃是婦自警以戒夫之作，非《毛詩序》所云：「刺人無禮
也。」若是《毛詩序》之意，則此詩意"直而不婉"，非有《詩序》所強調
的"詩教"寓意，故從《詩序》之說者，皆過而不當也。而此詩之意，牟庭
主張是婦自警戒夫，要有威儀，否則，人不如鼠，不如死矣。如此說來，以
妻自戒夫較刺人無禮之說，更具有詩的溫柔敦厚的教化意義，是以牟庭主從
《白虎通》之說法，亦三家詩說，主妻諫夫說。

　　（5）釋〈王風·大車〉，牟庭據《莊十年左傳》及《莊十四年左傳》等

記載，以《魯詩》說，爲「息夫人自殺」之意，非其實也。且以爲：

> 息夫人詩，又不應在〈王國風〉。此必西周卿大夫夫婦，爲戎人所虜，
> 其婦不肯屈節，與其夫皆自殺。詩家傳聞其事，而失其人姓名，因
> 以息夫人事附會言之耳，其人雖非實，其事則不誣也。

知牟庭主此詩之意乃西周卿大夫夫婦爲戎人所虜，寧死不屈其節。然因詩家
傳聞此事，卻不知此殉節夫婦之姓名，故有附會息夫人自殺之說，然而據《左
傳》等史實記載，知並無息夫人自殺一事，且息夫人之詩，又不屬〈王國風〉，
故《魯詩》說，不可信也。

（6）釋〈大雅・抑〉，牟庭以爲：

> 詳此詩意皆老人教戒其子之言，非自儆亦非刺王。且據《史記・衛
> 世家》衛武公以宣王十五年即位，至平王十五年而爲九十五歲，是
> 又不及刺屬王者也。《孔疏》以爲追刺之，尤爲練說，不足辯矣。

而此詩，《詩序》云：「衛武公刺屬王，亦以自警。」《孔疏》云：「〈抑〉詩者，
衛武公所作，以刺屬王也。雖志在刺王，亦所以自警戒己身，以王之爲惡，
將致滅亡，群臣隨之已亦淪陷，故《箋》指而言之。」而牟庭在此，均否定
《毛序》、《鄭箋》、《孔疏》這一派等說法，以《史記・衛世家》所載，以考
究衛武公即位年代，及歲數，知其爲九十五歲的老者，是不及刺屬王也，故
《毛序》乃至《孔疏》說法，以衛武公刺屬王，非矣。而牟庭詳析此詩之意，
乃老人教戒其子之言，故此詩第十章的「於乎小子，未知臧否。匪手攜之，
言示之事；匪面命之，言提其耳。借曰未知，亦既抱子。民之靡盈，誰夙知
而莫成。」牟庭闡釋爲：

> 此章言小子幼稚，雖未知事之善惡，然我豈非攜手而示之事乎？豈
> 非面命而提其耳乎？意謂如是則可以知之矣。……又亦既抱子，言
> 人若說我未有知，故不能教爾知之，則我亦既年長有子，不應尚未
> 有知也。君子抱孫不抱子，此言抱子者，母教子之詩也。母之於子，
> 固抱之也。……又此言我有所知，皆以告爾，則爾既知之矣，但以
> 好自滿盈，故未有成也。

由此可知，其不僅主此乃老人教戒其子之言，尚主此乃母教其子之作，而此
章詩正表明母對此子好自滿，喜自以爲是，不聽他人之言所訓示之作。

（7）評漢儒將〈周頌〉分章爲篇：

> 漢初諸儒，見其事無對偶，因以每章各自爲一篇，鉤脈析亂，文義

不完，有甚不可讀者。蓋一章之不可爲篇。亦猶一句之不能爲章也。
《孔疏》不知漢儒分篇之誤，從而爲之說：「風雅敍人事，刺過論功，
一章不盡，重章以申殷勤，故風雅之篇，無一章者；頌者述成功，
以告神，直言寫志，不必殷勤，故一章而已。」苟如此說，則頌之
盛者，又當一句而已乎！今據文義，考合其篇，庶復各得其所之舊
觀爾。又〈周頌〉用韻，有與〈風〉、〈雅〉異者，蓋聲音轉變，隨
世不同，〈風〉、〈雅〉取會近俗，則用當時之音，而今謂之古音；〈頌〉
爲典制之作，用古音而今謂之古之古音，並隨文考注焉。又《朱集
傳》：「周頌多不用韻。」非也。

此評論主要是牟庭對漢儒將〈周頌〉分章爲篇，表示不滿，其以爲若以有無
對偶作分篇的標準，則會使有的文意不完整，而不可卒讀；又漢儒所論，以
成功告神明而已，不必殷勤，這樣，何須分〈頌〉之章句，只要一句就夠了。
是以在此，牟庭不主以各章爲分篇的依據，應以文意完結爲主。又對朱熹《詩
集傳》以爲〈周頌〉多不用韻，認爲不當；其以爲〈周頌〉仍有用韻，只是
當時的古音與今音不同了，所以語音隨時轉移，此古之古音，則漸有所不同，
而後儒們以與近俗之音論之，評其爲不用韻，是以偏蓋全，不當之論。如〈周
頌・清廟〉：「於穆清廟，肅雝顯相。濟濟多士，秉文之德。」牟庭以爲：

> 據〈大雅・思齊〉三章，廟、保、瑕爲韻。知廟字古音若母，故古
> 之古音，與士爲韻。……相古之古音若廝，唐宋人俗語相見謂之廝
> 見，口語相傳，最爲古言也。……〈大雅・思齊〉四章，德與士韻。
> 〈大雅・假樂〉一章，德與子韻。

可知牟庭以比較互證方式，據〈大雅・思齊〉有廟與保、瑕字爲韻，德與士
爲韻；〈大雅・假樂〉德與子爲韻，是以證士與德押韻；而又據古音學知識考
證出：廟古音若母，此母音與士爲韻；相古音若廝，廝音與士爲韻，由此說
來，此章詩中每句句尾皆有押韻，押韻字爲廟、相、士、德字，而其中這廟、
相等字，非以今音來解，而是分別以古音母、廝爲主與士、德押韻。案：據
董同龢《漢語音韻學》古韻分部的討論，我們可知，此母、廝、詩、德字同
爲之部字，可知牟庭這番詮解是有其古音學的依據的。

又牟庭釋〈商頌〉爲宋詩，而駁《毛傳》、《衛序》、《鄭箋》與《孔疏》
皆謂商世作頌，甚謬誤也。其以爲：

> 《史記・宋世家》曰：「襄公之時，修行仁義，欲爲盟主，其大夫正

考父美之，故追道契湯高宗，殷所以興，作〈商頌〉。」……《樂記》
曰：「溫良而能斷者宜歌商。」鄭注曰：「商，宋詩。」〈長發〉疏引
馬昭曰：「宋人爲殷後，郊天以契配，昭出鄭門。」亦謂〈商頌〉是
宋人之詩，與《史記》、《韓詩》符合，可據信也。《毛傳》、《衛序》、
《鄭箋》、《孔疏》皆謂商世作頌，非宋人之詩，甚謬誤矣。

據前述所引學者們論證，可知〈商頌〉本是周、宋襄公時詩，非殷商詩。在
此，牟庭亦主〈商頌〉是宋詩，而提出《毛傳》、《鄭箋》等說，爲非矣。

第五章　牟庭《詩切》的詩說評價

第一節　牟庭《詩切》的論詩成就與特色

　　《詩切》探討《詩》多樣層面的問題，舉凡作者、詩命名、作詩時代、及背景、篇什、《詩序》、興義、分章、斷句、字音、字形、字義、賞析、翻譯、詩旨、名物、制度、歷史、地理、校勘異文、今古文經主張等等，都在其討論的範圍之內，在此針就其論詩的優點與特色，整理歸納如下：

一、詳考字義，掌握了語法與詞性

　　（一）如其釋〈邶風‧燕燕〉：「終溫且惠」即掌握終與且字義，將此句解作「既……又……也。」表示既溫仁又惠順也。所謂：

> 僖二十四年《左傳‧杜注》曰：「終，猶已也。」〈汝墳‧毛傳〉曰：「既，已也。」《釋名》曰：「終，盡也。」〈載馳‧鄭箋〉曰：「既，盡也。」《周語‧韋注》曰：「終，畢也。」定元年《公羊傳‧何注》曰：「既事畢。」余按：終與既同訓，然則終亦既也。……文五年《公羊傳‧何注》曰：「且，兼詞。」《墨子‧經說篇》曰：「自前曰且，自後曰已，方然亦且。」《廣韻》曰：「且，語詞也。」余按：且音若祖，今俗語繼事之詞曰：且，古之遺言也。

可看出牟庭據諸書所引與俗語而考證出此終與且字義爲「既……又……也」，以旁徵博引方式，探究出終與且字義，而掌握住此句語法，爲「既……又」的句型。此種詳實考究字義而掌握了正確文句語法之解釋，可謂牟庭解經之

優點。

（二）釋〈齊風・載驅〉：「齊子豈弟」之「豈弟」，牟庭以爲此「豈弟」作闓圛講，意爲開明之義，是一聯綿詞，不可分訓。此論較《毛傳》：「豈，樂也；弟，易也。」說法進步許多。其以爲：

> 〈蓼蕭・毛傳〉曰：「豈，樂也；弟，易也。」〈表記〉引《詩》凱弟君子，民之父母，而釋之曰：「凱以強教之，弟以說安之。樂而無荒，有禮而親，威莊而安，孝慈而敬，使民有父之尊，有母之親。」據〈表記〉之義，強教無荒，有禮威莊而敬者，皆言凱也，父之尊也；說安樂親，安與孝慈皆言弟也，母之親也。毛以豈爲樂，與〈表記〉違矣。而〈泂酌・毛傳〉又云樂以強教之，易以說安之，點竄〈表記〉之文，以就樂易之訓，而樂以強教似不成語，是毛公本不甚解〈表記〉者也。《釋言》曰：「愷悌，發也。」……《爾雅》古義當爲明發之發，蓋魯、齊、韓三家詩故尚存，於是〈長發・釋文〉引《韓詩》曰：「發，明也。」然則鄭以豈弟訓爲開明，據三家詩及《爾雅》也，但鄭意獨以此篇豈弟讀爲闓圛，而他篇豈弟不依此讀，則豈弟之義，隨文不同，詎無通解，是鄭君亦不甚解《爾雅》者也。……《漢書・司馬相如傳》曰：「昆蟲闓懌」《史記》作凱澤，澤亦讀與懌同，闓懌即豈弟也。《爾雅》訓愷悌爲發，鄭訓爲明，皆讀之爲圛；《毛傳》訓弟爲易，則直讀之爲易。義雖互異，讀皆同聲。莊強安樂之人，其意氣必開發而明白，〈表記〉、《爾雅》之義皆是也。豈弟，疊韻字，取聲不取義，毛公分二字作解，非疊韻字例，鄭君本不知發夕之義，又謂豈弟猶發夕，是殆以闓圛謂天明，不謂人開明也，故毛、鄭義皆非矣。

可知其以爲豈弟乃一疊韻字，此取聲不義解，作闓圛講，開明之意也。《毛傳》分作二字講，不妥，而《鄭箋》以爲天明，亦非，此豈弟不僅不可分開解釋，且意指人開明也，是以此「齊子豈弟」則爲：齊子安行心闓懌也。此論不僅點明了此「豈弟」爲一聯綿詞，不可分，亦說明此詞確切之意。

二、擅以俗語證古，使詩義靈活

（一）其釋〈周南・關雎〉：「參差荇菜，左右流之。窈窕淑女，寤寐求之。」之「流」字，即以爲：

> 流即摎之假音，故訓爲求，今俗語取於水中謂之撈，即流之聲轉，
> 詩人之遺言也。詩言接余之菜不齊而難取，則將雙手以摎捋之，以
> 興男女之交，貞靜而難求，則將反覆以親媚之也。

可見牟庭以流字在此應作摎的假借字；並據俗語云：取於水中謂之撈，知此
流作撈講，更生動。又流與撈二者，皆來母，爲雙聲；一爲幽部、一爲宵部，
可謂雙聲韻近，相通轉也。正如其云撈爲流之聲轉也，而流與摎皆來母，幽
部，謂爲同音字，又可互相假借，是以此流作摎字講，甚者，爲撈之意義，
是說得通的。而觀牟庭以流字解釋成撈，似乎更能將此荇菜參差不齊，需用
手左右撈取之情景表達盡致，亦以此將男女之交接這禁諱表露的事，隱隱約
約畫龍點睛表達出來。可看出牟庭以俗語求證古語，反更能將此詩言外的興
意，生動活潑展現，較一般人對此僅解作：長短不齊的荇菜，順著水流左右
採擇它，有趣多了。

（二）釋〈衛風·淇奧〉：「瑟兮僴兮，赫兮咺兮。」之「瑟」字，牟庭
以爲：

> 瑟、璱字同，當讀如轄。《文選·七發》中若結轄注曰：「其堅如結。」
> 今俗語堅緻之貌，謂之結瑟，結瑟即結轄也，此古之遺言也。然瑟
> 兮者，言其堅緻也。《大學》朱熹注曰：「瑟，嚴密之貌。」得其意
> 矣。

其以爲詩中此瑟字意，應如俗語所謂堅緻之意。所以此「瑟兮僴兮，赫兮咺
兮。」配合上下句的「有匪君子，如切如磋，如琢如磨。」、「有匪君子，終
不可諼兮。」即可解爲衛國的君子多，有的整齊如切者、有的平易如磋者；
有的文采如琢者，又有的光潤如磨者，或者，堅貞結瑟，寬大雅僴，或者鮮
明顯赫，著有威儀般，這些君子眞無法令人忘懷。此解釋比《毛傳》：「瑟，
莊矜貌。」較能上下連貫，詩意順暢。

據姜亮夫先生云：

> 按牟氏統全書而立義，故確切無比，大異於《毛傳》。又瑟即轄之借，
> 牟氏更以今語定之爲「結轄」，則本字、今語兩皆徵實。此既善調古，
> 又善調今。〔註1〕

可知牟庭解此瑟字爲結轄，頗能將本字與今語徵實表露，切近詩意。

〔註1〕見姜亮夫先生《詩切·序》頁12。

三、詮釋詩義，剴切確實

（一）如其釋〈豳風‧七月〉，此詩為誰所作？成於何時？前人多有異說。
然而牟庭解此詩，正如姜亮夫先生云：

〈七月〉一詩，古今解說至繁瑣。讀牟氏《切》，自然爽利。既無雕
飾，亦無差惑。然解〈七月〉不在體認詩旨之明晦深淺，而在確知
時令事物之正確與否，以調遂其得失是非。……牟氏于詩旨僅一語，
曰：「周公居田也。」不為修飾之詞。而于事事物物，則剴切定之以
佐證。〔註2〕

然而是否真如其說？觀牟庭解此詩第一章的「七月」至「田畯至喜」為：

余按：《堯典》，日永星火，以正仲夏；《夏小正》，五月初昏，大火
中，是虞公劉時，六月流火矣。〈月令〉季夏之月，昏火中，然則七
月流火，周公之時然也。……一之日，周之正月也，二之日，殷正
月也。觱發，風寒也。栗烈，寒氣也。……然則觱發、滭沸、觱沸、
畢沸，皆古音同假借字也。……栗烈，今俗語風雪奇寒之狀，謂之
滭冽，即此詩人遺言也。……三之日，夏正月也。……于耜，往致
耜也。致之田廬也，冬而入居邑室，春而出居田廬，以耜往也。四
之日，周四月也。……舉趾謂蹠耒也。古之耕者以足蹈耒推之以發
土，與後世挽犂不同。……我，周公自我也。……農夫，田民一也。
丁壯力強故謂之畯，愚蒙無識故謂之昬也。……據詩中農夫皆謂田
民，不謂農官，則田畯之訓為農夫，亦非農官也。……田畯之至喜，
言耕者見周公親率婦子而來饁已，皆感悅而甚喜也。

可看出牟庭解此詩，對於詩中的時令事物都儘可能作一詳解，而據時令推算，
此「七月流火」是周公之時，由周之正月，入冬，天氣凜冽談起，進而三、
四月，春耕於畝，舉足蹈土以鬆土俾便撥種，然後詩中的「同我婦子，饁彼
南畝，田畯至喜。」指周公避居在此，帶著妻兒，拜訪慰問這兒辛勤的農夫，
農夫們都非常高興。據其對字詞解釋，我們便很清楚了解此詩之意，且牟庭
將此解釋連貫譯為：

七月來豳邑，大火已流西，九月天氣涼，主人授我衣，一陽月之日
風逼發，二陽月之日寒栗烈，若無縕衣與毛褐，何以終度歲寒月？

三陽月之日春事起，往于田廬致耒耜，四陽月之日皆耕矣，農夫躡
耒高舉止。我亦偕同婦與子，移家觀饁南畝，田中畯民知我來饁已，
至極感悅欣欣喜。

可看出牟庭於此詩旨僅「周公居田」一語帶過，但於詩中的時令、農事、詞
語乃至文理等解釋卻順適不差。正如姜亮夫先生所云：「讀牟氏《切》，自然
爽利。既無雕飾，亦無差忒。」尤其牟庭對詩中節令事物，頗有一套說法，
如其云：

凡〈豳風〉節物相因，無間月者，如有間月，則其月中復如前月之
事。五月鳴鶪，八月載績，則六月、七月皆鳴鶪也。五月鳴蜩，八
月其穫，則六月、七月皆鳴蜩也。八月其穫，十月隕蘀，則九月猶
穫也。八月撥棗，十月穫稻，則九月猶撥棗也。七月流火，九月授
衣，則八月猶流火也。九月授衣，一之日觱發，則十月亦授衣也。
九月授衣，春日載陽，則歷十月至二月春未暖時，皆衣所授之衣也。
八月萑葦，蠶月條桑，則涉九月至二月蠶未生時，皆可織作薄曲，
有事萑葦也。

知其據時令與農事的配合來推算，將詩中所無交待的時令，亦說明其農事。
似乎其亦替詩人敘述古人在一年中做了些什麼事，如從種植五穀，採桑養蠶，
紡績染造，畋獵習武，剝棗穫稻，至獻羔祭韭，以介眉壽等等，可看出古人
日常生活情景。姜亮夫先生對牟庭於此詩的解釋，以為其優點有：「語言解釋
得當，時令、農事協調不矛盾，文理詞義順適不差池。則釋《詩》之能事竟
矣。」〔註 3〕可知牟庭說此詩旨為：「周公居田詩。」其對整首詩的農事、時
令確有詳實的掌握。

四、探究詩旨，自有創見

（一）〈鄭風・子衿〉，這首詩旨，歷來學者多認為與教育有關，如《毛詩
序》言：「刺學校廢也，亂世則學校不修焉。」《鄭箋》：「鄭國謂學為校，言可
以校正道藝。」《孔疏》云：「鄭國衰亂不修學校，學者分散，或去或留，故陳
其留者恨責去者之辭，以刺學校之廢也。」乃至三家詩亦無異義也。〔註 4〕可

〔註 3〕同上，頁 34。
〔註 4〕王先謙《詩三家義集疏》云：「魏武〈短歌行〉：『青青子衿，悠悠我心。但為
　　　　君故，沉吟至今。』雖未明指學校，並無別辭。北魏獻文詔高允曰：『道肆陵

－201－

知他們的看法，均與刺鄭風衰敗，學校不修有關。

此外，有的學者則以為是師儒思念學子之什。如宋、戴溪《續呂氏家塾讀詩記》云：「教者勤而學者怠，述教者之辭也。」〔註5〕姚際恆《詩經通論》亦云：「小《序》謂刺學校廢，無據。……玩縱我不往之言，當是師之於弟子也。」〔註6〕案：觀上述學者所云，一主刺學校廢，二主老師思念學子之言，問題是若主前者刺學校廢之意，然而學校廢與詩中的「青青子衿，悠悠我心。縱我不往，子寧不嗣音？」以至於「挑兮達兮，在城闕兮，一日不見，如三月兮。」有何關係？難道學校廢了，師生之間一日不見，就會彼此思念得感到如三月這般長久嗎？而主師儒念學者之辭，亦是，難道學生一天不去上課，就會令老師思念不已，以致發出這樣的呼籲：「縱使我不前往去看你，難道你就不會寫封信來告訴我一聲？」若是照他們這種說法，那麼，古時師生的關係好像頗複雜的，只要學生一逃學，或請假了，老師就會吟此詩以表達其心聲，若是如此，那古時的老師未免太自作多情了。又問題是按〈子衿〉的文義毫無有「刺學校廢」的意思，分明是一位女子想念男子的詩，所以才會有「一日不見，如三月兮」之相思語，故主師生之詞絕非詩意。

觀牟庭於此詩看法，我們可發現到他並不主所謂刺學校廢，或者，教者之辭，其以為是：「寄衣也。」所謂：

> 古之學於國學者，與其妻俱。《漢書》稱王陽學問居長安，婦娶東家棗。王章學長安，獨與妻居，臥牛衣中涕泣。是西漢時沿古周遺法，學者皆以妻從往也。此詩蓋鄭之遠鄙之人，學于國學，而父母在家，其妻留待，不得從往，因寄衣巾而作詩云。……青青子衿，見其具父母也。見其具父母者，知我不往之為有禮，而責彼不來之義正也。

可見牟庭將此詩解作妻子對丈夫的思念之辭。以為古人出外求學，皆帶妻兒前往，而此乃是留妻在家照顧父母，不得偕往，但因思其丈夫，故寄此青青衣巾，表達相思之情，一來藉此衣巾，讓丈夫想見其父母，以親情來感動丈夫歸來；一來亦表達己不能前往之因，以責其為何不捎個音信報平安呢？如

遲，學業遂廢。子衿之歎，復見於今。』……宋、朱子〈白露洞賦〉：『廣青衿之疑問，弘菁莪之樂育。』皆用《序》說，三家無異義。」頁364。知《三家詩》說法亦主此。

〔註5〕見戴溪著《續呂氏家塾讀詩記》《景印文淵閣四庫全書本》第67冊，頁73～816。

〔註6〕見姚際恆《詩經通論》頁111。

此，可見其妻發乎情，止於禮，亦表達了對丈夫之思念，如一日不見，已隔三秋般。照牟庭這般說來，似乎頗能將「青青子衿，悠悠我心。縱我不往，子寧不嗣音？」交待清楚。較主刺學校廢或教者之詞，切近詩意。然而後來有些學者以爲此是首情詩戀歌，如程俊英《詩經譯注》：「這是一位女子思念情人的詩。」〔註7〕唯其說法似不若牟庭，更能將青青子衿之意，極有創意地表達出來。

（二）〈大雅·抑〉，此詩亦爲歷來爭議不已。《詩序》以爲：「衛武公刺厲王，亦以自警。」而唐孔穎達以爲周厲王時，衛武公僅是諸侯之庶子，不至於作詩刺王，此應是後人追刺之作，其云：

> 案《史記·衛世家》，武公者，僖侯之子，共伯之弟，以周宣王三十六年即位。周厲王之世，武公爲諸侯之庶子耳，未爲國君，未有職事，善惡無豫於物，不應作詩刺王，必是後世乃作追刺之耳。〔註8〕

而清、陳奐《詩毛氏傳疏》則校正《孔疏》曰：

> 《史記·十二諸侯年表》，武公和元年，宣王之十六年至平王十三年而卒。〔註9〕

其以爲孔穎達所推測的年代錯誤，此應是衛武公入相於周時所作，即在幽王被殺，武公佐周平王伐戎有功，平王始命武公爲衛公之後。〔註10〕

而宋、朱熹《詩集傳》則以爲此篇只是衛武公自警之辭，而非刺詩。所謂：「衛武公作此詩，使人日誦於其側以自警。」〔註11〕但清、姚際恆《詩經通論》則謂：「此刺厲王之詩，不知何人所作。」又「懿、抑不相通，懿戒非抑詩，抑詩中無一語自警。」〔註12〕持反《朱傳》兼反《毛序》之論。方玉潤《詩經原始》則謂姚說門戶之見，對姚說不以爲然，其以爲：

> 愚非佞《序》，更不宗朱，然平心而論，此詩之解，實以《集傳》爲

〔註7〕見程俊英《詩經譯注》頁160。
〔註8〕見《十三經注疏本》（二）《詩經》頁644。
〔註9〕見陳奐《詩毛氏傳疏》頁752，台北：學生書局出版，1968年。
〔註10〕同上，陳奐《詩毛氏傳疏》尚云：「〈衛世家〉武公和四十二年，犬戎殺周幽王，武公將兵往佐周平戎，甚有功，周平王命武公爲公，五十五年卒。據《史記》平王始命武公爲公，武公於厲王時，未爲諸侯，幽王時雖諸侯不聞，爲周卿士則入相於周，斷平王之世入相而作〈賓之初筵〉刺幽王，作〈抑〉刺厲王，兩詩皆作於平王時。」頁752。
〔註11〕見朱熹《詩集傳》，頁204。
〔註12〕見姚際恆《詩經通論》頁301，302。

得，而姚、《序》並失焉。〔註13〕

馬瑞辰《毛詩傳箋通釋》亦以為：

> 《楚語》惟言以自警無刺厲王之說，朱子《集傳》據以駁《序》，其
> 說是也。〔註14〕

其以《朱傳》駁《序》為是。由上述可看出有的學者主此詩乃是衛武公刺厲王亦以自警，有的則以為僅是衛武公自警之作，甚者，有的學者乾脆否定是衛武公作，以為後人所作。然而此詩到底是誰作？其意何在？就牟庭而言，則不主前述種種說法，其以為此詩僅是母親教誡其子也。他對於有關衛武公等說法一概否定，其理由是：

> 《楚語》曰：「昔衛武公年數九十有五，作懿戒以自儆三君。」……
> 韋注乃云：「懿，詩〈大雅〉〈抑〉之篇也。懿讀曰抑。」《毛詩序》
> 曰：「〈抑〉、衛武公刺厲王亦以自警也。」韋為衛宏所誤，故強引此
> 詩以當懿戒。既讀懿戒為抑戒，則亦將讀抑抑威儀為懿懿威儀；若
> 讀為懿懿威儀，即為讚美懿鑠之詞，非是勸其按抑之意，與篇意已
> 不合矣。……詳此詩意皆老人教戒其子之言，非自儆亦非刺王，且
> 據《史記·衛世家》，衛武公以宣王十五年即位，至平王十五年而為
> 九十五歲，是又不及刺厲王者也。《孔疏》以為追刺之，尤為誅說，
> 不足辯矣。

可看出牟庭以為前人以懿通抑之說，不妥，因若懿通假作抑，則懿戒讀為抑戒，首句的「抑抑威儀」便可為「懿懿威儀」，如此懿懿威儀是為讚美誇獎之詞，非為警誡之意，與此詩充滿了警告訓誡之意不合，所以前人據《國語·楚語》中的「昔衛武公……作懿戒以自儆三君。」便以此認為〈抑〉詩就是衛武公作，則過於牽強附會，不可信矣。又牟庭據《史記》所載，知衛武公於平王十五年時已九十五歲，不可能作此詩以刺厲王。所以牟庭據諸多證據以為前人主衛武公等說法皆不可信。據詩文之意，以為此當是老人教戒其子之作，既非刺王，亦非自警也。

此外，此老人，乃是位婦人，教誡其子也。主要牟庭以為詩中的「借曰未知，亦既抱子。」謂為：

> 言人若說我未有知，故不能教爾知之，則我亦既年長有子，不應尚

〔註13〕見方玉潤《詩經原始》頁1150，台北：藝文印書館出版，1981年。
〔註14〕見馬瑞辰《毛詩傳箋通釋》，頁294，台北：廣文書局出版，1980年。

未有知也。君子抱孫不抱子，此言抱子者，母教子之詩也。母之於
子，固抱之也。

以為抱子的人多為婦女，故此詩當為母親教誡其子之作。是以此章詩：「於乎
小子！未知臧否。匪手攜之，言示之事。匪面命之，言提其耳。借曰未知，
亦既抱子。民之靡盈，誰夙知而莫成？」便順理成章譯為母親教訓孩子說：

於乎可歎爾小子乎！未能見事知臧否乎！非我攜爾手指示以事宜
乎？非我面相命提撕爾兩耳乎？借曰我未有知亦如爾乎？不見我亦
老長而既抱子乎？我有所知既告爾，爾之知之亦早矣；人若謙卑靡
自盈，誰有早知而反晚成？

頗有一番長者訓誡晚輩的口吻；告誡此子做人當虛懷若谷，多謙虛請教長者
為是，千萬不要把長者的話當耳邊風，畢竟長者經驗豐富，多虛心求教，可
以少走錯幾步路，如今，孩子你未為有成，當是好自滿盈造成。所以下一章：
「誨爾諄諄，聽我藐藐。匪用為教，覆用為虐。借曰未知，亦聿既耄。」則
訓為：

誨爾心苦語諄諄，聽我不入意藐藐。非以我為愛而教，反以我為苦
相虐。借曰我未有知而強教，不見我亦為人母吹既耄。

可見牟庭頗能抓住詩中的意思，詮解為母訓子等話，上下章亦能連貫呵成一
氣，順暢適意。上一章耳提面命教訓此子當虛心求教，想不到落得「言者諄
諄，聽者藐藐」地步，故此子之母仍不放棄，再接再勵訓之：不要以為我喜
歡教訓你，你亦應該為我想想看，我亦已皤皤老矣。可看出牟庭將為人父母
長者對這不受教的子弟，苦口婆心，明知白費唇舌，還不願放棄責任的教誨
情景活畫出來。觀此說法是否較前人爭執是衛武公刺王說，或衛武公自警說，
更平實、更能自圓其說呢？

五、有風謠的觀念

觀牟庭解《詩》〈國風〉部分，謂：

風者，人民之風謠也。觀其詩，知其俗之習尚，與其人之風謠，故
曰：風。

知其對〈國風〉意義，不主從寓有詩教等意義，既非風化天下，亦非諷諫以
戒，或為一國之事，而是就〈國風〉論之，以為是一地人民的風謠；由十五
國風中可知十五個地區的風謠民俗也。此說如同朱熹《詩集傳》論〈風〉：「風

者，民俗歌謠之詩也。」將〈國風〉還原其民歌之意，頗有風謠的觀念。

總之，牟庭在此亦主〈風〉詩是各地的民間曲調，帶有濃厚的地方色彩，如其主〈秦風〉則西戎諸國風俗可見矣。此說一反漢儒主教化、諷刺詩教觀點，而凸顯〈國風〉民歌的特色，可謂在清考據尚古，獨詩教為尊情況下，牟庭仍強調〈國風〉的風謠特性，不啻為獨到之論。

六、重譯詩文，譯語優美

如其釋〈豳風·東山〉，其以為是周公悼亡妻之作，故將詩文語譯為：

東山　一章

昔我出居往東山，悠悠之道不時還。今我方歸來自東，零雨時節我冒蒙。我來自東徒曰歸，我心西向不勝悲。悲莫悲兮死別而生離，生年送彼東山人，手掔彼人裳與衣，露身士子行列中，倉皇勿復自藏微，如此離情悲不悲。離人有時更復聚，奈何蠋蟲蜎蜎而局數，麈在桑野無人處；比人屈體臥痛獨抑鬱，久在殯宮難再睹。悲哉此別不知何處去，惟有柩車在西序；又有團身獨宿彼禽父，亦在車下枕草土。

二章

昔我從行往東山，悠悠之道不時還。今我方歸來自東，零雨時節我冒蒙。雨中庭院更荒蕪，栝樓垂實施屋宇。在室之壁有委黍，長跂作網在當戶。町畽無人跡，起土有鹿場；熠耀見燐火，宵來牆下行。不曰空室無人吁可畏，但云入室可長懷；雖則不畏而長懷，豈知我悲來填膺哉！

三章

昔我從行往東山，悠悠之道不時還。今我方歸來自東，零雨時節我冒蒙。行人蒙雨催歸日，居人掩闔正愁悒；蒮鶋夜鳴上高垤，思婦長歎局深室。忽而灑汎掃穹室，喜我征行吹歸至；至門瓜瓞有團團，瓜瓞之架惟栗薪。憶我離行架有瓜，歸來瓜架亦如然；自是吾家好瓜瓞，麈久繫在栗薪間；自我不見此瓜瓞，於今闊別已三年。比如家室久別離，團欒無恙足歡怡，相看但感別經時。少別三年猶難之，而況乎終古不見長悲思。

四章

昔我從行往東山，悠悠之道不時還。今我方歸來自東，零雨時節我
冒蒙。行來苦雨歸喜晴，良時佳日非倉庚，熠燿好羽照眼明。比如
嫁者靚飾六禮迎，新裝炫服爛盈庭。之子于歸入青廬，皇馬、駁馬
秣生芻。有綏繫者其褘禂，親手解帶劇摩娑；燭出成禮儀匹多，爲
九爲十不知他。樂矣新相知，良宵事孔嘉，不知舊伉儷，今夕皆如
何？舊人新人一樣嘉，有人向隅獨悲歌。

知牟庭解《詩》，除了注解外並有翻譯；此譯文雖尚未達到十全十美的標準，
但可看出其語譯頗富感情，且還押韻，將周公由東山歸來所見的情景，今非
昔比，往者已矣等感傷表達盡致，雖不中於信、雅、達的標準，但亦不遠矣。
於此可使我們看到牟庭研究典謨訓誥之外的另一副手眼。

七、論《詩》韻例，獨具慧眼

牟庭以爲：

〈周頌〉用韻有與〈風〉、〈雅〉異者，蓋聲音轉變，隨世不同。〈風〉、
〈雅〉取會近俗，則用當時之音，而今謂之古音。〈頌〉爲典制之作，
用古音，而今謂之古之古音。

知牟庭以爲〈周頌〉仍有用韻。然而〈周頌〉等詩，歷來頗多學者認爲是不
押韻的，如朱熹《詩集傳》云：「〈周頌〉多不用韻。」清儒學者江有誥亦論
《詩》〈周頌〉韻例多無韻。〔註15〕乃至民初、王國維說〈周頌〉，亦以爲：

〈風〉、〈雅〉有韻而〈頌〉多無韻也。……頌之所以多無韻者，其
聲緩而失韻之用，故不用韻。〔註16〕

王了一先生〈詩經韻例〉一文亦云：

《詩經》的詩，一般都是有韻的，只是在〈周頌〉中有極少數無韻
的詩章。……全章無韻例有：〈清廟〉、〈昊天有成命〉、〈時邁〉、〈噫

〔註15〕江有誥《詩經韻讀》亦多主〈周頌〉無韻者，如〈清廟〉、〈天作〉、〈昊天有
成命〉、〈我將〉、〈執競〉、〈臣工〉、〈噫嘻〉、〈有客〉、〈載芟〉、〈絲衣〉、〈小
毖〉、〈閔予小子〉、〈酌〉、〈賚〉等詩篇，此收入於《音學十書》中，又收入
於清渭南嚴氏校定，《音韻學叢書》第十四冊，台北：廣文書局出版，1987
年。

〔註16〕見王國維《觀堂集林》頁111，台北：世界書局出版，1961年。

嘻〉、〈武〉、〈酌〉、〈桓〉、〈般〉。〔註17〕

可見牟庭主〈周頌〉用韻之說，頗為獨到之論。然而〈周頌〉是否有用韻呢？
據其釋〈周頌・清廟〉云：

> 據〈大雅・思齊〉三章，廟、保、瑕為韻。知廟字古音若母，故古
> 之古音，與士為韻。……相古之古音若廝，唐宋人俗語相見謂之廝
> 見，口語相傳，最為古言也。……〈大雅・思齊〉四章，德與士韻，
> 〈大雅・假樂〉一章，德與子韻。

可知〈周頌・清廟〉首章：「於穆清廟，肅雝顯相。濟濟多士，秉文之德。」
廟與相、士、德為韻。案：據牟庭這般說法，以〈頌〉為典制之作，多用古
音，是以觀〈頌〉詩句尾，是否有用韻？則要以上古音韻觀點視之，才行。
因此，詩中的廟與相字，牟庭主張不當以今音視之，應以古音來看，所以找
出廟的古音若母；相的古音若廝，如此便可看出母、廝、與士、德為韻。據
朱駿聲《說文通訓定聲》所記載，可看出母、廝、士、德等字確為同一部韻，
皆為頤部字，〔註18〕而董同龢先生《漢語音韻學》融合清江有誥、段玉裁、
及近代章炳麟、王力等看法，主上述諸字皆屬上古韻的之部字。〔註19〕由此
以見牟庭主古音來看〈周頌〉的韻例是正確的作法，亦確如其云，是有押韻
的。而其主古音不當以今音論之這一觀點，正如明、陳第《毛詩古音考》所
謂的：「蓋時有古今，地有南北，字有更革，音有轉移，亦勢所必至。故以今
之音讀古之作，不免乖刺而不入。」〔註20〕頗有其音隨時、地之變，不以今
律古等概念。又廟與母雙聲，聲母皆為明母字，上古音為*M母，可知廟古音
與母音當是很相近的；而相與廝二者亦雙聲，中古音皆為心母字，上古音為
*S母，所以牟庭主此廟古音若母；相古音若廝，當是可信的。

　　總之，其主〈周頌〉用韻說，這一見解確為獨特，頗如姜亮夫先生之評：

> 其見解固清儒所未言，而其所遮撥發正，為三百年所少見。如言〈周
> 頌〉諸篇之「刑」與「人」韻，「皇」與「音」韻，「命」與「已」、
> 「思」韻，「信」與「摯」、「神」韻，「岳」與「思」韻，「后」與「子」
> 韻，「夏」與「極」韻，不僅韻部與諸家說多有出入，而〈周頌〉用

〔註17〕見王力《詩經韻讀》頁111，上海：上海古籍出版社出版，1980年。
〔註18〕此母、廝、士、德等字收入於朱駿聲《說文通訓定聲》的頤部，分見於頁207、
　　　　251、265、268。
〔註19〕見董同龢先生《漢語音韻學》頁247。
〔註20〕見陳第《毛詩古音考》〈自序〉一文，頁7。北京：中華書局出版，1988年。

韻之例亦從而大有更張。然否姑不具論，而其膽識，實當時諸家所不及。清儒論《詩》韻例，有顧亭林、戴東原、王念孫、段茂堂、嚴可均、江有誥，而牟庭多與之異，而世人曾莫之曉也。〔註21〕

八、據史事說詩，亦多精闢

如其釋〈邶風‧二子乘舟〉，謂：

> 《新序》曰：「衛宣公之子，伋也、壽也、朔也。伋，前母子也；壽與朔，後母子也。壽之母與朔謀，欲殺太子伋而立壽也，使人與伋乘舟於河中，將沈而殺之。壽知不能止也，因與之同舟，舟人不得殺。伋方乘舟時，伋傅母恐其死也，閔而作詩，〈二子乘舟〉是也；於是壽閔其兄之且見害，作憂思之詩，〈黍離〉是也。」……此劉向所傳《魯詩》舊學如是，當魯詩始行，《左氏傳》猶未出，其言無所附會，而說事皆合於左氏，又加詳焉，此最可信者。據此知乘舟一役也，使齊又一役也，乘舟不死，而後使齊，當作此詩時，伋、壽固未死也，其所以未即死者，殆以此詩保全之力也。

而其釋詩中的「願言思子，中心養養。」則以為是：

> 宣公密謀欲沈殺伋子，必不使人知也。若隨而疾痛呼號，使知其謀已彰，則激而自遂，禍乃愈速，故深諱其沈殺之謀，而惟自致其思慕之切，庶幾殺機潛消而骨肉可以幸全，此詩人之善言也，故下章又曰：「不瑕有害」，則詞益平而意益深矣。知此意者庶可與讀此詩。

故其主此詩旨為「傅母哀救伋子也。」知其主三家詩的看法，以此詩乃太子伋的傅母所作，憫太子伋與壽被謀害之事。案：此詩歷來眾說紛紜，莫衷一是。據姚際恆《詩經通論》云：「夫殺二子于莘，當乘車往，不當乘舟。且壽先行，伋後至，二子亦未嘗並行也。又衛未渡河，莘為衛地，渡河則齊地矣，皆不相合。」〔註22〕崔述《讀風偶識》也說：「自衛至齊，皆遵路而行，特濟水時偶一乘舟耳。既非於河上遇盜，何不言乘其車，而獨於其乘舟詠之思之？」〔註23〕觀二者，知皆據衛至齊，不當乘舟，當乘車為由，拒以伋、壽被害爭死等史實說詩。然而在吳師宏一《白話詩經》中則以為：

〔註21〕同註1，頁15～16。
〔註22〕同註6，頁68。
〔註23〕見崔述《讀風偶識》頁27，台北：學海出版，1992年。

類此之說，還有很多，都是以後人所知之史地，否定前人之成就。

又

清代以來的一些學者，往往爲了推翻舊說，甚至懷疑史傳記載的不實，這就難免疑古太過了。也因此，新說並起，反而使讀者眼花撩亂，不知所從。……所以，對於此詩，我主張仍採舊說。

若我們撇開伋、壽等史事，就詩論詩，似乎可體會到詩中有一種送別的意味。如宋王質《詩總聞》以爲此詩乃是詠女子出嫁，其女伴於河邊送別的詩。甚至將「二子同舟」的「二」改作「之」。〔註24〕然而仔細研究此詩，我們會發現到此詩雖有送別之意，但詩中「中心養養」的「養養」乃是形容人心神不安的樣子，又「不瑕有害」，是擔心受害的疑慮詞，是以二者以解送別之意，似乎詞不達意，因當人送別至親好友時，何來擔心受怕，心神不寧呢？應是有股別時容易見時難，此君一去兩茫茫，動如參與商等感慨，才是，又王質以「二」字改作「之」字解，似乎犯了改字解經的毛病，所以論此詩，單純以送別之意視之，是行不通的。據馬瑞辰《毛詩傳箋通釋》云：「首章中心養養，二章不瑕有害，皆二子未死以前恐其被害之詞，非既死後追悼之詞。」〔註25〕可見此詩據史實言之，方爲可信，而吳師宏一的評斷乃宜。

又據清、范家相《詩瀋》云：「姜與朔謀殺伋，其事秘，有傅母在內，故知而閔之。壽與伋共舟，所以阻其沉舟之謀。其後竊旌乃代死，情事宛然。此《新序》之勝於毛《傳》者。」〔註26〕知牟庭的說法恰與此說雷同，皆主此乃伋的傅母所作，且作於伋、壽乘舟就死之前。然而爲何牟庭會主三家詩所論的史實言此詩，而不依據《左傳》或《史記》所載的史實言之呢？主要其以爲：

考衛宣公十八年，當魯桓公十一年也。《史記》以伋、壽爭死事在此年，而追敘其初，自生伋子取齊女皆前此矣，亦不明言爲何年事也，然伋、壽之死，《左傳》亦無其年，而《史記》獨確然指爲宣公十八年事，此必別有所據也。據〈柏舟〉篇，宣公烝於夷姜，當在宣公始立之年，則魯隱公四年也，以此推之，宣公元年當魯隱公五年，生伋子，至宣公十八年，當魯桓公十一年而伋子死，纔十八歲爾。……計

〔註24〕見王質《詩總聞》云：「二當作之。如乘舟渡河而歸人其徒餞送者也。」《景印文淵閣四庫全書本》第 66 冊，頁 72～471。

〔註25〕同註14，頁 51。

〔註26〕見范家相《詩瀋》《景印文淵閣四庫全書本》第 82 冊，頁 88～634。

> 伋子生十歲而娶,則齊女年必加長,須是十四、五歲始可以來嫁,故
> 宣公取之,遂生壽及朔,以此計之,壽子之死纔八、九歲爾,以八、
> 九歲人而能爭死以相讓者,仁人孝子間氣之所鍾,固非常情所可測也。

可知其以《左傳》不明言史實的年代,而不從其所載,又據《史記》所記載
的年代,推論出與伋、壽爭死的年齡不符,故其不主以《左傳》、《史記》等
說,而據劉向《新序》,所主魯詩的說法言之,以爲此詩確言伋、壽爭死等人
倫悲劇,但作者非《毛詩序》所謂衛國人在伋、壽不幸罹難後,哀悼之作,
而是伋的傳母在伋、壽乘舟就死之前所作的詩。由此可看出牟庭於史實論詩
之外,另一精闢的推論與闡析。

九、以譬喻言詩,頗多高妙

　　歷來以比喻說詩的學者頗多,而牟庭以譬喻言詩的情形,亦多。然而就
其所論的詩中,亦頗多凸出的高見,如其釋〈邶風·柏舟〉:「汎彼柏舟,亦
汎其流。」爲:

> 余按:舟所以載人涉水,自此岸而達彼案,如媒氏之合男女,故詩
> 人多以舟喻婚嫁者。柏舟,取其聲也,以喻逼迫爲婚,非其志也;
> 亦汎其流,喻己不能自由,亦既從人之意也。

釋〈鄘風·柏舟〉首章:「汎彼柏舟,在彼中河。」爲:

> 余按:今俗語浮水聲曰汎,詩人遺言也;柏舟取其聲爲喻,柏之言
> 迫也,以喻其夫被父母逼迫而與己中道相棄也。

釋其二章:「汎彼柏舟,在彼河側。」爲:

> 余按:柏舟不浮於水,而在河旁之涯,喻己以逼迫被遣,不得在夫
> 家也。

知二首〈柏舟〉的「柏舟」意義,牟庭都以音聲爲喻的方式作解,以柏音近
迫,含有婦人被迫之意,前者乃喻此婦人被迫爲婚,己無能作主,如柏木舟
隨水波蕩漾,無法自己操控,隨波逐流,從他人之見爲是,故有被迫不得自
主之意;而後者亦以柏音近迫爲喻,但逼迫此婦與夫君離異,故非「亦汎其
流」而是「在彼中河」或「在彼河側」。意逼迫此木舟離水的依附,回靠岸邊,
頗有獨自被遣送回家,不得依靠夫家之意,故承其下句而有「髧彼兩髦,實
爲我儀。之死矢靡它。母也天只!不諒人只!」等誓言。於此牟庭則譯爲:

> 汎彼水上柏木舟,祇在河中未得渡。比如夫婿被逼迫,中道遣我還

家去。彼家垂髦孝順兒，與我結髮爲匹儀。我誓至死靡他之，還家
依母母爲天，天乎奈何不信人！

可見同是柏舟，以柏音近迫爲喻，但卻可變化出兩種截然不同的說法，〈邶風·
柏舟〉主其被迫結婚，無由自主；而〈鄘風·柏舟〉則主其被迫離婚，另嫁
他人。觀此二說，知其此喻說詩，頗爲高妙。

十、擅以禮儀說詩，有益詩說

牟庭《詩切》中以禮說《詩》的篇章頗多，如其解〈召南·鵲巢〉第一
章云：

> 余桉：此言昔者此嫡來嫁之時，迎以百乘之車，重其禮也。

而其譯詩云：

> 巢是鵲之有，鳩入而蹲踞。比如夫人正位中宮住，嬖人乘寵奪其處。
> 不念之子初嫁時，諏吉于歸禮儀具。君車百輛鳴和鸞，晁而親迎車
> 賽路。

此除了道破「維鵲有巢，維鳩居之。」的「鳩佔鵲巢」比喻意義外，並以婚
禮說明此詩。由其譯詩，可看出古人迎嫁娶的禮俗。據《儀禮·士昏禮》記
載，有所謂「六禮」，即「納采」、「問名」、「納吉」、「納徵」、「請期」、「親迎」
〔註27〕六個程序。此六禮具備，婚姻關係始告成立。譯詩中的「諏吉于歸禮
儀具」可知即爲古人所謂的納吉；通過問名、占卜，確定吉兆後，就把合婚
的佳音告知女方，待所有禮物準備就緒送給女方後（此即所謂「納徵」或「納
幣」），則於吉時由夫家新婿親往女家迎娶，即古禮所謂「親迎」。若娶的是貧
寒之家的女兒時，裝運則十分儉樸，如《後漢書·戴良傳》云：「良五女並賢，
每有求婚，輒便許嫁，疏裳、布被、竹笥、木屐以遣之。」〔註28〕反之，則
如《潛夫論·浮侈篇》所云：「車騈各十，騎奴侍童，夾轂節引。富者競欲相
過，貧者恥不逮及。」〔註29〕富豪迎娶，頗浩蕩。譯詩中的「君車百輛鳴和

〔註27〕見《十三經注疏本》（四）《儀禮·士昏禮》：「昏禮下達納采用鴈。」下孔疏
云：「昏禮有六、五禮。用鴈納采、問名、納吉、請期、親迎是也。唯納徵不
用鴈，以其自有幣帛可執故也。」頁39；又頁62〜65，有關此婚禮儀式程序
等介紹。
〔註28〕見范曄著、李賢注《後漢書·逸民列傳·戴良傳》頁2773，台北：鼎文出版，
1979年。
〔註29〕見王符《潛夫論》卷三，〈浮侈篇〉頁7，收入於《四庫善本叢書子部》，台北：

鸞，冕而親迎車賽路。」即可看出男方迎娶女方的車輛是如此之多，且鋪張、繁華、熱鬧。詩中的「之子于歸，百兩御之。」、「百兩將之」、「百兩成之」之「百兩」，據姚際恆《詩經通論》云：「『百兩』，百爲成數，極言其多；以爲天子嫁女可，以爲諸侯嫁女可，以爲大夫嫁女可。」〔註30〕知此必爲貴族嫁女，故由百輛車迎娶，排場亦如此非凡、奢華、熱鬧。

　　由上述分析，亦可知此君納妾，寵妾，使妾嬌縱過於明媒正娶的夫人，是以使夫人不由得憶起當初君王娶她時，是如此隆重、浩大、鋪張、奢華，如今卻失寵落寞，故有「鳩佔鵲巢」之嘆。由此論述可看出古時有所謂的納妾之俗，由於古時的一夫多妻制，故史上常有嫡庶爭風吃醋等史事產生，而亦造成無數「紅顏暗老白髮新」的人生悲劇。

第二節　牟庭《詩切》有待商榷的觀點

　　就本人研究與觀察，發現牟庭論《詩》，有待商榷的觀點，有以下這幾項：

一、據片面之詞以立斷，過於武斷

　　（一）〈唐風‧葛生〉，牟庭以比喻方式說明此詩是言寡婦處境，落寞無依，然而當言詩第三章的「角枕粲兮，錦衾爛兮。」時則以爲：「寡婦服用宜儉素，觀其枕衾粲爛，不謹可知也。此蓋傅姆所作詩也。」據此定此詩主旨是：「刺寡婦不謹也。」案：前二章的「葛生蒙楚，蘞蔓於野」、「葛生蒙棘，蘞蔓於域」皆以葛、蘞、棘之蔓生特性以比喻，今葛附楚木而蘞、棘無依。蔓生於野，於地，喻人家託夫以自處，而寡婦單弱，無以自立也。然而爲何至第三章詩「角枕粲兮，錦衾爛兮」則以爲是此寡婦不謹守婦道，過於享受呢？據詩文來看，此四角光燦的枕頭與文錦之衾被，如何就表示此婦不謹守婦道呢？說不定此枕與被在其夫君未亡前即有，而留存下來的，是以作者寫此章詩的「角枕粲兮，錦衾爛兮」可能是用來藉景言情，亦說不定。藉此曾與夫君共用之枕與被，來增加此寡婦對夫君的思念，所謂觸景傷情也；寡婦看到那亮晶晶的枕頭、那錦鍛之被，而感歎出：「予美亡此，誰與？獨旦。」表示：她所愛的人先亡了，如今有誰來相伴？她獨自一人挨到天明好難過！

　　藝文印書館出版，1965 年。
〔註30〕同註6，頁34。

是以牟庭在此認為是言寡婦不守婦道，未免失之武斷。

（二）〈小雅·白華〉，詩中的「鴛鴦在梁，戢其左翼。之子無良，二三其德。」

牟庭據《埤雅》：「凡鳥左顧則怒，右顧則喜。」則以為：「據知戢其左翼，蓋言左顧而怒也。」案：牟庭此論似乎有問題，何以戢其左翼，即表示此鳥左顧則怒？而《埤雅》所云的「左顧則怒」憑據為何？又此詩言其左翼，是否即表示其左顧？又為何鳥左顧則怒？其理據何在？關於這些問題，牟庭皆未進一步探究，單憑《埤雅》言鳥左顧則怒，即言此詩「戢其左翼」表此鳥怒，或許頗有斷章取義之嫌。

二、解釋文詞，師心自用，不合常理

（一）〈周頌·潛〉：

　　猗與漆沮，潛有多魚。有鱣有鮪，鰷鱨鰋鯉。以享以祀，以介景福。

牟庭以為：

　　此詩言漆旁之沮，有雨水之潛，非生魚之處，乃有此大而且多之魚，

　　為可喜也，以比國家不腴而有多賢大才，同來助祭為光榮也。

此說與歷來主「賦」為鋪陳獻魚祭宗廟之說法不同，可謂牟庭獨特之見。主要不同的關鍵在其以「潛」字在文獻上多與「涔」字通用，當作雨水之淤積講，〔註31〕是以詩人所謂潛者，謂漆旁沮澤之中有雨後之積潦耳。所以「潛」意既非《韓詩》：「魚池。」亦非《毛傳》：「椮也。」如此之解，知「猗與漆沮，潛有多魚。」非小水無大魚，反而是這漆之沮、雨水之積潦般淺水，卻深藏有如鱣、鮪、鯉等大魚，宛如一國家不充裕、不富有，但有眾多賢才盡心效力，共來助祭，是以兩相比擬以賀國之光榮也。話雖如此，問題是像鯉、鮪、鱣等大魚，我們都知道幾乎都深藏在大海或大河中，不應在淺水乃至雨水之淤積處出現，若是如此這些魚豈不就因水不足，早已乾涸而死，又如何有多魚在其中活蹦亂跳？倘若古時這些魚非今所見的魚，然而據牟庭所云：「鱣鯉即三月化龍者。」可知為「龍」者，體型絕非小也，又鄭《箋》：「鱣，大鯉也。」知鱣、鯉等魚雖無法肯定是否為今的鱣、鯉，但亦絕非是小魚，所以由此可知牟庭以

〔註31〕《詩切》云「潛與涔古字同。《禹貢》沱潛，《史記·夏本紀》作沱涔是也。《淮南氾論訓》高注曰：『涔，雨水也。』傲真訓高注曰：『涔，久雨水潦也。』然則詩人所謂潛者，謂漆旁沮澤之中有雨後之積潦耳。」頁 2601。

雨水之積潦卻深藏有這些大魚，這一說法有語病，不可信。

三、好以喻義說詩，解釋益見附會

（一）〈邶風・靜女〉：

　　靜女其孌，貽我彤管。彤管有煒，說懌女美。

牟庭以為：

　　靜女之三章取彤管焉，傳意以彤管箴管為小之物，非所可取，但為
　　愛其靜女，故取彤管而美之，此以靜女喻可以加於國家者，以取彤
　　管喻棄其邪爾。

據牟庭這般說法，似乎頗有問題。因為何以靜女可喻為加於國家者？此靜女與國家有何關係呢？據其所云，知靜女通倩女，意為親家女客，既為親家的女客人，無意之中，送此彤管予此在郊外遊玩之女，此不過是很平常的人與人的邂逅交往，與治國平天下有何關係？如此說來，靜女可喻加於國家者，頗穿鑿附會。又其云：「取彤管喻棄其邪爾。」此彤管，據牟庭解釋，不過是女子常用的箴簪，此一小小的紅色箴簪，如何含蘊有棄邪歸正之意義？知牟庭這般解釋靜女與彤管，過於附會。

（二）〈王風・采葛〉：

　　彼采葛兮，一日不見，如三月兮。

牟庭以為：

　　采葛喻人娶妻以治裳也。雖曰治裳衣而徒溺其色，一日不見，則思
　　之如三月之久。

此外，牟庭又以第二章的「采蕭」喻人娶妻以奉祭祀；以第三章的「采艾」，喻人娶妻以養父母，侍奉醫藥也。可看出牟庭掌握葛、蕭、艾等用途與特性，來比喻娶妻是用來做女紅、縫衣裳；用來侍奉祭祀，孝養父母的。然而問題是葛的特性雖是用來製衣裳的，但采葛與娶妻有何關係？難道牟庭心中亦把妻子當作物來看待？是以采葛即指娶妻以治裳；而蕭特性是用來祭祀的，所以采蕭指娶妻以祭祀；同理，艾的特性是可作藥治病的，是以采艾指娶妻以奉養父母，侍奉湯藥的。如此說來，牟庭這般解釋豈不太現實、功利了？太沒有人情義理在？彷如娶妻並非感情的結合，而完全為實用性的，如此與國風的特性：以抒情為主，敘事為輔，說理最少的特性實有不合。若照字面上看，很單純的僅是那人出去採葛藤，一天不見她人影，好像分別了三個月；

那人出去採蕭荻，一天不見如三季般長久；那人出去採艾草，一天不見她人影，如分別了三年。可知作男女相思之詩來看，或許更切近詩意。

四、擅以史實附會解詩，不夠客觀

（一）〈邶風・燕燕〉，牟庭據《史記》與《左傳》記載，以為：

> 陳女，女娣亦幸於莊公，而生子完，完母死，莊公命夫人齊女子之立為太子。即《左傳》所云戴媯，生桓公，莊姜以為己子者也，如是則桓公未立戴媯已死久矣，安得至州吁殺完而大歸哉？

可知牟庭以為此並非如《毛詩序》、《鄭箋》、《孔疏》等說法，為州吁之亂，莊姜送戴媯大歸之作，而主張是「定姜無子，庶子衎立為獻公，而無禮於定姜，其娣仲氏無子而大歸，定姜送之，感而作詩。」主定姜送歸妾，感獻公不孝之作。然而據後代學者考證，知此〈邶〉、〈鄘〉、〈衛〉詩，創作時代最晚的詩是〈定之方中〉與〈相鼠〉，此產生於衛文公當政前期。而衛文公之後方是衛成公、衛穆公、衛定公、衛獻公。〔註32〕而牟庭主此為定姜感獻公不孝之作，似乎與〈邶風〉創作時代不合。據吳師宏一《白話詩經》云：「齊、魯、韓三家，都以為這首詩是衛定姜送其婦（或其娣）歸之作，假使這個說法能夠成立，那麼，這首詩的寫作年代，應該已是春秋中葉了。」可知牟庭的說法同三家詩之說，但與史實的年代不符，是以其說亦不可信。

（二）〈秦風・蒹葭〉，牟庭以為是百里奚薦蹇叔之作。其據《史記・秦本紀》記載，主此一說。並以蒹葭喻百里奚，白露喻蹇叔，而蒹葭遇秋，蒼然苦寒，白露耐冷，方將結霜，是以表示百里奚在貧賤中已感慨悲涼，而蹇叔益以堅苦自守也。而詩中的「所謂伊人，在水一方。溯洄從之，道阻且長。溯游從之，宛在水中央。」此伊人，牟庭以為是蹇叔，此章詩的意思大概是百里奚推薦蹇叔，而秦穆公欲尋求蹇叔的下落，卻不可得，如在水一方的伊人，忽而在「水之湄」，忽而在「水中坻」，忽而又「宛在水中央」。案：此詩之意若是百里奚推薦蹇叔，應該就會很清楚告知秦穆公：蹇叔的下落，豈會讓秦穆公尋求不得，如捉迷藏般，忽而「水之湄」，忽而「水中坻」，忽而……，所以牟庭這般說法，豈不自相矛盾。且據詩文原意來看，一點沒有百里奚推薦蹇叔之意，若是推薦蹇叔的話，詩中應該會點明蹇叔的賢能、才幹，但觀

〔註32〕此說見翟相君〈燕燕的作者〉一文，《詩經新解》頁115，中州古籍出版，1993年。

詩中惟言「蒹葭蒼蒼，白露爲霜。所謂伊人，在水一方。溯洄從之，道阻且長。溯游從之，宛在水中央。」似乎並沒有表示蹇叔的賢能所在，倒頗似寄託著一種有所愛慕而不得近的情意。故有「溯游從之，宛在水中央」、「溯洄從之，道阻且躋」、「溯洄從之，道阻且右」等字眼。正如方師瑜所評：

> 細品〈蒹葭〉，那「在水一方」的「伊人」，忽而在「水之湄」，忽而在「水中坻」，忽而又「宛在水中央」，簡直像《茵夢湖》中那朵永遠攀折不到，卻永遠值得追求的水中白蓮。……加以〈蒹葭〉全詩借深秋時節爲背景，襯以秋風中翻白的蘆葦，煙水迷茫，白露爲霜，通篇氣氛的經營與詩人踽踽獨行，探索追求，鍥而不捨的心境堪稱妙合無間。〔註33〕

總之，詩無達詁，此詩應如裴普賢先生所云的：「這篇蒹葭，可作情詩讀，可作懷友詩讀，也可作爲求賢招隱之詩來欣賞。」〔註34〕意指可從不同角度來解釋，應避免指實爲佳，是以牟庭據《史記》解此爲百里奚薦蹇叔，未免失之穿鑿附會。

五、有的以禮儀附會說詩，又前後矛盾

前述論牟庭以禮說詩，可謂於《詩》說相得益彰，然而有時牟庭以禮說詩亦多牽強附會，如其釋〈周南‧芣苢〉第一章：

> 「采之」，喻夫氏以禮聘己也；「有之」，喻夫氏問名既識有己也。

而其譯詩爲：

> 采采似多事，此草名不以。雖其名不以，頗已見收采。比如爲婦雖不以，頗受夫家之六禮。
> 采采似多事，此草名不以。雖其名不以，頗已被識有。比如爲婦雖不以，夫氏頗知有我矣。

案：從〈周南‧芣苢〉詩文來看，僅見「采采芣苢，薄言采之。」「……有之。」「……掇之。」「……捋之。」「……袺之。」「……襭之。」等重章疊唱之詞意，有此婦受夫家六禮之意？及夫家下聘、問名等禮儀？所以由〈周南‧芣苢〉詩文中實看不出牟庭何所據論。據陳戌國先生云：「牟氏附會之能事，實

〔註33〕見方師瑜〈歌以寄情〉一文，收錄於《昨夜微霜》頁140～141，台北：九歌出版，1985年。
〔註34〕見裴普賢先生《詩經欣賞及研究》頁585，台北：三民書局出版，1991年。

不遜於鄭君。」〔註35〕

　　此外據前述，我們知道在牟庭論歷來《詩經》學說詩的觀點中，提出所謂「七害五迂」之論，以為歷來《詩經》學者說詩往往犯有所謂的「七害五迂」之弊；其中「七害」即有論：「一曰樂，……二曰禮，……《三禮》出於數百年秦火之後，儒者拘牽之以證詩，此二害也。」〔註36〕然而在此我們卻可發現牟庭喜引《禮》說詩，這樣和他的主張，豈不自相矛盾？

六、所論的詩旨與譯語之意不合

　　（一）如〈鄭風·將仲子〉：

　　將仲子兮，無踰我里。無折我樹杞，豈敢愛之？畏我父母。仲可懷也，父母之言，亦可畏也。

　　將仲子兮，無踰我牆。無折我樹桑，豈敢愛之？畏我諸兄。仲可懷也，諸兄之言，亦可畏也。

　　將仲子兮，無踰我園。無折我樹檀，豈敢愛之？畏人之多言。仲可懷也，人之多言，亦可畏也。

牟庭譯為：

　　請語少年誰家子，無任跳越入我里。里門有樹名杞柳，無任攀折少年手。比如有女此門中，爾無偷採婀娜之華容。豈敢愛惜不教折？我家有父母，所畏防閑切。少年歡宴雖可懷，父母責言亦可畏。

　　請語少年誰家郎，無任跳越上我牆。牆下有樹幾株桑，無任折取遠條揚。比如有女隔牆居，爾無偷折光豔之敷蔿，豈敢愛惜不教折？我家有諸兄，所畏見披抉。少年歡宴雖可懷，諸兄責言亦可畏。

　　請語誰家美少年，無任踰越入我園。園中有樹名為檀，無挽長條試折攀。比如後園閒立看花女，爾無偷折春榮別處傳。豈敢愛惜不教折？明日有人知，所畏多言說，少年歡宴雖可懷，旁人多言亦可畏。

知牟庭據詩文之意所譯，指此女告誡愛慕她的這位男士，勸其不要做出越軌的舉動來。所謂不要攀折我家的樹枝，不要踐踏我家的花草，並非這些花草

〔註35〕見陳戌國先生《詩經當議》頁136，岳麓書社出版，1997年。

〔註36〕見牟庭〈詩意〉一文，此文見於許維遹先生〈棲霞牟默人先生著述考〉，清華學報第九卷第二期，頁423，1934年。

樹枝值得愛惜，而是怕家中的父母、兄弟及鄰人們的閒言閒語，他們的話聽在耳裏，眞的很刺耳啊！很明顯的由牟庭的譯文可看出主張此乃女誡男之詩，並傳達出此女愛有所不敢，懷有所畏懼，不輕身以從，乃發乎情，止乎禮義也。然而牟庭於最後卻主此首的詩旨是：「箴處女不謹也。」案：所謂「箴處女不謹也」意思則爲他人告誡此女行爲舉止要謹愼、不可輕佻，不可花枝招展，則爲箴處女不謹之意。然而觀此詩之意及牟庭的譯語詮釋，乃是指此女告誡這位愛慕她的男士，要這位男士不要衝動，並非此女不愛他，而是畏其父母、兄弟、鄰人之言，所以其詮釋的意思是主此女受禮儀等教化，不敢突破世俗禮教等枷鎖，大膽愛其所愛，故曲曲折折道出人言可畏也，而與牟庭所主的詩旨：「箴處女不謹也」實大相逕庭。

（二）〈小雅・大東〉：

> 有饛簋飧，有捄棘匕。周道如砥，其直如矢。君子所履，小人所視。睠言顧之，潸焉出涕。
>
> 小東大東，杼柚其空。糾糾葛屨，可以履霜。佻佻公子，行彼周行。既往既來，使我心疚。
>
> 有洌氿泉，無浸穫薪。契契寤歎，哀我憚人。薪是穫薪，尚可載也。哀我憚人，亦可息也？
>
> 東人之子，職勞不來。西人之子，粲粲衣服。舟人之子，熊羆是裘。私人之子，百僚是試。
>
> 或以其酒，不以其漿。鞙鞙佩璲，不以其長。維天有漢，監亦有光。跂彼織女，終日七襄。
>
> 雖則七襄，不成報章。睆彼牽牛，不以服箱。東有啓明，西有長庚。有捄天畢，載施之行。
>
> 維南有箕，不可以簸揚。維北有斗，不可以挹酒漿。維南有箕，載翕其舌。維北有斗，西柄之揭。

牟庭譯爲：

> 有饛滿者簋中飧，則有盈捄之棘匕。比如諸國有餘材，則有貢道輸京邸。適周之道平如砥，其直有如射發矢。君子朝周所踐履，小人迎送但旁視。睠顧此道悲風起，潸然流出縱橫涕。
>
> 小東方與大東方，戌繇盡出空其疆。糾糾纏束葛屨涼，可以履行秋

-219-

曉霜。比如貧乏者，作計不能詳。耀耀公子身細長，親充行役在周行。既往既來苦奔忙，使我歎息心病傷。

出地寒冽有氿泉，可以浸稻田。無浸采穧薪，比如諸侯貢其珍，當以供天子，無爲奉權臣，況此契契窘歎者。哀我本是勞瘝人，豈有餘財及多門？此薪已是采穧薪，庶幾梱載可燒焚。比如多門皆驕怠，理當衰替不復振。哀我奔走勞瘝人，亦可息肩不須勤。

瘝人居東方，辛苦人家子。貢役職勞勤，力竭恐不狀，而居西方者。京師人家子，粲粲極鮮華。安坐美衣服。西人有美服，不自知所由。譬如舟人子，習水但操舟。不獵得熊羆，山獸以爲裘。東人雖勤勞，名位本卑取，譬如私人子，豈有秩祿優，空試百僚事，事多儆不酬。

或以東人燕，有酒羅前堂。徒然草具耳，不爲設酒漿。亦有酬贈物，佩綬繫肘旁。鞙鞙何太短，不與以其長。維天有河漢，小星不煌煌。託體居天上，監觀亦有光。況彼頃頭者，織女明輝揚。終日河漢頭，抱機凡七襄。比如西方有小吏，託名王人意氣昂。又況貴官奮頭角，一日幾上政事堂。

織女抱機雖七襄，不見織作成服章。皖圓大星彼牽牛，徒名牽牛不服箱。比如西人名位彰，不能所事空徜徉。東有大星曰啓明，其西有星曰長庚。中有捄星及天畢，所在斜施共成行，比如西人多門戶，聯絡私交不奉王。

維南有箕，踵狹而舌張。形雖似箕不可用，安能簸米揚其糠？維北有斗星，柄曲而魁方。形雖似斗不可持，安能持之挹酒漿？比如西人有大名，徒虛名耳實不當。維南有箕星，非但不簸揚，載歙其舌不能張。維北斗星，非但不能挹酒漿，西方本無魁，徒揭斗柄長，比如京師行且失。諸侯西人無所復徵求。

可看出牟庭韻語詮解的意思，主要在強調東、西方人士所受的差別待遇；西方人徒享榮華富貴，虛而不實，而東方人士卻整日勤苦、操勞、憂心不已。大有東國人士在久役重賦的苦痛中，對西方周室貴族坐享其成，發出不平之鳴等呼嚎。然而觀其論此詩的詩旨，牟庭卻主張是：「封人送譚公子朝貢歸也。」案：何謂封人送譚公子朝貢歸？又封人指誰？譚公子指何？觀詩文之意，並無表露封人送公子朝貢之意，且詩中亦未透露所謂的譚公子、或封人等訊息，

是以牟庭主此爲「封人送譚公子朝貢歸也。」與詩文之意不合，更與其譯語所詮釋的不同。

此外，亦有前後說解的詩旨不一致，如〈邶風・谷風〉，觀牟庭所釋「誰爲荼苦？其甘如薺。宴爾新婚，如兄如弟。」爲：

> 此貫人婦言荼味之苦，而我甘之如薺，喻新婚入室，人情所不能堪，而我安之不相妒而相歡也。……此言我安樂汝之新婚，視之如姊妹之親，可謂不妒忌矣。

知爲舊婦被夫君所棄，強忍夫君喜新厭舊，另結新歡，是以將此感覺比喻嚐荼苦之菜般，是這般苦，但卻甘之如飴，實則內心是相當痛苦的。實爲此婦遭夫君所棄的哀怨詞也。然而牟庭卻主此詩爲：「妒婦怒也。」觀其詮解的意思，並無妒忌憤怒之意，反倒是充滿被夫君所棄、所冷落等哀傷，是以牟庭所主的詩旨並不恰當。

又〈衛風・氓〉亦如是，觀牟庭詮解之意，乃是詳細訴說女主角婚姻的不幸，由怎樣戀愛，怎樣結婚，怎樣貧苦度日，怎樣被虐待，到她怎樣決絕離開丈夫，勾勒出一完整的故事來。是以此女主角追悔看錯了人，只落得無限慨歎，不堪回首。然而牟庭最後論此詩旨爲：「詠奔女見棄復還也。」觀其於前各章說解，惟見此女被棄而有無限悔意、慨歎，並不見其有復還之意，故此論：「詠奔女見棄復還」似乎與前章的說解矛盾。或許此詩旨應改爲此女被棄的怨詞，較妥當。

七、論詩作法，不夠完善

歷來論《詩》作法，有所謂的賦、比、興說，即屬於「六義」之一。《周禮・春官・大師》篇云：「教六詩：曰風、曰賦、曰比、曰興、曰雅、曰頌。」鄭玄解：

> 賦之言鋪，直鋪陳今之政教善惡也。比，見今之失，不敢斥言，取比類以言之。興，見今之善，嫌於媚諛，取善事以喻勸之。〔註37〕

唐孔穎達疏：「賦、比、興是詩之所用；風、雅、頌是詩之成形。用彼三事，成此三事，是故同稱爲義。」〔註38〕至宋朱熹《詩集傳》更進一步發揮爲：「賦者，敷陳其事而直言之者也。……比者，以彼物比此物也。……興者，先言

〔註37〕見《十三經注疏本》（三）《周禮》頁356。

〔註38〕同上，頁356。

他物以引起所詠之辭也。」可知歷來學者均以賦、比、興是詩三百所用的三種基本表現法；據夏傳才先生云：

> 賦、比、興是形象思維和詩歌創作的重要表現方法。三義中，賦是最基本、最常用的一種表現手法。它的特點是「敷陳」、「直言」，即直接敘述事物、鋪陳情節、抒發感情。〔註39〕

可見在詩歌創作中，賦是直陳事物的一種藝術表現。據朱熹《詩集傳》統計，全書一一四一章，賦占七二七章、比占一一一章、興占二七四章，兼類占二九章（即興而比，賦而興之類）。由此以知賦居最多數，佔 63.7%，超過了比興的總和。〔註40〕明謝榛《四溟詩話》亦云：「予嘗考之三百篇，賦七百二十，興三百七十，比一百一十。」〔註41〕由上述更可確知「賦」是詩三百中最常用到的表現手法，亦是三義之中重要的一種作法。然而觀牟庭《詩切》，我們卻可以發現到其論詩時，只有比、興等觀點，而未曾提到賦。似乎將賦的作法，都一律說明成比或興，如以直述呼告式筆法，摹擬少女對心上人哀求的〈鄭風‧將仲子〉，所謂「將仲子兮！無踰我里，無折我樹杞。豈敢愛之，畏我父母。仲可懷也，父母之言，亦可畏也。」意為此女向對方坦率傾述：求求你啊！別爬到我家門樓，別弄斷了杞樹頭，哪是愛惜那杞樹頭，是怕我爹和媽。你啊！教人難忘，但爹與娘的話，亦教人怕！然而牟庭於「無折我樹杞」則喻為「來門前誂女也。」下一章的「無折我樹桑」則喻為「從牆外來誂女也。」而第三章的「無折我樹檀」喻為「從後園來誂女也。」問題是此詩很清楚明明是此女對心上人的呼告，詩中所言可謂幾乎是此女之言，牟庭以「無折我樹杞」等句比喻為誂女也，豈不是多此一舉？此幾句可謂不加雕飾，直接鋪陳抒寫對情人熱烈追求的警告，表現出此女子心中愛與怕、情感與禮教的掙扎與衝突。而牟庭將此等句實際比喻為此男輕佻動作，卻忽略了此女對心上人的坦率呼籲、關愛及上下句之連貫。

此外，歷來主張詩教多以美刺說之，然而在此牟庭卻主刺不主美，以為稱美無過頌，美不足以表達詩人心中悲憤之情，獨刺方能表達，故其主刺不主美。然而據其所云，〈周〉、〈魯〉、〈商〉三頌，多為歌詠讚歎之詩，如〈周頌‧有客〉，牟庭以為「鄉大夫賓興賢能之歌也。」〈商頌‧那〉為「正考甫

〔註39〕見夏傳才先生《詩經語言藝術研究》60，台北：雲龍出版，1990 年。
〔註40〕此說同上註，頁 94 所引。
〔註41〕見丁福保編的《歷代詩話續編》下冊，頁 1169，北京：中華書局出版。

頌廟樂也。」應可謂美，但牟庭不云美，而以「頌」表達，似乎易與三〈頌〉之言〈頌〉的名稱混淆。或許此主比興與刺說詩，正爲其特色，亦爲其缺失所在。

八、考定篇名上有問題

如舊題的〈女曰雞鳴〉據〈汾沮洳〉例作〈女雞鳴〉。

案：〈汾沮洳〉首句：「彼汾沮洳」牟庭略“彼”這一無意義的發語詞，將篇名改爲〈汾沮洳〉，同此例者有〈有女同車〉、〈東方之日〉等，類似此〈汾沮洳〉可將無意義的介詞省略，是以牟庭主〈有女同車〉、〈東方之日〉等篇從〈汾沮洳〉例作〈女同車〉、〈東方日〉。然此〈女曰雞鳴〉“曰”非如“彼”、“有”、“之”等字爲無意義之介詞或發語詞，乃作一動詞講，意爲“說”，豈可一如〈有女同車〉、〈東方之日〉等篇，從〈汾沮洳〉改爲〈女雞鳴〉乎？且〈女雞鳴〉爲一篇名，作一名詞講，有何意義呢？似乎不倫不類。

第三節　牟庭《詩切》中的觀點於《詩經》學史上的意義

黃焯先生曾說：

> 治經不徒明其訓詁而已，貴在得其詞之情。戴震謂訓詁明而後義理明，實則有訓詁明而義理仍未得明者。要須審其辭氣，探其義旨，始可由訓詁學入，不可由訓詁學出，治之者識其本末終始，斯得矣。
> 〔註42〕

知解《詩》須訓詁與義理合一。主此一說者，尚有胡適，其〈談談《詩經》〉曾云：「研究《詩經》大約不外下面兩條路：（第一）訓詁……（第二）解題……。」〔註43〕以精密訓詁配合嶄新的詮釋，可謂完善的治《詩》方法。然而在清代考據盛行的乾嘉時，多數學者卻不以爲然，大多以爲訓詁明，然後義理明，重視訓詁、考證，方爲踏實掌握了詩旨，就連編《四庫全書總目》的紀昀，其在《閱微草堂筆記》亦云：

> 夫漢學以訓詁專門，宋儒以義理相尚。似漢學粗而宋學精，然不明

〔註42〕見黃焯先生《毛詩鄭箋平議序》頁7，上海：上海古籍出版。
〔註43〕見胡適《胡適文存》第四集，頁560，台北：遠東圖書公司出版，1953年。

訓詁，義理何自知？〔註44〕

可知當時訓詁、考證頗為學者們所重視，故乾嘉時曾形成一股樸學的風尚。而這些考據學者們，治《詩》則以研究漢學為主，專研《毛傳》、《鄭箋》等訓詁問題。如王念孫、王引之、段玉裁、陳啓源、胡承珙、馬瑞辰等人，然而我們知道，他們的訓詁考證功夫多已達到爐火純青地步，可謂晉身於大師、專家之級，然而治《詩》以《毛傳》、《鄭箋》為主，問題是《毛傳》、《鄭箋》等說法，有的多承其詩教附會，如果從其說，是否不夠客觀？加上既存有先入為主的觀念，再考究其訓詁等解釋，其見解會確當嗎？還有他們主從《毛傳》、《鄭箋》等解釋，或承其古文學的說法就一定對嗎？如王引之《經義述聞》解〈小雅・都人士〉：「匪伊垂之，帶則有餘。匪伊卷之，髮則有旟。」為：「言彼帶之垂則有餘，彼髮之卷則有旟。猶上文言『彼都人士，垂帶而厲。彼君子女，卷髮如蠆。』」此據前首〈小雅・小旻〉篇「如匪行邁謀，是用不得于道。」鄭箋、杜預注皆曰：「匪，彼也。」於是王氏以為：「詩中匪字，多有作彼字用者。〈鄘風〉〈定之方中〉篇『匪直他人，秉心塞淵』，言彼正直之人，秉心塞淵也。〈檜風〉〈匪風〉篇『匪風發兮，匪車偈兮』，言彼風之動發發然，彼車之驅偈偈然也。」〔註45〕然而此「匪伊垂之，帶則有餘。匪伊卷之，髮則有旟。」中的「匪」都可解作「彼」嗎？案：句中兩個「伊」字，應承上章「彼都人士，垂帶而厲。彼君子女，卷髮如蠆。」的文意，作代名詞講，上「伊」字代「都人士」，下一「伊」字代「君子女」，是以此句中的匪字意不應作彼講；若作彼講則句中有兩個代名詞，兩個代名詞併一起，實不妥，故此匪字應作否定註解，較恰當，是以此句應解為：「不是那位都人士故意垂其帶子，是因為他的帶長而才有餘的啊！不是那位君子女故意卷曲她的秀髮，是因為她的秀髮自然揚起的啊！」由此可知，《詩》中的「匪」字之訓，不可如此一律。

又陳啓源《毛詩稽古編》解《詩》〈召南・甘棠〉：「蔽芾甘棠」謂：

> 《說文》蔽字，注云：「蔽蔽，小草也。」《易・豐卦・釋文》引《子
> 夏傳》云：「芾，小也。」《爾雅・釋文》亦云：「芾，小也。」然則

〔註44〕見紀曉嵐著、熊治祈點校《閱微草堂筆記》卷一，〈灤陽消夏錄一〉，頁 11，岳麓書社出版，1993 年。于此，紀先生還云：「惟漢儒之學，非讀書稽古，不能下一語；宋儒之學，則人人皆可以空談。」

〔註45〕見王引之《經義述聞》，楊家駱主編《經義述聞等三種》頁 101，台北：鼎文出版，1973 年。

蔽、芾皆爲小義，詩合此二字爲文，其當訓小無疑，毛義不易矣。
又芾字本作市《玉篇》云：「蔽市，小貌。」此又祖毛説。又案：甘
棠即杜也，謂之杜梨，亦名棠梨；〈唐風〉兩〈杕杜〉皆詠其特性，
一言枝葉稀疏，一言陰涼寡薄，俱與小義近。晉孫楚〈杕杜賦〉云：
「葦葉疏悴，靡休陰之茂榮。」今棠梨實非大樹，與賦語正合，何
得言盛？〔註46〕

知其從《毛傳》説法，將「蔽芾」解作「小貌」，「甘棠」解作「杜」。案：誠
如其説，解此詩「蔽芾甘棠，勿翦勿敗，召伯所憩。」不就可譯爲此小小的
甘棠樹，不要翦除弄斷它，那曾是召伯所憩息的地方。問題是小小的甘棠樹
小到多小呢？又既言小樹，如何供人於其樹底下憩息、納涼呢？據高本漢先
生考究，認爲「蔽芾」當有「遮蓋、綢密、豐盛」等意思，絕無「小」的涵
義，〔註47〕足證陳氏於此從《毛傳》錯誤的説法，可知其曲意護解，亦非。

　　同是爲曲意護《毛》，解釋錯誤的，還有集《毛詩》訓詁考據大成的陳奐，
〔註48〕其《詩毛氏傳疏》於《毛傳》解〈周南・葛覃〉的「言告師氏，言告
言歸。」之「言」字，爲「我也。」亦認爲：「訓言爲我者，當是相傳詁訓如
此。」〔註49〕案：〈周南・葛覃〉中，此句「言」共三字，是否都要如《毛傳》：
「言，我也。」皆訓作我呢？而《詩經》中其他句式相似的「言」字都要訓
作我嗎？據趙制陽先生《詩經名著評介》云：

　　　　筆者以爲文詞的理解，應從文法結構上去考察。詞性決定於詞位；
　　　　詞義又取決於詞性。像《毛傳》、《鄭箋》不從詞位詞性上定詞義，
　　　　一定會將同一句式的一個詞説成幾個截然不同的意思來的。「言告師
　　　　氏」的「言」如訓爲「我」，則〈草蟲〉篇的「言采其蕨」、〈小戎〉
　　　　篇的「言念君子」、〈庭燎〉篇的「言觀其旂」、〈抑〉篇的「言緡其
　　　　絲」、〈有客〉篇的「言授之縶」等「言」字，是否也都要訓作我呢？

〔註46〕見陳啓源《毛詩稽古編》《景印文淵閣四庫全書本》第79冊，頁85～351，台
　　　　北：臺灣商務印書館。
〔註47〕見高本漢先生著、董同龢先生譯的《詩經注釋》頁43～44，台北：中華叢書
　　　　出版印行，1979年。
〔註48〕此説見韓明安、林祥徵的《詩經末議》頁12，原文爲「陳奐的《詩毛氏傳疏》
　　　　則致力於從聲韻、訓詁名物等方面闡發《毛詩》本義，爲《毛詩》立下大功，
　　　　堪稱歷代訓詁考據的集大成者，對近代學者研究《詩經》提供了不少方便。」
　　　　黑龍江人民出版，1991年。
〔註49〕同註9，頁20。

如果不能，則《毛傳》訓我之說即屬誤解。即使毛公別有所承，亦
只能視為不當的傳授，我們用不著像陳氏那樣明知其誤解，還要為
之曲意衛護的。

知陳氏說法乃尊《傳》說詩，將此「言」一概解作「我」，實有不妥；雖號為
訓詁考據集大成者，但一味主從《傳》說，亦不夠客觀。

至於詩旨說解方面，如〈鄘風・柏舟〉，《毛詩序》云：「共姜自誓也。衛
世子共伯早死，其妻守義；父母欲奪而嫁之，誓而弗許，故作是詩以絕之。」
而胡承珙《毛詩後箋》則謂：「《序》不獨有功於經，抑且補於史。」〔註 50〕
案：據孔疏引《史記・衛世家》與《國語・楚語》等記載，〔註 51〕可知共伯
死時已四十五、六歲了，他的夫人共姜也該是四十多歲的婦人，而於此年齡，
言其父母逼她再改嫁，知已不大可能。又共伯當時已即位，非「世子」，已近
五十歲的人了，不算早死。由此史實所載可推知《詩序》論述不當，而胡承
珙《毛詩後箋》從《詩序》之說，推崇《詩序》有功於經，且有助於史，這
一說法更頗見附會。

據上述知訓詁考證的專家們，雖其於《詩經》的考證功不可沒，但其說解
仍遵循毛、鄭的體系，可知仍舊是在詩教附會中翻觔斗罷了。所以胡適於〈談
談《詩經》〉云：「清朝講學的人，都是崇拜漢學，反對宋學的。他們對於考據
訓詁是有特別的研究，但是沒有什麼特殊的見解。」〔註 52〕由此可看出清儒乾
嘉學者治學趨向及缺失。然而就牟庭《詩切》而言，我們據其〈序〉云：

法當就毛氏經文，考群書、校異聞、劾《鄭箋》、黜《衛序》，略法
轅、韓，推詩人之意，博徵浮邱申培之墜義，以資三百篇作者之本
懷。……余既以此指，揚攉風雅，頗復辨正它書，精覈故訓，故訓
既明，依文為切。故者，古之所同；切者，今之所獨，是以自名其
學，不曰故而曰切。

知其不僅要精覈故訓，且欲切入詩文作一針見血的闡述，亦不從《傳》、《箋》、

〔註 50〕 見胡承珙《毛詩後箋》《皇清經解續編》卷 448，頁 5187，台北：藝文印書館
出版。

〔註 51〕 見《十三經注疏本》（二）《詩經》，孔疏云：「《世家》：武公和篡共伯自立，
五十五年卒。《楚語》曰：『昔衛武公年九十有五矣，猶箴儆于國。』則未必
有死年九十五以後也。則武公即位四十一二以上，共伯是其兄則又長矣。』」
頁 109。

〔註 52〕 同註 43，頁 558。

《序》等解釋，主空去依傍，推究詩人的本懷爲主，其書命名爲《詩切》其故亦在此。觀其序言，知其治《詩》的傾向，然針對《詩》文，是否果如其言？就上述所舉的例子，來驗證牟庭的説法。如：

一、論〈小雅・都人士〉，我們可發現到牟庭的説解，並不從前人之説，將此「匪」字作「彼」講，而是據詩文上下意，解作「非也」，所謂：「匪，讀爲非。」故此章詩句其詮釋譯爲：

非伊愛鬆屬，垂之故使紆，帶長腰圍約，束處自有餘。

非伊好蠆尾，卷之以爲妹，沐髮無疆澤，散亂自有旟。

可看出牟庭不從《鄭箋》、《孔疏》等説法，以爲是「彼」意，而是據詩文之意，以此爲假借，主「匪」音近「非」，此當讀爲「非」，故將此「匪」與「伊」詞性分開，而有一番説詞，將此詩詮釋得頗爲得體。

二、論〈召南・甘棠〉：「蔽芾甘棠」，牟庭以爲：

蔽芾，《韓詩外傳・家語廟制篇》皆作蔽茀。〈張遷碑〉：「蔽沛棠樹」作蔽沛。徐邈音芾，方蓋切，是以讀爲沛也。芾、茀、沛皆音同假借字。……《老子》河上公注：「蔽，覆蓋也。」……《碩人毛傳》：「茀，蔽也。」《采芑・鄭箋》：「芾之言蔽也。」……《風俗通》：「沛者，草木之蔽貌，禽獸之所蔽匿也。」余桉：〈小雅〉：「我行其野，蔽芾其樗。」與「言采其蓫，言采其葍。」語意一例，當言行人無所棲宿，而陰覆於樗下也。然則蔽芾者，蔽翳芾離樹多陰之貌也。

可看出牟庭博考群書，以諸書所引，知「蔽芾」有的書作「蔽茀」，有的作「蔽沛」，故據此斷定「芾」與「茀」、「沛」等字在古書上多音近通假。而與芾音近的假借字，「茀」或「沛」意思皆作「草木之蔽貌」，而「蔽」是「覆也」；又據前後篇互證，知〈小雅・我行其野〉篇亦有「蔽芾」一語，其意爲覆蔭之意，是以此「蔽芾甘棠」當作樹葉茂盛，蔽翳多陰也。據其旁徵博引，因聲通假的考證，探求此「蔽芾」作「蔽翳多陰貌」比陳啓源依據《毛傳》之解作「小貌」講，的確較切近詩文本意。

三、論〈周南・葛覃〉：「言告師氏，言告言歸。」牟庭解作：

〈釋詁〉曰：「言，間也。」余桉：間者，詞間之助也。《毛傳》云：「言，我也。」非矣。……「言告師氏，言告言歸」謂夫家告女師，使女師告女云：將遣歸之也。

知牟庭不從《毛傳》説法，將此「言」字均解作「我」，而是據《爾雅》〈釋

詁）作詞間助詞。據前述我們知道，趙先生主文詞的意義，應由文法結構上去理解；而詞義由詞性決定，詞性由詞位決定的。此詩中恰有兩個「言」字於「告」之前，一個「言」字介於「告」與「歸」之中，於「告」之前的「言」字應爲代名詞，作主語講；而介於「告」與「歸」之中的「言」字，應作受詞，作補語講。觀牟庭的說法，似乎以「詞間之助」一語統括，然於實際解釋上，則謂「夫家告女師，使女師告女云：……」其解釋頗符合文法結構的推論。

四、論〈鄘風・柏舟〉的詩旨，牟庭以爲是：「貞婦被譴還而不嫁也。漢樂府焦仲妻蘭芝似之也。」知其不主《毛詩序》說法，以爲是「共姜自誓也。」其以「柏舟」取聲爲喻，柏音近迫，言逼迫此婦與夫君分手。其譯詩第二章：

> 汎浮水上柏木舟，乃在河側水之涯。比如夫婿被逼迫，譴我不得住
> 夫家。彼家垂髦有孝德，獨此一人實我特。我誓至死無邪慝，還家
> 依母母爲天，天乎奈何不信人。

見其依詩文作解，不以詩教觀點附會此詩，且尙以漢樂府〈孔雀東南飛〉之女主角劉蘭芝被休後誓不改嫁的遭遇相比擬，可見其亦注意到古今詩文，一脈相傳，淵源有自的相關性。若從《詩經》文學發展史角度看，牟庭這一觀點確實具有重要意義與價值。

觀上述牟庭解《詩》，我們可發現到其治《詩》方法，旁徵博引，不僅引《爾雅》、《說文》等書的現成解說，還重視從古人語言中追求確解，以人情俗語證詩，且諳熟「因聲求義」訓詁法則，深入解釋詩中的字詞義，以音求義，明其通假，此正做到了馬瑞辰《毛詩傳箋通釋》所強調的「研究《毛詩》，必先通其假借，而經義始明。」〔註53〕揭開了《毛傳》多假借字的面紗，眞實探究《詩》中的本字本義與假借，此淨化《詩經》原典本義，可謂其在《詩經》學史上所具有的第二個意義。

我們知道，清、乾嘉時治《詩》的學者，大多爲重其考據、訓詁的古文家，然在其時代的前後，尙有少數學者力主探求詩人作詩的本意，棄從《毛傳》、《鄭箋》等傳統說法，如姚際恆、方玉潤、崔述等學者。雖然如此，但實際觀當時頗能自抒己見的姚際恆論詩，我們會發現到其在論〈周南・關雎〉詩時，亦以爲：「詩人美世子娶妃初婚之作，……自此可以正邦國風天下。」

〔註53〕見馬瑞辰《毛詩傳箋通釋》〈毛詩古文多假借考〉一文，頁8，台北：廣文書局出版，1980年。

〔註54〕知仍不離《詩序》所謂：「后妃之德也。風之始也，所以風天下，而正夫婦也。」的說法。可見其對《詩》國風——風謠的認識，仍有不足。

又方玉潤《詩經原始》論〈鄭風·子衿〉亦云：「傷學校廢。」並云：

> 愚謂《序》言原並未嘗錯，特謂刺學校，則失詩人語氣。此蓋學校
> 久廢不修，學者散處四方，或去或留，不復聚如平日之盛，故其師
> 傷之而作是詩。〔註55〕

案：知其以上說法雷同《毛詩序》所言，但問題是從詩文詞來看，師並無往教之禮，惟見「縱我不往，子寧不嗣音？」等句。又佻達城闕，如從師言，不成體統；如從學子言，更不成文理，故《詩序》言：「刺學校廢。」之說不能成立，而方氏雖改爲「傷學校廢。」亦無法說得通，此當是一首女思男的詩。而牟庭以爲此乃是在家之妻寄相思與在外謀生、求學的夫君之作，知此說較師生等說法，更保有民間歌謠的情趣。

所以鄭振鐸〈讀毛詩序〉云：

> 雖然姚際恆、崔述、方玉潤的幾部書，能夠自抒見解，不爲傳襲的
> 傳疏學說所範圍，然而究竟還有所蔽。《詩經》的本來面目，在他們
> 那裏也還不容易找得到。〔註56〕

而《詩切》的出現，正顯示了清乾嘉學者多承襲前人精義以成。他們論《詩》仍詳於考辨，但卻跳不出《傳》、《箋》的藩籬；若從另一角度看此期學者治《詩》態度，即是比較缺乏個人對《詩》義大膽創新的見解，（雖姚際恆、方玉潤等人主張獨立思考，敢於創新，但觀其所解的詩，可看出亦有頗多不離《詩序》說法，或附和詩教之論，如前一例。）流風所及，就是直接表露其《詩》學思想上的薄弱。而牟庭《詩切》不然，其書之「繁」，正代表了他豐富的《詩》學內涵，其大膽空去依傍，充實《詩》學內容，可謂其於《詩經》學史上的第三個意義。

然而我們據其《詩切》〈自序〉所云，及其釋《詩》的過程，可知其解《詩》方法，不在偏其訓詁，或偏其義理，而在試圖將二者合一；亦即既重訓詁考證，亦重闡釋詩旨，是以每章詩的字、詞意詳解後，又以韻文重新翻譯詮解，

〔註54〕同註6，頁15。
〔註55〕見方玉潤《詩經原始》頁490，其亦云：「愚謂《序》言原未嘗錯，特謂刺學校則失詩人語氣，此蓋學校久廢不修，學者教處四方，或去或留，不能復聚，故其師傷之而作是詩。」
〔註56〕此見鄭振鐸先生《中國文學研究》頁5，北京：北平作家出版，1957年。

如其云「切以韻語。」就指此譯文切入詩旨，以究詩人本懷。此試圖將訓詁與義理合一，可謂揭示了《詩經》學史上第四個意義，亦暗示：把《詩》說得逼眞、精采，除了詳說字義外，更需要對《詩》的義理能有一番合乎邏輯的推論與說法；說《詩》不在附會詩教求止於至善，而在闡述要能合情合理，切近詩意。正如趙制陽先生〈《詩經》研究方法的討論〉一文則指出研究《詩經》應具備以下五種方法，可供參考：

> 一、證據要明確。二、方法要科學。三、資料要挑選。四、文法要
> 熟悉。五、存心要平實。六、詩旨要掌握。〔註57〕

然而觀歷來被奉爲治《詩》的大家，如：《毛傳》、《鄭箋》、《詩集傳》、乃至清代治《詩》學者，他們大抵不是偏重精明訓詁，就是附會詩教以闡明《詩》義。所以趙制陽先生在其文中又云：

> 漢儒說詩的最大問題，就是將原屬民謠的國風，裝入儒家的哲理，
> 轉化爲傳揚聖道的教材。……他們這樣說詩，其努力的結果，詩義
> 擴大了，加深了，可是背離詩人原有的作意是愈來愈遠了。〔註58〕

而牟庭，這位名不見經傳的學者，卻以獨闢蹊徑的方式，詳證字義以推論詩人原意，且切以韻語詮釋《詩》意，並由歷來附會史實說詩的窠臼中跳脫出來，試以另一人情、俗語的角度說《詩》，作論詩之依據，而喻、而刺、而興、乃至韻語說詩，此可謂其自信與古人不同所在，亦是其肯定自己論詩的一大特色，是以其論《詩》的特色，可歸納爲二：

（一）觀點創新——欲從詩上下文意探求詩人原旨，所揭示的觀點，有的可謂前無古人。

（二）方法原始——以一枝草，一點露方式，不依傍《傳》、《箋》等解釋，詳細考證一字一義、一句一意，並據史實論證，最後方下定語，此逐字考證的踏實作法，欲求詩中眞諦的精神，頗值得後人效法。

其論《詩》的特色，與清乾嘉學者治《詩》的方法比較起來，亦凸顯了個人不同的注經風格，可謂各擁其善，亦各暴其短；然不論其優、缺點如何，都是其治《詩》的成果，此亦顯示當時治《詩》多樣化的潛伏趨勢，使詩無達詁的意義更加彰顯，此亦爲其於《詩經》學史上所代表的第五個意義。

〔註57〕此文見於趙制陽先生《詩經名著評介》頁 363～368。
〔註58〕同上，頁 368。

　　而藉由對牟庭這位名不見經傳的著作者的研究，我們發現到其《詩切》論《詩》的特色，便是努力於義理與考據的融合，由此亦反映了清代乾嘉時期及乾嘉以後研究《詩經》總的形勢，即：漢學與宋學的融合，亦古文經與今文經的大合流；由漢學方法，踏實做到考證《詩》中字義，並試圖還原詩歌本身的文學性質來論《詩》，使做到切近《詩》意目的。此反映清代以後治《詩》的形勢，可謂其於《詩經》學史上所代表的第六個意義。

　　牟庭《詩切》解經標舉著「不立好惡於胸中」的原則，不依附《毛傳》、《鄭箋》說法，亦不雷同於《朱傳》等論述，惟是者論其是，非者述其非，故對漢、唐、宋儒至清學者等見解皆有所批評與引用；其主以旁徵博引，博洽多聞方式考證字義，並重其人情、俗語說《詩》，而後以押韻等文字重述詩意。由此論述《詩》旨與表達觀點，實有頗多與眾不同的高見，然而此論《詩》方式與見解對後來治《詩》的學者有沒有影響呢？

　　我們知道，民初以來，受到五四運動影響，有頗多學者開始對《詩經》舊說深表懷疑，批判了傳統說法，欲使《詩經》研究擺脫封建說教的束縛，試以多廣角等眼光重新詮釋詩意，而此民初以來研究成果頗多，貢獻較大的學者，如有聞一多、鄭振鐸、顧頡剛、朱自清、王國維、于省吾、胡適、郭沫若等人。其中聞一多先生更主張用社會學的觀念去讀《詩》，用考古學、民俗學和語言學的方法“帶讀者到《詩經》的時代”去探索詩篇本來的內容。尤其，強調以文藝觀點去讀《詩》，是以其於《神話與詩》中曾說：「明明一部歌謠集，為什麼沒人認真把它當文藝看呢？」〔註59〕觀聞一多先生的主張，我們會發現到似乎與牟庭主以語言、人情俗語、博考群書，探究詩旨等觀點，不謀而合。是否聞先生曾看過牟庭《詩切》並受其影響，於此我們不得而知，但可以肯定的是牟庭主以俗語論《詩》，而聞先生亦然，因此，我們不得不懷疑牟庭是否曾影響到後代重視以民俗觀點論《詩》呢？若是如此，則不啻於《詩經》學史上又添一意義也。

　　又于省吾先生解《詩》〈周南・關雎〉之「左右芼之」，以為「芼」字應解作「摸」，此句意即是說水中參差不齊的荇菜，隨流水左右動蕩，故用手左右摸索。如其云：

　　　舊說以覒為本字，芼為借字，我以為古文作或芼，今作摸，從毛聲
　　　與從莫聲的字古每與通用。……摸、芼雙聲，以韻言之，魚、宵通

〔註59〕見聞一多先生《匡齋尺牘》之六，頁359，古籍出版，1956年。

諧。「參差荇菜，左右芼之」，芼應讀作摸，是説水中參差不齊的荇
菜，隨流左右動蕩，因而或左或右以摸索之。〔註60〕

於此，牟庭亦解作：

> 余按：芼字本訓艸覆蔓，見《説文》。因訓羹中菜釀，見《内則》鄭
> 注，泚訓擇、訓掌、訓取者，皆摸之假音也。今俗語取於水中謂之
> 摸，即古讀芼字之聲，詩人之遺言也。

知二者都將此「芼」字解作摸講，以爲在水中左右摸索此荇菜。案：相同是
否表示巧合造成？或于先生眞受其影響呢？但觀清訓詁大家等研究，似乎都
將此解作「擇」，〔註61〕連獨立自主的姚際恆《詩經通論》云此：「芼爲熟義，
非擇義，甚明。」〔註62〕然何謂熟義？其不多解釋，我們實亦難以知曉，但
可知是姚氏說法亦不同于省吾先生之見。若在此就清代學者比較，此應以牟
庭影響因素最大，然而是否果眞如此？或因二人所用方法相似，故導致結果
相同？或有其他因素，這些都是有待我們進一步去深入探究的。但由上述我
們不可否認是二者皆以因聲求義方式求其解，此可看出牟庭所用的方法，確
爲後人所用，知破其《毛傳》假借求其本義，或以俗語考證古音，確實爲治
《詩》所不可缺少的方法。

　　總之，論其對後代的影響，我們可以說的是牟庭敢於立異、創新，其所
提出的方法與觀點，對後代《詩經》研究者確有宣導、啓發的意義在。

〔註60〕見于省吾先生《澤螺居詩經新證》卷中，頁98～99。
〔註61〕如段玉裁《毛詩故訓傳》：「芼，擇也。」《皇清經解》600卷，頁6703，台北：
　　　　藝文印書館出版。戴震《杲溪詩經補注》卷上云：「震按《爾雅》芼，掌也。
　　　　郭注云謂拔取菜。蓋因采之芼之，相次比宜其不遠。」頁5，《毛詩説序》，台
　　　　北：新文豐出版。陳啓源《毛詩稽古編》云：「案：《詩》芼字當作，《説文》
　　　　云，擇也。《玉篇》亦訓擇，因引《詩》左右之，詩字多借用芼，乃之借耳。」
　　　　《景印文淵閣四庫全書本》第79冊，頁85～339。陳奐《詩毛氏傳疏》云：「芼
　　　　者，之假借字，《玉篇》引《詩》作左右之，《説文》云，擇也，讀若苗，《禮
　　　　記・少儀篇》爲君子擇。……《呂覽・慎人篇》顏回擇菜於外，皆與《傳》
　　　　擇字同，義擇者，去其根莖也。」頁16，學生書局出版。胡承珙《毛詩後箋》
　　　　云：「承珙案：若從《毛傳》訓芼爲擇，則左右芼之，與左右流之同義，亦可
　　　　訓爲無方。」《皇清經解續編》頁5102。馬瑞辰《毛詩傳箋通釋》云：「《傳》
　　　　訓芼爲擇，蓋謂擇而取之，猶流之訓求，又訓擇耳。」頁11，台北：廣文出
　　　　版。
〔註62〕同註6，頁17。

第六章　結　論

　　牟庭《詩切》以旁徵博引，博洽多聞方式，考證字義進而推論詩義。尤其強調「故訓既明，依文爲切」，探求古人詩中的眞諦，於是研索一字一句之間，在詳釋字、句之意義下，表現出來的成果是既多且繁，而其特殊的見解亦在字、句訓詁考證下若隱若現，故易讓人見「繁」卻步，而誤以爲此亦不過是清乾嘉時在故紙堆討生活的著作。然而今透過本文初步研究，可發現到其論《詩》觀點並不同一般乾嘉學者，師承前人說法，以先入爲主的觀念來詳加考釋，是以他們觀點大多不脫《毛》、《鄭》藩籬；而牟庭不然，其以毛氏經文，考群書，校異文、劾《鄭箋》、黜《衛序》，推詩人本意，不僅精覈故訓，且切入詩文，探究《詩三百》作者本懷爲尚，故此書有頗多標新立異觀點，如其釋〈鄘風·柏舟〉、〈鄭風·子衿〉、〈陳風·月出〉等首皆是。

　　正因其敢大膽異於傳統詩教說法，拋棄傳、疏附會等包袱，故其說便頗遭到迴護傳統詩教的學者所攻擊，如奉《毛》、《鄭》之說爲圭臬的李慈銘先生，即批評牟庭《詩切》爲「盡屛古說，專任臆斷，持論不根。痛攻毛詩，悉反小序，甚至改定篇名，蓋近病狂之言。……眞是風狂囈語，名教罪人。」（見本文第一章所引，頁 5）由其「名教罪人」之評語，可知李慈銘先生以詩教傳統立場批評牟庭的《詩切》，將其批評得一文不值，然而牟庭《詩切》是否眞如李先生所云？其實不然，此書就牟庭〈詩切·自序〉所云，是其歷時三十年，六易其稿之下完成的，且仍認爲「得意者既不可讓，其所未愜十或二、三，留作後來修改功夫。」可見其著《詩切》的態度，絕非輕易、馬虎、草率，而是在如此謙虛、嚴謹、負責態度下完成的，是以何來風狂囈語之態？又其書中字字句句均在諸多文獻、史實考據後，引經據典、旁徵博引之下方

作定讞，如此通過文獻、史實等考證，而提出自己的新見，又如何是專任臆斷，持論不根？豈可因牟庭反《詩序》之說，就認定其說《詩》觀點蓋近病狂之言？而一竿子打翻其花費三十年時間嚴謹認真的這一部著作？

蓋《詩切》極繁瑣，既明訓詁，亦明義理，若不撥繁入細，實不知其精華蘊藏於「繁」文之中；若僅見其繁文的考證，而等閒視之為乾嘉考據派的叢書，則此書的價值就如微弱星光，在乾嘉大學者如戴震、段玉裁的光芒耀眼下被遮掩，而不易見其特殊性；加上國人的蕭規曹隨、貴古賤今等觀念作祟，如此一部大膽推翻舊說，獨創新穎議論的《詩切》，更不易為人所接納，因此，謀生於當時考據風行下的牟庭，其主繁瑣考據與空疏義理結合的論《詩》著作，便難成為當時最暢銷、叫好又叫座的書。是以牟庭獨居偏僻一鄉，默默鑽研了三十年的《詩切》，亦不易為時人所重視，漸被埋沒於學術的星海中是可想而知的。如今要了解其價值，就必須秉持學術客觀立場，是者論其是，非者述其非，方能得見其書的價值與意義。在此，本文初步研究，其價值與特色可歸納如下：

一、牟氏治學功深，涉獵頗廣；討論詩文詞章，常能引述群書，發微鉤玄。對《詩經》中一個詞語的解釋，常從《詩經》上下篇中找資料以佐證，還旁及其他文獻，並運用比較互證法加以判斷；而探討詞義時，每從字的形、音、義入手，迨究其本義方罷休。此治學之詳實、精細、客觀，不先入為主的解釋，實事求是的精神頗值得後人效法。

二、牟氏好以俗語說詩，為其創見之一。雖說古今音變，但仍有不少的古語特性確實被保存於方言、俗語中，故牟氏擅以俗語言詩，常一語中的，道出古詩原意，掃去附會穿鑿等弊端。

三、論《詩》韻例，主張聲韻隨世轉變而不同，〈風〉、〈雅〉用當時之音，即今所謂的古音；〈頌〉為典制之作，用古音，即今所謂古時的古音。此以古還古，較以今律古的學者之見進步許多，可看出牟氏有著語言學——上古音審定的觀念，於論《詩》韻例上，較能切近古詩之韻味。

四、論定詩旨上，自古以來，見仁見智，各有所定，得失互見。然牟氏敢大膽標新立異，重定詩旨，此一勇氣與魄力，實為人云亦云，不敢表述主見之徒所望塵莫及。又其對《詩序》等史實附會、美刺之說，多所駁正，並提出詳細詮解與切合情理的闡述，此可謂該書頗有參考價值部分。雖其中不乏以禮教說《詩》，但有頗多平實清新之見，此新穎觀點正為《詩經》學史上

帶來頗豐富、充實的資糧與寬廣的視野。又《詩經》中頗多篇什反映了周禮，故以禮說《詩》亦是無可避免的治《詩》途徑，所以《詩》反映了禮，自可證禮，而治《詩三百》亦應該用相應的禮制去詮解，方宜，是以牟氏《詩切》不乏禮教說詩，是頗有妙會心，無可厚非的。

此外，其還主故訓與義理結合，古文與今文融通，可謂於清《詩經》學史上獨樹一幟。其以詳證字義明詩義，並以人情、俗語角度論詩旨，最後，以韻語重新詮釋翻譯，求其詩意明確，此作法可謂典謨訓詁外多一副手筆，見其論《詩》的謹慎、鄭重，以反覆探究詩人本意為主。此詳實治《詩》作風，除反映乾嘉考據樸實風格，亦看出其論《詩》態度是務實、客觀、精確的。

五、詩文的賞析功夫上看，牟氏的切以韻語詮釋詩文，可謂其獨到之處，正可為讀者剖析詩文，明確掌握了詩意。而其論述詩旨上，亦兼及文學演進，如其釋〈鄘風‧柏舟〉，將東漢時號為五言詩的鉅作〈孔雀東南飛〉中的女主角劉蘭芝的遭遇與此詩中的這位女主人遭遇兩相媲美，可看出文學技巧的包容性與文學史上的連貫性的影響作用。

此外，我們可進一步發現到，其《詩切》內容亦頗多受到《焦氏易林》影響，有許多首詩，如〈鄘風‧鶉之奔奔〉、〈衛風‧氓〉等韻語解釋正與《焦氏易林》以詩解釋易理、卦象等內容大同小異，可知在此，我們是無法排除其以《易林》解《詩》的可能性，亦可謂其解《詩》的一大特色也。然而由於《詩切》內容甚繁瑣，包羅萬象，再加上《易林》以《詩》解卦象更是玄之又玄，雖可肯定二者關係非比尋常，但其之所以會以《易林》解《詩》，實非為本論文主要關切的論題，故在此僅點出彼此的關係，展現其然，而對其所以然等因素則有待後續的研究。

六、論詩作法上，牟氏好以喻意說《詩》，這使一些平鋪直述與僅作起興的詩句，賦予特殊意義。古人說詩，好將兒女之情說成君臣之義，這即是將〈國風〉中原屬民謠的詩，改頭換面，變成政論之書；而牟氏雖亦主〈國風〉乃民謠之作，不從《詩序》附會上言詩，但就其《詩切》所云，我們會發現到其似乎亦受到漢儒影響，於原無設喻處說成是另有喻意的，如前釋其論〈邶風‧靜女〉，可知頗以附會詩教立場言之，而使詩意越說越繁複。

此因喻意說解太過，產生附會觀點，可謂其解《詩》缺失所在。雖說如此，然此書價值並不因此消減，反而瑕不掩瑜，其擅以喻意言《詩》，還強調以聲韻方式雙關詩意，此一主張正發揮詩歌與音樂合一的妙用，揭示吾人在

詩文表面字義下，所不易看得見的言外之意、弦外之音。

七、論證方法上，頗以偏蓋全，流於武斷，或者，前後論述矛盾。此一部分可見本文第五章第二節論其有待商榷的觀點。雖為其缺失，但亦可見其大膽空去依傍所造成的弊端，以及讓我們看出憑二、三千年後的一位讀者立場詮釋二、三千年前當時作者作詩之旨，仍是有相當距離的，欲說得切中詩人本意，真是難上加難。

再說說《詩》、釋《詩》者與作《詩》者的立場常是不可同日而語的，此中時、地、背景差隔頗大，是以後人如牟庭、如我們解詩，亦多為見仁見智、公婆之辯，孰是孰非，不一而足，但於此卻可啟發我們闡釋二、三千年前的《詩經》正確態度應是：抱以更寬大胸襟，更客觀中立立場，依所存的詩文作解，不再將《詩》說得賦予道德教化意義，而應就詩論詩，還《詩》中的古人生活型態，以發揮「詩無達詁」的論述性。

八、於《詩經》學史上意義，牟氏《詩切》雖不為當時所重視，但其所提出的精覈故訓與依文為切的作法，實為治《詩》學史上一大貢獻。又其解《詩》秉持著「不立好惡於胸中」的態度，就《詩》論《詩》，實較古文派或今文派學者，師承前人觀點，已有預設立場者客觀許多。雖其擅以博洽多聞方式考證詩義，以人情、俗語觀點論詩，所說的見解與眾不同，頗有標新立異之嫌，但正因其新穎，則凸顯其論《詩》的獨特風格；因其觀點的創新，可讓後人讀《詩》時開拓心眼，知曉解《詩》還可從詩教以外這一角度發揮得淋淋盡致，如在典雅的殿堂外可看到一綠蔭盎然，鳥語花香的幽幽小徑。又其「繁富」的內容，亦顯示牟氏豐厚的《詩》學思想，與乾嘉學者多取前人精義而未免墨守成規的局限性相較，實更能表現出個人對《詩》義的見解。而牟氏解《詩》的內容，除了為《詩經》學史上帶來豐富的素材外，更可謂獨闢治《詩》的法門，於此《詩經》學史上實具有頗多重要意義。

記得趙制陽先生曾說過：

> 我們讀詩，先要有一念，求善不失真。雖詩篇的作者、事實、心態無從考證，但如把握歌謠的特性，依原文涵意去探求，自可得到近似真與當有的情趣。（見第一章所引，頁9）

牟庭《詩切》以博洽多聞方式考證字義，且據此依文為切，切入詩文去探究詩旨，頗如其云，依原文涵意去探求，然而這般做法是否真的把握到歌謠特性而達到近似真實與當有的情趣？實為一個頗有趣又令我們好奇欲再深究的

問題，但觀牟庭〈詩切・自序〉云：

> 不少餘年，憤樂之緣，窮居而不憫，老至而不知，美於膏粱文繡，
>
> 樂於鐘鼓瑟琴，人事翻覆，不感於心，此則學詩所得，聊不爲薄也。

依此文，我們可知牟庭不僅掌握到讀《詩》、解《詩》近似眞實的樂趣，且沉醉吟詠其中，而對於外在人事等起伏變化，翻覆無常，皆可拋諸腦後，不感於心，或許牟庭能從解《詩》之中得到詩人創作的三昧之趣吧？

　　總之，牟庭《詩切》於《詩經》學史上應頗有再研究的價值，我們實不應忽略牟庭《詩切》說詩的觀點，在此，籲請學界同好能多加重視。而本論文的研究主題，目前在學術界上，尚乏人問津，本論文可算是第一篇研究牟庭《詩切》的學位論文，因此，本人對它投注較高的寄望。首先，本人希望這篇論文的完成，能夠喚起學術界對牟庭《詩切》的重視，並在本文初論形態的基礎上，引起學者們對牟庭的所有著作，能做一更全面、更深入的發掘與再研究，爲牟庭奠定其在學術上的明確地位，並藉此希望能爲來者提供一「他山之石，可以攻錯」的參考。當然，亦希望藉此建立個人學術生涯的最佳起點。

參考書目

略按作者先後年代排列

一、經　部

1. 《毛詩鄭箋》三十卷，漢・毛亨傳、鄭玄箋，台北：新興書局，1981 年 8 月。

2. 《詩譜》，漢・鄭玄著，《十三經注疏本》（2），台北：藝文印書館影印，1982 年 12 月。

3. 《焦氏易林》，漢・焦延壽撰，台北：新文豐出版，1984 年。

4. 《毛詩草木鳥獸蟲魚疏》，陸璣撰，《叢書集成初編》，台北：商務印書館出版。

5. 《六經奧論》，鄭樵撰，《清通志堂舊刊本》，台北：廣文書局出版。

6. 《詩經注疏》，漢・毛亨傳、鄭玄箋、唐孔穎達疏，《十三經注疏本》（2），臺北、藝文印書館影印，1982 年 12 月。

7. 《周禮注疏》，漢・鄭玄注、唐孔穎達疏，《十三經注疏本》（3），台北：藝文印書館影印，1982 年 12 月。

8. 《儀禮注疏》，漢・鄭玄注、唐孔穎達疏，《十三經注疏本》（4），台北：藝文印書館影印，1982 年 12 月。

9. 《禮記注疏》，漢・鄭玄注、唐孔穎達疏，《十三經注疏本》（5），台北：藝文印書館影印，1982 年 12 月。

10. 《春秋左傳注疏》，晉・杜預注、唐孔穎達疏，《十三經注疏本》（6），台北：藝文印書館影印，1982 年 12 月。

11. 《春秋公羊傳注疏》，何休注、徐彥疏，《十三經注疏本》（7），台北：藝文印書館影印，1982 年 12 月。

12. 《經典釋文》，唐・陸德明撰，台北：鼎文書局出版，1975 年。

13. 《詩集傳》，宋‧朱熹撰，台北：中華書局出版，1991 年 12 月。

14. 《詩疑》二卷，宋‧王柏著，《通志堂經解本》第十七冊，台北：大通書局出版。

15. 《詩本義》，宋‧歐陽修著，《景印文淵閣四庫全書本》第六十四冊，台北：商務印書館出版。

16. 《毛詩指說》，宋‧成伯瑜著，《景印文淵閣四庫全書本》第六十五冊，台北：商務印書館出版。

17. 《詩總聞》，宋‧王質撰，《景印文淵閣四庫全書本》第六十六冊，台北：商務印書館出版。

18. 《詩補傳》，宋‧范楚義撰，《景印文淵閣四庫全書本》第六十六冊，台北：商務印書館出版。

19. 《續呂氏家塾讀書記》，宋‧戴溪撰，《景印文淵閣四庫全書本》第六十七冊，台北：商務印書館出版。

20. 《詩輯》，宋‧嚴粲撰，《景印文淵閣四庫全書本》第六十九冊，台北：商務印書館出版。

21. 《詩說解頤》，明‧季本撰，《景印文淵閣四庫全書本》第七十三冊，台北：商務印書館出版。

22. 《詩故》，明‧朱謀㙔撰，《景印文淵閣四庫全書本》第七十三冊，台北：商務印書館出版。

23. 《詩經世本古義》，明‧何楷撰，《景印文淵閣四庫全書本》第七十五冊，台北：商務印書館出版。

24. 《田間詩學》，明‧錢澄之撰，《景印文淵閣四庫全書本》第七十八冊，台北：商務印書館出版。

25. 《毛詩古音考》，明‧陳第撰，台北：廣文書局出版，1977 年。

26. 《毛詩稽古編》，清‧陳啓源撰，《景印文淵閣四庫全書本》第七十九冊，台北：商務印書館出版。

27. 《詩說》，清‧惠周惕撰，《景印文淵閣四庫全書本》第八十一冊，台北：商務印書館出版。

28. 《詩審》，清‧范家相撰，《景印文淵閣四庫全書本》第八十二冊，台北：商務印書館出版。

29. 《毛詩故訓傳》，清‧段玉裁撰，《皇清經解》600 卷，台北：藝文印書館出版。

30. 《經韻樓集》，清‧段玉裁撰，《段玉裁遺書》第二冊，台北：大化書局出版 1986 年。

31. 《杲溪詩經補傳》，清‧戴震撰，《毛詩說序》，台北：新文豐出版。

32. 《九經古義》，清・惠棟撰，《皇清經解》359 卷，台北：藝文印書館出版，1986 年。

33. 《開有益齋經說》，清・朱緒曾撰，《皇清經解續編》3 卷，台北：藝文印書館出版。

34. 《詩經韻讀》，清・江有誥撰，《音學十書》第十四冊，台北：廣文書局出版，1987 年。

35. 《經義述聞》，清・王引之撰，楊家駱編《中國學術名著》第六輯，台北：世界書局出版，1963 年。

36. 《毛詩後箋》，清・胡承珙撰，《皇清經解續編》448 卷，台北：藝文印書館出版。

37. 《詩毛氏傳疏》，清・陳奐撰，《皇清經解續編》778 卷，台北：藝文印書館出版。

38. 《詩毛氏傳疏》，清・陳奐撰，台北：學生書局出版，1986 年七版。

39. 《魯詩遺說考》——《三家詩遺說考》，清・陳喬樅撰，《皇清經解續編》第十六冊，台北：藝文印書館影印。

40. 《毛詩鄭箋改字說》，清・陳喬樅撰，《皇清經解續編》第十七冊，台北：藝文印書館影印。

41. 《清儒詩經彙解》，清・抉經室主人編，台北：鼎文書局出版。

42. 《詩經傳說彙纂》，清・王鴻緒編，台北：鍾鼎文化出版。

43. 《三家詩補遺》三卷，清・阮元撰，《叢書集成初編本》，台北：藝文印書館，1985 年。

44. 《昧經齋遺書》，清・阮元撰，《叢書集成初編》，北京：中華書局，1985 年。

45. 《十三經注疏校勘記——毛詩注疏校勘記》，清・阮元撰，《續修四庫全書本》，上海：上海古籍出版，1995 年。

46. 《詩問》，清・郝懿行撰，《郝氏遺書》第三函。

47. 《詩切》五冊，清・牟庭撰，濟南：齊魯書社出版 1983 年。

48. 《同文尚書》，清・牟庭撰，濟南：齊魯書社出版，1983 年。

49. 《毛詩傳箋通釋》，清・馬瑞辰撰，《皇清經解續編》第六～七冊，台北：藝文印書館，1982 年。

50. 《毛詩傳箋通釋》，清・馬瑞辰撰，台北：廣文書局出版，1980 年。

51. 《詩經通論》，清・姚際恆撰，台北：廣文書局出版，1988 年。

52. 《詩經原始》，清・方玉潤撰，台北：藝文印書館印行，1986 年。

53. 《讀風偶識》四卷，清・崔述撰，台北：學海書局出版，1979 年。

54. 《詩三家義集疏》，清・王先謙撰，北京：中華書局出版，1987 年。

55. 《魏源全集·詩古微》，清·魏源撰，民國·何慎怡點校，嶽麓書社出版，1989 年。

56. 《詩經通論》，清·皮錫瑞撰，《經學通論》第二冊，台北：商務印書館出版 1965 年。

57. 《經學歷史》，清·皮錫瑞撰，台北：藝文印書館印行，1987 年。

58. 《經學通論》，清·皮錫瑞撰，台北：商務印書館出版，1969 年。

59. 《清人詩說四種》，晏炎吾等點校，華中師範大學出版，1986 年。

60. 《詩言志辨》，民·朱自清撰，台北：開明書局出版，1982 年。

61. 《詩經楚辭新證》，民·于省吾撰，台北：木鐸出版，1982 年。

62. 《讀詩札記》，民·俞平伯撰，《古史辨》第三冊，台北：藍燈書局出版，1987 年。

63. 《俞平伯學術論著自選集》，王超英主編，北京：師範大學出版，1992 年。

64. 《風詩類鈔》，民·聞一多撰，《聞一多全集》第一冊，台北：里仁書局出版，1993 年。

65. 《神話與詩》，民·聞一多撰，《聞一多全集》第一冊，台北：里仁書局出版，1993 年。

66. 《詩經新義》，民·聞一多撰，《聞一多全集》第二冊，台北：里仁書局出版，1993 年。

67. 《詩義會通》，民·吳闓生撰，台北：洪氏出版，1978 年。

68. 《詩經韻讀》，民·王力撰，上海：上海古籍出版，1980 年。

69. 《詩三百篇探故》，民·朱東潤撰，上海：上海古籍出版，1981 年。

70. 《詩經六論》，民·張西堂撰，上海：上海商務印書館出版，1957 年。

71. 《毛詩鄭箋平議》，黃焯撰，上海：上海古籍出版。

72. 《詩經學》，胡樸安撰，台北：商務印書館出版，1988 年。

73. 《中國經學史》，馬宗霍撰，台北：商務書局出版 1979 年。

74. 《十三經概論》，蔣伯潛撰，台北：宏業書局出版 1981 年。

75. 《詩經注釋》，高本漢著，董同龢譯，台北：中華叢書編委會出版，1979 年。

76. 《詩經今注》，高亨撰，台北：里仁書局出版，1981 年。

77. 《詩經語言研究》，向熹撰，四川：四川人民出版，1987 年。

78. 《詩經釋義》，屈萬里先生撰，台北：中華文化出版，1953 年。

79. 《詩經詮釋》，屈萬里先生撰，台北：聯經出版社出版，1983 年。

80. 《詩經講義稿》，傅斯年先生撰，《傅斯年全集》，台北：世界書局出版。

81. 《詩經通釋》，王靜芝先生撰，新莊：輔大文學院出版，1976年。

82. 《詩經》上下冊，袁愈安、唐莫堯注釋，台北：地球出版社出版，1994年。

83. 《詩經選譯》，余冠英撰，人民文學出版。

84. 《詩經譯注》，程俊英撰，上海：上海古籍出版，1995年。

85. 《詩經新解與古史新論》，駱賓基撰，山西人民出版，1985年9月。

86. 《毛詩會箋》，日・竹添光鴻撰，台北：大通書局印行，1970年。

87. 《詩經研究》，日・白川靜著，台北：幼獅文化出版。

88. 《詩經學纂要》，徐英撰，台北：廣文書局出版，1981年。

89. 《詩經新評價》，高葆光著，台中：東海大學出版。

90. 《詩經賦比興綜論》，趙制陽先生撰，台北：楓城出版，1974年。

91. 《詩經名著評介》，趙制陽先生撰，台北：學生書局出版，1983年。

92. 《詩經名著評介續編》，趙制陽先生撰，台北：五南書局出版，1986年。

93. 《詩經研讀指導》，裴普賢先生撰，台北：三民書局出版，1987年。

94. 《詩經欣賞與研究》四冊，裴普賢、糜文開先生撰，台北：三民書局，1977年。

95. 《詩經評注讀本》上、下冊，裴普賢先生撰，台北：三民書局出版，1983年。

96. 《詩經比較研究與欣賞》，裴普賢先生撰，台北：學生書局出版，1983年。

97. 《詩經相同句及其影響》，裴普賢先生撰，台北：三民書局，1974年。

98. 《王柏之詩經學》，程元敏先生撰，台北：嘉新水泥文化基金會出版，1967年。

99. 《三經新義輯考彙評二──詩經》，程元敏先生撰，台北：國立編譯館出版，1986年。

100. 《詩經毛傳鄭箋辨異》，文幸福撰，台北：文史哲出版，1989年。

101. 《詩經周南召南發微》，文幸福撰，台北：學海出版，1986年。

102. 《白話詩經》二冊，吳師宏一撰，台北：聯經出版社出版，1993年。

103. 《國風集說》二冊，張樹波編著，河北：河北人民出版，1993年。

104. 《詩經主題辨析》上下冊，楊合鳴、李中華等著，廣西：廣西教育出版，1989年。

105. 《詩經導讀》，陳子展、杜月村等著，四川：巴蜀書社出版，1990年。

106. 《詩經直解》，陳子展著，上海：復旦大學出版1983年。

107. 《詩經末議》，林祥徵、韓明安等合著，黑龍江人民出版，1991年。

108. 《詩經新解》，翟相君撰，中州古籍出版，1993 年。

109. 《詩經當議》，陳戌國撰，岳麓書社出版，1997 年。

110. 《詩經鑑賞辭典》，金啓華等編，安徽文藝出版，1988 年。

111. 《韓詩外傳箋疏》，屈守元著，巴蜀書社出版，1996 年。

112. 《詩經古韻今注》，張允中撰，台北：商務印書館出版，1986 年。

113. 《詩經研究史概要》，夏傳才著，台北：國文天地出版，1993 年。

114. 《詩經語言藝術》，夏傳才著，台北：雲龍出版，1989 年。

115. 《詩經的歷史公案》，李家樹撰，台北：大安出版，1990 年。

116. 《傳統以外的詩經學》，李家樹撰，香港：中文大學出版，1994 年。

117. 《詩補傳與戴震解經方法》，岑溢成撰，台北：文津出版，1992 年。

118. 《中國經學發展史論》上冊，李威熊先生撰，台北：文史哲出版，1989 年。

119. 《經學入門》，莊師，雅州撰，台北：臺灣書局出版 1997 年。

120. 《清代經學史通論》，吳雁南主編，雲南大學出版，1993 年。

121. 《中國近代經學史》，田漢雲著，三秦出版，1996 年。

122. 《詩經評釋》，朱守亮先生撰，台北：學生書局出版，1988 年。

123. 《詩經古義新証》，季旭昇先生撰，台北：文史哲出版，1994 年。

124. 《詩經研究論集》，熊公哲編，台北：黎明文化出版 1981 年。

125. 《詩經研究論集》三冊，林慶彰先生編，台北：學生書局出版，1987 年。

126. 《姚際恆研究論集》上中下，林慶彰、蔣秋華先生合編，台北：中央研究院文哲所出版，1996 年。

127. 《中國經學史論文選集》上下冊，林慶彰先生編，台北：文津出版，1993 年。

128. 《明代經學研究論集》，林慶彰先生編，台北：文史哲出版，1994 年。

129. 《清代經學國際研討會論文集》，中央研究院文哲所編，台北：中研院文哲所，1994 年。

130. 《經學研究論著目錄》（1988～1992 年），林慶彰先生主編，台北：漢學研究中心出版，1995 年。

131. 《乾嘉學術研究論著目錄》（1900～1993 年），林慶彰先生主編，台北：中央研究院文哲所出版，1995 年。

132. 《經學研究論叢》，第一、二、三、四輯，林慶彰先生主編，台北：聖環圖書出版，1994 年、1997 年。

133. 《經學史》，安井小太郎等著，林慶彰，連清吉先生等合譯，台北：萬卷樓出版，1996 年。

134. 《詩經學論叢》，江磯編，崧高書社出版，1985 年。

135. 《詩經訓詁亦通問題》，洪師，國樑撰，台北：學海出版，1995 年。

136. 《惠周惕詩說析評》，黃忠慎先生撰，台北：文史哲出版，1994 年。

137. 《詩經簡釋》，黃忠慎先生撰，台北：駱駝出版，1995 年。

138. 《中國歷代詩經學》，林葉連著，台北：學生書局出版，1993 年。

139. 《詩經論文》，林葉連著，台北：學生書局出版 1996 年。

140. 《西漢三家詩學研究》，林耀潾撰，台北：文津出版 1995 年。

141. 《詩經漫談》，陳節撰，《十三經漫談叢書》（3），台北：頂淵出版，1997 年。

142. 《經書淺談》，楊伯峻撰，台北：國文天地出版，1984 年。

143. 《毛詩傳箋通釋析論》，洪文婷撰，台北：文津出版 1993 年。

二、史　部

1. 《史記》，漢‧司馬遷撰、裴駰等注，台北：鼎文書局，1986 年。

2. 《史記會注考證》，日‧川龜太郎著，台北：天工書局出版。

3. 《漢書》，漢‧班固撰、顏師古注，台北：鼎文書局，1979 年。

4. 《後漢書》，范曄著、李賢注、楊家駱主編，台北：鼎文書局出版，1979 年。

5. 《文獻通考》，馬端臨撰，《景印文淵閣四庫全書本》第 610～616 冊，台北：商務印書館出版。

6. 《文史通義》，章學誠撰，台北：史學出版社，1975 年。

7. 《國朝漢學師承記》，江藩撰，台北：明文書局出版。

8. 《四庫全書總目》，清‧紀昀等撰，北京：中華書局出版，1995 年。

9. 《古史辨》第一冊、第三冊，顧頡剛撰，台北：藍燈出版社出版，1987 年。

10. 《清代傳記叢刊》第六冊，《清儒學案小傳》卷十二、第三十四冊，《清代疇人傳》三編卷二、第一百零四冊，《清史列傳九》卷六十九，周駿富主編，台北：明文書局出版，1985 年。

11. 《中國近三百年學術史》，梁啓超撰，台北：里仁書局，1995 年。

12. 《中國學術思想史》，林啓彥編著，台北：書林出版，1994 年。

13. 《清代學術與文化》，王俊義等人合著，遼寧教育出版 1993 年。

14. 《清初學術思辨錄》，陳祖武撰，中國社會科學出版，1992 年。

15. 《歷史與思想》，余英時撰，台北：聯經出版社出版，1976 年。

16. 《中國學術思想史論叢》，錢穆撰，台北：東大圖書出版，1976 年。

17. 《西周史》，許卓雲撰，台北：聯經出版社出版。

18. 《秦漢風俗》，韓養民、張來斌合著，台北：博遠出版社出版，1989 年。

三、子 部

1. 《潛夫論》，王符著，《四庫善本叢書子部》，台北：藝文印書館出版，1965 年。

2. 《朱子大全》，宋·朱熹撰，台北：中華書局，1985 年。

3. 《朱子語類》八冊，宋黎靖德編，台北：文津出版，1986 年。

4. 《日知錄》，清·顧炎武撰，台北：文史哲出版，1979 年。

5. 《清儒學案新編》，楊向達主編，齊魯書社出版，1991 年。

四、集 部

1. 《詩品》，鍾嶸著、汪中先生注，台北：正中書局出版，1976 年。

2. 《文心雕龍》，劉勰著，王更生先生注譯，台北：文史哲出版，1991 年。

3. 《四溟詩話》，明·謝榛著，民·丁福保編，《歷代詩話續編》下冊，北京：中華書局出版。

4. 《閱微草堂筆記》，清·紀筠著、民·熊治祈點校，岳麓書社出版，1993 年。

5. 《魏源集》上下冊，魏源著，台北：台灣中華書局出版。

6. 《戴震文集》、《戴東原集》，戴震撰，北京：中華書局出版，1990 年。

7. 《潛研堂文集》錢大昕撰，上海：上海古籍出版，1989 年。

8. 《揅經室》二集，阮元撰，《叢書集成初編本》，北京：中華書局，1985 年。

9. 《雪泥屋遺書目錄》一卷，牟房編，《山左先哲遺書甲編》。

10. 《桃花聖解盦日記》一～五冊，李慈銘撰，台北：台灣商務書局出版，1973 年。

11. 《越縵堂文集》，李慈銘撰，台北：華文書局出版，1971 年。

12. 《越縵堂讀書記》上中下冊，李慈銘撰，楊家駱編，《中國學術名著》第三輯，台北：世界書局出版，1991 年。

13. 《觀堂集林》、《王觀堂文選》，王國維著，楊家駱編，《中國學術名著》第二輯，台北：世界書局出版，1991 年。

14. 《匡齋尺牘》，聞一多撰，上海：古籍出版社出版，1956 年。

15. 《中國文學研究》，鄭振鐸著，北京：北平作家出版，1957 年。

16. 《胡適文存》第四集，胡適著，台北：遠東書局出版，1953 年。

17. 《俚語證古》，丁惟芬撰，《詁雅堂叢書著六種》下冊，台北：台灣書局出版，1966 年。

18. 《雙行精舍書跋輯存》，王獻唐撰，齊魯書社出版，1983 年。

19. 《雙行精舍書跋輯存續編》，王獻唐撰，齊魯書社出版，1983 年。

20. 《黃侃論學雜著》，黃侃著，台北：漢京文化出版，1984 年。

21. 《管錐編》，錢鍾書撰，北京：中華書局，1979 年。

22. 《梅園論學三集》，戴君仁先生著，台北：學生書局出版，1979 年。

23. 《中國詩史》，陸侃如著，台北：古文書局印行，1968 年。

24. 《中國詩學——考據篇》、《中國詩學——鑑賞篇》，黃永武先生著，台北：巨流出版社出版，1979 年。

25. 《中國文學理論》，劉若愚撰、杜國清譯，台北：聯經出版社出版，1985 年。

26. 《中國韻文通論》，陳鍾凡著，台北：中華書局出版，1984 年。

27. 《中國文學史》上下冊，葉慶炳先生著，台北：學生書局，1987 年。

28. 《古典詩詞藝術探幽》，艾治平著，台北：木鐸出版，1987 年。

29. 《中國詩歌原理》，日·松浦友久著，孫昌武、鄭天剛譯，台北：洪葉文化出版 1993 年。

30. 《修辭學發凡》，陳望道著，高雄：復文書局出版，1989 年。

31. 《修辭學》，黃慶萱先生著，台北：三民書局出版 1975 年。

32. 《解釋學簡論》，高宣揚著，台北：遠流出版社，1991 年。

33. 《中國文學批評》，張健先生著，台北：五南書局出版，1992 年。

34. 《太陽英雄神話的奇蹟》第二冊，蕭兵著，台北：桂冠出版社，1992 年。

35. 《詩學理論與詮釋》，張簡坤明著，台北：駱駝出版社，1995 年。

36. 《詮釋的衝突》，保羅·里克爾著、林宏濤譯，台北：桂冠出版社，1995 年。

37. 《昨夜微霜》，方師瑜著，台北：九歌出版社，1985 年。

五、其 他

1. 《說文解字注》，許慎著、段玉裁注，台北：天工書局，1992 年。

2. 《校正宋本廣韻》，陳彭年重修，台北：藝文印書館，1991 年。

3. 《爾雅義疏》，郝懿行著，台北：藝文印書館出版，1987 年。

4. 《說文通訓定聲》，清·朱駿聲著，台北：藝文印書館出版，1975 年。

5. 《增廣詩韻全璧》，本齋主人撰，台北：華正書局印行，1987 年。

6. 《國學研讀法三種》，梁啓超著，台北：中華書局出版，1986 年。

7. 《古書眞僞及其年代》，梁啓超著，台北：中華書局出版，1973 年。

8. 《古漢語通論》，王力著，香港：九龍、時代發行、中外出版，1976 年。

9. 《漢語詞彙史》，王力著，北京：商務印書館，1993 年。

10. 《上古音韻表稿》，董同龢先生撰，台北：中央研究院歷史語言研究所出版，1944 年 12 月。

11. 《漢語音韻學》，董同龢先生著，台北：文史哲出版社，1991 年。

12. 《應用訓詁學》，程俊英、梁永昌等著，華東師範大學出版。

13. 《通假概說》，劉又辛撰，成都：巴蜀書社出版，1988 年。

14. 《僞書通考》，張心澂先生著，香港：友聯出版社。

15. 《續僞書通考》，鄭良樹先生編，台北：學生書局出版，1984 年。

16. 《古籍辨僞學》，鄭良樹先生著，台北：學生書局出版，1986 年。

17. 《中國古代史籍校讀法》，張舜徽著，台北：里仁書局出版，1988 年。

18. 《國學導讀叢編》一～五冊，周何、田博元先生等編，台北：康橋出版，1990 年。

19. 《國學導讀》，羅聯添先生等編，台北：巨流出版，1992 年。

20. 《正中形音義綜合大字典》，高樹藩先生編，台北：正中書局印行，1981 年。

六、期刊論文

〔一〕期　刊

1. 〈詩切序〉，姜亮夫著，《魯版圖書序跋集》，頁 452～485，1987 年 8 月。

2. 〈棲霞牟默人先生著述考〉，許維遹著，《清華學報》第 9 卷 2 期，頁 411～476，1934 年 4 月。

3. 〈山左先哲遺書提要〉，王獻唐著。

4. 〈清代漢學衡論〉，徐復觀先生著，《大陸雜誌》54 卷 4 期，1977 年 4 月。

5. 〈毛詩小序的重估價〉，戴君仁先生著，《孔孟學報》22 期。

6. 〈清代漢宋之爭評議〉，何佑森先生著，《文史哲學報》27 期，1978 年 12 月。

7. 〈詩四家說〉，左松超先生著，《中國文學講話──二周代文學》，《巨流》，1983 年。

8. 〈焦式易林的史證價值──詩經通釋質疑〉，趙制陽著，《中國語文》33 卷 3 期，頁 20～35，1973 年。

9. 〈今古文詩説比較研究〉，趙制陽著，《孔孟學報》53 期，頁 1～26，1987 年 4 月。

10. 〈古史辨詩經論文評介〉上下，趙制陽著，《孔孟學報》61 期，頁 11～61，62 期，頁 89～111，1991 年 3 月，9 月。

11. 〈經義述聞詩經之部評介〉，趙制陽著，《孔孟學報》63 期，頁 29～59，1992 年。

12. 〈詩經二南有關問題的討論〉，趙制陽著，《中華文化復興月刊》第 21 卷 2 期，1988 年 2 月。

13. 〈鄭樵詩經論文評介〉，趙制陽著，《孔孟學報》第 72 期，1996 年 9 月。

14. 〈詩經鄭風昭公史詩考〉，趙制陽著，《孔孟學報》51 期，1986 年 4 月。

15. 〈也談詩經的興〉，龍宇純先生著，《中國文哲研究集刊》1 期，頁 17～133，1991 年。

16. 〈詩經鄘風諸詩句法研究兼論其用韻〉，許世瑛著，《孔孟學報》24 期，1972 年 4 月。

17. 〈詩經與西周建國〉，王鴻圖著，《孔孟學報》25 期，1973 年 4 月。

18. 〈詩篇傳承與詩經學〉，白川靜著，杜正勝譯，《幼獅月刊》38 卷 2 期，頁 71～79，1973 年。

19. 〈詩經學歷史概述第一章——孔子以前詩經學的前奏〉，裴普賢先生著，《幼獅月刊》44 卷 3 期，頁 27～30，1976 年。

20. 〈詩比興釋例〉，王靜芝先生著，《中山文化學術集刊》5 期，1970 年 3 月。

21. 〈清代吳派經學評述〉，李威熊先生著，《中華學苑》36 期，1988 年。

22. 〈讀牟默人同文尚書〉，周師鳳五著，《書目季刊》第 18 卷 4 期，頁 65～86，1985 年 3 月。

23. 〈重章互足與詩義詮釋——兼評顧頡剛重章複沓爲樂師申述説〉，洪師國樑著，《第一屆中國古典文學（國際）研討會——先秦至南宋論文集》，1997 年 4 月。

24. 〈詩經句法偶談〉，楊伯峻著，《中國語文》，1978 年第 1 期。

25. 〈詩經用韻示例〉，于維杰著，《成大學報》3 卷 12 期。

26. 〈清代詩經著述考〉，周駿富著，《人文學報》3 期，頁 529～570，1973 年。

27. 〈現存易林研究〉，李周龍著，《孔孟學報》57 期，1989 年 3 月。

28. 〈七月詩中的曆法問題〉，華中彥著，高亨編，《詩經研究論文集》，頁 151～163，人民文學出版，1957 年。

29. 〈詩經中有關神話背景的詩〉，古添洪著，《今日中國》42 卷，1974 年 10 月。

30. 〈周南・卷耳「采采」意象試探〉，李添富著，王靜芝先生等著，《訓詁論叢》，頁 65～79，文史哲出版，1994 年 1 月。

31. 〈詩經所見官名考述〉，汪中文著，《臺南師院學報》第 25 期，1992 年 6 月。

32. 〈詩經中的婚姻習俗〉，黃肇基著，《中國語文》79 卷 5 期，1996 年 11 月。

33. 〈兩千年來詩經研究回顧〉，劉兆祐著，《幼獅學誌》17 卷 4 期，頁 37～55，1983 年。

34. 〈姚際恆詩經通論與方玉潤詩經原始：清代傳統詩經學的反動〉，李家樹先生著，《明清史國際會議論文》，1985 年 9 月。

35. 〈馬瑞辰毛詩傳箋通釋的訓釋方法〉，王曉平先生著，《文史》25 輯，頁 313～325，1985 年 10 月。

36. 〈詩唐風愷釋〉，王禮卿先生著，《孔孟學報》53 期，1987 年，4 月。

37. 〈論漢代和宋代的詩經研究及其在清代的繼承和發展〉，胡念貽先生著，《中國古代文學論稿》，上海：古籍出版，1987 年。

38. 〈詩經中的賦比興〉，胡念貽先生著，《中國古代文學論稿》，上海：古籍出版，1987 年。

39. 〈經學與其它學術的關係〉，葉師國良著，《經學通論》，空中大學出版，1996 年。

40. 〈詩經・國風層遞藝巧析論〉，許琇禎著，《孔孟月刊》第 32 卷 8 期。

41. 〈歷代詩經研究述略〉，韓明安著，《學術交流》1988 年第 1 期，頁 139～144，1988 年。

42. 〈詩三家義集疏與詩經研究〉，張一兵著，《書品》第 1 期，頁 7～12，1988 年 3 月。

43. 〈魯詩初祖申培公傳疏〉，申慶璧著，《孔孟學報》52 期，1986 年 9 月。

44. 〈魏源論齊魯韓與毛詩的異同〉，何慎怡著，《湖南師大社會科學學報》第 67 期，頁 7～11，1988 年。

45. 〈詩經詩學資料彙編舉例〉，林明德先生著，《輔仁國文學報》7 期，頁 123～203，1990 年。

46. 〈歷代詩經的研究〉，蔡信發著，《空大學訊》57 期，1990 年 3 月。

47. 〈兩漢四家詩盛衰綜論〉，施炳華著，《孔孟月刊》28 卷 5、6 期，頁 13～23、3～7，1990 年 1、2 月。

48. 〈馬瑞辰詩經學中考證之研究〉，黃忠慎先生著，《孔孟學報》62 期，頁 51～88，1991 年 9 月。

49. 〈詩經學史研究的回顧與前瞻〉，林慶彰先生著，《中國文哲研究的回顧

與展望論文集》，頁 349～382，1992 年 5 月。

50. 〈陳奐詩毛氏傳疏的訓釋方法〉，林慶彰先生著，《清代經學國際研討會論文》，1992 年 12 月。

51. 〈漢朝詩經學的多元性格〉，林耀潾著，《孔孟學報》72 期，1996 年 9 月。

52. 〈詩大序的文學理論與詩經解釋學的建立〉，林耀潾著，《孔孟學刊》65 期，頁 71～96，1993 年。

53. 〈詩經風雅頌分類的原始根據〉，鄭中鼎著，《中國文化月刊》161 期，頁 81～88，1993 年。

54. 〈略談詩經重言形式和分析方法〉，宋子然著，《四川師院學報》第 3 期，1982 年。

55. 〈論詩經之興義及其影響〉，林葉連著，《詩經國際研討會論文》，1993 年 8 月。

56. 〈論「溫柔敦厚，詩教也」〉，林葉連著，《第一屆經學研討會論文》，1994 年。

57. 〈漢代詩經學齊詩翼氏學述評〉，江乾益著，《興大中文學報》，頁 89～115，1994 年。

58. 〈從詩集傳看十五國風賦比興的用法〉，魏靖峰撰，《孔孟月刊》第 25 卷第 4 期，1986 年 12 月。

59. 〈阮元的考據學〉，劉德美撰，《台灣師大歷史學報》14 期，1986 年 6 月。

60. 〈阮元與宛委別藏叢書〉，吳哲夫先生著，《故宮文物月刊》2 卷 3 期，1984 年 6 月。

61. 〈四庫全書的編纂與清代學風的轉變〉，鄔秀容著，《第十二屆中部地區中文研究生論文發表》。

62. 〈阮元與疇人傳〉，王萍撰，《科學史通刊》第 1 期，1982 年 5 月。

63. 〈高郵王氏父子訓詁學之成就〉，張文彬著，《中國學術年刊》。

64. 〈清代經今文學述〉，李新霖著，《台灣師大研究所集刊》22 號，1978 年。

65. 〈乾嘉學派的興衰〉，李映發著，《歷史知識》第 1 期，1981 年。

66. 〈論清代經學——以考據治經之起源及其成就之限度〉，陸寶千著，《台灣師大歷史學報》3 期，1985 年。

67. 〈乾嘉學術成因析論〉，漆永祥著，《西北師大學社會科學學報》，1991 年第 7 期。

68. 〈清乾嘉學術研究之回顧坐談會記要——乾嘉學者治學方法之探討〉，岑溢成等著，《中國文哲研究通訊》4 卷 1 期，1994 年 3 月。

69. 〈乾嘉考據學派辨析——吳派、皖派說質疑〉，暴鴻良著，《史學集刊》，1992 年 3 月。

〔二〕論　文

1. 《毛詩傳箋釋例》，賴炎元先生著，臺灣師大國研所碩士論文，1958年。

2. 《詩國風通假字考》，趙汝眞著，文化中研所碩士論文，1969年。

3. 《詩序闡微》，張成秋著，文化中研所博士論文，1977年。

4. 《詩經中有關男女情感問題之探討與分析》，鍾洪武著，政大中研所碩士論文，1978年。

5. 《國風寫作技巧研究》，彭麗秋著，輔大中研所碩士論文，1980年。

6. 《詩經吉孔研究》，季旭生先生著，臺灣師大國研所碩士論文，1983年。

7. 《從詩經看周代社會組織》，許詠雪著，輔大中研所碩士論文，1983年。

8. 《周宣王史料與史事彙考》，王文陸著，台大中研所碩士論文，1985年。

9. 《毛詩釋文正義比較研究》，張寶三先生著，台大中研所碩士論文，1986。

10. 《宋代之詩經學》，黃忠愼先生著，政大中研所博士論文，1986年。

11. 《詩經所反映之周代社會》，藍麗春著，高師大中研所碩士論文，1986年。

12. 《詩經中古代生活的反映》，盧紹芬著，珠海中研所碩士論文，1987年。

13. 《方玉潤詩經原始研究》，李康範著，台大中研所碩士論文，1987年。

14. 《兩宋詩經著述考》，陳文采著，東吳中文所碩士論文，1988年。

15. 《十五國風章節之藝術表現》，林奉仙著，臺灣師大碩士論文，1989年。

16. 《馬瑞辰毛詩傳箋通釋研究》，劉邦治著，東吳大學中研所碩士論文，1989年。

17. 《詩經存古史考辨——詩經與史記所載史事之比較》，潘秀玲著，政大中研所碩士論文，1989年。

18. 《詩經秦風詩篇之研究》，王瑞蓮著，東吳中研所碩士論文，1990年。

19. 《歐陽修詩本義研究》，趙明媛著，中央大學中研所碩士論文，1990年。

20. 《毛詩稽古編研究》，郭明華著，東吳中研所碩士論文，1992年。

21. 《清代吳派經學研究》，孫劍秋著，政大中研所博士論文，1992年。

22. 《姚際恆及其詩經通論研究》，簡啓楨著，中華工專升等論文，1992年。

23. 《顧頡剛詩經學初探》，江永川著，中正中研所碩士論文，1994年。

附　錄

（一）《詩切》與各家詩旨對照表

各家說法 詩篇	詩　序	齊、魯、韓三家詩	车庭說詩	车庭從古文家說	车庭從今文家說	车庭從獨立立自主派說法說	车庭自創新說
關雎	后妃之德也。樂得淑女以配君子，憂在進賢，不淫其色，哀窈窕，思賢才，而無傷害之心。	韓詩：刺時也。魯詩：周之康王夫人晏出朝，關雎預見，思得淑女，以配君子。王氏：蓋康王時也，康王德缺於房，大臣刺晏，故詩作。	刺周南夫人晏起也。		＊		
葛覃	后妃之本也。后妃在父母家，則志在女工之事，……則可以歸安父母，化天下以婦道也。	魯詩；恐其失時也。	去婦詞也。				＊
卷耳	后妃之志也。又當輔佐君子，求賢審官，……至於憂勤。	魯詩：思古君子官賢人，置之列位也。	思婦吟也。			＊同方玉潤說法。	
樛木	后妃逮下也。言能逮下而無忌妒之心焉。	王氏：美文王得聖后，受多福也。	刺周南夫人專妒也。				＊
螽斯	后妃子孫眾多也。言若后妃不忌妒則子孫眾多矣。	王氏；周南詩人美后妃子孫多且賢也。韓詩：美后妃能使子賢矣。	刺周南公子美衣服也。				＊
桃夭	后妃之所致也。不妒忌則男女以正，婚姻以時，國無鰥民也。	王氏：易林云；男爲邦君，是齊詩說不以爲民間嫁娶之詩甚明。參之大學，宜家教國之義，非國君不足以當之。	不納奔女也。				＊
兔罝	后妃之化也。	韓詩：殷紂之賢人退處山林，網禽獸而食之。	刺周南君私養士也。				＊
芣苢	后妃之美也。和平，則婦人樂有子矣。	韓詩：傷夫有惡疾也。魯詩亦主此說。	貞婦遇夫有惡疾而自誓不肯絕去也。	＊			

詩篇	毛序	三家詩	牟庭說				
漢廣	德廣所及也。文王之道，被於南國，美化行乎江漢之域，無思犯禮，求而不可得。	韓詩：說人也。魯詩：江妃二女，……出游，……逢鄭交甫，見而悅之，不知其神人也。案：三家詩之意以爲詠漢水女神說。	刺周南君不能求賢也。				※
汝墳	道化行也。文王之化，行乎汝墳之國。	韓詩：辭家也。魯詩：大夫受命，平治水土，過時不來，妻恐其懈於王事，與鄰人陳素所與大夫言……家貧親老，不擇官而仕。案：勸夫仕說。	士妻勸其夫爲貧而仕，無出疆也。	※			
麟之趾	關雎之應也。關雎之化行，則天下無犯非禮，雖衰世之公子皆信厚，如麟趾之時。	韓詩：美公族之盛也。	刺人以世冑自矜也。				※
鵲巢	夫人之德也。	王氏：三家無異義。	刺召南君以妾爲妻也。				※
采蘩	夫人不失職也。	王氏：三家無異義。	刺霤室夫人不奉職也。				※
草蟲	大夫妻能以禮自防也。毛傳；卿大夫之妻待禮而行，……有歸宗之義。	魯詩：詩人之好善道也如此。王氏：是詩爲好善作。	寄夫也。夫宦遊置妾不歸家也。				※
采蘋	大夫妻能尋法度也。毛傳：古之將嫁女者，必先禮之於宗室。	王氏：三家皆同。自所薦之物，所采之處……皆有常而不改變，所謂能尋法度。	刺教成之祭不誠信也。				※
甘棠	美召伯也。召伯之教，明於南國。鄭箋；召伯，姬姓，名奭。	魯詩：民人思召公之政，懷甘棠不敢伐，歌詠之。案；此召公指召公奭。	思召穆公也。案：此指召穆公虎。				※
行露	召伯聽訟也。孔疏：言召伯聽斷男女室家之訟也。	韓詩；夫行露之人許嫁矣，然而未往也。見一物不具，一禮不備，守節貞禮，守死不往。魯詩說同此。	折鄘人獄詞也。案：牟氏主申女爲媒妁欺，不肯嫁。鄘人訟之以理，理官察其實，惜以好女配非偶，作此詩刺其獄遣之。				※
羔羊	鵲巢之功致也。	韓詩：言其德能稱。齊詩；美召公作也。魯詩亦是。	刺饌稟儉薄也。退食自公，言無公膳也。				※
殷其雷	其室家憫其勤勞，勸以義也。	王氏：三家無異義。	刺召南君好微行也。				※
摽有梅	男女及時也。	王氏：魯義與毛序恉合。	刺嫁女愆期也。				※
小星	惠及下也。夫人無忌妒之行，惠及賤妾也。	韓詩：家貧親老，不擇官而仕。王氏：旁多小星喻君側有小人，故使臣雖勞無功。	宮怨也。				※
江有汜	美媵也。勤而無怨，嫡能悔過也。	齊詩：南國本求婚長女而女家不與，……追嫡不以其媵備數，因而後悔。	召南夫人幽怨也。				※

詩名						
野有死麕	惡無禮也。……被文王之化,雖當亂世,猶惡無禮也。	韓詩:平王東遷,諸侯侮法,男女失冠昏之節,野之刺興焉。	貞女詞也。		※同朱熹、錢澄之之說法。	
何彼襛矣	美王姬也。雖則王姬,亦下嫁於諸侯,車服不繫其夫,下王后一等,猶執婦道以成肅雍之德。	王氏:如三家說,……平王女王姬先嫁于齊,留車反焉。	觀齊公子親迎王姬也。案:此王姬乃平王女下嫁齊,而齊公子親迎,大有夫卑婦尊之譏。		※同陳啓源、牛運震、方玉潤之說法。	
騶虞	鵲巢之應也。	王氏:魯詩嘆傷生不逢時也。	刺輪禽而獵也。			※
柏舟	言仁而不遇也。衛傾公之時,仁人不遇,小人在側。	韓詩:衛宣姜自誓所作也。	宣夫人夷姜憂憤也。案:夷姜乃魯詩所謂衛宣夫人。	※		
綠衣	衛宣姜傷己也。妾上僭,夫人失位,而作是詩也。	王氏:齊與毛同。……魯韓蓋無異義。	夫人定姜刺敬姒無禮,獻公不孝也。			※
燕燕	衛莊姜送歸妾也。	魯詩:定姜送婦作。齊詩:送婦歸寧,並為獻公無禮而作詩。	夫人定姜送歸妾,有感獻公不孝也。	※		
日月	衛宣姜傷己也。遭州吁之難,傷己不見答于先君,以至困窮之詩也。	魯詩:壽之母與朔謀,欲殺太子伋而立壽。……壽竊伋旌以先行,幾及齊矣,盜見而殺之,伋至見壽之死,……至境自殺,……君子義此二人而傷宣公之聽讒。	婦人賢而貌醜,既嫁而不親也。			※
終風	衛宣姜傷己也。遭州吁之暴,見侮慢而不能正也。	魯、齊、韓詩說為夫婦詞也。	賢婦人嫁狂夫也。	※		
擊鼓	怨州吁也。	齊詩:擊鼓合戰,士怯叛亡。威令不行,敗我成功	迎喪也。			※
凱風	美孝子也。衛之淫風流行,雖有七子之母,猶不能安其室。故美孝子能盡其孝道,以慰母心,而成其志也。	齊詩:凱風無母,何恃何怙?幼弱孤子,為人所苦。王氏:人即繼母……魯韓說當與齊同	孝子自責留後母也。	※魏源的說法同此。		
雄雉	刺衛宣公也。淫亂不恤國事,軍旅數起,大夫久役,男女怨曠,國患之而作詩。	王氏:三家義未聞。序:大夫久役,男曠怨女,正此詩之旨。	賢婦人刺其夫遠宦而不歸也。			※
匏有苦葉	刺衛宣公也。公與夫人並為淫亂。	王氏:賢者不遇時而作也。	隱語刺時也。			※
谷風	刺夫婦失道也。衛人化其上,淫於新昏而棄其舊室,夫婦離絕,國俗傷敗焉。	王氏:魯與毛同。	妒婦詞也。			※
式微	黎侯寓於衛,其臣勸以歸也。	魯詩:傅母與黎莊夫人二人作也。傅母憫夫人賢,勸其歸,夫人終執壹貞,不違婦道,以俟君命	傅母傷黎莊夫人不得意也。			※

旄丘	責衛伯也。狄人迫逐黎侯，黎侯寓於衛，衛不能修方伯連率之職，黎之臣子以責於衛。	王氏：以旄丘與新台併稱，曰隔塞，曰不答，知與式微同旨，亦黎莊夫人不見答而作。	黎莊夫不得意而責衛使臣久於黎也。		※		
簡兮	刺不用賢也。	王氏：三家無異義。	刺大夫彌猴舞也。				※
泉水	衛女思歸也。嫁於諸侯，父母終，思歸寧而不得，故作是詩以自也。	王氏：三家無異義。	衛女爲須句夫人思歸也。				※
北門	刺仕不得志也。言衛之忠臣不得其志耳。	王氏：三家無異義。	賢者仕而困窮自罷歸也。				※
北風	刺虐也。衛國併爲威虐，百姓不親，莫不相攜持而去也。	王氏：詩主刺瘧，以北風喻時政也。此衛之賢者相約避地之詞。	賢者見亂萌，相招避去也。		※		
靜女	刺時也。衛君無道，夫人無德。	王氏：此滕妾迎而嫡詩也。	箴管詞也。衛地婦人相造請逢迎，解佩投贈，其俗然也。亦報謝女姻過存留贈箴管也。				※
新台	刺衛宣公也。納伋之妻，作新台于河上而要之，國人惡之而作是詩。	王氏；旄丘、新台，悔往嘆息。此齊詩說。案：此乃賢婦不答於夫君說。	賢婦人既嫁不答於夫君而自悔也。		※		
二子乘舟	思伋壽也。衛宣公之二子，爭相爲死，國人傷而思之，作是詩也。	魯詩；太子伋之傅母憫伋與壽之死而作是詩。	傅母哀救伋子也。		※		
柏舟	共姜自誓也。衛世子共伯早死，其妻守義，父母欲奪而嫁之，誓而弗許，故作是詩以絕之。	王氏：蓋共伯弒死，武公繼立，姜勢難久處衛邦，既不如柏舟之寡卒守死君，祇得燕燕之婦往歸故國，不料父母欲奪而嫁之，故爲此詩以自誓也。	貞婦被遣還，而不嫁也，漢樂府焦仲卿妻蘭芝似之也。				※
墻有茨	衛人刺其上也。公子頑通乎君母，國人疾之，而不可道也。	王氏：此詩魯義不必以爲公子頑通君母事。……三家皆以爲刺宣公也。	刺君母宣姜也。	※			
君子偕老	刺衛夫人也。夫淫亂，失事君子之道，故陳人君之德，服飾之盛，宜與君子偕老也。	王氏：三家無異義。	刺宣姜飾容也。				※ 似朱熹說法。清劉沅《詩經恆解》亦主此說。
桑中	刺奔也。衛之宮室淫亂，男女相奔，至於世族在位，相竊妻妾，期於幽遠，政散民流而不可止。	王氏：以桑中爲竊妻之詩，此最古義。	刺醜夫得美室而不諧也。				※
鶉之奔奔	刺衛宣姜也。衛人以爲宣姜鶉鵲之不若也。	王氏：刺宣公也。史記、列女傳無公子頑通宣姜事，是魯義必與毛異……然則詩刺宣公甚明。	子鮮刺獻公無信也。				※

定之方中	美衛文公也。	王氏：三家無異義。	成公宮人遷帝丘而思楚丘也。			※
蝃蝀	止奔也。衛文公能以道化其民，淫奔之恥，國人不齒也。	韓詩；刺奔女也。	刺女自擇夫也。			※
相鼠	刺無禮也。	魯詩：妻諫夫也。	妻諫夫也。	※		
干旄	美好善也。	齊詩：良輔求賢不遇。王氏：明是良輔求材，賢人抱道，未適邂遘之願，但懷忠告之誠者，與序、箋義異。	詠寧子以忠功受寵禮，而惜其不讓也。			※
載馳	許穆夫人作。閔其宗國顛覆，自傷不能救也。	魯說曰：許穆夫人者，衛懿公之女，……狄人攻衛，大破之，而許不能救，衛侯遂奔走涉河……許夫人馳驅而吊唁衛侯，因而作此詩。王氏案：君子善其慈惠而遠識也。	許穆夫人謀救衛也。	※近似，但仍有所不同。		
淇奧	美衛武公之德也。	王氏：魯與毛同，齊韓無異義。	懷舊都人物之美也。			※
考槃	刺莊公也。不能繼先公之業，使賢者退而窮處。	王氏：三家無異義。	刺仕宦不止也。			※
碩人	閔莊姜也。莊公惑於嬖妾，使驕上僭，莊姜賢而不答，終以無子，國人閔而憂之。	魯詩：傅母者，齊女之傅母也。女為衛莊公之夫人，號曰莊姜。……傅母見其婦道不正，乃作詩諭之。	莊姜傅母誨莊姜也。	※		
氓	刺時也。衛宣公之時，……淫風大行，……故序其事以風焉。	齊詩：氓伯以婚，抱布自媒。棄禮急情，卒罹悔憂。王氏：棄婦自悔恨之詞。……魯韓無異義。	棄婦詞也。	※		
竹竿	衛女思歸也。	王氏；三家無異義。	衛姬自請和親於晉，以釋獻公也。			※
芄蘭	刺惠公也。驕而無禮，大夫刺之。	王氏：三家無異義。	刺童子速成也。		※同王質、季本、方玉潤等說法。	
河廣	宋襄公母歸於衛，思而不止，故作是詩也。	王氏：襄公即位，不能往宋見母，故夫人思之，設言河廣以起興，此詩庶幾可通耳	衛之遺民濟河，見宋桓公而喜也。			※
伯兮	刺時也。言君子行役，為王前驅，過時而不反焉。	王氏：三家無異義。	周襄王忠臣之婦思夫也。		※似蘇轍、朱熹、季本等說法。	
有狐	刺時也。衛之男女失時，喪其妃耦焉。古者國有凶荒，則殺禮而多婚，會男女之無夫家者，所以育人民也。	王氏：韓詩外傳義與毛序合，魯齊無異義。	有童子宦學於衛，蓋其母寄詩戒之也，以衛多女閭也。			※

木瓜	美齊桓公也。衛國有狄人之敗，……齊桓公救而封之……衛人思之，欲厚報之，而作是詩。	魯詩：臣下思報禮而作。	刺賄也。			※同明朱謀瑋《詩故》之說法。
黍離	閔宗周也。周大夫行役，至於宗周，……閔周室之顛覆，彷徨不忍離去，而作是詩。	韓詩；伯封作。昔尹吉甫，信后妻之讒，而殺孝子伯奇，其弟伯封求而不得，作此詩。	詠公子壽與其兄伋子爭死以相讓也。			※
君子于役	刺平王也。君子行役無期度，大夫思其危難以風焉。孔疏：在家之大夫，思君子僚友在外之危難。	王氏：三家無異義。	牟氏以此詩更名為雞棲。且以為戍人婦問歸信也。			※似姚際恆、方玉潤等說法。
君子陽陽	閔周也。君子遭亂，相招為祿仕，全身遠害而已。	王氏：三家無異義。	牟氏以此更名為執簧。且以為思婦夢也。			※
揚之水	刺平王也。不撫其民，而遠屯戍於母家，周人怨思焉。	王氏；三家無異義。	戍人謠也。			※似朱熹之說法。
中谷有蓷	閔周也。夫婦日以衰薄，凶年饑饉，室家相棄也。	王氏：三家無異義。	詠醜婦棄其夫也。			※
兔爰	閔周也。桓王失信，諸侯背叛……王師傷敗，君子不樂其生焉。	王氏：三家無異義。	戍人刺平王也。			※
葛藟	王族刺平王也。	王氏；詩言人君不可不推恩公族，其取喻同齊說甚明。	贅子詞也。			※
采葛	懼讒也。	王氏：三家無異義。	刺人娶妻而不出也。			※
大車	刺周大夫也。禮義陵遲，男女淫奔，故陳古以刺今大夫不能聽男女之訟焉。	魯詩：息夫人絕命辭也。王氏：今湖北桃花夫人廟祀息夫人，古跡尚存唐人留詠，知魯詩之言信而有徵。	貞婦約與夫同死矣。			※
丘中有麻	思賢也。莊王不明，賢人放逐，國人思之而作是詩。	王氏：三家無異義。	遺民祭忠臣劉子也。			※
緇衣	美武公也。	王氏：三家皆以此詩為美武公，無異說。	刺待士無恩也。			※
將仲子	刺莊公也。不勝其母，以害其弟，弟叔段失道而公弗制，祭仲諫而弗聽，小不忍以致大亂焉。	王氏：三家無異義。	刺處女不謹也。			※
叔于田	刺莊公也。叔處于京，繕甲治兵，以出于田，國人說而歸之。	王氏：三家無異義。	少年詞也。			※
大叔于田	刺莊公也。叔多才而好勇，不義而得眾也。	王氏：三家無異義。	刺濫駕君車也。			※

清人	刺文公也。高克好利而不顧其君，文公惡而欲遠之，不能，使高克將兵而御敵於境……文公退之不以道，危國亡詩之本，故作是詩也。	王氏：三家無異義。	刺棄師也。高克內無職守，外無軍爭，棲遲河上，事外閒居，故詩人目爲清閒之人耳。			※
羔裘	刺朝也。言古之君子，以風其朝焉。	王氏：三家無異義。	刺俗士得貴仕也。			※
遵大路	思君子也。莊公失道，君子去之，國人思望焉。	王氏：三家無異義。	刺貴易交也。			※
女曰雞鳴	刺不說德也。陳古義以刺今不說德而好色也。	王氏：魯韓無異義。	思配而誄之也。此蓋悼亡之後，追想平生居室相與警戒之事。			※
有女同車	刺忽也。鄭人刺忽之不昏於齊，太子忽曾有功於齊，齊侯請妻之，齊女賢而不取，卒以無大國之助，至於見逐，故國人刺之。	王氏：三家無異義。	刺武公所美非美也。			※
山有扶蘇	刺忽也。所美非美然。	王氏：三家無異義。	刺國無賢人也。			※
蘀兮	刺忽也。君弱而臣強，不倡而和也。	王氏：三家無異義。	刺老猾也。			※
狡童	刺忽也。不能與賢人圖事，權臣擅命也。	王氏：三家無異義。	刺貴人忘故友也。			※
褰裳	思見正也。狂童恣行，國人思大國之正己也。	王氏：三家無異義。	責故人不來也。案：此乃答狡童詩人說。			※
丰	刺亂也。昏姻之道缺，陽倡而陰不和，男行而女不隨。	王氏；三家無異義。	謝慢也。此乃貴人道歉說。回褰裳之詩作。			※
東門之墠	刺亂也。男女有不待禮而相奔者也。	王氏：言亂世禮義不行，與我心相違反也。魯韓無異義。	刺女輩空室出遊也。鄭之俗也。			※
風雨	思君子也。亂世則思君子不改其常度焉。	王氏：三家無異義。	問疾也。			※
子衿	刺學校廢矣。亂世則學校不修焉。	王氏；三家無異義。	寄衣也。此詩蓋鄭之遠鄙之人，學於國學，而父母在家，其妻留待，不得從往，因寄衣巾而作是詩矣。			※
揚之水	閔無臣也。君子閔忽之無忠臣良士，終以死亡，而作是詩也。	王氏：三家無異義。	兄弟相約不分財也。			※似王質、王柏等主兄弟相戒說。
出其東門	閔亂也。公子五爭，兵革不息，男女相棄，民人思保其室家焉。	王氏：詩乃賢士道所見以刺時，而自明其志也。魯韓當同。	巫臣喜得夏姬。			※

野有蔓草	思遇時也。君之澤不下流,民窮於兵革,男女失時,思不期而會焉。	韓詩;求賢而其邂遘,非簡其禮也,夫賢人難得也。	夏姬酬子靈也。案:此篇夏姬酬達巫臣之什。			※
溱洧	刺亂也。	韓詩;溱與洧,說人也。鄭國之俗,三月上巳之日於兩水上,招魂續魄,拂除不祥,故詩人願與所說者俱往觀也。	詠襖事也。		※	
雞鳴	思賢妃也。哀公荒淫怠慢,故陳賢妃貞女夙夜警戒相成之道焉。	韓詩:讒人也。王氏:韓以此詩為憂讒之作。	刺留色也。			※似嚴粲、姚際恆等說主刺荒淫也。
還	刺荒也。哀公好田獵,從禽獸而無厭,國人化之,遂成風俗。	王氏:三家無異義。	刺誇也。			※似明姚舜牧、清方玉潤等主刺齊俗善誇耀也。
著	刺時也。時不親迎也。	王氏:三家無異義。	刺不親迎也。	※		
東方之日	刺衰也。君臣失道,男女淫奔,不能以禮化也。	王氏:三家無異義。	亦刺不親迎也。			※
東方未明	刺無節也。朝廷興居無節,號令不時,挈壺氏不能掌其職也。	王氏;三家無異義。	刺襄公無常也。案牟氏更此名為折柳。	※		
南山	刺襄公也。案:鄭箋、孔疏皆以為不僅刺襄公亦刺魯桓公,不能禁制夫人文姜而去之。	王氏:三家無異義。	刺魯桓公以夫人文姜來會也。			※同嚴粲《詩輯》之說法。
甫田	大夫刺襄公也。無禮而求大功,不修德而求諸侯,志大心勞,所以求者,非其道也。	王氏:三家無異義。	刺奇童子無所成也。			※
盧令	刺荒也。	王氏:三家無異義。	刺以色取人也。			※
敝笱	刺文姜也。齊人惡魯桓公微弱,不能防閑文姜,使至淫亂,為二國患焉。	王氏:三家無異義。	刺文姜來孫也。	※		
載驅	齊人刺襄公也。	王氏:云襄嫁季女者,系女於襄,猶言齊嫁季女耳。……魯韓當同齊說	詠文姜反魯也。			※
猗嗟	刺魯莊公也。齊人傷魯莊公有威儀技藝,然而不能以禮防閑其母,失子之道,人以為齊侯之子焉。	王氏:三家無異義。	刺魯莊公來會狩於禚也。			※

詩名					
葛屨	刺褊也。魏地狹礙，其民機巧趨利，其君儉嗇褊急，而無德以將之。	王氏：三家無異義。	刺裳褊也。詩言其人心意褊狹，惜費尺寸之間，故令邊幅窘迫，不能辟積，非貧之故也。		※
汾沮洳	刺儉也。其君儉以能勤，刺不得禮也。	韓詩：嘆沮澤間有賢士隱居其下，然其才德高出乎在位公行、公路之上。案：此乃美隱居賢者說	刺魏氏娶賤女也。		※
園有桃	刺時也。大夫憂其君國小而迫，而儉以嗇，不能用其民，而無德教，日以侵削，故作是詩。	王氏：三家無異義。	刺沒收人田宅也。		※
陟岵	孝子行役，思念父母也。	王氏；三家無異義。	刺遊子不歸也。		※
十畝之間	刺時也。言其國削小，民無所居焉。	王氏；三家詩無異義。	刺人悅桑女也。		※
伐檀	刺貪也。在位貪鄙，無功而受祿，君子不得進仕耳。	魯詩；其詩刺賢者不遇明主也。	刺儲卿也。		※
碩鼠	刺重斂也。	魯詩；履畝稅而碩鼠作。	刺長吏也。		※似朱熹、郝懿行、魏源等主刺貪官污吏也。
蟋蟀	刺晉僖公也。儉不中禮，故作是詩以閔之，欲其及時以禮自娛樂也。	齊詩：君子節儉刺奢，儉則固。	刺大夫逐時商賈之利，不與賓客燕樂也。		※
山有樞	刺晉昭公也。不能修道以正其國，有財不能用，……政荒民散，將以危亡，四鄰謀取其國而不知，國人作詩以刺之。	齊詩；刺晉僖公不能及時以自娛樂。	刺老人富而愈嗇也。		※同郝懿行主諷吝嗇也。
揚之水	刺晉昭公也。昭公分國以封沃，沃盛強，昭公微弱，國人將叛而歸沃也。	齊詩；揚水潛鑿，使石絜白。衣素表朱，戲遊皋沃。得君所願，心志娛樂	仕者相戒也。		※
椒聊	刺晉昭公也。君子見沃之盛強，能修其政，知蕃衍盛大，子孫將有晉國焉。	王氏：三家無異義。	刺桓叔逼晉也。		※
綢繆	刺晉亂也。國亂，則婚姻不得其時焉。	王氏：三家無異義。	新婚詞也。		※似朱熹主新婚夫婦詞也。
杕杜	刺時也。君不能親其宗族，骨肉離散，獨居而無兄弟，將爲沃所併吞。	王氏：三家無異義。	刺兄弟不相親也。		※似季本說法主勸兄弟相親也。

羔裘	刺時也。晉人刺其位不恤其民也。	王氏：三家無異義。	刺大官不念貧賤交也。			※
鴇羽	刺時也。昭公之后，大亂五世，君子下從征役。不得養其父母，而作是詩。	王氏：三家無異義。	戍周役人謠也。			※似朱熹、方玉潤等說主征役苦之作。
無衣	美晉武公也。武公始併晉國，其大夫爲之請命乎天子之使，而作是詩。	王氏：三家無異義。	刺富人重衣也。			※
有杕之杜	刺晉武公。武公寡特，兼其宗族，而不求賢以自輔焉。	王氏；三家無異義。	刺不饗士也。			※
葛生	刺晉獻公也。好攻戰，則國人多喪也。	王氏：三家無異義。	刺寡婦不謹也。			※
采苓	刺晉獻公也。獻公好聽讒言。	王氏；三家無異義。	刺愎也。			※
車鄰	美秦仲也。秦仲始大，有車馬禮樂侍御之好焉。	王氏：三家無異義。	感遇也。詩言始者貧困，車敝馬劣，未得見君，嘗事寺人，給其使令，蓋商鞅因景監之類也。			※似季本說法，主賢者感遇時君之說。
駟驖	美襄公也。始命有田狩之事，園囿之樂焉。	王氏：三家無異義。	刺濫駕君車也。			※
小戎	美襄公也。備其兵甲，以討西戎，西戎方強而征伐不休。國人則矜其車甲，婦人能閔其君子焉	王氏：三家無異義。	思夫從軍詞也。			※似朱熹主婦念征夫說。
蒹葭	刺襄公也。未能用周禮，將無以固其國焉。	魏源：襄公急霸西戎，不遵禮教，流至春秋，諸侯終以夷狄擯秦，故詩人興露焉。王氏：魏說於事理詩義皆合，三家義或然。	百里傒薦蹇叔也。			※
終南	戒襄公也。	王氏：三無異義。	刺秦伯不務遠略也。		※	
黃鳥	哀三良也。	王氏：三家皆謂秦要人從死，穆公既死，三臣自殺以從也。	哀子車氏之三子也。	※		
晨風	刺康公也。忘穆公之業，始棄其賢臣也。	王氏：三家無異義。	請見君也。			※似王質、季本等說法。
無衣	刺用兵也。	王氏：三家無異義。	河上軍謠也。			※
渭陽	康公念母也。	王氏；魯傳韓序並與毛合。	刺康公納晉公子雍而無備也。			※
權輿	刺康公也。	王氏：三家無異義。	刺館客薄也。			※同清吳懋清之說。
宛丘	刺幽公也。淫荒昏亂，游蕩無度。	王氏：齊詩義微異。魯韓未聞。	刺時人不知音也。案：不懂得欣賞音樂歌舞			※

東門之枌	疾亂也。幽公荒淫，風化所行，南女棄其舊業，極會於道路，歌舞於市井耳。	王氏：三家無異義。	詠神叢歌舞之會也。		✳
衡門	誘僖公也。	王氏：三家皆言賢者樂道忘飢，無誘進人君之意。	刺國無逆旅舍也。		✳
東門之池	刺時也。疾其君之昏淫，而思賢女以配君子也。	王氏：三家無異義。	觀美女戲舟也。		✳
東門之楊	刺時也。昏姻失時，男女多違，親迎女猶有不至也。	王氏：三家無異義。	詠夜遊張燈也。		✳
墓門	刺陳陀也。陳陀無良師傅，以至於不義，誤加于萬民也。	魯詩；陳國采桑之女之歌。	刺儀行父也。	✳同丰坊主刺孔寧父也。	
防有鵲巢	憂讒賊也。宣公多信讒，君子憂懼焉。	王氏：三家無異義。	刺信饞。	✳似方玉潤之說。	
月出	刺好色也。在位不好德而悅美色焉。	王氏：三家無異義。	望月辭也。此詩詠中秋月也。		✳
株林	刺陳靈公也。淫乎夏姬，驅馳而往，朝夕不休焉。	齊詩：君臣淫佚，夏氏失身。……魯韓無異義。	築臺役人謠也。		✳
澤陂	刺時也。言靈公君臣淫于其國，男女相說，憂思感懷焉。	王氏：三家無異義。	嘲怕婦也。		✳
羔裘	大夫以道去其國君也。	王符：君驕貪嗇儉，……群臣卑讓，……詩人憂之，故作此詩，閔其痛悼也。	刺女輩出遊也。		✳
素冠	刺不能三年也。	王氏：三家無異義。	刺冠服奢麗也。檜俗華侈，大夫奢僭，故詩人思見冠服質素者，非刺不能三年也。		✳
隰有萇楚	疾恣也。國人疾其君之淫恣，而思無情慾者也。	王氏：三家無異義。	老子嘆其子長而孝衰也。		✳
匪風	思周道也。	王氏：三家無異義。	刺叔妲賣國也。		✳
蜉蝣	刺奢也。	王氏：漢書人表：曹昭公班，釐公子，作詩。此齊說，魯韓當同。	刺裸裎而遊也。		✳
候人	刺近小人也。	王氏：三家異無義。	刺貴易妻也。		✳
鳲鳩	刺不一也。在位無君子，用心不一也。	王氏：三家無異義。	刺嗣大夫不肖也。		✳
下泉	思治也。	齊詩：下泉苞稂，十年無王。荀伯遇時，憂念周京	周公勸荀伯無與三叔交通也。		✳
七月	陳王業也。周公遭變，故陳后稷先公風化之所由，致王業之艱難也。	王氏：言農桑衣食之本甚備	周公居田也。	✳近似，但仍有所不同。	

鴟鴞	周公救亂也。	魯詩:武王崩,周公當國,……乃奉成王命興師東伐,……歸報成王,乃爲詩貽王。	周公貽王,戒以管叔殷人之亂,當預防之也。		※		
東山	周公東征也。……三年而歸,勞歸士,大夫美之,故作是詩也。	齊詩:東山辭家,處婦思夫,……歎我君子,役日未已	周公悼亡也。				※
破斧	美周公也。周大夫以惡四國焉。	王氏:周公東征後,遂兼行黜陟之典,非僅如毛說管蔡商奄也。	闞人送周公歸也。				※
伐柯	美周公也。周大夫刺朝廷之不知也。	王氏:三家說不可見。	據文義與破斧併爲一篇。				※
九罭	美周公也。同上。	王氏:三家無異義。	同上。				※
狼跋	美周公也。周公攝政,遠則四國流言,近則王不知,周大夫美其不失其聖	王氏:三家無異義。	闞人思周公也。				※
鹿鳴	燕群臣嘉賓也。	魯詩;仁義陵遲,鹿鳴刺焉。	刺賓興不設酒食也。				※
四牡	勞使臣之來也。有功而見知則說矣。	齊詩:君勞使臣之來歌也。	思子也。				※
皇皇者華	君遣使臣也。送之以禮樂而言有光華也。	齊詩:君遣使臣之樂歌也。	刺不好問也。				※
常棣	燕兄弟也。閔管蔡之失道,故作常棣焉。	韓詩:夫杕,燕兄弟也。閔管蔡之失道也。	召穆公勸睦親也。				※
伐木	燕朋友故舊也。	魯詩:周德始衰,伐木有鳥鳴之刺。韓詩;伐木廢,朋友之道缺。	刺大夫不燕賓也。				※
天保	下報上也。君能下下以成其政,臣能歸美以報上焉。	王氏:三家無異義。	刺平王未郊祀也。				※
采薇	遣戍役也。文王之時,西有昆夷之患,北有玁狁之難,以天子之命命將率,遣戍役以守衛中國,故歌采薇以遣之,出車以勞還,杕杜以勤歸也。	魯詩;懿王之時,王室遂衰,詩人作刺。	閔思也。				※
出車	勞還率也。	魯詩:周宣王命南仲、吉甫攘獫狁,咸蠻荊。	閔思也。				※
杕杜	勞還役也。	王氏:據鹽鐵論,是齊詩之說以杕杜及采薇同爲刺詩,與毛序異。魯韓當齊同。	閔思也。			※似方玉潤之說。	
魚麗	美萬物盛多,能備禮也。	齊詩;采薇出車,魚麗思初,上下促急,君子懷憂	刺眾客無廉恥而嗜飲食也。				※
南有嘉魚	樂與賢也。大平之君子,至誠樂與賢者共之也。	齊詩:言太平君子有酒,樂與賢者共之也。	刺狎客也。		※		※

南山有臺	樂得賢也。得賢則能為邦家立太平之基也。	齊詩：言太平之治，以賢者為本。	傷大貴之損生，不如柱下史老聃也。			※
蓼蕭	澤及四海也。	王氏：三家無異義。	宮怨也。			※
湛露	天子燕諸侯也。	王氏：三家與毛同。	刺夜飲也。			※
彤弓	天子錫有功諸侯也。	王氏：三家無異義。	刺饗禮遲緩也。			※
菁菁者莪	樂育材也。君子能長育人材，則天下喜樂之矣。	徐幹中論曰：美育人才，其猶人之於藝乎。既修其質，且加其文。……王氏案：徐用魯詩，所說詩義乃魯訓也。	孝子伯奇之弟伯封作也。			※
六月	宣王北伐也。	王氏：齊魯與毛同，韓蓋無異義。	贈吉甫也，諷其不慈。			※
采芑	宣王南征也。	王氏：三家無異義。	刺方叔不能用兵也。			※
車攻	宣王復古也。	易林：吉日車攻，田弋獲禽。宣王飲酒，以告嘉賓。王氏：用此經文，皆齊詩說	刺王欲襲鄭而不能也。			※
吉日	美宣王田也。	王氏：三家無異義。	刺王欲襲秦而不能也。			※
鴻鴈	美宣王也。萬民離散，不安其居，而能勞來還定安集之，至於矜寡，無不得其所焉。	王氏：三家無異義。	流民謠也。		※似蘇轍之說。	
庭燎	美宣王也，因以箴之。	易林：庭燎夜明，追古傷今。陽弱不制，陰雄坐戾。王氏案：此齊說。	宮怨也。			※
沔水	規宣王也。	王氏：三家未聞。	規其友自全於亂世也。			※
鶴鳴	誨宣王也。	王氏：詩言賢者隱居，此齊說。	刺時人毀譽不以實也。			※
祈父	刺宣王也。	王氏：以養不及母為可傷也。並齊說。	刺不予寧也。			※
白駒	大夫刺宣王也。	魯詩：白駒者，失朋友之所作也。	刺隱士入朝也。			※
黃鳥	刺宣王也。	齊詩：黃鳥來集，既嫁不答。念我父母，思復邦國	鄭莊公怨王貳於虢也。			※
我行其野	刺宣王也。	齊詩：黃鳥采蓄，既嫁不答。念吾父兄，思復邦國。王氏：據焦氏言黃鳥采蓄，是齊文作蓄，似我行其野與黃鳥為一時事，故並舉之。	不詳。案：可能為車庭據文意併入前一篇之作。			※
斯干	宣王考室也。	魯詩：周德既衰，宣王賢而中興，更為儉宮室，小寢廟。詩人美之，斯干之詩是也。	刺命婦乘其夫也。			※

無羊	宣王考牧也。	王氏：三家無異義。	刺大夫家養牲也。				※
節南山	家父刺幽王也。	齊詩：周室之衰，其卿大夫緩於誼而急於利，亡推讓之風而有爭田之訟，故詩人疾而刺之。	家父和王與尹吉甫也。				※
正月	大夫刺幽王也。	王氏：三家無異義。	祭伯奔魯告亡也。				※
十月之交	大夫刺幽王也。	王氏：三家義當與毛同。	責賢相皇父避位居向也。				※
雨無正	大夫刺幽王也。雨自上下者也。眾多如雨而非所以政也。鄭箋；亦當為刺屬王。	王氏：三家詩義當與箋同。	寺人責離居大夫也。				※
小旻	大夫刺幽王也。	王氏：三家無異義。	答雨無正也。				※
小宛	大夫刺幽王也。	王氏：三家詩義未詳。	思兄也。兄子不謹，懼禍宗也。			※似朱熹、方玉潤之說。	
小弁	刺幽王也。天子之傅作焉。	魯詩：小弁，小雅之篇，伯奇之詩也。伯奇仁人，而父虐之，……放之於野。	孝子尹伯奇見放也。		※		
巧言	刺幽王也。大夫傷於讒，故作是詩矣。	易林：辯變黑白，巧言亂國。大人失福，君子迷惑。王氏案：此齊說。魯韓未聞。	鄭公子忽刺虢公也。				※
何人斯	蘇公刺暴公也。暴公為卿士而譖蘇公焉，故蘇公作是詩以絕之。	王氏；大抵西周末造，朝臣競利營私，風氣日下，以尹氏太師而有與人爭田之訟，其他更無論矣。	詛暴公也。				※
巷伯	刺幽王也。寺人傷於讒，故作是詩也。	後漢書孔融傳……李注云：巷伯被讒，寺人孟子傷而作詩，以刺幽王。王氏案：班固習齊詩……說寺人孟子者可云即巷伯。	宮刑發憤也。		※		
谷風	刺幽王也。天下俗薄，朋友道絕焉。	潛夫論交際篇：夫處卑下之位，懷北門之殷憂，內見謫於妻子，外蒙譏於士夫。……此谷風所為內摧傷也。王氏案：據此，可推知魯詩說。	棄友怨也。				※
蓼莪	刺幽王也。民人勞苦，孝子不得終養爾。	魯詩：以蓼莪為困於征役，不得終養而作	孝子不得終養也。		※		
大東	刺亂也。東國困於役而傷於財，譚大夫作是詩以告病焉。	王氏：齊詩與毛序義合。	封人送譚公子朝貢歸也。				※
四月	大夫刺幽王也。在位貪殘，下國構禍，怨亂并興焉。	王氏：此篇為大夫行役過時，不得歸祭，怨思而作。	譚大夫答大東也。				※

篇名	毛詩序	三家詩說				
北山	大夫刺幽王也。役使不均，已勞於從事，而不得養其父母焉。	魯詩：勞逸無別，善惡同流。北山之詩所爲也。易林：登高望家，役事未休。王事靡盬，不得逍遙。王氏：此齊詩義。	役人刺不均也。	※		
無將大車	大夫悔將小人也。	易林：大輿多塵，小人傷賢。皇父司徒，使君失家。王氏：齊詩之說或以此爲刺。	識時者自箴也。			※似姚際恒、方玉潤之說。
小明	大夫悔仕於亂世也。	王氏：三家無異義。	大夫出奔處者，召之辭不復也。			※
鼓鐘	刺幽王也。	孔疏：鄭於中候握河紀注云「昭王時，鼓鍾之詩所爲作也。」鄭時未見毛詩，依三家爲說也。	刺楚人始僭樂也。			※
楚茨	刺幽王也。政煩賦重，田萊多荒，饑饉降喪，民卒流亡，祭祀不饗，故君子思古焉。	王氏：三家無異義。	刺福酒不逮於旬人也。			※
信南山	刺幽王也。不能修成王之業，疆理天下以奉禹功，故君子思古焉。	王氏：三家義未聞也。	刺典祀獨豐於昵也。			※
甫田	刺幽王也，君子傷今而思古焉。	王氏：三家義未聞也。	請發粟助耘農也。			※
大田	刺幽王也。言矜寡不能自存也。	王氏：三家義未聞。	刺稅畝也。			※
瞻彼洛矣	刺幽王也。思古明王，能爵命諸侯，賞善罰惡焉。	陳氏：鄭箋三章俱就世子言，與白虎通合，亦據魯詩說。鄭箋：此人世子之能繼世位者也，其爵命賞賜，盡與其先君受命者同矣，無所加焉。	刺入相諸侯也。			※
裳裳者華	刺幽王也。古之仕者世祿，小人在位，則讒諂並進，棄賢者之類，絕功臣之世焉。	王氏；三家無異義。	周大夫內子刺其夫車服奢僭也。			※
桑扈	刺幽王也。君臣上下動無禮文焉。	王氏：三家義未聞。	刺世祿家兒，規世卿也。			※
鴛鴦	刺幽王也。思古明王，交於萬物有道，自奉養有節焉。	王氏；三家義未聞。	刺二相尸祿不其位也。			※
頍弁	諸公刺幽王也。暴戾無親，不能宴樂同姓，親睦九族，孤危將亡，故作是詩。	王氏：三家義未聞。	王舅爲賓，刺王飲酒不樂也。			※
車舝	大夫刺幽王也。褒姒嫉妒，無道並進，讒巧敗國，德澤不加於民，周人思得賢女以配君子，故作是詩。	王氏：三家義未聞。	燕婿也。			※同朱熹、牛運震等說法。

青蠅	大夫刺幽王也。	易林：青蠅集藩，君子信讒。害賢傷忠，患生婦人。王氏案：據此，齊詩爲幽王信褒姒之讒而害忠賢也。	刺王好信讒也。		＊	
賓之初筵	衛武公刺時也幽王荒廢，媟近小人，飲酒無度，天下化之，君臣上下沉湎淫液，武公既入，而作是詩。	易林：舉觴飲酒，未得至口。側弁醉凶，拔劍斫怒，武公作悔也。王氏案：齊義與韓說同。	刺醉賓也。			＊似牛運震之說法。
魚藻	刺幽王也。言萬物失其性，王居鎬京，將不能以自樂，故君子思古之武王也。	王氏：三家無異義。	刺王棄其鎬京也。			＊
采菽	刺幽王也。侮慢諸侯，諸侯來朝，不能錫命以禮數徵會之而無信義，君子見微而思古焉。	魯詩：以爲王賜諸侯命服之詩。	諫王不禮鄭伯也。			＊
角弓	父兄刺幽王也。不親九族而好讒佞，骨肉相怨，故作是詩。	王氏：魯說以此詩爲幽屬之。	傅母箴娣姒不相親也。			＊
菀柳	刺幽王也。暴虐無親，而刑罰不中，諸侯皆不欲朝，言王者之不可朝事也。	王氏：三家無異義。	刺大臣好察也。			＊
都人士	周人刺衣服無常也。	王氏：三家只四章，義與毛同。	懷西周時人儉而有禮文也。			＊似朱熹、嚴粲等說法
采綠	刺怨曠也。幽王之時多怨曠者。	王氏：三家義未聞。	望夫也。吏祿薄而職煩，休沐不得歸也。			＊似朱熹說法。
黍苗	刺幽王也。不能膏潤天下，卿士不能行召伯之職焉。	左傳杜注：美召伯勞來諸侯。王氏案：其義蓋本三家，與毛序異。	送召伯爲徐偃王築城也。勸之以無築而歸也。			＊似朱熹之說法。
隰桑	刺幽王。小人在位，君子在野，思見君子盡心以事之。	王氏：三家義未聞。	刺好賢不能舉也。			＊
白華	周人刺幽后也。	王氏；三家無異義。	刺周桓公不恤諒闇而謀黨亂也。			＊
綿蠻	微臣刺亂也。	王氏；三家無異義。	遊學也。			＊
瓠葉	大夫刺幽王也。上棄禮而不能行，雖有牲牢……不肯用也，故思古人不以微薄廢禮也。	王氏：三家義未聞。	刺燕飲無禮也。			＊
漸漸之石	下國刺幽王也。	王氏：三家義未聞。	刺子突不能救衛也。			＊
苕之華	大夫閔時也。……君子閔周室將亡，傷己逢之，故作是詩。	王氏；三家義未聞。	刺王姚妒寵無厭也。			＊

何草不黃	下國刺幽王也。四夷交侵，中國背叛，用兵不息，視民如禽受，君子憂之，故作是詩	王氏：三家無異義。	刺盛暑不休征役也。			※似朱熹之說法。	
文王	文王受命作周也。	齊詩：文王受天命而王天下，先郊乃敢行事，而興師伐崇。	宗祀明堂之禮成，周公進戒成王也。			※似朱熹之說法。	
大明	文王有明德，故天復命武王也。	韓詩：紂之爲主，勞民力。冤酷之令，加於百姓。……群臣不信，百姓疾怨，故天下叛而文文王臣，紂自取之也。	諫成王欲封后族也。				※
綿	文王之興，本由大王也。	魯詩；太王居豳，狄人攻之，……狄侵不止……太王自傷德劣，不能化夷狄，爲之所侵，喟然嘆息，援琴而鼓之云……。	請錄舊勞臣也。				※
棫樸	文王能官人也。	齊詩：文王受天命而王天下，先郊，乃敢行事，而興師伐崇。其詩……。此郊辭。	諫成王正威儀也。				※
旱麓	受祖也。周之先祖，世修后稷公劉之業，大王王季，申以百福干祿也。	王氏；三家無異義。	刺王信機祥私禱祀也。				※
思齊	文王所以聖也。	王氏：三家無異義。	邑姜以成昂觀先后畫像也。				※
皇矣	美周也。天監代殷莫若周，周世世脩德莫若文王。	王氏：三家無異義。	偃伯、靈台戒成王處逸樂勿忘前世艱難也。				※
靈台	民始附也。文王受命而民樂其有靈德，以及鳥獸昆蟲焉。	王氏：三家無異義。	據文意與前首合併。				※
下武	繼文也。武王有聖德，復受天命，能昭先人之功焉。	王氏：三家無異義。	召康公告歸，留戒康王也。				※
文王有聲	繼伐也。武王能廣文王之聲，卒其伐功也。	王氏：三家無異義。	止康王議遷都也。				※
生民	尊祖也。后稷生於姜嫄，文武之功起於后稷，故推以配天焉。	王氏：史遷所載皆本魯詩，其爲帝嚳妃，乃雜采它傳記，齊韓蓋同。	刺郊祭不親舂也。				※
行葦	忠厚也。周家忠厚，仁及草木，故能內睦九族，外尊事黃苟，養老乞言，以成其福祿焉。	齊詩：慕公劉之遺德，及行葦之不傷。韓詩：公劉慈仁，行不履生草，運車以避葭葭。魯詩亦是。	刺王燕族人而遺耆老也。				※
既醉	太平也，醉飽酒德，人有士君子之行焉。	王氏：三家無異義。	刺王留賓夜飲弛宮禁也。				※
鳧鷖	守成也。太平之君子，能持盈守成，神祇祖考安樂之。	王氏：三家無異義。	刺賓不出也。				※

假樂	嘉成王也。	魯詩：美周宣王之德能慎天地，天地祚之，子孫眾多，至於千萬。	刺王不勤民也。				※
公劉	召康公戒成王也。成王將蒞政，戒以民事，美公劉之厚於民而獻詩	易林：節情省欲，賦斂有度，家給人足，公劉以富。王氏案：此齊說。據魯說，詩專美公劉，不聞戒成王，亦不言召公作。	公劉諫王欲北巡不窋之故地也。				※
泂酌	召康公戒成王也。言皇天親有德，饗有道也。	王氏：三家皆以詩為公劉作。……由公劉居豳後，……人民相安，故親之如父母。及大王居豳，而從如歸市，亦公劉之遺澤有以致之。	諫王勿棄寒賤之士也。				※
卷阿	召康公戒成王也。言求賢用吉士也。	王氏：此詩據易林齊說為召公避暑曲阿，鳳皇來集，因作是詩。	和穆王之歌而刺造父也。				※
民勞	召穆公刺厲王也。	王氏；三家無異義。	忠臣相與謀以王還鎬京也。				※
板	凡伯刺厲王也。	魯詩：刺周厲王變祖法度，故使下民皆盡病也。	責太師不憂王疾也。				※
蕩	召穆公傷周室大壞也。厲王無道，天下蕩蕩，無綱紀文章，故作是詩。	王氏；三家無異義。	召穆公驟諫厲王也。	※			
抑	衛武公刺厲王亦以自警。	韓詩：衛武公刺王，亦以自戒，計年九十有五，猶使人日誦是詩而不離其側。	夫人教嗣君小學也。				※
桑柔	芮伯刺厲王也。	魯詩：昔周厲王好專利，芮良夫諫而不入，退賦桑柔之詩以諷。	芮良夫責共和也。				※
雲漢	仍叔美宣王也。	韓詩：宣王遭旱仰天也。	刺共和禱雨無應也。				※
嵩高	尹吉甫美宣王也。天下復平，能建國親諸侯，褒賞諸猴焉。	王氏；三家無異義。	尹吉甫送申伯就國也。				※
烝民	尹吉甫美宣王也。任賢使能，周室中興焉。	王氏：三家無異義。	吉甫送山甫出使也，山甫賢而不得志也。			※似朱熹之說法。	
韓奕	尹吉甫美宣王也。能錫命諸侯。	王氏：三家無異義。	徵貢也。				※
江漢	尹吉甫美宣王也。能興衰撥亂，命召公平淮夷。	王氏：三家無異義。	召穆公平徐銘功也。			※似朱熹之說法。	
常武	召穆公美宣王也。有常德以立武事，因以為戒然。	王氏：三家無異義。	諫伐徐也，言武節不可常也。				※
瞻卬	凡伯刺幽王大壞也。	王氏：三家無異義。	刺王用虢石父也。				※
召旻	凡伯刺幽王大壞也。旻，閔也。閔天下無如召公之臣。	王氏：三家無異義。	刺王不用賢臣也。			※似朱熹、牛運震之說法。	

清廟	祀文王也。周公既成洛邑，朝諸侯，率以祀文王焉。	魯詩：周公詠文王之德而作清廟，建爲頌首。	祀文王於明堂以配上帝之歌也。	※		
維天之命	大平告文王也。	魯詩：告太平於文王所歌也。	據文意與前首合併。			※
維清	奏象舞也。	魯詩：奏象武之所歌也。齊詩：武王受命作象樂，繼文以奉天。	同上。			※
烈文	成王即政，諸侯助祭也。	魯詩：成王即政，珠侯助祭之所歌也。	錫周公天子禮樂之歌也。			※
天作	祀先王、先公也。	魯詩；祀先王先公之所歌也。	成王封禪之歌也。			※
昊天有成命	郊祀天地也。	魯詩：郊祀天地之所歌也。	據文意併入前一篇；爲天作之一。			※
我將	祀文王於明堂也。	魯詩：祀文王於明堂之所歌也。	同上。			※
時邁	巡守告祭柴望。	魯詩；巡狩告祭柴望之所歌也。齊詩：太平巡狩祭山川之歌。韓詩；美成王能奮舒文武之道而行。	武王克商封諸侯之歌也。			※
執競	祀武王也。	魯詩；祀武王之所歌也。	爲大武其中第五章；象治也。			※
思文	后稷配天也。	魯詩；祀后稷配天之所歌也。	成王親耕藉田歌也。			※
臣工	諸猴助祭，遣於廟也。	魯詩：諸侯助祭，遣於廟之所歌也。	據文意併入前一篇；爲思文之一。			※
噫嘻	春夏祈穀於上帝也。	魯詩：春夏祀穀于上帝之所歌也。	同上。			※
振鷺	二王之後來助祭也。	魯詩：二王之後來助祭之歌。	將祭而擇貢士也。			※
豐年	秋冬報也。	魯詩：蒸嘗秋冬之所歌也。	據文意併入前一篇；爲振鷺之一。			※
有瞽	始作樂而合乎祖也。	魯詩：始作樂合諸侯而奏之所歌也。	同上。			※
潛	季冬薦魚，春獻鮪也。	魯詩；季冬薦魚，春獻鮪也。	同上。			※
雝	締大祖也。	魯詩：禘大祖之所歌也。	成王大享於先公先王，以周公配實之歌也。			※
載見	諸侯始見乎武王廟也。	魯詩：諸侯始見于武王廟之所歌也。	據文意併入前一篇；爲雝之一。			※
有客	微子來見祖廟也。	魯詩：微子來見祖所歌也。	鄉大夫賓興賢能之歌也。			※
武	奏大武也。	魯詩：奏大武。周武所定一代之樂之所歌也。	爲大武第一章；象北出也。大武：奏武舞以象武王之功之歌也。		※同朱熹、何楷、魏源等主張。	
閔予小子	嗣王朝於廟也。	魯詩；成王除武王之喪，將始即政，朝於廟之所歌也。	據文義與以下三篇合併爲小悬一篇。			※

訪落	嗣王謀於廟也。	魯詩：成王謀政於廟之所歌。	為小毖之一。			※
敬之	群臣進戒嗣王也。	魯詩：群臣進戒嗣王之所歌也。	為小毖之一。			※
小毖	嗣王求助也。	魯詩：嗣王求忠臣助己之所歌也。	成王告廟，命周公攝位之歌也。			※
載芟	春藉田而祈社稷也	魯詩：春藉田祈社稷之所歌也。	蜡而飲酒，勞農之歌也。			※似牛運震、方玉潤之說法。
良耜	秋報社稷也。	魯詩：秋報社稷之所歌也。	亦蜡而飲酒，勞農之歌也。			※似朱熹之說法。
絲衣	繹賓尸也。高子曰：靈星之尸也。	魯詩：繹賓尸之所歌也。	據文意併入前一篇；為良耜之一。			※
酌	告成大武也。言能酌先祖之道以養天下。	魯詩：告成大武，言能酌先祖之道以養天下知所敬也。	為大武第二章；象滅商也。			※同朱熹、何楷、魏源等說。
桓	講武類禡也，桓武志也。	魯詩：師祭講武禡之所歌也。	為大武第六章，象崇天子也。			※同上。
賚	大封於廟也。賚，予也。言所以錫予善人也。	魯詩：大封於廟，賜有德之所歌也。	為大武第三章；象還南也。			※同上。
般	巡守而祀四嶽河海也。	魯詩：巡狩四嶽河海之所歌也。	為大武第四章；象疆南國也。			※同上。
駉	頌僖公也。……而史克作是頌。	齊詩：昔皋陶歌虞，奚斯頌魯，皆見采於孔氏，列於詩書，其義一也。	伯禽牧馬也。			※
有駜	頌僖公君臣之有道也。	王氏：三家無異義。	伯禽蜡飲也。			※
泮水	頌僖公能脩泮宮也。	王氏：三家無異義。	伯禽作宮也。			※
閟宮	頌僖公能復周公之宇也。	王氏：三家無異義。	僖公修太廟也，且亦更名為新廟也。			※似朱熹、季本等說法。
那	祀成湯也。微子至於戴公，其閒禮樂廢壞，有正考甫者，得商頌十二篇於周之大師，以那為首。	韓詩：正考甫作商頌十二篇；以那為首。	正考甫頌廟樂也。			※
烈祖	祀中宗也。	魯詩：周成王廟以時毀。……繼祖宗以下五廟而迭毀，後雖有賢君，猶不得與祖宗並列。	正考甫頌受釐也。			※
玄鳥	祀高宗也。	王氏案：此篇為宋公祀中宗之樂歌。	正考甫頌帝乙也。傷紂之亡也。			※
長發	大禘也。	王氏：此或祀成湯之詩。	頌襄公成寢也。			※
殷武	祀高宗也。	魏源：此詩與魯頌「荊舒是懲」，皆侈召陵攘楚之伐，同石同事同詞，故宋襄公以美其父。王氏案：魏說為此詩定論。	據文意與長發合為一篇。			※

（二）十五國風輿地圖

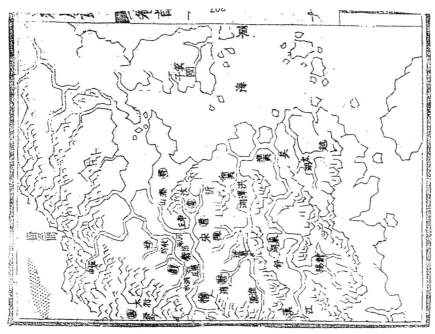

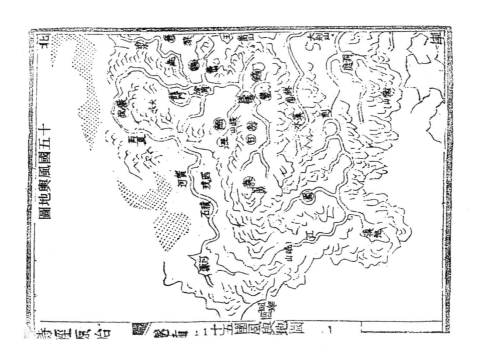

（三）《詩切》書影

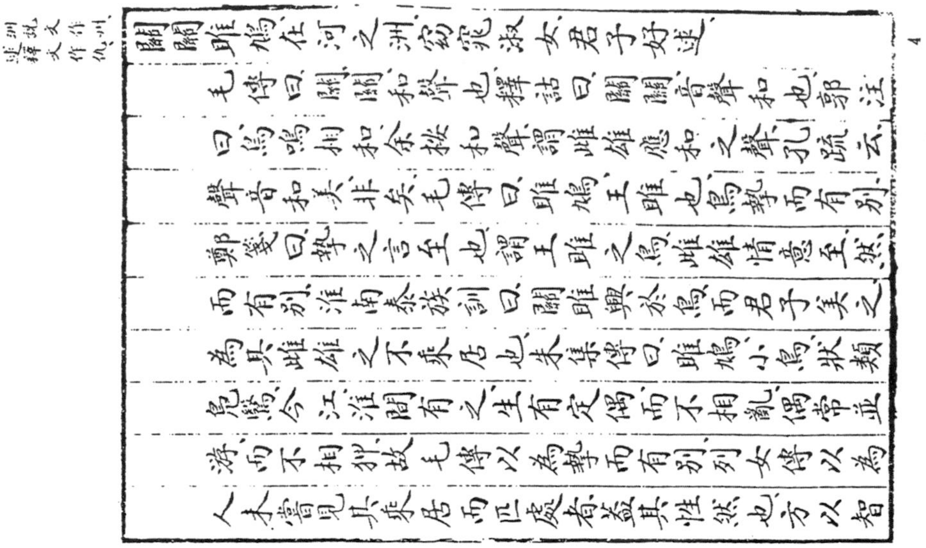

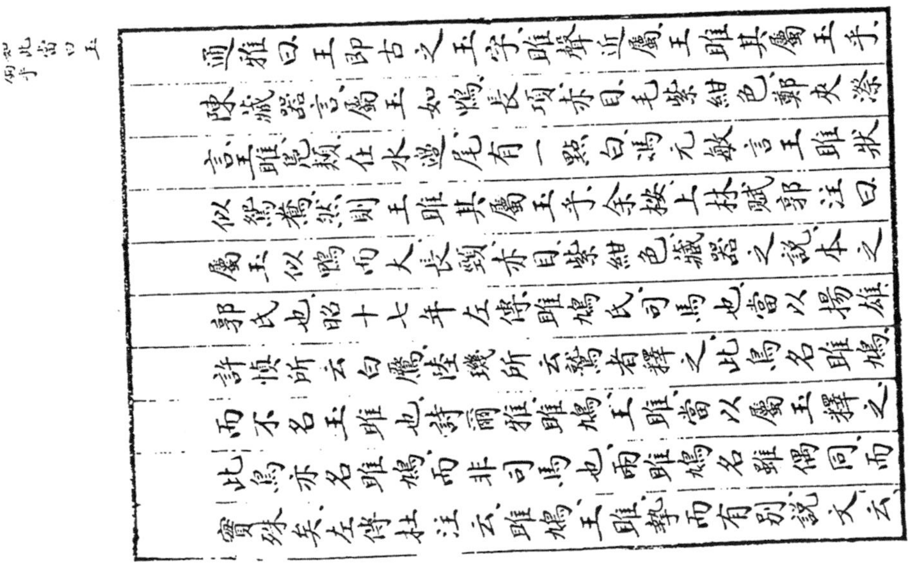

關雎之雎鳩，王鴡也。釋鳥：雎鳩，王鴡。郭注：鵰類，今江東呼之為鶚，好在江渚山邊食魚者也。

以王鴡為司馬，而以雎鳩為鶚，其義摯而有別。

王雎、王鴡，混而為一，說文乃知左傳判。

雎鳩，鳥也，摯而有別。雎本字作鶚。詩毛傳曰，雎鳩，王雎也，鳥摯而有別。

假借為雎，故河雎在河洲。

注河雎在河洲，說文，雎，水中可居者曰洲，周南詩言，關關雎鳩，在河之洲。

以毛傳而不能信也，今得爾雅之證，乃知左傳通。

王雎司馬，以王雎為司馬，而以雎鳩為鶚之假音。

白曰鴡魚，以此明之，鴡鳩，兩鳥自不同，郭注上亦不同，州也，在河洲隱矣。

德...無馬。
君子之德，關雎之有別。文王之化成，毛言其二。
說，關雎之化，王化成，毛言其二，漢世俗也。
幽國，深若關雎之，父子親則王化成，毛其言。
其色慎固幽深，則父子親，父子親則君臣敬。
夫婦有別則朝廷正，朝廷正則王化成。
後夫人之行，不侔乎天地，則無以奉神靈之統而理萬物之宜。
樂記，儒林傳曰，周室衰而關雎作。
史記儒林傳曰，周道缺，詩人本之衽席，關雎作。
諸侯書杜雖制，詠淑女幾以配至尊。
后妃，此非也。史記曰，周道缺，詩人本之衽席，關雎作，仁厚之。
君臣敬，君臣敬則朝廷正。
詩，后妃諷諭君子好逑。
不淫，則君臣敬，詩人以風化天下。
深，不淫則君臣敬，詩人以風化天下之生。

奇注曰后夫人雞鳴佩玉去君所周康后不然故
詩人歎而傷之臣瓚注曰此魯詩也杜欽傳贊曰
以建始之初深陳女戒終如其言庶幾乎關雎之
見微法言孝至篇曰周康之時頌聲作乎下關雎
作乎上習治也故習治則傷始亂也列女傳魏曲
沃婦篇曰周之康王夫人晏出朝關雎起興思得
淑女以配君子夫雎鳩之鳥猶未嘗見其乘居而
匹處也張超誚青衣賦曰周漸將衰康王晏起畢
公喟然深思古道感彼關雎德不雙侶但願周公
好以窈窕防微杜漸諷諭君父孔氏大之列冠篇

8

首此皆本魯詩說也漢書匡衡傳曰匹配之際生
民之始萬福之原婚姻之禮正然後品物遂而天
命全孔子論詩以關雎為始言太上者民之父母
后夫人之行不侔乎天地則無以奉神靈之統而
理萬物之宜故詩曰窈窕淑女君子好仇言能致
其貞淑不貳其操情欲之感無介乎容儀宴私之
意不形乎動靜夫然後可以配至尊而為宗廟之主
此綱紀之首王教之端也匡衡學齊詩則此本齊
詩說也後漢書明帝紀曰昔應門失守關雎刺世
李賢注引韓詩薛君章句曰詩人言雎鳩貞潔慎

9

（上段・一〇）

於其狀說此古義矣則兩異
人見賢人之引春秋之此張
朝退堂上見人以感之戒古公之作
君子色於頷於門引詩以刺時也非也是
故應度有以利時人文之感康王之詩準公之作
無人留去為時女正容儀以君子之詩應說非也眾異
隱去今怒明正不守門失寬兮寬兮康以皆應說非也
求相見安怒體說也冏河洲之家大舒以至肩春以皆應說
相如御后妃明詩誦人主玄賦曰冏思怨辯詩說也魯有句而皆相
匹以辛受之宴故詠曰人之賦曰衡皆相傳師求有句而后夫人
匹以辛受後妃人以配至冏春以皆應說皆相傳詩以為后夫人
宜在大雅不宜在國風也辯詩以為賢人作之是也

（下段・一一）

矢義周南夫人眾起其國中賢人刺之也毛鄭創
為異說以周南為文王之詩關雎為后妃之德其
說難通不可從也毛傳曰窈窕幽閒也余按關雎
問肉閒之閒說文曰窈窈深遠也深辭極也釋言曰
窈閒也郊注曰窈窕幽閒深遠毛傳曰窈窕幽閒貞帝行
莊子庚桑楚篇曰為不善乎幽閒之中者鬼得而
諫之墨子明鬼篇曰幽閒廣澤山林深谷荀子聰篇
制詩曰幽閒隱僻之所淮南氏春秋觀世篇慎聽篇
遠隱匿坯此如幽閒古語猶曰深隱無人之處也

釋文云、閒音閑、非矣、孔疏曰、窈窕者謂淑女所居
之宮形狀窈窕然、是也、韓詩云、窈窕貞專皃、非矣、
毛傳云、幽閒貞專之善女、鄭箋云、幽閒處深宮貞
專之善女、此皆知窈窕為深宮、而猶言貞專參用
韓義、亦非矣、方言曰、美狀為窕、色美為艷、美心為
窈、此本不以窈窕連文、可謂與詩無涉、王肅乃据
之以釋詩云、善心為窈、善容為窕、非矣、釋文窈烏
了切、窕徒了切、葢詩之窈窕當讀如拗窩、方言之
窈窕、當讀如眇姚、廣雅曰、窈窕、深也、魯靈光殿賦
曰、旋室㛹娟以窈窕、郭璞江賦曰、幽岫窈窕、此皆

12

作詩音讀之、深隱之義也、楚辭山鬼曰、子慕予兮
善窈窕、李斯上書曰、佳冶窈窕、法言吾子篇曰、女
惡華丹之亂窈窕、古樂府焦仲卿妻篇曰、窈窕世
無雙、又曰、窈窕豔城郭、此皆依方言讀之、女美皃
也、詩為本字、方言為假借、音義皆殊、不宜相混也
毛傳曰、淑、善也、逑、匹也、宜為君子之好匹、釋文曰
逑、本亦作仇、釋詁曰、仇、匹也、說文曰、仇、讎也、讎、猶
譍也、譍以言對也、余按逑、仇、音同假借字、仇訓為
讎、讎有相對之意、故為匹也、桓三年左傳、嘉耦曰
妃、怨耦曰仇、傳意對為怨、故曰仇、詩則對為好、故

13

關關雎鳩，在河之洲。窈窕淑女，君子好逑。

參差荇菜，左右流之。窈窕淑女，……

參差說文木部作槮，槮差曰槮，差長貌，西京賦注也。

……參差低印貌，其辭揩墙毛王注曰，參差不齊貌也。

……上林賦，紫池……此處參差，此處不……